21世纪全国高等院校会计类规划教材

会计信息系统基础与实务

主　编　张芳丽　武　静

副主编　陈　旭　杨晓星　刘兴超

上海交通大学出版社

内 容 提 要

本书以新会计准则为依据，以用友通和用友ERP-U8 V8.72管理软件为平台，将最新的会计知识融合于财务软件。本书的编写遵循理论与实务相结合、案例与上机练习相结合的原则，既注重会计信息系统的基础理论和基本知识的讲解，又注重相关软件的实际操作和对会计信息系统管理工作的介绍。教材内容新颖、全面，设计周密，实验完备，覆盖面广，实用性强，真实易懂，可以满足教学与实训需求。并配有相应的实验及指导，其内容相互关联，前后衔接，可适应不同层次教学的需要。

全书共分10章，内容包括：会计信息系统概述、会计信息系统开发的方法、用友通的基本操作、系统应用基础、账务处理系统、报表管理、薪资管理系统、固定资产管理系统、往来账款管理软件模块的应用、购销存管理系统模块的应用。书后附有会计核算软件基本功能规范及山东省初级会计电算化考试样题(理论部分)。

本书既可作为高等院校会计、经济管理等专业的“会计信息系统”、“会计电算化”、“计算机会计学”课程的教材，还可作为会计电算化上岗培训、函授和自学教材。

图书在版编目(CIP)数据

会计信息系统基础与实务/张芳丽,武静主编. —上海:上海交通大学出版社,2011(2014 重印)

ISBN 978-7-313-06950-4

Ⅰ. 会...　Ⅱ. ①张...　②武...　Ⅲ. 会计—管理信息系统　Ⅳ. F232

中国版本图书馆 CIP 数据核字(2010)第 225300 号

会计信息系统基础与实务

张芳丽　武　静　主编

上海交通大学出版社出版发行

(上海市番禺路 951 号　邮政编码 200030)

电话:64071208　出版人:韩建民

常熟市文化印刷有限公司 印刷　全国新华书店经销

开本:787mm×1092mm 1/16　印张:22　字数:546 千字

2011 年 2 月第 1 版　2014 年 7 月第 3 次印刷

印数:5 061-7 090

ISBN 978-7-313-06950-4/F　定价:38.00 元

前 言

21 世纪，会计环境发生了重大变革。计算机软、硬件和网络技术发展日新月异，以互联网为核心的数字通信技术突飞猛进，技术上的这些变革直接影响着信息的产生、存储、传播和再利用，使工作效率大为改进，给企业带来了激烈的竞争环境，也给会计工作提出了更高的要求。财务管理、电子商务、企业信息化及更多新技术的应用与会计信息系统紧密相连。信息技术的应用，不仅提高了会计实务工作的效率，更提升了会计管理、控制和决策能力的作用。为此，研究现代信息技术环境下的会计信息系统，掌握这种环境下的会计信息的能力，是每个会计专业的学生应掌握的基本技能之一。

本教材具有以下特点：

1. 教材目标具有层次性。本书根据不同读者群和企业开展会计信息化的不同需求，确立了多层次的会计信息化教学目标，按照从易到难的原则设计教材的知识体系，既包含了用友基础版本用友通的内容，满足培训考证的需要，又涉及用友 ERP-U8 V8.72 管理软件的基本内容，满足企业开展信息化的需求。本书可作为高等院校会计、经济管理等专业“会计信息系统”、“会计电算化”、“计算机会计学”等课程的教材，也可作为会计电算化上岗培训、函授和自学教材。

2. 教材内容具有较强的实践性，突出学生的学习能力、实践能力、创新能力的培养。本书将最新的会计知识融合于财务软件，强调业务操作，内容新颖、全面、周密，实验完备，繁简适当，便于学习者操作和理解书中要点。实验和习题量适中，覆盖面广泛，涵盖了一般企业的经济活动，实用性强，通俗易懂，便于学生掌握会计电算化的实际操作技能，可以满足教学与实训需求。

3. 多家院校参与，编著者教学实践经验丰富。参与编写的学校有：山东省农业管理干部学院、山东省轻工业学院、山东女子学院、山东理工职业学院、山东外事翻译职业学院、黄海职业学院等，编者具有多年会计信息化方面的教学和实践经验，并各具特长。编著者以认真负责的敬业态度完成了本系列教材的编写工作。

本教材共分 10 章，第 1、第 2 章为第一部分，主要介绍会计信息化的基本概念与理论，以及软件开发的一般方法等；第 3 章为第二部分，主要介绍用友通的操作，满足考证培训的需要；第 4～10 章为第三部分，主要介绍用友 ERP-U8 V8.72 的基本操作，满足企业开展会计信息化的需要。

本书由张芳丽、武静主编，各章的编写分工如下：第 1、第 2 章由张芳丽、武静编写，第 3 章由杨晓星、程远涛编写，第 4 章由武静、宋蔚编写，第 5 章由陈旭、高艳编写，第 6 章由陈旭、程殷殷编写，第 7 章由司秀华编写，第 8 章由陈杨编写，第 9 章由刘兴超、王琪编写，第 10 章由张芳丽、高艳、王宁编写。由于书稿内容较多，考虑各种限制因素，我们把课后阅读资料、会计电算化考证辅导资料、会计信息系统的实施与管理、会计信息系统审计与风险控制、会计软件的维护常识等内容放到上海交通大学出版社网站，读者可免费下载。

特别感谢用友软件股份有限公司的于美玲女士、浪潮集团通用软件公司的杨良先生为本教材提供了相关软件和相应的资料，并校对了书稿，在此表示深深的感谢。

在编著本系列教材过程中，我们力求推陈出新，为会计信息化教学尽自己的绵薄之力。尽管我们进行了多次调研和讨论，希望能够做到尽善尽美，但由于本书的写作时间比较紧，并限于作者的经验和水平，书中若有不足之处，我们诚恳地希望广大读者多提宝贵意见，以备再版时修改。

编著者

2011 年 1 月

目　录

第 1 章　会计信息系统概述

学习目标

★ 掌握会计信息系统的涵义、基本结构和各模块的功能；

★ 了解会计信息系统的发展趋势；

★ 理解会计信息系统在企业 ERP 中的地位。

第 1 节　会计信息系统的基本概念

一、数据与信息

数据是反映客观事物的性质、形态、结构和特征的符号，并能对客观事物的属性进行描述。如“2000 平方米”、“红色”等都是数据，数据可以是具体的数字、字符、文字、图形等多种形式。会计数据则是描述经济业务属性的数据。在会计工作中，从不同来源、渠道获得的各种原始资料、原始凭证、记账凭证等都属于会计数据。

信息是数据加工的结果，它可以用文字、数字、图形等形式，对客观事物的性质、形式、结构和特征等方面进行反映，帮助人们了解客观事物的本质。如“2000 平方米”是一项数据，它只是一个数字，不表示任何内容；而“厂房的总面积是 2000 平方米”则表示客观实体厂房的面积信息。会计信息反映组织财务状况和经营成果，是指经过加工处理后能对会计业务及管理活动起辅助决策影响的数据，如原始凭证经过数据处理后变成总账、明细账等，对内部审计人员和会计人员都是有用的，则称为会计信息。

由此可见，数据与信息是密不可分的，如果将数据看作原料，那么信息就是信息系统加工数据得到的产品，信息必然是数据，但数据未必是信息，信息只是数据的一个子集。

二、信息系统与会计信息系统

系统是由一些相互联系、相互作用的若干要素，为实现某一目标而组成的具有一定功能的有机整体。相互联系的若干部分称为系统的子系统，它们是系统内能完成某种功能的单元。例如，计算机系统由硬件和软件两个子系统构成。

信息系统是以信息基础设施为基本运作环境，由人、信息技术设备、运行规程组成的，以信息处理为对象，进行信息的收集、传递、存储、加工，辅助组织进行各项决策的人机结合的系统。

会计信息系统(AIS)有狭义与广义之分。狭义的 AIS 是指计算机会计信息系统，它是基于计算机，利用现代信息技术进行会计数据的采集、存储和处理以完成会计核算任务，并能提供为进行会计管理、分析、决策所用的辅助信息的系统；广义的 AIS 既可指手工环境下的，也可指 IT 环境下的，它是一个面向价值信息提供的信息系统，是从企业价值运动进行反映和监督的角度提出信息需求的信息系统，是组织处理会计业务，为各级管理人员提供会计信息和辅助决策、有效组织和运用会计信息、改善经营管理、提高经济效益所形成的会计活动的有机整体。它是企业管理信息系统的一个重要子系统，可以分解为若干子系统。按管理职能可分为三部分：核算子系统、管理子系统和决策子系统。这三部分既相互独立，又相互联系。其中，核算子系统主要进行会计的事后核算，它记录、反映经济业务的发生及其后果，反映和监督企业的经营活动情况；管理子系统用于会计工作中的事中控制，主要对购、销、存等环节发生的业务进行追踪管理；决策子系统用于事中控制和事前决策，主要对会计核算产生的数据加以分析，进行相应的财务预测、管理和控制活动。

三、会计信息系统的基本组成

基于计算机的会计信息系统是一个人机结合的系统，其基本构成包括硬件资源、软件资源、信息资源和会计人员等基本要素。

1. 硬件资源　硬件资源是指会计信息系统进行会计数据输入、处理、存储、输出和传输的各种电子设备。主要包括：

(1) 输入设备：键盘、光电扫描仪、条形码扫描仪等。

(2) 数据处理设备：计算机主机等。

(3) 存储设备：磁盘机、光碟机等。

(4) 输出设备：打印机、显示器等。

(5) 各种网络设备：网卡、集线器、中继器、网桥、网关、路由器、服务器等。

要使会计信息系统能够有效运作，必须根据会计信息系统的目标配置硬件资源，并建立相应的硬件平台。

2. 软件资源　软件资源是保证会计信息系统能够正常运行的核心和灵魂。软件资源又分为系统软件和会计软件。

系统软件主要包括：

(1) 操作系统，即对计算机资源进行管理的系统软件，如 Windows NT。

(2) 数据库管理系统，即对数据进行管理的系统，如甲骨文数据库管理系统等。

会计软件是专门用于会计核算和会计管理的软件，是会计信息系统的一个重要组成部分，没有会计软件的信息系统就不能称为会计信息系统，拥有会计软件是会计信息系统区别于其他信息系统的主要因素。目前会计软件非常多，国内会计软件有上百种，如用友公司、浪潮公司、金蝶公司、安易公司等都推出了不同版本的会计软件；国外会计软件在中国销售的也非常多，如甲骨文公司、SAP 公司、JDE 公司、D&B 公司等。

3. 信息资源　数据文件是一种非常重要的信息资源，是用来存储会计信息系统中数据和信息的磁性文件。数据文件主要包括三类：

(1) 基础数据文件，如会计科目、人员档案、客户档案、组织结构档案等。

(2) 经过会计信息系统加工后生成的文件，如总账文件、应收账款文件等。

(3) 临时文件，在信息系统运行过程中存放临时信息的文件。

会计规范也是一种非常重要的信息资源，它是指保证会计信息系统正常运行的各种制度和控制程序，如硬件管理制度、数据管理制度、会计人员岗位责任制度、内部控制制度、会计制度等。会计规范可以保存在数据文件中，也可以保存在纸张文件中。

4. 会计人员　会计人员与会计信息系统之间有着密切的联系。会计人员既是会计信息系统的组成要素，又是会计信息系统的管理者，由其确定会计信息系统采用何种会计模式，并制定会计信息系统的运行规程，特别是会计信息系统的内部控制问题。会计信息系统应该服务于会计人员，帮助会计人员更有效地处理有关信息，并向用户提供满足需要的、高质量的会计信息。

四、会计信息系统的特点

1. 综合性　会计信息全面反映企业供、产、销各个环节并全面参与企业管理的综合信息。企业的活动通常分为两大类，一类是生产或服务活动；另一类是管理活动。在生产服务活动的过程中，各部门都会有某种程度上的会计数据的发生，而在管理活动中又会有某种范围内会计信息的利用。可见，会计信息系统能够综合地反映、监督和控制整个企业生产经营活动，是实现企业管理目标—股东财富最大化的有利工具。

2. 复杂性　会计信息系统本身是一个独立的整体，由许多子系统组成，如账务处理子系统、报表处理子系统、薪资核算子系统、固定资产核算子系统、成本核算子系统等，内部结构较为复杂，各子系统在运行过程中进行信息的收集、加工、传送、使用，结合成为一个有机的整体。另外，会计信息系统跟其他管理子系统和企业外部的联系也十分复杂，会计信息系统从其他管理信息子系统获取信息，全面地反映企业各个环节的信息，并将处理结果提供给有关系统，使得系统外部接口较复杂。

3. 信息的准确性　会计信息直接关系到国家、企业及个人的经济利益，因此，会计信息应该符合一定的质量要求，保证连续、完整、真实、准确地反映经济业务，而且要合法、可靠，严格遵守有关财务会计制度、法规和计算规程。

4. 信息的信息量大　会计要对生产经营过程进行连续、系统、综合地反映和监督，因此，会计信息系统要收集、处理、存储和提供大量的经济信息。

5. 内部控制严格　会计信息系统中的数据不仅在处理时要层层复核，保证其正确，还要保证在任何条件下以任何方式进行检查核对，留有审计线索，防止犯罪破坏，为审计工作的开展提供必要的条件。

第 2 节　会计信息系统的发展

管理水平的提高和科学技术的进步对会计理论、会计方法和会计数据处理技术提出了更高的要求，使会计信息系统由简单到复杂、由落后到先进、由手工到机械、由机械到计算机。会计信息系统的发展是一个不断发展、不断完善的过程。

从数据处理技术来看，会计信息系统的发展可分为三个阶段。

一、手工会计信息系统阶段

手工会计信息系统阶段是指财会人员以纸、笔、算盘等工具，实现对会计数据的记录、计算、分类、汇总并编制会计报表，这一阶段历史漫长，直至今天，仍有很多单位停留在手工阶段。

二、机械会计信息系统阶段

19 世纪末 20 世纪初，随着科学管理理论与实务的发展和应用，会计更加受到重视，出现了相应的改进，对会计数据处理提出了更高的要求，因而不得不用机械化核算代替手工操作。财会人员借助穿孔机、卡片分类机、机械式计算机、机械制表机等机械设备，实现会计信息的记录、计算、分类、汇总和编表工作。但是，在计算机出现后这些方式很快消失了，国外只有少数大型组织在会计中用过机械装置。我国几乎没有经历这一阶段。

三、基于计算机的会计信息系统阶段

第二次世界大战后，资本主义社会竞争日益激烈，单靠垄断已难以维持资本家的高额利润，不得不转向通过加强管理来增加产量、提高质量、降低成本、提高竞争能力，所以会计成为加强内部管理的重要手段，计算机的产生为会计数据处理带来了根本性的变革。采用计算机进行会计信息处理后，会计数据的主要处理过程全部由计算机系统自动完成，如数据检验、分类、记账、算账、编制会计报表等，并能准确、高效地完成任务。

(一) 国外会计电算化的发展

1954 年 10 月，美国通用电器公司率先使用计算机计算职工工资，开创了电子计算机进入会计数据处理领域的先河。五十多年来，随着社会经济活动对会计工作本身要求的不断提高和计算机软件、硬件技术的飞速发展，电子计算机在会计及相关领域的应用也逐步普及和深入发展，纵观西方发达国家会计电算化的发展历程，计算机在会计中的应用大致经历了以下四个阶段：

1. 单项数据处理阶段　这一阶段的大致时间是从 20 世纪 50 年代中期到 60 年代中期，这是会计电算化的萌芽和发育阶段，是一个不断摸索、积累经验的初级阶段，是仅仅能简单模仿手工处理方式的低水平阶段，电算化工作主要是完成某一方面的核算业务。如工资计算、材料核算等。

由于当时计算机成本高、价格贵，且界面较原始，需要由计算机专业人员操作，因此，发展比较缓慢。该阶段会计信息系统的特点如下：

(1) 会计信息的采集、输入和处理是后台批处理。

(2) 各项业务中的会计信息处理大都独立进行，没有形成整体的会计信息系统。

(3) 会计信息核算方式和基本流程模拟人工方式，是一种基于输出视角的处理模式，重点服务于满足外部会计或财务会计的需求。

2. 会计综合数据处理阶段　这一阶段从 20 世纪 60 年代中期到 70 年代初期，是会计电算化迅速成长、初步成熟的阶段，是会计数据处理方式发生本质性变化的阶段。这一阶段，计算机技术迅速发展，一些发达国家开发了许多处理会计业务的应用软件，数据处理进入实时处理阶段。

在这个阶段，会计信息系统的设计目标是综合处理发生在企业各业务环境中的各种会计信息，并为企业管理部门提供一定的管理和辅助决策信息，实现了部门内的信息集成。其主要特点如下：

(1) 会计信息的采集、输入和处理虽然是后台批处理，但会计信息系统突破了传统的数据处理范围，开始形成了整体性的会计信息系统。会计信息系统中各子系统有机地结合在一起，实现了它们之间的信息传递、共享以及部门内的信息集成。

(2) 会计信息系统的结构打破了手工方式的一些模式，在实现信息共享的基础上重视会计数据的综合加工、分析和深层次的应用，为财务部门和企业其他管理部门提供辅助管理信息。

(3) 会计信息系统功能较为完备，包括账务处理、应收应付、成本核算、预算和资金管理、财务分析等诸多子系统。

(4) 会计信息系统是企业财务部门专用的信息系统，它独立于企业其他部门的信息系统。它对管理决策的支持只能提供事后的统计、分析、评价，无法有效地进行事中控制。

(5) 会计信息系统与其他业务系统之间形成相互独立的“信息孤岛”，这是面向事务处理阶段的信息系统的固有特征。如果企业缺乏一个长期和统一的信息系统发展规划，在建立不同业务信息系统时不考虑将来可能的集成，那么这些“信息孤岛”的消除相当困难；反之，信息孤岛就能在信息系统向更高阶段跳跃式自然消除。

3. 面向企业整体管理的阶段　20 世纪 70 年代中后期开始，由于微型计算机的出现，计算机的价格不断下降，相关系统软件不断改进和提高，软件的可操作性越来越强，电算化会计出现了普及之势。企业越来越深刻地认识到：要提高企业的市场竞争力，单纯地提高某个职能部门的工作效率是远远不够的，只有业务过程中涉及的各个职能部门紧密协同，才能从整体上提高企业效率和效益。“整体大于部分之和”的管理思想日益受到重视。

在这个阶段，会计信息系统作为整个企业管理信息系统的一个有机子系统，已经与企业管理信息系统高度集成，因此，其设计目标充分考虑企业整体管理和决策的要求。该阶段的信息系统具有如下特点：

(1) 全面改造企业的业务流程，实现企业业务流程、会计工作流程和信息流程的集成，从而使企业的物流、资金流、信息流和业务流整合为一体；实现了企业内的信息和过程集成，消除了“信息孤岛”的现象，大大提高了信息的共享性。

(2) 这个阶段的企业信息系统是事件驱动型的信息系统。所谓事件驱动，是指会计信息的采集、存储、处理、传输嵌入在业务处理系统中，或者说管理信息系统和企业的业务执行系统融为一体，能够实时采集详细的业务和财务信息，执行处理和控制规则。由于会计信息的采集和处理的实时性，使会计信息系统不仅能执行事后的统计分析评价，而且能够进行有效的事中控制。这种系统的核心是集成，即集成业务处理和信息处理、集成财务信息和非财务信息、集成核算与管理。

(3) 会计工作的重点由财务会计转向同时重视财务会计和管理会计，使会计信息系统的应用价值大大提高。

(4) 在高度集成环境下，会计信息系统能实时地采集到各种经济事件的财务信息，不仅可以做到事后分析和决策，还可进行有效的事中控制。同时，利用已有业务和财务的综合信息和决策模型，可以建立决策支持系统，以协助管理者解决具有多样化和不确定的综合问题，有利于制定高层管理决策和企业发展策略。

4. 面向企业间价值链决策管理的阶段　20 世纪 90 年代开始，随着计算机、数据库技术的发展和网络的发展，计算机在会计上的应用有了新的发展。从信息系统转向企业资源计划(ERP)、供应链管理(SCM)和客户关系管理(CRM)。

在这一阶段，企业不仅需要合理规划和运用自身各项资源，还需要将经营环境的各方面，如客户、供应商、分销商、各地制造工厂等经营资源紧密结合起来，并准确及时地反映各方的动态信息，监控经营成本和资金流向，提高企业对市场的灵活性和财务效率。价值链管理理念和理论应运而生，价值链管理把企业资源的范畴从过去的单个企业扩大到整个价值链的企业群。企业所关心的将不仅仅是企业自身，而是它所置身其中的整个价值链的集成利益和发展能力。

价值链会计管理的核心是如何实现快速和准确地反映整个价值链的会计核算与管理，包括如何产生、采集、记录、核算、反映、控制和分析价值链上的会计和财务信息；如何执行价值链上各成本中心、利润中心、物料中心等会计管理和监控作用等。要达到上述目标，价值链会计管理信息系统是最重要的技术基础和赖以生存的环境。因为只有在价值链企业群中实现整体信息化后，在现代信息技术包括网络技术、计算机硬件技术、软件技术、分布式技术、数据库技术、数据仓库技术、数据挖掘技术和会计信息化应用系统的支持下，才能在整个价值链上实现信息的实时、准确地采集、记录、核算、集成、共享、跟踪、反馈，并有效地实现各中心的会计管理和监控工作，进而提高整个价值链上会计管理工作的含金量。

(二) 我国会计电算化的发展

我国会计电算化起步较晚，开始于 20 世纪 70 年代末，从发展历程看，大致经历了以下三个阶段：

1. 缓慢发展阶段(1979～1983 年) 我国第一台计算机诞生于 1957 年，从那时到 1983 年，我国计算机的应用发展一直比较缓慢。我国基于计算机的会计信息系统工作始于 1979 年，其代表项目是 1979 年财政部支持并直接参与的、在长春第一汽车制造厂进行的会计信息化试点工作。1981 年 8 月，中国会计学会在长春召开了“财务、会计、成本应用计算机问题研讨会”，会上王景新教授正式提出“会计电算化”的概念，在当时，它是“电子计算机在会计工作中的应用”的简称。

当时，一些大中型企业的会计业务日益繁多，开始尝试单项会计业务的电算化处理。这期间由于计算机价格昂贵，专业人员缺乏，尤其是既懂会计又懂计算机的复合型人才稀少，会计软件本身存在一些问题，电算化会计只在少数企业完成某一方面的核算业务。如工资计算、固定资产管理等。同时，电算化问题没有得到有关政府部门的重视，从而限制了电算化会计的发展。

2. 自发发展阶段(1983～1989 年) 为了迎接新技术革命的挑战，1983 年，以国务院成立电子振兴小组为标志，电算化会计工作进入了一个新的阶段。因此，从 1983 年后半年开始，全国掀起了一个应用电子计算机的热潮，微型计算机在全国各个部门得到了广泛应用，然而，由于应用电子计算机的经验不足，理论准备与人才培训不够，单位内部缺少配套的管理制度和控制措施，宏观上缺乏统一的规划和管理，造成在会计电算化过程中出现许多盲目的低水平重复开发的现象，开发的软件通用性弱、实用性差，浪费了许多人力、物力和财力。

3. 普及与提高发展阶段(1989 年以后) 随着会计电算化工作的深入发展，财政部和各地区、各部门逐步开始加强对会计电算化工作的组织和管理。1989 年 12 月，财政部颁发了我国第一个关于会计电算化管理方面的行政法规《会计核算软件管理的几项规定(试行)》，这是我们会计电算化发展的一个里程碑，它对于推进会计电算化的发展，提高软件的开发质量，形成我国会计软件商品市场等具有现实意义和长远意义。会计软件的开发向着通用化、规范化、专业化方向发展，出现了一批开发和经营会计软件的公司，形成了商品化会计软件开发市场，使我国电算化会计工作步入有组织、有规划的发展阶段。

1994 年 5 月，财政部印发了《关于大力发展我国会计电算化事业的意见》的通知，明确了我国电算化会计事业的发展目标，有力地推动了我国电算化会计事业的发展，从根本上扭转了基层单位会计信息处理手段落后的状况。此后，为了规范电算化会计管理工作，财政部于 1994 年 6 月发布了《会计电算化管理办法》、《商品化会计核算软件评审规则》、《会计核算软件基本功能规范》等制度和规章，1997 年又发布了《会计电算化工作规范》、《会计电算化培训管理办法》等。各省市也制定了更为详细的电算化操作规程，对电算化会计制度做了系统、全面的更新，为电算化会计事业的普及和发展打下了扎实的基础。

20 世纪 90 年代是我国会计电算化工作大发展的十年。主要表现在以下几个方面：

(1) 大中型企业的会计电算化工作进一步得到普及。

(2) 会计电算化软件的开发，从单项向系统化发展。

(3) 在硬件方面，从单项应用开始向网络化发展。

(4) 会计软件的研制，从单纯的数据处理开始向管理控制和预测、决策系统发展。

(5) 商品化会计软件进一步得到发展，并逐步成为国内最成功和最大的软件产业。

进入 2000 年以后，随着互联网应用的迅速发展，会计软件开始向基于互联网的网络会计信息系统(也称网络财务)发展，网络财务不仅具有传统会计软件的所有功能，它还能实现与业务一体化处理、远程处理在线实时监控、集团财务集中管理的功能，网络财务是互联网和电子商务时代的会计软件。

另外，会计信息化的发展还可以从应用层级、业务处理、操作系统、网络技术以及数据库技术等层面综合体现出来，如表 1-1 所示。

表 1-1　会计信息系统的发展一览表

层　面	发　展
应用层级	岗位级→部门级→企业级→供应链级
业务处理	单项业务→全面核算→会计管理→面向决策
操作系统	DOS→Windows95/98/NT/XP→Browser
网络技术	F/S→C/S→B/S
数据库	文件系统→小型数据库→大型数据库

四、会计信息系统的发展趋势

展望未来，随着互联网应用的迅速发展，包括财务管理、生产管理、人力资源管理、供应链管理、客户关系管理、电子商务应用在内的完整的企业管理信息系统将会得到全面发展。对供应链管理(supply chain management，SCM)系统的重视将逐渐超过财务系统；以提高客户满意度、快速扩张市场份额为目标的客户关系管理(customer relationship management，CRM)系统将成为热点；企业资源计划(enterprise resource planning，ERP)系统将得到广泛应用，将由财务专项管理向全面企业管理转变，从而实现对企业物流、资金流和信息流一体化、集成化的管理。

虽然不同规模和不同类型的企业发展很不平衡，但是主要发展趋势是向着集成化、网络化、智能化方向发展。

1. 集成化　做好财务管理工作，不仅需要财会数据，而且还必须有供、产、销、人力资源、物资、设备等多方面的经济业务信息。因此，不仅要有会计核算系统，还必须建立以财务管理为核心的企业全面管理信息系统，同时还要建立决策支持系统等。集成化是将一些具有多种不同功能的系统，通过系统集成技术组合在一起，形成一个综合化与集成化统一的信息系统，实现互相衔接、数据共享。

2. 网络化 目前在我国会计电算化工作中，已经广泛地应用了局域网，实现了会计数据处理并发操作、统一管理和数据共享。随着互联网在会计中的广泛应用，一方面，会计信息处理将基于网络计算技术；另一方面，财务人员的工作方式将产生巨大的变化。

网络化体现在实现在线办公，互联网上的计算机就是财务人员的工作台，大部分工作均在互联网环境下的计算机上完成；实现移动办公，不管在何地，不管在何时，只要将计算机连接到互联网上，就可以向公司发订单，查看上级的工作安排，了解市场行情；实现远程传输和查询，远程查账、远程报账、远程审计变得随手可得。

3. 智能化 随着市场经济的发展，影响企事业单位生产经营活动的因素越来越复杂，预测、决策、控制、分析和管理的难度越来越大，除了要加大数据的采集和运用，不断提高数据处理、分析、判断能力外，还要逐步实现信息系统的智能化。要利用人工智能研究的新成果，采集专家的经验和智慧，归类存入计算机。在预测与决策过程中，当决策目标确定以后，利用专家系统中的专家经验和智慧，进行辅助决策，以提高决策的可靠性。

第3节 会计信息系统的应用体系结构

会计信息系统是一个人机结合的系统，它由硬件资源、软件资源、数据文件、会计规范和会计人员等基本要素组成。然而，不是将这些要素任意堆砌就能够构建起会计信息系统，而必须将关键要素有机集成。因此，会计信息系统的应用体系结构就是指硬件资源、软件资源、数据文件等集成后的应用结构。

随着以计算机网络为代表的信息技术的发展，国内外信息系统应用体系结构也经历了发展和变迁的过程：从文件/服务器(F/S)、客户/服务器(C/S)到浏览器/服务器(B/S)。目前，C/S 结构在企业应用较多，但是，B/S 结构由于具有更多的优点，从而已经成为主流。

一、客户/服务器结构

1. 基本工作原理 随着网络技术、数据库技术的发展，20 世纪 90 年代一种新的分布式结构——客户/服务器(Client/Server，C/S)结构受到越来越多企业的欢迎。这种结构的硬件环境与文件/服务器结构的基本相同，即通过选择一台或多台处理能力较强的计算机作为服务器，并在数据库中存放共享数据，根据业务处理和管理的需要，设置若干工作站并把应用系统全部放在各个工作站上，构建一个局域网环境。但会计管理软件的分布结构及数据库对共享数据管理的结构是不同的。C/S 结构不仅在服务器上存放了共享信息资源及数据库管理系统(DBMS)，而且将部分会计管理软件(对数据库中共享数据的增、删、改等操作)也放在服务器上；在客户终端也存放部分会计管理软件，主要是会计管理软件中对共享数据操作以外的其他操作部分(如输入/输出界面操作等)。当客户发出请求时，客户端会计管理软件对其进行处理，并将请求传送到服务器端；服务器端对其进行处理并将结果传送到工作站；客户端会计管理软件完成显示、打印或对结果数据的进一步处理工作。

2. C/S 结构的主要优点

(1) 提高了系统的安全性和可靠性。对共享的数据进行集中管理，增强了数据的安全性、可靠性、一致性控制，增加了系统的稳定性。

(2) 提高了系统的运行效率。在网络通信上只传递请求服务和结果数据的信息，大大减轻了通信线路的负荷，提高了系统的运行效率。

(3) 较强的开放性。客户端与服务器端可以选择不同的平台。例如，在客户端可以选择 Windows 环境下的各种软件工具，如 VB、VC 等；而在服务器端可以选择各种 DBMS，如 Foxpro，Access，Oracle 等。

3. C/S 结构的主要缺点　随着应用的深入，人们发现 C/S 结构也存在着不少致命的缺点，如：

(1) 在实施两层 C/S 结构(只有客户端和服务器端)时，如何在客户机和服务器之间合理分工，以提高整体性能、降低网络传输的负荷，是一个十分复杂的问题。如果会计管理软件中大量的处理程序留在客户端，就会在处理复杂应用时，客户端显臃肿，当访问数据量增大和业务复杂时，客户端往往就会变成瓶颈。若将太多的应用放在服务器上，则会影响响应速度，当大量用户访问时，将造成网络瓶颈。

(2) 维护成本高。在两层 C/S 结构方式下，当客户机很多时，系统的维护和升级就相当复杂。维护人员需要维护、升级所有客户机上的会计管理软件，成本会很高。

(3) 应用局限性大。在两层 C/S 结构方式下，客户端配置复杂。客户软件随服务器软件的不同而不同，访问不同的服务器需要不同的客户软件。随着功能的扩展，客户端变得越来越复杂，系统的维护管理越来越复杂，广泛应用的局限性大，限制了大企业、大集团数据实时传递和共享的程度。

(4) 灵活性、扩展性差。由于用户界面与业务处理是做在一起的，其中有一方发生改变，客户端会计软件就需要重做，而且该结构不支持 Internet。

二、浏览器/服务器结构

为了改进结构，不断完善 IT 环境，在两层 C/S 结构的基础上，又研制出两层 B/S 结构，它较好地克服了两层 C/S 结构的缺点。随后研究人员在客户端采用了 Internet 浏览器，后台增加 Internet 服务器，推出浏览器/服务器(Browser/Server，B/S)结构并成为 IT 环境的主流。在迈进 21 世纪之际，德国 SAP、美国甲骨文、中国用友软件公司等都推出了基于 B/S 结构的会计管理软件。

1. B/S 结构的工作原理　B/S 结构是目前世界范围内最先进的 IT 环境，它配合 Internet/Intranet 建设的最佳方案，最大限度地方便了用户部署和维护大型软件系统，大大降低了用户目标系统的总体拥有成本(TCO)。可以看到，B/S 结构从逻辑上讲分为四个层次：客户端、网络服务器、应用服务器、数据服务器。

(1) 客户端。客户端主要负责人机交互，包括一些与数据和应用关系的图形和界面运算。客户端一般由微机担任，客户可以在千里之外通过网络在客户机上完成各项任务。

(2) 网络服务器。网络服务器主要负责对客户端应用的集中管理。

(3) 应用服务器。应用服务器主要负责会计管理软件中逻辑结构和数据关系等事务处理。应用服务器有可以根据其处理的具体业务的不同分为多个。

(4) 数据服务器。数据服务器主要负责数据的存储和组织、分布式管理、备份和同步等。

2. B/S 结构的优点　B/S 结构与 C/S 结构相比，主要优点如下：

(1) 实施速度快且易部署。在实施两层 C/S 结构(只有客户端和服务器端)时，如何在客户端和服务器之间合理分工，以提高整体性能、降低网络传输的负荷，是一个十分复杂的问题。而 B/S 结构下，客户端、应用服务器、数据库服务器之间分工清楚合理，解决了 C/S

结构的上述问题，同时服务器安装完成后，客户端没有实施的工作量，因此，B/S 结构模式实施速度快，容易部署。

(2) 低成本维护。C/S 结构的维护工作量等于(服务器+n*客户端)的维护量，即维护工作主要集中在客户端，客户端越多，维护量越大，维护量是随着客户端的增加而增加的。B/S 结构的维护工作量主要在服务器端，而客户端的维护可以称得上零成本维护，在大规模应用 B/S 结构模式时，节约的维护成本相当可观。

(3) 点对点的实时通信。B/S 结构模式提供了点对点的通信方式，即支持分布在不同地区和城市的客户端进行业务数据的输入、输出和处理请求，并通过点对点的通信方式把信息实时传递到服务器，实现了数据实时、动态、自动的传递。

(4) 数据集中存储。C/S 结构是共享数据存放在服务器中，而在 B/S 结构下，客户端能够通过网络、点对点通信将全部数据都集中在数据库服务器中。

对于大企业、企业集团来说，无论组织成员在何处，当经济业务发生时，业务及财会人员在客户端利用会计管理软件直接将业务信息送入同一数据库中，使得网络中成员共享数据更加全面，做到“数出一门，信息集中”，有力地支持了实施控制对数据共享的需求；各级管理者无论在何处，都可以从同一数据库中实时获取数据，自动生产出“信息产品”支持决策，控制组织成员的经济活动，做到“集中于咫尺之内，监控于天涯之外”。此外，B/S 结构实施速度快、易部署和低维护成本等优点保证了企业所有成员的投入成本都低，因此，B/S 结构是支持协同商务集中管理的基础。

在会计信息系统的建设过程中，需要构建会计信息系统运行的 IT 平台，此时就需要根据会计核算、控制和管理的需要确立其应用体系结构、会计软件和数据文件的配置策略。

目前管理软件高端市场基本都采用了 B/S 结构，如用友的 NC，浪潮的 ERP-GS，金蝶的 EAS 等。

第 4 节　会计信息系统的功能结构

会计信息系统的功能结构主要描述会计信息系统的核心，即由哪几个子系统组成，以及每个子系统的基本功能。

会计信息系统是随着信息技术革命和会计学科的发展逐步发展和完善的。早期的会计信息系统所包含的子系统非常少，主要是工资核算、总账、报表等子系统。每个子系统功能相对比较简单，主要是帮助财会人员完成记账、算账、报账等基本核算业务。随着信息技术的革命和会计学科的发展，越来越多新的信息技术应用于会计信息系统；与此同时，随着会计改革的不断深入，越来越多的先进会计管理理论和管理方法也不断加入会计信息系统，使得会计信息系统功能不断丰富和完善。

目前，会计信息系统已经从核算型发展成为管理型，它涵盖了供、产、销、人、财、物以及决策分析等企业经济活动的各个领域，并与管理信息系统中的其他子系统有机融合，共同为提高组织运作效率和效益服务。

由于企业性质、行业特点以及会计核算和管理的需求不同，会计信息系统所包含的内容不尽相同，其子系统的划分也不尽相同。

下面从总体角度出发，阐述较完整的会计信息系统应该具备的基本功能。其功能结构如图 1-1 所示。从图中可知，会计信息系统由三大系统组成，即由财务系统、购销存系统、管理与决策系统组成，每个系统又进一步分解为若干子系统。

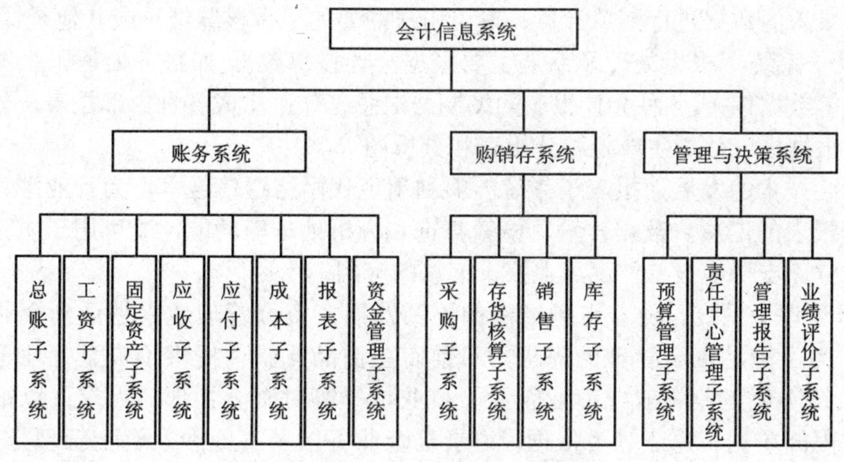

图 1-1　会计信息系统基本功能结构图

一、财务系统

财务系统主要包括总账子系统、工资子系统、固定资产子系统、应收子系统、应付子系统、成本子系统、报表子系统、资金管理子系统等。

1. 总账子系统　总账子系统是以凭证为原始数据，通过凭证输入和处理，完成记账和结账、银行对账、账簿查询及打印输出，以及系统服务和数据管理等工作。近年来，随着用户对会计信息系统需求的不断提高和软件开发公司对总账子系统的不断完善，许多商品化总账子系统还增加了个人往来款核算和管理、部门核算和管理、项目核算和管理及现金管理等功能。

2. 工资子系统　工资子系统是以职工个人的原始工资数据为基础，实现职工工资的计算，工资费用的汇总和分配，计算个人所得税，查询、统计和打印各种工资表，自动编制工资费用分配转账凭证传递给账务处理等功能。工资子系统实现了对企业人力资源的部分管理。

3. 固定资产子系统　固定资产子系统主要是对设备进行管理，即存储和管理固定资产卡片，灵活地进行增加、删除、修改、查询、打印、统计与汇总；进行固定资产的变动核算，输入固定资产的增减变动或项目内容的变化的原始凭证后，自动登记固定资产明细账，更新固定资产卡片；完成计提折旧和分配，产生折旧计提及分配明细表、固定资产综合指标统计表等，费用分配转账凭证可自动转入账务处理等子系统；可灵活地查询、统计和打印各种账表。

4. 应收子系统　应收子系统完成对各种应收账款的登记、核销工作；动态地反映各客户信息及应收账款信息；进行账龄分析和坏账估计；提供详细的客户和产品的统计分析，帮助财会人员有效地管理应收款项。

5. 应付子系统　应付子系统完成对各种应付账款的登记、核销以及应付账款的分析、预测工作；及时分析各种流动负债的数额及偿还流动负债所需的资金；提供详细的客户和产品的统计分析，帮助财会人员有效地管理应付款项。

6. 成本子系统　成本子系统是根据成本核算的要求，通过用户对成本核算对象的定义，对成本核算方法的选择，以及对各种费用分配方法的选择，自动对从其他系统传递的数据或用户手工录入的数据进行汇总计算，输出用户需要的成本核算结果或其他统计资料。

7. 报表子系统　报表处理子系统主要根据会计核算数据(如账务处理子系统产生的总账及明细账等数据)完成各种会计报表的编制与汇总工作；生成各种内部报表、外部报表及汇总报表；根据报表数据生成各种分析表和分析图等。

随着网络技术的发展，报表子系统能够利用现代网络通信技术，为行业型、集团型用户实现远程报表的汇总、数据传输、检索查询和分析处理等功能，既可用于主管单位又可用于基层单位，支持多级单位逐级上报、汇总的应用。

8. 资金管理子系统　随着市场经济的不断发展，资金管理越来越受到企业采购管理者的重视，为了满足资金管理的需求，目前有些商品化软件提供了资金管理子系统。资金管理子系统实现工业企业或商业企业、事业单位等对资金管理的需求；以银行提供的单据、企业内部单据、凭证等为依据，记录资金业务以及其他涉及资金管理方面的业务；处理对内、对外的收款、付款、转账等业务；提供逐笔计息管理功能，实现每笔资金的管理。

二、购销存系统

对工业企业而言，购销存系统包括采购子系统、存货子系统、销售子系统；对商业企业而言，还应包括符合商业特点的商业进销存系统。

1. 采购子系统　采购子系统是根据企业采购业务管理和采购成本核算的实际需要，制定采购计划，对采购订单、采购到货以及入库状况进行全程管理，为采购部门和财务部门提供准确、及时的信息，辅助管理决策。

很多商品化会计软件将采购子系统和应付子系统合并为一个子系统——采购与应付子系统，以更好地实现采购与应付业务的无缝连接。

2. 存货核算子系统　存货核算子系统主要针对企业存货的收发存业务进行核算，掌握存货的耗用情况，及时、准确地把各类存货成本归集到各成本项目和成本对象上，为企业的成本核算提供基础数据；动态地反映存货资金的增减变动，提供存货资金周转和占用的分析，为降低库存、减少资金积压、加速资金周转提供决策依据。

3. 销售子系统　销售子系统是以销售业务为主线，兼顾辅助业务管理，实现销售业务管理与核算一体化。销售子系统一般和存货中的产成品核算相联系，实现对销售收入、销售成本、销售费用、销售税金、销售利润的核算，生成产成品收发结存汇总表等表格，生成产品销售明细账等账簿；自动编制机制凭证供总账子系统使用。

4. 库存子系统　库存子系统主要对企业存货进行管理，接收在采购和销售子系统中填制的各种出入库单；向存货核算子系统传递经审核算后的入库单和盘点数据；接收存货核算子系统传递过来的入库存货成本。

三、管理决策系统

随着会计管理理论的不断发展及其在企业会计实务中的不断应用，人们越来越意识到会计管理的重要性，对会计信息系统提出了更高的要求，要求它不仅能够满足会计核算的需要，还应该满足会计管理的需要，即在经济活动的全过程进行事前预测、事中控制、事后分析，为企业管理和决策提供支持。因此，将信息技术与管理会计方法有机融合，增加管理决策与报告子系统，不断丰富和完善会计信息系统。

管理决策子系统可以归纳为三个层级的功能：

1. 经营监控层　为了更好地发挥财会人员的控制职能，要应用各种先进的管理工具，如全面预算管理和责任中心管理等。因此，在会计信息系统中增加了预算管理和责任中心管理子系统。

2. 报告与分析层　各级管理者为了动态了解业务进展情况、分析业务发展趋势，每天都需要查看各类管理信息。因此，在会计信息系统中，增加了管理报告子系统。

3. 业绩评价层　业绩评价的目标是实施企业战略，业绩评价的核心是将企业实际的结果与其计划目标相比较。因此，会计信息系统增加杜邦分析、经济增加值分析、平衡记分卡等功能模块，为企业提供综合、全面的业绩评价信息。

此外，会计决策支持子系统也将纳入会计信息系统中。决策支持子系统是利用现代计算机技术、通信技术和决策分析方法，通过建立数据库和决策模型，向企业的决策者提供及时、可靠的财务、业务等信息，帮助决策者对未来经营方向和目标进行量化分析和论证，从而对企业生产经营活动做出科学的决策。

第 5 节　会计软件市场及产品

会计软件是指专门用于财务会计工作的计算机软件，财会人员借助会计软件可完成会计核算与管理工作。

一、会计软件的分类

会计软件按其适用范围不同，可划分为通用会计软件和专用会计软件；按提供信息的层次不同可分为核算型会计软件和管理型会计软件。

1. 通用会计软件与专用会计软件　通用会计软件是指在某一特定范围内普遍适用的会计软件，通常又分为适用于各行各业的全通用会计软件和适用于某一行业的行业通用会计软件。通用会计软件的特点是含有较少的会计核算规则和管理方法，需由单位根据具体情况自行设定，较为灵活。但是，由于通用会计软件没有考虑不同用户的会计核算个性，企业初始化的工作量较大，且操作起来有一定的难度，需要得到软件开发商的帮助才能顺利实施。

专用会计软件是指仅适用于处理个别单位会计业务的会计软件。专用会计软件通常是由企业根据自身会计核算和经营管理的特点，自行开发或委托他人开发研制，将会计核算规则和管理方法固化在程序中。其优点是适合本单位会计电算化工作需要，针对性强。但是，灵活性较差，如会计政策变更就需要通过修改程序才能满足会计工作的需求。

2. 核算型会计软件与管理型会计软件　核算型会计软件是指专门用于完成会计核算工作的应用软件，它面向事后核算，通过采用专门的会计核算方法，实现会计数据处理的电算化，提供会计信息资料，从而完成会计电算化基础工作。核算型会计软件的主要功能包括对账务、工资、固定资产、成本、应收款、应付款、存货、往来账款等内容的核算以及会计报表处理等。

管理型会计软件是对核算型会计软件功能的延伸，它利用会计核算软件所提供的信息以及其他生产经营活动资料，采用各种管理模型和方法，对企业的经营状况进行分析和评价，具有事前预测、事中控制和辅助决策等功能。在核算型会计软件完成会计核算基本任务的基础上，管理型会计软件具有分析、预算和控制等扩展功能。其中，分析功能主要包括对各种财务报表和预算报表的财务结构、财务指标进行定比和环比等多项比较分析；预算功能提供从一般经营活动到投资、筹资、资本支出、收入、成本和现金流量等方面的预算；控制功能包括对固定成本、变动成本、预计流动比率、预计投资收益率、保本点等的计算控制，通过预算报表和实际执行中的反馈结果进行控制。管理型会计软件是会计软件的必然发展方向。

二、目前国内外的会计软件及厂商简介

从 1956 年美国通用电气公司(GE)使用计算机进行员工工资计算开始，会计信息化已经诞生半个多世纪了，其中比较著名的厂商有德国的 SAP、美国的 Oracle，以及国内的用友、金蝶、浪潮、神州数码、和佳、金算盘、速达等。

(一) 国外会计信息化软件公司及其产品

1. SAP(Systems，Applications，and Products in data process)　SAP 是世界最大的企业管理软件厂商、世界三大独立软件提供商、欧洲最成功的软件公司。全球财富 500 强身后的管理大师都是 SAP，其中包括 50 家最大的石油企业、20 家最大的医药公司、18 家最大的化工公司、19 家最大的电信公司等。

SAP R/3 系统是目前在中国应用比较普遍的一套产品，其系统构成，如表 1-2 所示。

表 1-2　SAP R/3 的系统构成

SAP 的系统构成	具 体 描 述
数据库	IBM/DB2、Informix、MS、SQL Server、Oracle
客户端	Win95+中文平台、WinNT 工作站+中文平台
语　言	ABAP/4(高级企业应用编程)
R/3 版本	服务器端：R/3 4.08 客户端：SAP GUI4.6

R/3 系统的四大类模块为后勤(logistics)、财务(accounting)、人力资源(human resources)和其他。

2. Oracle　Oracle 是世界第二大独立软件供应商，其网站为 http：//www.oracle.com，Oracle 公司主要的会计信息化软件产品为 Oracle E-Business Suite。

其他的国外会计信息化厂商有：从人力资源管理转型的 ERP 厂商 PeopleSoft、IBM 机器上的 ERP 软件厂商 J.D. Ediwards、从 Boeing 腾飞的 ERP 厂商 BAAN 等。

(二) 国内会计信息化软件公司及其产品

1. 用友集团　用友软件是亚太本土最大管理软件供应商，是中国最大的管理软件、ERP 软件、财务软件供应商，是中国最大的独立软件供应商。在中国 ERP 软件市场，用友软件市场份额最大、产品线最丰富、成功应用最多、行业覆盖最广、服务网络最大、交付能力最强。用友软件已形成 NC、U8、“通”三条产品和业务线，分别面向大、中、小型企业提供软件和服务，用友还拥有丰富的企业应用软件产品线，覆盖了企业 ERP(企业资源计划)、SCM(供应链管理)、CRM(客户关系管理)、HR(人力资源管理)、OA(办公自动化)等业务领域，可以为客户提供完整的企业应用软件产品和解决方案。

(1) 面向大型集团企业——用友 NC。用友 NC，12 年来，对标国际，持续创新，已经发展为中国应用最成熟、最完整、最适用的中国企业集团管理软件。用友 NC 拥有 4000 家企业集团客户，拥有 3000 多人的高端人才队伍和 300 多家高端产业链伙伴，为客户提供专业的服务。用友 NC 以“全球化集团管控、行业化解决方案、全程化电子商务、平台化应用集成”的管理业务理念而设计，采用 J2EE 架构和先进开放的集团级开发平台 UAP，目前形成了集团管控 8 大领域、15 大行业、68 个细分行业的解决方案，是中国大企业集团管理信息化应用系统的首选。

作为引领应用全球最新技术、第一款全面支持云计算、通过全球 SOA 解决方案顶级认证、全球首家实现大型系统动态监控平台的本土管理软件，用友 NC 以自主研发为主，集成了全球智慧。用友最新产品 NC5.6，更是凸显中国高端管理软件在技术上的后发优势。它以“高性能、高智能”亮剑于企业集团管理软件市场，融合了 4000 多家集团企业独特的商业模式、信息化成功应用模式及众多行业领先企业的最佳业务实践，深入应用 SOA 架构，支持企业进行“应用云”和“高性能云”平台部署，率先引领企业集团的管理信息化进入高性能时代。

包含模块有：包括统一应用平台 UAP、应用集成平台、财务管理、资金管理、预算管理、供应链管理、分销管理、资产管理、企业治理、流程制造管理以及人力资源管理等应用。

(2) 面向中型企业——U8。用友 ERP-U8 是一套企业级的解决方案，满足不同的竞争环境下，不同的制造、商务模式下，以及不同的运营模式下的企业经营，实现从企业日常运营、人力资源管理到办公事务处理等全方位的产品解决方案。用友 ERP-U8 是以集成的信息管理为基础，以规范企业运营，改善经营成果为目标，帮助企业“优化资源，提升管理”，实现面向市场的赢利性增长。

用友 ERP-U8 是一个企业经营管理平台，用以解决不同满足各级管理者对信息化的不同要求：为高层经营管理者提供大量收益与风险的决策信息，辅助企业制定长远发展战略；为中层管理人员提供企业各个运作层面的运作状况，帮助做到各种事件的监控、发现、分析、解决、反馈等处理流程，帮助做到投入产出最优配比；为基层管理人员提供便利的作业环境，易用的操作方式实现工作岗位、工作职能的有效履行。

包含模块有：企业门户、财务会计、管理会计、供应链管理、生产制造、分销管理、零售管理、决策支持、人力资源管理、办公自动化、集团应用、企业应用集成。

(3) 面向小型企业——用友 T 系列。经济危机影响下的中小企业暴露出基础管理薄弱、业务流程无序，抗风险能力弱的管理瓶颈。一旦外部政策或经济环境发生重大变化，企业随时有可能陷入经营困境。只有强化基础管理，建立业务流程管控体系，实现管理升级才能保障企业健康成长。

用友公司为了帮助成长型企业应对当前的经济寒冬，推出健康成长计划，通过管理体检帮助企业突破管理困局，并以长期关注企业成长与服务的信念，专为中小型企业量身研制了 T6 企业管理软件，解决企业发展过程中的核心管理问题，以其灵活、易用、高性价比的可交付性，为企业带来快速、实际、高效的应用价值。

2. 浪潮集团　浪潮 ERP 是中国较早基于大型关系型数据库开发的企业级管理软件，也是率先支持国内(PRC)和国际(IAS)两种会计准则的管理软件。浪潮是国内最早涉足集团管理信息化应用领域的软件厂商之一，目前已经开发出功能完备、稳定的集团管理信息系统产品，在国内集团管理软件应用市场领域浪潮ERP连续7年列第一位(CCID)，成功应用于中国航天科技、中国航空工业、中国兵器装备、大连船舶、中国中铁、中交股份等大型企业集团，成功帮助国内20%的上市公司、38%国资委所属企业实施了信息化。

浪潮ERP由三大系列组成：易系列、ERP-PS、ERP-GS。分别面向小、中、大型企业提供软件和服务，基本信息见表1-3。

表1-3 浪潮管理软件系列

推出时间	产品系列	客户群	操作系统	包含的模块	产品简介	数据库	应用模式
2002	浪潮ERP-GS	集团型企业、大型企业	Win32/64	基础数据 业务开发平台 会计核算 财务管理 全面预算 资金管理 商务智能 供应链管理	浪潮ERP-GS是浪潮基于多年服务于大型集团企业信息化建设的经验，并充分吸取国内外著名管理软件的设计思想，专为集团型客户度身定做的一套数据集中、管理集中、决策集中的全面解决方案	SQL Server Oracle	Smart Client Browser/Server
1995	浪潮ERP-PS	大中型企业	Win32	基础数据 财务会计 供应链管理 管理会计 人力资源管理 分析报告 业务开发平台	浪潮ERP-PS是浪潮结合多年来的项目管理和开发经验，采用先进的管理思想和先进的开发工具，鼎力向企业推出的一套ERP全面解决方案。浪潮ERP-PS解决方案主要从企业比较关心的财务、物流、生产管理、人力资源等入手，以企业工作流程为基础，对企业工作流程中每个节点的质量、进度和成本进行有效管理和控制，使企业能够充分利用一切内部和外部资源，来提高企业的销售收入和利润，增强企业的国际竞争力	SQL Server Oracle Sybase	Client/Server
2004	浪潮易系列	中小企业	Win32	账务处理 固定资产 票据打印 报表管理 现金流量 工资管理 维护工具 环境配置 账套管理	浪潮易系列是浪潮集团面向中小企业推出的专用管理软件，源于1992年开发并得到广泛应用的浪潮ERP-PS大中型企业管理软件，易系列借鉴了众多大型企业的成功管理经验，同时又高度紧贴中小企业的管理实践，其产品设计以“易学、易用、易扩展”为理念，以精细的会计模块为核心、以精简的物流模块为辅助、帮助中小企业实现“轻松理财 提升管理”的应用目的	SQL Server Oracle Sybase	Client/Server

3. 金蝶公司　金蝶国际软件集团有限公司作为中国软件产业的领导厂商之一，是亚太地区管理软件龙头企业，全球领先的中间件软件、在线管理及全程电子商务服务商。金蝶以帮助顾客成功，让中国管理模式在全球崛起为使命，为世界范围内超过80万家企业和政府组织成功提供了管理咨询和信息化服务。金蝶公司产品简介：

(1) 面向大型集团企业：金蝶EAS(enterprise application suite)。金蝶EAS是集团企业的一体化全面管控解决方案，适应于资本管控型、战略管控型及运营管控型的集团企业。金蝶EAS为资本管控型的多元化企业集团提供财务、预算、资金和高级人才的管控体系，为战略管控型的集团企业提供集团财务、企业绩效管理、战略人力资源、内控与风险的全面战略管控，为营运管控的集团企业提供战略采购、集中库存、集中销售与分销、协同计划及其复杂的内部交易和协同供应链的集成管理。

(2) 面向中型企业：金蝶K/3。金蝶K/3(Kingdee/anyone，anytime，anywhere)是中型企业财务业务一体化的精细管理解决方案，适用于制造业、金融业、批发与零售等不同行业的中小型企业。金蝶K/3涵盖原料采购、生产运作、市场销售、售后服务等业务环节，涉及计划、成本、财务、人力资源、协同办公等管理领域，可以实现业务运作、管理控制和决策分析三个层面的完整ERP应用。

(3) 面向小型企业：金蝶 KIS。金蝶 KIS(keep it simple)是小型企业以低成本、高效率、快速入门的方式实现管理信息化的解决方案。金蝶 KIS 以“让管理更简单”为核心设计理念，适用于小型企业。金蝶 KIS 旨在提高管理能力，完善、规范业务流程，全面覆盖小型企业管理的五大关键环节：老板查询、财务管理、采购管理、销售管理和仓库管理。

(4) 金蝶 GAS：金蝶 GAS(government application suite，政府应用套件)是在政府公共财政管理框架体系和政府财政全局管理的基础上，建立面向政府及部门财务管理和财政业务的综合解决方案。金蝶 GAS 适用于政府及非盈利性组织。

应对政府层次横向财务集中监管和部门层次垂直财务集中监管，实现核算、管理和监督一体化，同时在核算的基础上强化业务全面、信息完整、数据集中和管控集中，全面协同部门预算、国库支付、政府总账、工资、审计、资产清查。

(5) 金蝶 BOS：金蝶 BOS(business operation system，企业操作系统)是一个开放的集成与应用平台，是金蝶 ERP 解决方案、合作伙伴解决方案以及客户制定应用的技术平台。金蝶 BOS 适用于不同应用阶段、需定制化开发的不同行业企业。金蝶 BOS 能够为企业灵活而迅速地设计、构建、实施和执行一套随需应变的 ERP 系统，并能够与现有的 IT 基础设施无缝地协同运作。

金蝶 ERP 具备各种先进的技术特性和各种解决系统重构、系统集成的工具与平台。这些特性和工具能够帮助金蝶 ERP 快速实施、快速配置、快速应用、快速见效，有效地缩减了金蝶 ERP 的应用实施周期和成本。

三、会计软件的选择策略

随着业务的不断开展，越来越多的企业管理者感觉到需要一个强大的会计信息系统，以满足加快信息交流与分析、降低成本、强化资金管理与财务管理等至关重要的目标。会计软件(财务软件)是会计信息系统的核心。

为了建立自己的会计信息系统，企业有两种策略选择会计软件：一是自行开发会计软件；二是外购会计软件。

(一) 自行组织开发会计软件策略

自行组织开发会计软件策略是指企业自身组织会计信息系统的开发队伍，并完成从需求分析到程序设计等工作，最终交付会计软件。

1. 自行组织开发会计软件的优点分析

(1) 多方组成的软件开发人员参与业务需求调研、业务流程优化与重组，有利于业务流程优化与重组在具体软件中实现。

(2) 从企业最需要信息化的环节出发，可以只进行必要功能模块的开发，使新系统更有针对性。

(3) 充分考虑企业自身业务需求，而不必考虑作为通用软件而增加很复杂的设置与配置功能，从而使软件更加切合企业发展需要，简单易操作。

(4) 企业内部 IT 人员参与了会计信息系统的开发全过程，所以一旦系统出现问题或需改进，企业内部人员能够进行快速的自我支持与维护。

(5) 企业 IT 部门锻炼了一支队伍，人员素质在计算机应用、管理水平、团队协作等方面都会有较大的提升。

2. 自行开发会计软件的风险分析

(1) 资金投入不足的风险。企业信息化建设是一把手工程，领导层的全力支持是必不可少的。由于自行开发软件需要相当一段时间，企业不能在短时间内看到明显的效益和回报。所以，领导层可能会在中途对自行参与开发的方案产生怀疑态度，在资金、人力的持续投入方面力度不足，导致软件开发风险增加。

(2) 项目负责人的协调能力制约软件开发。会计软件开发是一项非常复杂的系统工程项目，在开发过程中需要多个部门的各种人员参与，如会计人员、软件技术人员、业务管理人员的共同参与。但是，由于企业各部门工作非常多，特别是会计人员工作非常繁重，因此，当项目负责人的协调能力不强时，会计软件开发过程受挫，最终会导致项目流产。

(3) 软件开发人员的流失风险。软件开发是一项系统工程，项目周期一般都比较长，软件开发人员经过一段时间的训练后，综合分析问题和解决问题的能力普遍增强。由于软件设计与开发人员的稀缺，导致了企业的软件设计与开发骨干人员被商品化软件公司挖走，带来软件开发人员流失的风险，导致软件开发受阻。

(4) 软件升级方面存在较大风险。随着 IT 技术的发展和应用平台的升级，软件升级换代是企业今后必然会遇到的问题。自行开发的软件升级工作需要企业自身 IT 人员来完成。但是，由于软件开发不是企业的主营业务，软件开发人员 IT 知识的更新受到制约；与此同时，随着企业管理的变革和创新，开发人员如果不能与时俱进，则会导致软件升级方面的风险。

综上所述，自行组织开发需要企业自身有很强的 IT 队伍，而且要保持人员长时期的相对稳定，才有可能保证软件开发、运行和升级维护正常进行。这对大多数企业而言都是难以做到的。如果进一步考虑自行开发项目投入成本，实际上远远高于购买商品化软件费用。因此，目前大部分企业集团都不采用自行组织开发会计软件的策略。

(二) 购买商品化会计软件策略

大多数专业化软件公司开发的会计软件产品既通用，又比较稳定实用。因此，购买成型的商品化通用会计软件，已成为企业会计信息系统建设的一种重要方式。然而，用户在面对众多的商品化会计软件时，怎样选择最适合自己需要的会计软件呢？

一般说来，用户在购买商品化会计软件时，应主要考虑以下几个方面因素：

1. 了解软件功能能否满足本企业业务处理的要求　明确企业业务处理要求并了解软件功能能否满足这些要求，是企业选择合适会计软件最重要的一个方面。不仅要了解软件是否具备期望的功能，还要了解软件功能实现是否准确。

在选择软件时，要关注软件如何支持行业特征。在对本企业的行业特征进行需求分析后，认真分析所选择软件是否能够满足本企业行业特征的需求。目前，市场上销售的软件，大的方面的功能都具备，只是在功能细节方面各有不同。企业的行业功能需求主要体现在功能细节方面，这就要求企业在选购软件时，应了解软件功能细节上能否满足自己的特殊要求或侧重点，并判断软件在功能实现的准确性方面是否到位。

在选择软件时要了解软件功能的完整性。企业可能分阶段完成会计信息系统的建立，可以先实施总账、报表、工资、固定资产，再实施采购与付款、存货、销售与收款，最后实施人力资源管理系统。在这种情况下，企业购买某一软件时，应考虑该软件是否具有这些功能，能否满足分阶段实施计划。

2. 考察软件系统设置的灵活性、开放性与可扩展性　会计信息系统的建立实际上是在现代管理理论的指导下，用现代技术加强、改造、完善或建立全新的信息管理系统。因此，在应用软件系统运行后还必须考虑由于信息技术的飞速发展所引起的商业活动方式的变化对企业经营管理方式提出的要求，包括机构和业务流程的重整，以及随着经营活动范围的扩大和方式的多样化，产生了许多新的市场机会，企业抓住这些机会的必要条件之一就是要进一步调整、增强和完善信息管理系统的功能。这就要求软件系统的设置要具有一定的灵活性，以便调整软件操作规程和适应新的业务处理流程的变化。同时，软件在与其他信息系统进行数据交换以及进行二次开发方面的功能，对于适应企业不断变化的管理工作是非常重要的。

3. 考察会计软件运行的稳定性与易用性　软件运行稳定性是软件质量和技术水平的体现，如果软件在运行时经常死机或非法中断，势必影响会计信息系统的运行效果和数据的安全性。一般而言，软件开发至少需要一年以上的时间才能形成产品，而在软件推向市场时，还需要半年时间的磨合，经过众多用户的实际运行考验才能趋向稳定，需要半年至一年时间才能趋向成熟。用户可以从软件开发与投放市场的时间长短初步判断软件的稳定性，再通过一些实际操作或试运行进一步确定其稳定性程度。

软件的易学易用性对人员培训工作量以及软件系统的应用效果也是有影响的。这也是企业在选购软件时应该考虑的。

4. 了解会计软件对计算机性能要求及其运行效率　企业应尽可能选购与网络硬件平台无关的应用软件。即除非是专业应用，尽量不选用专用系统。专用系统在某一方面或某一时期可能是有特色的，一旦采用，势必会牺牲系统的通用性，使应用软件系统的二次开发和运行局限在某一特定的范围内，很难与其他应用系统进行数据交换等。例如，某企业购买的会计软件只能在苹果机或 OS400 计算机上运行，而本企业根本就没有这些类型的计算机，或者为了会计软件运行而购置这类计算机，但由于企业其他应用系统，如办公自动化系统就不能在这些计算机上运行，从而造成数据交换上的困难。另外，在长期的系统运行与二次开发过程中，应用软件系统的更新换代以及厂家的前途等问题都有可能影响会计信息系统的建设。

此外，会计软件的运行对计算机硬件性能都有一定的要求。有些软件对计算机硬件性能要求比较高，如果用户的计算机性能不高，也不准备更新设备，购买的软件可能在自己的计算机上不能运行。因此，企业在购买软件时一定要考虑本企业计算机硬件性能以及可以在该硬件上运行的会计软件。

另外，软件在投入正常运行后，软件的运行效率或运行速度因数据量过大而不断下降。为此，在选择软件时要了解其他企业在使用该软件时，数据量大小对运行速度的影响。

5. 从开发商的发展前景和售后服务体系上选择　软件开发商的技术实力和发展前景也是企业在选择会计软件时应该考虑的一个重要方面。如果软件开发商的技术实力有限或者根本没有稳定的技术开发队伍，则今后软件功能的改进和版本升级都会存在问题或没有保障。如果企业选择由这样的开发商开发出的软件，则只能是一种短期行为。为此，企业在选择小公司开发的会计软件时要特别谨慎，虽然小公司开发出的软件由于用户数量少而在技术支持和服务上更让用户满意，但小公司一旦倒闭，则用户购买的软件将得不到长期后续技术支持。

此外，某一软件的售后服务体系是否健全、服务水平高低以及服务态度好坏，对于选用的软件能否顺利投入实际使用、今后软件运行过程中出现问题能否得到及时解决是至关重要的。如果售后服务和技术支持得不到保证，软件在投入实际运行后迟早都会被终止使用。特别需要注意的是，选用的软件在企业所在城市或地区已设立了售后服务机构，对于该软件的长期运行是一个重要保障，也就是说，如果购买的软件虽为名牌软件，但在本地区没有售后服务机构，则软件运行出现问题时将很难及时得到解决。

四、硬件平台的选择

硬件平台是会计软件运行的基础，随着计算机技术的发展，计算机的性能/价格比日趋合理，因此，硬件的选择不限于讨论单机如何选型、如何配置，而是更侧重于计算机网络的规划和建设。

企业会计信息系统网络硬件平台建设时应该考虑以下的原则：

1. 先进性原则　从发展的角度出发，网络建设应采用先进的计算机技术、通信技术、网络设计思想和网络技术；做网络方案都要有一定的前瞻性。例如，今年建成的网络明年就要做大的调整，这样的网络方案就是失败的；反之，如果对这种前瞻性提出不切实际的要求，也是不现实的。

2. 实用性原则　采用成熟的技术和高质量的网络设备，应能适应企业财务、业务、管理一体化的信息服务，特别网络带宽应足够大、传输延迟应尽量小。

3. 可维护性原则　作为一个系统，整个网络是由多种设备组成的较为复杂的系统，因此必须着重考虑所选产品具有良好的可管理性和可维护性。

4. 安全性原则　安全性原则表现在两个方面：一是采用各种有效的安全措施，例如，防火墙、加密、认证、数据备份和镜像等，确保网络的安全性，保证内部网不受攻击。二是对网络的关键设备，例如，服务器、交换机等，要采取备份措施，保证网络能不间断地工作。

5. 经济性原则　通过高度可伸缩的、灵活的互联解决方案，使网络能够平滑过渡到未来的优化网络，从而能够有效地保护现有的投资。建网要面向应用、面向需求，照顾到前后步骤的衔接。既要充分利用现有资源，又要使现在的投入成为明天的有机组成部分。在满足上述要求的前提下，追求最小投资额。

6. 开放性原则　网络设备的选择应基于开放的标准和协议，应具有良好的兼容性和可扩展性。

7. 标准化原则　网络设备和服务应能提供单一来源的、标准的、开放的技术，以满足高性能、可用性和可操作性的需求。

本章小结

会计信息系统已经处在快速发展和普及过程中，掌握其基本理论和实务操作是十分必要的。会计信息系统利用现代信息技术进行会计数据的采集、存储和处理来完成会计核算任务，为企业管理、决策提供有用的辅助信息，是企业管理信息系统中非常重要的一个子系统。本章从会计信息系统的基本概念入手，详细介绍了会计信息系统的发展、应用体系结构、功能结构，并介绍了目前的会计软件市场及主要的产品，以及产品的选择策略，让大家对会计信息系统有深入系统的了解，为今后的学习和应用打下较好的基础。

思考与练习题

★ 单项选择题

1. “会计电算化”一词是在 1981 年“财务、会计、成本应用计算机问题研讨会”上由(　)提出。

A. 杨周南　B. 王景新　C. 阎达五　D. 余绪缨

2. “整体大于部分之和”的管理思想日益受到重视是在(　)阶段。

A. 单项数据处理　B. 会计综合数据处理

C. 面向企业整体管理的　D. 面向企业间价值链决策管理的

3. ERP 的含义是(　)计划。

A. 物料需求　B. 资金管理　C. 企业资源　D. 制造资源

4. 国内外信息系统应用体系结构目前比较先进的是(　)。

A. F/S　B. J2EE　C.C/S　D. B/S

★ 多项选择题

1. 下列(　)属于硬件资源。

A. 键盘　B. 主机　C. 网卡　D. 打印机

2. 下列(　)属于会计软件。

A. 用友 U8　B. 浪潮 ERP-PS

C. 数据库管理系统　D. 操作系统

3. 会计信息系统的特点有(　)。

A. 综合性　B. 庞大复杂性　C. 准确性　D. 信息量大

4. 下列属于 B/S 结构特点的有(　)。

A. 实施速度快　B. 易部署　C. 低维护成本　D.灵活性、扩展性差

5. 下列软件产品属于用友公司的是(　)。

A. U8　B. 易系列　C. ERP-GS　D. NC

★ 案例分析

1. 企业简介

企业名称：某化工集团有限责任公司。

企业性质：大型国营工业企业。

企业概况：该集团是一家大型企业，分子公司遍布全国各地，主要有总裁办、财务处(会计核算科、资金管理科、预算科、材料核算科)、审计处、销售中心、供应中心、仓管中心，设备管理处、计算机中心、劳资等部门，有盐厂、碱厂、电厂、磷铵厂等二级单位 50 多家，在职职工 3 万人，以生产化肥、纯碱、磷铵等产品为主，集团资产种类多，达 80 亿，每年采购资金 10 亿，销售收入 30 亿，应收账款 6 亿多，应付账款 3 亿多。

2. 企业目前存在的问题

(1) 该集团对于异地的分子公司的业务难控制，业务信息不能及时传递给总公司。

(2) 该集团实行统购统销，管理众多的供应商和客户是一个难题。

(3) 如何做到有效利用采购资金，货比三家，及时掌握库存信息，减少盲目采购是该集团采购中心一直想要解决的问题。

(4) 该集团有多个本地和异地的仓库，上万种存货，存货管理比较混乱，账账不符现象

严重，调拨混乱，存货的成本核算差错多。

(5) 目前无法灵活的制定销售价格，客户信用不能有效的控制，呆账、坏账较多。

(6) 集团的管理费用、销售费用居高不下，难以将预算与会计核算结合，不能及时控制。

(7) 由于信息不能及时共享，领导层很难及时得到关于销售、采购、预算执行、费用的汇总分析，此问题希望通过信息化解决。

问题：

(1) 假如你是该公司的财务主管，集团想上一套完整的、满足企业需要的管理软件，派你去国内软件公司调研，你会选择哪家公司的哪个产品？为什么？

(2) 根据本章所学的知识，结合该集团的特点，为该企业建立功能结构和应用体系结构。

(3) 结合各部门的特点，给出各部门应该使用哪些子系统的应用方案。

第 2 章　会计信息系统开发的方法

学习目标

- 描述会计信息系统的开发方法；
- 掌握系统开发生命周期法的基本思想；
- 了解系统分析和设计阶段的具体工作。

第 1 节　会计信息系统开发概述

会计软件对数据的安全性、合法性和可靠性要求比较高，会计软件的分析与设计是一项专业性、技术性很强的工程，需要采用科学系统的方法才能确保整个工程的顺利进行。会计软件的开发方法与一般的管理信息系统的开发一样，主要有生命周期法、原型法、面向对象法、计算机辅助开发方法等。

一、生命周期法

生命周期法也称结构化系统开发方法，是目前国内外较流行的信息系统开发方法，也是迄今为止开发方法中应用最普遍、最成熟的一种，在系统开发中得到了广泛的应用和推广，尤其是在开发复杂的大系统时，显示出了无比的优越性。

1. 生命周期法的基本思想　生命周期法的基本思想是，将软件工程学和系统工程的理论和方法引入会计软件的研制开发中，按照用户至上的原则，采用结构化、模块化自顶向下对系统进行分析和设计。具体来说，它将整个会计软件开发过程划分为相对独立的六个阶段，包括系统分析、系统设计、程序设计、系统测试、运行和维护以及系统评估。

2. 软件的生命周期　按照生命周期法，研制和开发任何一个会计软件都要按顺序经历以上六个阶段，在系统生命的每一个阶段，都有明确的任务，并产生相关的文档，作为下阶段工作的基础和依据。

(1) 系统分析。分为系统调查和系统需求分析两个阶段。系统调查主要是调查用户的需求以及现实环境，熟悉有关业务的处理过程和方法，完成对问题性质的定义，然后从技术、经济和环境三方面对软件项目或信息系统进行可行性分析。可行性研究阶段的文档是可行性研究报告。系统需求分析的任务是回答“为了解决问题，目标系统必须做什么？”，即确定目标系统必须具备哪些功能，并建立系统的逻辑模型。需求分析阶段的文档是系统分析说明书(需求分析报告)。

(2) 系统设计。是指在系统分析的基础上，根据目标系统的逻辑模型建立物理模型，确定系统的具体实现方案。该阶段的任务是回答“应该如何解决这个问题”，即找出问题的求解方法，建立系统的物理模型。系统设计分为总体设计和详细设计两个阶段。总体设计又称为概要设计，它决定系统的模块结构和数据结构等，即进行总体结构及数据库设计。详细设计是总体设计的进一步细分，它详细描述每一个模块的详细功能和实现该功能的程序，定义所用到的程序实现方法和内部数据结构等。该阶段的文档包括总体设计说明书和详细设计说明书。

(3) 程序设计。按照详细设计说明书的要求，选择适当的程序设计语言把每个模块代码化，即编写程序，并对各个程序进行测试。该阶段的文档包括源程序清单和程序设计说明书。

(4) 系统测试。是指为了在系统的试运行阶段，尽可能地查出程序内部的各种错误，以保证系统质量而进行的调试和检验，包括单元测试、组装测试和确认测试。单元测试验证单个模块的正确性；组装测试即集成测试，是将单个模块装配起来并测试模块连接的正确性；该阶段的文档包括测试报告和用户操作手册等；确认测试又称有效性测试，它的任务是验证软件的有效性，即验证软件的功能和性能及其他特性是否与用户的要求一致。

(5) 运行和维护。系统制成并交付使用后，进入软件生命周期的运行和维护阶段。其任务是对运行后的软件系统不断进行修改扩充，改正存在的错误，使软件系统能适应环境的变化。同时根据新的要求对软件的功能进行扩充，改善软件系统的性能。维护工作包括程序维护和使用维护。该阶段的文档包括运行日志、系统问题报告、系统修改报告等文档。

(6) 系统评估。其任务是评估系统的优劣。系统运行一段时间后，就可以对系统做一个评估，评估从功能和性能两方面考虑，内容一般包括系统完成任务情况、取得的社会效益和用户的满意度三个方面。评估的成果为评估报告书。

3. 生命周期法的优缺点　生命周期法的突出优点是强调系统开发过程的整体性和全局性，强调在整体优化的前提下考虑具体的分析设计问题，即自顶向下的观点。它从时间角度把软件开发和维护分解为若干阶段，每个阶段有各自相对独立的任务和目标，这使得各个阶段的任务相对独立，降低了系统开发的复杂性，便于不同人员分工协作，提高了可操作性。另外，每个阶段都对该阶段的成果进行严格的审批，有清晰的文档，强调一步一步进行系统分析和设计，发现问题及时反馈和纠正，提高了软件的可维护性。

但是，生命周期法开发顺序是线性的，各个阶段的工作不能同时进行，开发的周期较长。前阶段所犯的错误必然带入后一阶段，而且越是前面犯的错误对后面工作的影响越大，更正错误所花的工作量就越大。而且，在功能经常要变化的情况下，难以适应变化要求，不支持反复开发。

二、原型法

原型法是相对于生命周期法而言的另一种系统开发方法，它强调系统设计者与最终用户之间自始至终通力合作，用较短的时间完成问题空间定义后，采用一些适当的开发工具立即建立一个可运行的原型，然后交付用户使用，提出修改意见，再反复修改、完善产品的功能，形成最终产品。

1. 原型法的基本思想　原型法的基本思想是，在获得用户基本需求的基础上，快速构造系统工作模型——初始模型，然后演示这个模型系统，在用户参与的情况下，按用户合理而又可行的要求，不断修改这一原型系统。每次修改都使系统得到一个完整的新原型，直到用户满意为止。可以看出，原型法是随着用户和开发者对系统理解的加深而不断按更明确、更高要求进行补充和细化的。系统的定义是在逐步加深认识的过程中进行的，而不是开始就试图预见一切，它是系统的模型化和探索性的开发方法。

2. 原型法的开发步骤

(1) 确认基本需求。用户提出开发要求，例如对系统功能、性能的基本要求，实现这些要求的数据规范、输出报告等。

(2) 开发一个可工作的原型。开发人员归纳用户要求，研制一个初始的系统原型(即程序模块)。

(3) 试用原型。开发人员和用户一起分析评价原型，进一步发现问题和不足，讨论并确定需要修改变动的部分。

(4) 修改原型。对原型进行修改，舍弃不符合要求的部分，增加所需的功能，满足用户提出的新要求，使原型逐步完善。

(5) 重复第(3)、第(4)步骤，修改过的原型给用户再度使用和评价，提出意见，再修改，如此反复，直到用户完全满意为止。

3. 原型法的优缺点

(1) 用户参与了系统开发的所有阶段，从而使用户的需求可以及时地、较好地得到满足，系统的实用性强。

(2) 采用原型法，用户可以及早接触和使用未来系统的原型，有利于日后的系统使用和维护。

(3) 采用原型法开发软件，其周期大为缩短，开发费用较少。

(4) 原型法只是一种基于 4GLS 的快速模拟方法，要想将其用于一个大型信息系统开发过程中的所有环节就比较困难。

三、面向对象的开发方法

面向对象的开发方法是通过组合可重复使用的模块组，自下而上建立信息系统。

1. 基本思想　当我们设计和实现一个客观的会计信息系统时，如能在满足需求的条件下，把系统设计成由一些不可变(相对固定)的部分组成的最小集合，这个设计就是最好的。它把握了事物的本质，不再为周围环境的变化及用户的需求变化所左右，能够构造出模块化、可重用、维护性好的软件，能够控制软件的复杂性和降低开发维护费用。这些不可变的部分就是所谓的对象。

2. 面向对象的工作流程

(1) 系统调查和需求分析。对系统将要面临的具体管理问题以及用户对系统开发的需要进行调查研究。

(2) 分析问题的性质和求解问题。在复杂的问题域中抽象地识别出对象以及其行为、结构、属性、方法等，这一阶段一般被称为面向对象分析。

(3) 整理问题。即对分析的结果作进一步的抽象，归类，整理，最终以范式的形式将他们确定下来，这一阶段被称为面向对象设计。

(4) 程序实现。即用面向对象的程序设计语言将上一步整理的范式直接映射为应用程序软件，这一阶段被称为面向对象的开发。

面向对象的优点在于缩短开发、维护、测试的时间，降低费用，在开发过程中加强对用户的支持并提高灵活性。缺点在于对计算机工具要求高，在没有进行全面的系统性调查分析之前，把握系统的结构比较困难。

四、计算机辅助开发方法

计算机辅助开发方法是一种除系统调查外的全面支持系统开发的自动化开发方法，但是，它必须依赖一种具体的开发方法，因此，也是一种辅助开发方法。

以上四种系统开发方法各有优点，但又各有缺陷，生命周期法是真正能够全面支持整个系统开发过程的方法，其他几种方法尽管有很多优点，但都只能作为生命周期法在局部开发环节上的补充，暂时都还不能代替其在系统开发过程中的主导地位。

会计信息系统作为管理信息系统的一个组成部分，与管理信息系统的其他子系统相比，具有许多共同之处，但又有其本身独具的一些特征：

(1) 数据量大、数据结构关系复杂。

(2) 数据加工处理方法要求严格。

(3) 数据的真实性、准确性要求高。

(4) 要有充分的安全性、可靠性保证。

(5) 与其他子系统联系紧密。

(6) 人为因素多，数据处理方法因单位而异。

因此，会计信息系统的开发是一项庞大的系统，应该采用生命周期法为主，其他方法为辅的开发模式。

第2节　系统分析与系统设计

我们第一节讲过，生命周期法是软件开发中应用最广的一种开发方法，系统分析与系统设计是软件生命周期法的重要阶段，本书仅对系统分析与系统设计做详细介绍，其他部分限于篇幅不再详细介绍。

一、系统分析

系统分析阶段又分为系统调查与需求分析。此阶段的主要目标是论证新系统的逻辑模型，它表达了系统要做什么和能做什么的问题，即确立系统的问题空间和边界。

(一) 系统调查

系统调查，又称为系统的可行性研究，旨在了解和初步评估待开发信息系统的可行性，并为系统开发做出规划准备。

1. 系统调查的范围及内容

(1) 组织机构和人员分工。包括组织机构调查，业务过程与组织结构之间的联系分析，业务功能结构调查与分析。

(2) 业务流程。全面细致地了解整个系统各方面的业务流程，以及资金流、物流和信息流的流通状况以及各种输入、输出、处理的逻辑关系。

(3) 各种计划、单据和报表。在调查中要注意广泛地收集各项业务处理中各种输入、输出的单据、表格、报表、各类台账等，而且最好是填有内容的资料和报表。细致调查了每一张单据、表格、报表等资料的来龙去脉、处理内容、处理时间、处理的数据量、处理的周期之后，可汇总绘制数据调查分析表。

2. 系统调查的主要步骤

1) 初步调查：是指系统开发人员对企业的组织机构、管理体制、经济环境、会计业务、系统的开发条件等进行初步调查，掌握与系统有关的基本情况，作为可行性研究和制订开发计划的基础。开发小组的第一项工作，就是对原有的会计软件进行初步调查及对用户提出的要求报告进行识别和理解，并且要明确以下几点：

(1) 原系统的目标、功能、处理程序、处理方法、业务量、系统的优缺点、需要解决的问题和需求的迫切性等。

(2) 原系统的运行机制。包括组织机构、人员组成、与外单位的联系方式等。

(3) 新系统的改造目标。包括对原有系统的改进和增加新需求。

(4) 为开发新系统能提供的各种条件，包括人力、物力、财力以及技术改造和管理机制的变革等。

调查的方法有查阅收集凭证、账簿、报表、财务管理方法和制度等有关文档，召开座谈会，与有关人员面谈，填写各种调查表。

2) 可行性分析：主要从技术可行性、经济可行性及环境可行性方面进行分析。

(1) 技术可行性。在可能的资源条件下，采用现有技术能否实现系统。

(2) 经济可行性。进行开发成本估算及可能取得的效益的分析，以确定开发系统是否值得投资开发。

(3) 环境可行性。新系统的建立是否与内外环境协调，包括是否涉及任何侵犯、妨碍、责任等法律问题。

3) 编写可行性报告：可行性报告包括系统研制和开发人员调查的资料、所需资金、工作量、开发计划、开发进度等内容。

3. 调查的方式　召开调查座谈会、重点询问方式、问卷调查方式、深入实际的调查方式、查阅资料等。

(二) 需求分析

可行性研究报告批准后，可进入需求分析工作，主要是研究系统的详细用户需求，建立新系统的逻辑模型。需求分析(requirements analysis，RA)指深入描述软件的功能和性能，确定软件设计的限制和同其他系统元素的接口细节，定义软件的其他有效性需求。RA 的基本任务是准确地回答“系统必须做什么?”这个问题。

1. 需求分析的目的　系统分析是生命周期模型中关键的一步，只有通过需求分析才能对系统的功能和结构有总体的认识，从而奠定系统开发的基础。需求分析的目的就是通过对原有手工会计系统的调查分析，运用一定的方法，描述出手工会计系统的逻辑模型，再根据用户的需求和计算机的特点，对原有手工会计系统的逻辑模型中不合理之处进行修改和补充，建立计算机会计系统的逻辑模型。

该阶段需要分析现有系统存在的问题，定义解决方案所达到的目标，评价各种可能的选择方案，需要回答以下问题：

(1) 原有系统如何运行?

(2) 原有系统的优势、劣势、困难及问题?

(3) 新系统或修改过的系统怎样解决这些问题?

(4) 解决方案需要哪些用户信息需求支持?

(5) 有哪些可行的替代方案?

(6) 它们的费用和收益如何?

2. 系统分析的方法——结构化分析方法　结构化分析方法是对一个复杂系统进行“自顶向下，逐层分解”的一种分析方法，它有较强的可操作性和规范的描述方法。数据流程图法就是一种典型的结构化分析方法。它能有效地表达功能的层次性和信息关联性。数据流程图法包括数据流程图、数据词典、处理说明三个主要内容。

1) 数据流程图(data flow diagram，DFD)：是从实际系统中抽象出来的，以特定符号反映系统的数据传递、处理过程的工具，是新系统的总体方案图。数据流程图一般由以下四种基本元素组成，用这四个元素可以描述会计软件数据处理过程。如表 2-1 所示。

表 2-1 数据流的基本元素

符号	名称	解释
→	数据流	描述数据的流向
⬭	处理	描述对输入的数据进行加工处理
▭	文件	描述数据的存储形式
▭	起点或终点	描述数据的输入来源或输出去向

(1) 数据流。数据流是传递数据的通道，它反映系统各部分之间的数据传递关系。

(2) 处理。处理是对数据流的一种处理(如输入、对账、输出等)。描述处理一般用动词，一个数据流图中至少要有一个处理，任何处理至少要有一个输入数据流和一个输出数据流。

(3) 文件。文件在数据流程图中起着暂时或长久保存数据的作用。指向文件的数据流可理解为将数据写入文件，从文件引出的数据流可理解为从文件中读出数据。

(4) 数据流的起点和终点。数据流的起点和终点是数据的始发点和终止点。

2) 数据字典(data dictionary，DD)：就是对数据流程图中各文件及数据流进行详细描述和确切解释的字典，它包括对一切数据流、数据存储的数据结构和相互关系的描述。当不知道数据流程图中某个数据流或文件的含义时，借助于数据字典就可以按名字查出具体内容和含义。词典中所有条目应该按一定次序排列起来，这样才能供人们方便地查询。

数据字典的内容有：

(1) 数据流条目。包括数据流名、别名、组成的数据项、注释等。

(2) 文件条目。包括文件名、别名、组成的数据项、文件的组织结构(例如，索引文件、关键字)、注释等。

(3) 数据项条目。包括数据项名、别名、内容举例、类型、长度、取值范围、是否允许为空、初始值、注释等。

3) 处理说明。该过程描述如何把流入的数据流变换成流出的数据流，以及变换的规则、法则怎样，作为进行系统设计与程序设计的基础，处理过程的表达工具通常有判断树、判断表、结构式语言等。

二、系统设计

系统设计分为概要设计与详细设计。

(一) 系统设计的任务

系统设计的任务是根据经批准的系统需求报告，考虑计算机软硬件的要求，将用户的需求转换成具体的实施方案，解决“怎么做”的问题，它将系统分析阶段建立的逻辑模型转化为物理模型。系统设计分为总体设计和概要设计。

(二) 总体设计

总体设计又称为“概要设计”或“初步设计”，其主要内容包括总体结构设计、数据库文件设计、代码设计、输入/输出设计、安全保密设计、编写总体设计说明书等。

1. 总体结构设计　系统的总体结构设计指对会计软件进行子系统和模块的划分。子系统是会计软件的某些功能单元的组合，如总账处理子系统、固定资产处理子系统等；而模块是系统更小的功能集合。会计软件可以根据功能划分为若干单元，如总账子系统可以分为系统初始、凭证处理、期末处理、账表查询模块。

结构化设计方法是一种最常用的设计方法，结构化设计方法的原则是：

(1) 自顶向下，层层分解。图 2-1 为总账子系统的简单模块划分。

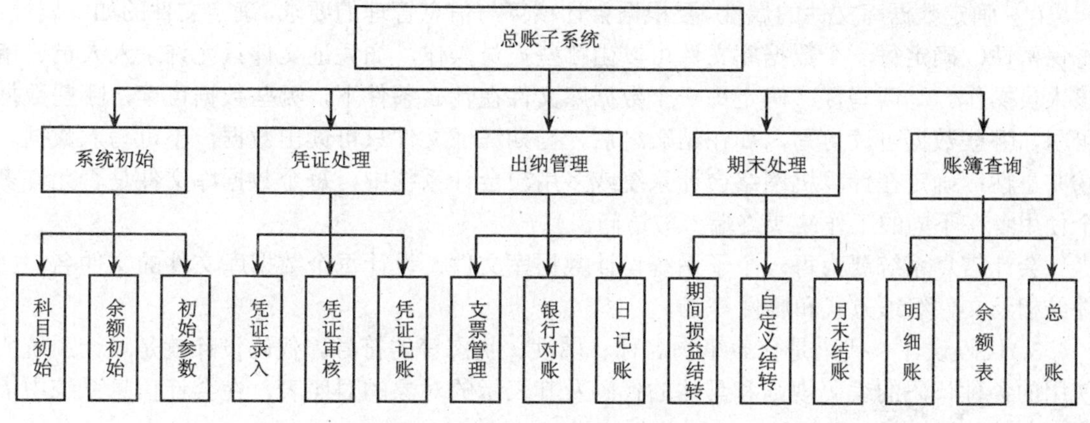

图 2-1　总账子系统的模块划分

(2) 模块的单一性和独立性。会计软件在划分时，每个模块必须有独立和单一的功能，能对每个模块进行单独地理解、编程、测试和修改。

(3) 高内聚低耦合。高内聚指的是每个模块内部各组成部分有较高的联系，低耦合指的是模块之间应有较少的联系，设计时要提高模块的聚合度，降低模块间的耦合度。

2. 数据库文件设计　数据库文件设计就是将会计信息系统设计的文件进行物理定义，将所有文件设计成可用计算机进行存取的物理形式，数据库文件设计的依据是系统分析中编制的数据流程图和数据字典。设计数据库文件时应着重从以下几方面考虑：

(1) 确定需要建立的文件。分析研究每个子系统要输出的信息、输入的数据和执行的处理，确定应设置哪些数据库文件。会计信息系统中的数据库文件一般分为以下主要类型的文件：①系统主文件：是系统中最重要的共享文件，主要存放具有固定指数型的数据。为发挥主文件数据的作用，它必须准确、完整并及时更新。②处理文件：又称事务文件，是用来存放事务数据的临时文件，包含了对主文件进行更新的全部数据。③工作文件：是处理过程中暂时存放数据的文件，如排序过程中建立的排序文件，打印时建立的报表文件等。④其他文件：在系统中，还有一些其他类型的文件及上述文件的其他用法。例如，后备文件是主文件、处理文件的副本，用于在数据遭到破坏时进行恢复；档案文件是长期数据进行离线保存的文件，是历史资料，防止非法访问。

(2) 数据库文件结构设计。系统设置的数据库文件与文件的结构有直接关系。要根据数据字典的定义，为每个数据库文件设计相应的结构，即决定每个数据库文件的名称，应设置哪些字段，字段的名称、类型和长度等。数据库文件名和字段名的设计应含义清楚、直观且避免重复，可用其存放数据的拼音缩写表示。

(3) 确定数据库文件的组织形式。数据库文件的组织形式是指数据记录排列、读写的方式等。会计信息系统中常用的文件的组织形式有顺序组织方式和索引组织方式。①顺序组织方式的文件：其记录是按照建立的时间先后顺序存放和处理的。当数据量较大时，顺序文件的数据存取速度较慢。②索引组织方式的文件：是对已建立时间先后顺序排列记录的文件按索引关键字自动建立索引的文件。索引文件的处理速度很快，可以按索引关键字快速查询和处理数据。例如，对按凭证号先后顺序建立的凭证文件，以“日期”和“凭证号”为索引关键字建立索引文件，便可以快速、准确地查询到相应的凭证信息。

(4) 确定数据库文件的属性。要根据会计核算与信息管理的要求，确定文件的如下属性：①保密性：确定每一个数据库文件可以由哪些人员操作，如凭证文件只允许录入人员、审核人员操作。②读写性：确定每一个数据库文件在什么条件下，哪些数据可读，哪些数据可写，哪些数据可读可写，如在结账之后，当期凭证文件只可读出数据，不可写入数据。③共享性：确定在计算机网络会计系统或多用户会计系统中，每个数据库文件是否允许多个使用者在不同的工作站或终端上被访问。

会计信息系统要为每一个子系统设计数据库文件，设计每个数据库文件的文件名、文件结构及文件组织方式和属性等。

3. 代码设计　代码是代表事物名称、属性、状态等的符号。代码设计就是设计系统所使用的各种代码的编码规则和具体的代码及其表示的对象的对照表，在会计信息系统中需要对各种数据进行代码设计。

在计算机系统中，代码的功能主要表现在：

(1) 代码为事物提供一个确切的认定，便于数据的存储和检索。代码缩短了事物的名称，无论记录、处理还是存储，都可以节省时间和空间。

(2) 使用代码可以提高处理的效率和精度。例如，快速地按代码对事物进行排序、累计或按某种规定算法进行统计分析。

(3) 代码提供了数据的一致性。对同一事物，即使在不同场合有不同的称谓，都可以通过代码统一起来，从而提高了系统的整体性，减少了因数据不一致造成的错误。

(4) 代码是任何计算机系统共同的语言，是人机交换信息的工具。

在会计信息系统中，常用的代码编码方法主要有顺序码、组码、群码(层次码)，为建立一套完整的会计代码体系，代码设计必须遵循下列原则：

(1) 唯一性。代码与其代表的对象唯一对应，可以避免会计科目的二义性，保证会计科目的唯一性。如 1001 只代表库存现金。

(2) 统一性。在整个会计信息系统内所有项目编码的原则、标准必须一致，否则将出现重复、混乱现象，以至于无法进行统一处理。

(3) 可扩展性。编码既要满足当前需要，又要考虑今后的发展，使代码的扩充、删减不打乱原有的代码体系。

(4) 稳定性。代码已经确定不可随意更改和取消，代码的设计应能适应应用环境的变化，可在较长时间内使用。

(5) 规范性。国家有关编码标准是代码设计的重要依据，必须遵循已有的标准，如《企业会计准则——应用指南》中关于会计科目编号的规定。目前，财政部规定一级科目编码一般为 4 位，财政部 2006 年公布的企业一级科目编码表要求：编码中以 1 开头的为资产类科目；以 2 开头的为负债类科目；以 3 开头的为共同类科目；以 4 开头的为所有者权益类科目；以 5 开头的为成本类科目；以 6 开头的为损益类科目。

(6) 简单性。代码结构尽可能简单，以便于记忆，便于填写，减少各种差错。一般来说，代码越短，分类、准备、存储和传送的开销越低；代码越长，对数据检索、统计分析和满足多样化的处理要求就越高。

4. 输入/输出设计

1) 输入设计：输入设计对系统的质量有决定性的影响。输入设计的目标是选用恰当的输入方式和输入媒体或设备，提供方便的输入界面与帮助功能，采用有效的检验方法对输入数据进行检查，以保证向系统输入正确的数据。输入设计是信息系统与用户之间交互的纽带，决定了人机交互的效率。财政部在《会计核算软件基本功能规范》中，对会计数据的输入提出了明确的要求。数据输入正确是保证系统输出正确信息的关键。输入不仅工作量大、关系系统运行速度的瓶颈，而且容易出错，是特别重要和敏感的环节。因此，输入设计应遵循以下原则：①最少量原则：保证在满足处理要求的前提下使输入量最小。输入量越小，出错机会越少。在输入时，只需输入基本的信息，其他可通过计算、统计、检索得到的信息应由系统自动生成。②简单性原则：输入的准备尽量容易，输入过程应尽可能简化，以减少错误发生。③早检验原则：对输入数据的检验尽量接近原数据发生点，使错误能及时得到改正。④少转换原则：输入数据尽量用其处理所需形式记录，以免数据转化介质时发生错误。

输入设计的内容包括以下几方面：

(1) 确定输入数据的内容。包括确定输入数据项名称、数据内容、精度、数值范围。

(2) 确定数据的输入方式和输入设备。通常，会计信息系统数据输入采用键盘手工输入、磁盘/光盘转入和网络传输等几种形式。在屏幕上通过人机对话输入是目前广泛使用的输入方式。人机对话既有用户的输入，又有计算机系统的输出。人机对话通常采用菜单式、填表法和应答式三种方式。输入的设备主要有：①键盘-磁盘输入装置：由数据录入人员，经拼写检查、可靠性验证后存入磁性介质。这种方法成本低、速度快、易于携带，目前适用于大量数据输入。②光电阅读器：采用光笔读入光学标记条形码或用扫描仪录入数据。光符号读入器目前适用于自选商场、借书处等少量数据录入的场合，这种方法具有较好的发展前景。③终端输入：终端一般是一台联网微机，操作人员直接通过键盘输入数据，终端可以在线方式与主机联系，并及时返回处理结果。

(3) 确定输入数据的记录格式。输入数据的记录格式是人机之间的衔接形式，设计得好，便容易控制工作流程，减少数据冗余，增加输入数据的准确性，容易进行数据校验。

(4) 输入数据的正确性校验。对数据进行必要的校验，是保证输入正确的重要环节。在输入设计中，要对全部输入数据设想其可能发生的错误，对其进行校验。输入错误通常有数据本身错误、数据多余或不足等。输入数据的校验方法主要包括数据类型校验、格式校验、逻辑校验、界限校验、顺序校验、平衡校验、对照校验等。

2) 输出设计：会计信息系统只有通过输出才能为用户服务。系统能否为用户提供准确、及时、适用的信息是评价系统优劣的标准之一。从系统开发的角度看，输出决定输入，即输入数据只有根据输出的要求确定。因此，会计信息系统输出设计的主要任务是针对用户的特点和需求，选用恰当的输出设备和方式，以适当的格式正确、完整、及时地输出最切合需要的会计信息。

输出设计包括以下几个方面内容：

(1) 确定输出内容。用户是输出信息的主要使用者。因此，进行输出内容的设计，首先要明确用户在使用信息方面的要求，包括使用目的、输出速度、频率、数量、安全性要求等。根据用户要求，设计输出信息的内容，包括信息形式(表格、图形、文字)，输出项目，数据结构，数据类型，位数及取值范围，数据的生成途径，完整性及一致性等。

(2) 选择输出设备、介质与输出方式。会计信息系统常用的输出设备有显示终端、打印机、磁盘机、绘图仪、多媒体设备等。输出介质有纸张、磁盘、光盘、多媒体介质等。常用的输出方式主要是打印输出、屏幕查询输出、送往其他外部介质(如软盘)及网络传输等。随着多媒体的发展，照相、绘图、发声等输出方式将相应增多。

(3) 确定输出格式。提供给使用者的信息都要进行格式设计。输出格式要满足使用者的要求和习惯，做到格式清晰，易于阅读和理解。

5. 安全保密设计 会计信息是宝贵的经济资源，系统的安全保密至关重要。系统的安全保密性要靠软件的控制、各种管理制度和人工控制才有保证。系统设计中的安全保密设计指的是软件中设置的安全保密性控制和管理制度的制定在系统实施阶段中完成。系统安全设计的主要任务是根据系统的功能、特点和用户的要求，设计会计软件中的安全保密措施及其实现方法。

《会计核算软件基本功能规范》对会计信息系统的安全提出了明确要求。会计信息系统的安全保密要求防止系统及其会计信息被非法接触、窃取或破坏；系统对其处理的信息要有防错、查错和纠错的能力；对系统的各种操作和错误要有必要的记录，留下追查的线索；系统及其记录的会计数据要有备份，万一系统遭到破坏，可将系统快速恢复，把损失降到最低。常用的安全保密措施有设立密码权限控制、系统设立操作日志、系统数据的备份与恢复、系统运行状态的自动记录与检查等。

6. 总体设计说明书 上述设计的最终结果是总体设计说明书，是详细设计的基础。

（三）详细设计

指对每一个模块进行进一步的细化，描述每一个模块采用何种算法和实现步骤，编制每一模块的详细设计说明书。

详细设计的目的在于对拟开发的系统进行详细说明，满足系统分析时所明确的系统需求，并与总体设计保持一致。

详细设计的最终结果是编制详细设计说明书，在详细设计说明书中形成正式的描述。详细设计是系统功能、结构实现方法的最详细说明，是程序设计的依据。由于详细设计比较复杂，本书略之。

本章小结

本章主要介绍了系统开发的几种方法及系统分析设计的过程和内容。会计软件的开发方法主要有生命周期法、原型法、面向对象法等。生命周期法也称结构化系统开发方法，是迄今为止开发方法中应用最普遍、最成熟的一种，在系统开发中得到了广泛的应用和推广。系统分析与设计是一个有序的过程，包括很多具体的阶段：总体设计、数据文件设计、代码设计及输入输出设计，每一个过程都要经过认真的考虑和复核，而且要特别注意系统的整合和安全措施。

思考与练习题

★ 单项选择题

(1) 在复杂的信息系统开发中，采用的方法是(　　)。

A. 生命周期法　　B. 原型法

C. 面向对象法　　D. 生命周期法为主，其他方法为辅

(2) 生命周期法将软件开发过程分成了(　　)个阶段。

A. 三　　B. 五　　C. 六　　D. 七

(3) 建立了(　　)之后，系统开发无论处在系统分析、系统设计、程序设计还是系统测试都要使用它。

A. 数据流程图　　B. 业务流程图　　C. 数据字典　　D. 外部项

(4) (　　)是系统开发过程中提出问题和分析问题的阶段。

A. 系统分析　　B. 软件测试　　C. 系统调查　　D. 系统设计

(5) (　　)解决系统“必须做什么”的问题。

A. 需求分析　　B. 程序设计　　C. 系统调查　　D. 系统设计

★ 多项选择题

(1) 系统测试有(　　)类型。

A. 单元测试　　B. 组装测试　　C. 确认测试　　D.集成测试

(2) 面向对象法的特点有(　　)。

A. 模块化　　B. 可重用　　C. 维护性好　　D. 灵活性

(3) 下列哪些属于生命周期法的特点(　　)。

A. 开发周期长　　B. 各阶段的工作不能同时进行

C. 用户参与所有阶段　　D. 考虑整体性和全局性

(4) 数据流程图通常采用的基本符号有(　　)。

A. 数据流　　B. 处理过程　　C. 数据存储　　D. 实体

(5) 系统设计阶段主要包括(　　)内容。

A. 数据流程图设计　　B. 系统总体结构设计

C. 代码与数据库文件设计　　D. 安全控制设计

(6) 常用的输入方式有(　　)。

A. 键盘输入　　B. 磁盘转入　　C. 网络传输　　D. 打印机

★ 案例思考题

仔细阅读下面的资料，回答问题：

某某企业在会计软件招标书中在总账系统中，提出了如表 2-2 中的几个需求。

要求：

(1) 通过阅读上述会计软件招标书中所描述的功能需求，你认为该企业是一个什么类型的企业？业务有哪些特点？

(2) 转变角色：如果让你根据该企业的功能需求，你打算如何设计总账子系统的功能模块？给出每个模块的具体功能与要求。

(3) 按照上述定义概念功能需求的思路，对类似上述特点的企业进行实地调查，并撰写出采购、销售、应收应付款系统的功能需求。

表 2-2 总账系统的功能需求

功能需求分类	主要功能需求
会计科目及其结构	科目结构可体现多个层次
	能定义符合企业会计制度的会计科目表
	编码结构能用字母、数字或字母与数字同时表示
	科目编码的长度至少10位
	科目表在各模块共享
	支持涵盖整个某某企业业务的、统一的总账会计科目表
	允许各下属单位能够在集团会计科目表范围内，使用和维护本单位会计科目表
	在所定义科目范围内，能建立任意多个科目
	能支持至少3个用户自定义的字段
	能够进行科目分类，如资产、负债、成本费用等，并可附带参数信息
	能自动对新增加的会计科目进行有效性核对
会计期间	会计期间可按公历年度或按自定义结账日期来划分，以满足灵活的会计核算要求
	可定义多种不同的会计期间、报表期间、税务期间等
	能够同时开启多个会计期间
记账凭证的设置	能够灵活地自定义凭证类型和凭证编号序列，各类型的记账凭证能够保证连续编号
	要求对凭证进行序时控制
	能够进行赤字控制
凭证的账务处理	支持记账凭证分散录入、集中审核、在线实时审批
	提供将凭证从其他软件或系统中成批转录至总账系统的功能
	录入凭证时可方便的选择会计科目，可以录入末级科目名称。
	凭证保存前自动检验正确性。例如，核对借贷双方是否平衡，科目编码是否存在
	未记账前，可删除、取消或修改凭证
	具有红字冲销的功能
自动账务处理	能够按照定义，自动生成自定义、期末损益、汇兑损益凭证
	可定义、执行成本分配运算公式如按一定的百分比自动分摊和计提成本费用
	提供总额控制方法，以保证所要分摊的总额等于分摊额之和
关联公司之间账务处理	设置关联公司间账务处理类型(内部交易对应的公司名称、对应往来科目等)
	发生关联公司间内部交易时，根据设置，双方自动产生平衡的交易凭证
	实时发送、接收(例如，通过E-mail邮件方式)与内部交易账务有关的信息
	内部往来科目的自动对账
	能方便查询和生成内部往来交易的记录报告
对账	提供强大的功能，使总账与应付账款、应收账款、固定资产等模块之间进行财务数据与控制账户的对账，并提供对账结果报告，如应收/应付账款模块中的应收/应付余额与总账控制账户之间的对账等
审计轨迹	至少对以下各项提供详细的审计轨迹报告或日志：账务处理和凭证删改；主数据删改(会计科目、供应商、客户等)
结账	月结后，自动生成下一会计期间的期初余额
	年结后，自动生成下一会计年度的期初余额，并将相关字典复制到下年
	月结后不允许进行当月业务处理，只能查询
	与总账相关的系统结账后，总账才能结账
多币种账务处理	定义多种外币及多种货币之间的汇率类型、汇率变动幅度、有效期等
	可对有关科目限定其记账币种
	可定义两种以上币种同时记账(本位币和记账币种)，所有交易根据币种及汇率的定义自动以两种以上币种记账
	自动平衡记账货币(本位币以外)的凭证金额
	定义多个外币汇兑损益科目，记录不同外币实现的或未实现的汇兑损益
	凭证金额按币种自动转换

第3章　用友通的基本操作

学习目标

- 了解用友通软件的功能特点和操作流程；
- 掌握账套基本参数设置的方法，总账、工资、固定资产、财务分析等模块的操作；
- 理解财务报表格式的定义和数据的生成方法。

第1节　用友通软件概述

一、用友通的功能特点

用友通是配合2004年4月财政部颁布的《小企业会计制度》推出的。它关注小企业会计信息管理的现状和需求，针对成长型企业在发展过程中面临的种种问题，以“精细管理，卓越理财”为产品核心理念，以财务核算为主轴，业务管理为导向，提供财务业务一体化的解决方案，帮助企业实现业务运作的全程管理与信息共享。它是切实帮助小企业应对市场变化，实现长期可持续发展，稳定、安全的管理系统。

软件通常由若干个子系统(也称为功能模块)组成，每个子系统具有特定的功能，各个子系统之间又存在紧密的数据联系，它们相互作用、相互依存形成一个整体。功能结构就是指系统由哪些子系统组成，每个子系统完成怎样的功能，以及各子系统之间的相互关系。

用友通主要包括：总账管理(含往来管理、现金银行、项目管理)、财务报表、工资管理、固定资产管理、财务分析、采购管理、销售管理、库存管理和核算管理功能模块，此外，还集成了老板通、票据通、出纳通等几个方便的管理工具。

用友通是财务业务一体化管理系统，包含众多功能模块，模块之间存在复杂的数据联系，如图3-1所示。

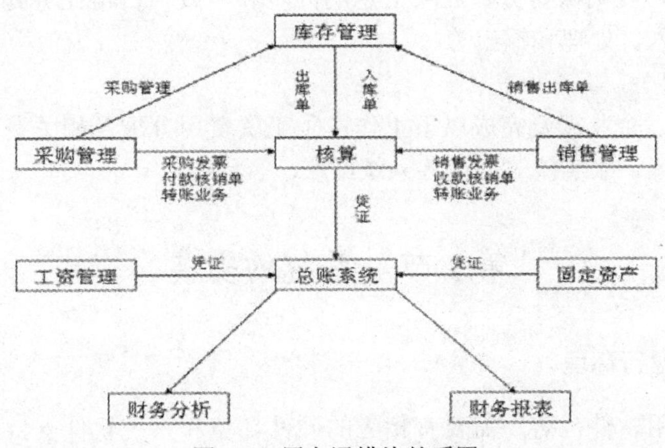

图3-1　用友通模块关系图

二、应用流程

企业应用会计信息系统之初，应正确安装软件，并设计基于信息系统的管理解决方案，准备分析基础数据。然后按照“系统初始化→日常业务处理→期末处理”的流程开始应用。

（一）系统初始化

系统初始化通过选择系统内置参数设置企业的具体核算规则，将通用财务软件转换为专用财务软件，将手工会计业务数据经过设计、规范，然后输入计算机系统中作为计算机业务处理的起点。

系统初始化一般包括：系统参数设置、基础信息录入、输入期初数据。

1. 系统参数设置　用友通是通用管理软件，适用于多个行业、多种企业类型。而不同的行业存在着不同的行业特点，不同类型的企业也有不同的管理要求。如何体现这些差异，各个子系统中预置了一些反映企业会计核算和管理要求的选项，企业需要在系统初始化时根据单位的具体情况作出选择。通过这一环节，可以把通用的管理软件改造为适合企业特点的专用软件。

2. 基础信息录入　企业核算或汇总分析必需的基础信息，如与业务处理相关的组织机构设置、职员、客户、供应商、固定资产分类、人员类别、存货、仓库、采购及销售类型等。在手工环境下，这些信息分散在各个部门进行管理，大多根本就没有规范的档案，这对计算机来说是致命的。计算机业务处理建立在全面规范的基础档案管理之上，且要求事先设置各种分类、统计口径、才能在业务处理过程中分类归拢相关信息，并在事后提供对应的分析数据。

3. 输入期初数据　很多企业多年来一直采用手工核算方式，采用计算机信息管理后，为了保证手工业务与计算机系统的衔接，继承历史数据，保证业务处理的连接性，要将截止到目前为止手工核算的余额录入到计算机信息处理系统中作为期初数据，才能保持业务的完整性。

对财务业务一体化管理系统来说，不仅要准备各个账户截止到目前的累积发生额和上个期间的期末余额，还要准备各业务环节未完成的初始数据。

（二）日常业务处理

企业日常业务涵盖了人、财、物、产、供、销的方方面面，既要反映物料的流动，也要反映资金的流动，以确保财务、业务信息的同步和一致。日常业务处理主要完成原始业务的记录，数据输入、处理和输出等。

（三）期末处理

每个会计期末，企业需要完成以下工作：①工资费用分配及相关费用计提；②固定资产折旧处理；③账账、账实核对；④各系统结账。

第2节　系统的安装

一、用友通的运行环境

用友通属于应用软件范畴，需要有相应的硬件环境和系统软件支持才能正常运行。用友通的运行环境如表3-1所示。

表 3-1　用友通的运行环境

分类		最低配置	推荐配置
硬件环境	单机版	CPU：PIII550MHz 或以上，内存：128MB 或以上； 硬盘：至少 4GB 以上	内存：256MB 或以上； 硬盘：10GB 以上
	网络版	CPU：PIII800MHz 或以上，内存：256MB 或以上； 硬盘：至少 10GB 以上	
软件环境	操作系统	Windows 98、Windows 2000 Professional+SP4、Windows XP+SP1 或者 SP2、Windows 2003 Server、Windows 2000 server+SP4	
	数据库	SQL Server 2000、MSDE2000	
	网络协议	TCP/IP	

如果没有 SQL Server2000 软件，用友通安装盘上提供了 MSDE2000 安装程序供客户使用。MSDE2000 是 SQL Server 数据库的数据引擎，只提供了最基本的 SQL 数据库功能，缺乏运用 SQL 数据库进行管理的许多工具，但足以支持用友通的运行，安装 MSDE2000 与安装 SQL 数据库后使用产品的方法完全相同。

为确保系统安装成功，还需注意以下问题：

(1) 安装时操作系统所在的磁盘分区剩余磁盘空间应大于 200MB。

(2) 安装产品的计算机名称中不能带有“-”或者用数字开头。

(3) 用友通不能与用友其他版本的软件安装在同一个操作系统中。

(4) 安装产品之前应关闭防火墙和实时监控系统。

二、系统安装指南

用友通系统不分单机版和网络版，而视其具体的应用模式而定，如果是单机版应用，只要在该机上运行 Setup 安装程序安装产品即可；如果采用 C/S 网络应用模式，则需要在服务器和客户端分别进行安装，在服务器端安装基本运行环境，在客户端进行配置。在系统运行过程中，可根据实际需要在两种应用模式之间任意切换，即通过改变登陆的服务器名称来访问不同服务器上的数据。

下面以单机安装为例介绍用友通的安装步骤。

1. 安装 MSDE2000　安装用友通之前，需要先安装 MSDE2000 或 SQL Server 2000。操作步骤如下：

(1) 将安装光碟放入光驱，执行 Setup 安装文件，打开“SQL Server 2000 Desktop Engine 安装程序”对话框。

(2) 单击“安装 MSDE 数据库”按钮，稍候，系统自动完成数据库的安装过程。

(3) 安装完毕，需要重新启动计算机。

提示：如果计算机已装有 SQL Server 2000 数据库，会在任务栏上显示服务器管理图标。

2. 安装用友通　操作步骤如下：

(1) 打开光盘上的用友通安装目录，双击执行 Setup.exe 文件，进入用友通安装欢迎界面。

(2) 单击“下一步”按钮，打开“许可证协议”对话框。

(3) 单击“是”按钮，接受许可证协议，打开“选择目的地位置”对话框。

(4) 默认使用系统安装路径或单击“浏览”按钮，选择安装路径后，单击“下一步”按钮，打开“选择组件”对话框。

(5) 选中全部组件，单击“下一步”按钮，系统进入安装状态。

(6) 稍候，系统安装完成，选中“是，立即重新启动计算机”，再单击“完成”按钮，完成用友通的安装。

(7) 重启后，会出现提示“现在是否建立新账套？”，点击“否”即可。

第 3 节 系统管理

用友通管理软件由多个子系统组成，各个子系统服务于企业的不同层面，为不同的管理需要服务。子系统本身即具有相对独立的功能，彼此之间又具有紧密的联系。它们共用一个企业数据库，拥有公共的基础信息、相同的账套和年度账，共同完成一体化的会计核算与管理工作。

一、系统管理功能概述

系统管理是用友通管理系统为各个子系统提供的公共管理平台，用于对整个系统的公共任务进行统一管理，如企业账套及年度账的建立、修改、删除和备份，操作员及权限的集中管理、系统安全运行的管理及控制等。其他任何产品的独立运行都必须以此为基础。系统管理主要包括账套管理、年度账管理、系统操作员及操作权限的集中管理、设立统一的安全机制、系统启用。

在用友通管理软件中，企业建账的工作流程如图 3-2 所示。遵循这一流程，可以快速、准确地完成企业账套的创建过程。

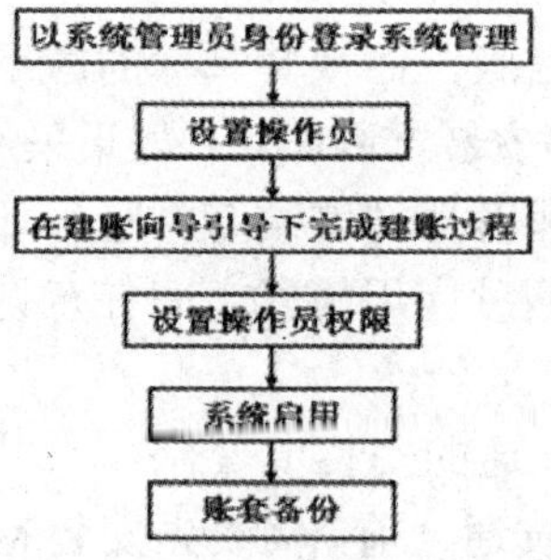

图 3-2 企业建账工作流程图

二、启动并注册系统管理

系统允许用户以系统管理员 admin 或账套主管的身份进入系统管理，由于第一次运行该软件，还没有建立核算单位的账套，因此，在建立账套前应由系统默认的管理员 admin 登录。

【例 3-1】 以系统管理员身份注册系统管理。

操作步骤如下：

(1) 选择“开始”|“程序”|“用友通系列管理软件”|“用友通”|“系统管理”命令，也可双击桌面“系统管理”图标，进入“用友通〖系统管理〗”窗口。

(2) 选择“系统”|“注册”命令，打开“注册〖控制台〗”对话框。

(3) 服务器文本框中默认为本地计算机名称，如果本机即为服务器或是单机用户，则默认当前设置；否则单击…按钮，打开“网络计算机浏览”对话框，从中选择要登录的服务器名称。

(4) 在用户名输入栏中输入系统管理员 admin，系统默认管理员密码为空，如图 3-3 所示。

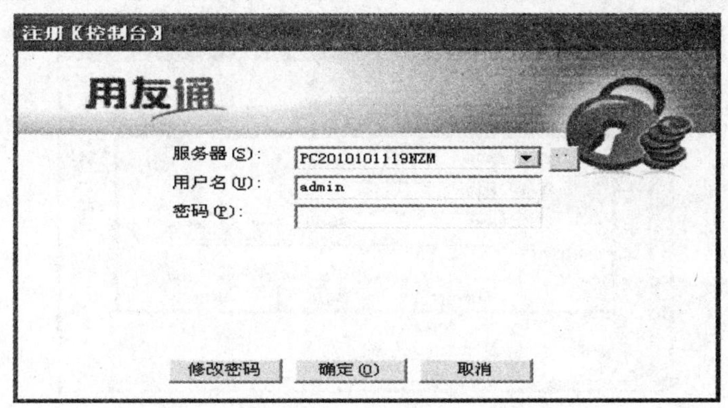

图 3-3　注册界面

(5) 单击“确定”按钮，系统管理界面最下行的状态栏中显示当前操作员[admin]。

提示：

• 系统管理员是企业会计信息系统的管理者，主要职能是管理企业的核算账套、管理系统的操作人员、保证系统的安全运行。因为系统管理员职权的特殊性，所以建议企业的系统管理员第 1 次登录系统时，为自己设置管理员密码，以避免他人冒用管理员名义进入系统进行非法操作。即使是在平时的工作时间，系统管理员如果有事需要暂时离开，也建议选择“系统”|“注销”命令，注销管理员身份，待返回后再重新登录系统管理。

• 一定要牢记设置的系统管理员密码，否则无法以系统管理员身份进入系统管理，也就不能执行账套数据的备份和恢复。

• 考虑实际教学环境，建议不要设置系统管理员密码。

系统管理员负责整个系统的控制和维护，可以管理该系统中所有的账套。以系统管理员身份注册进入，可以进行账套的建立、恢复和备份，设置操作员、指定账套主管，并可以设置和修改操作员的密码及其权限等。

账套主管负责对所选账套的维护工作。主要包括账套的修改、功能模块的启用及对年度账的管理(包括建立、清空、恢复、备份，以及各子系统的年末结转、所选账套的数据备份等)，以及该账套操作员的权限设置。

三、增加操作员

为了保证系统及数据的安全与保密，系统提供了操作员设置功能，以便在计算机系统中进行操作分工及权限控制。

【例 3-2】 飞翔公司操作员及权限如表 3-2 所示。

表 3-2　操作员名单及权限

编　号	姓　名	口　令	权　限
101	刘　静	001	账套主管
102	李　明	002	总账所有权限
103	张　雪	003	账套主管

操作步骤如下：

(1) 以系统管理员身份登录进入系统管理，选择“权限”|“操作员”命令，进入“操作员管理”窗口后，单击“增加”按钮，打开“增加操作员”对话框。如图 3-4 所示。

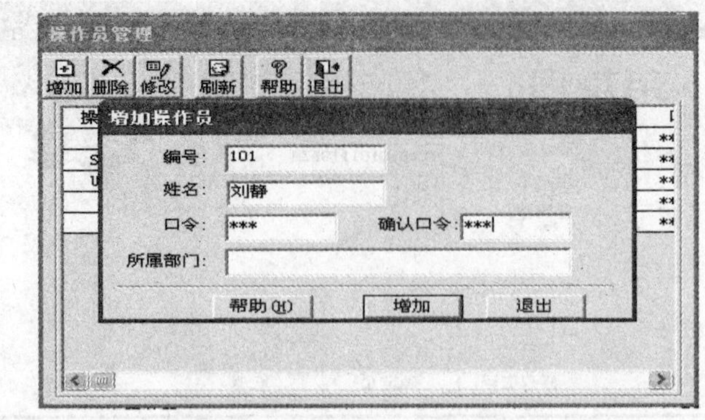

图 3-4　“增加操作员”界面

(2) 按表 3-2 中所给出的信息输入操作员信息，每增加一个操作员完成后，单击“增加”按钮增加下一位操作员。全部完成后，单击“退出”按钮返回。

提示：

- 只有系统管理员(admin)才有权设置操作员。
- 操作员编号在系统中必须是唯一的。
- 所设置的操作员一旦被使用，则不能删除。
- 在实际工作中可以根据需要随时增加操作员。
- 为保证系统安全，分清责任应设置操作员口令。
- 从未在系统中执行过业务操作的操作员可以通过“删除”功能将其从系统中删除。
- 已使用但调离本企业的操作员可以通过“修改”功能“注销当前操作员”。被注销的操作员此后不允许在登录本系统，只有重新设置了“启动当前操作员”才能再登录系统。

四、建立账套

建立账套，即采用财务管理软件为本企业建立一套账簿文件，在建立账套时可以根据企业的具体情况进行账套参数设置，主要包括核算单位名称、所属行业、启用时间、编码规则等基础参数。账套参数决定了系统的数据输入、处理、输出的内容和形式。

【例 3-3】 飞翔公司自 2009 年 12 月起使用用友通财务软件。

账套号：010；账套名称：飞翔公司；账套简称：飞翔；企业类型：工业；行业性质：2007 年新会计准则；科目编码级次：422；其他为系统默认。

操作步骤如下：

(1) 以系统管理员身份登录系统管理，选择“账套”|“建立”命令，打开“创建账套-账套信息”对话框。

(2) 账套信息。

已存账套：系统将已存在的账套以下拉列表框的形式显示，用户只能查看，不能输入或修改，目的是为了避免重复建账。

账套号：账套号是该企业的唯一标识，必须输入，且不得与机内已经存在的账套号重复。可以输入 001-999 之间的 3 个字符，本例输入账套号 010。

账套名称：账套名称可以输入核算单位的简称，本内容必须输入。进入系统后它将显示在正在运行的软件的界面。本例输入“飞翔公司”。

账套路径：用来确定新建账套将要被放置的位置。系统默认的路径为 C：\UFSMART\Admin。用户可以人工更改，也可以利用 ... 按钮进行参照输入。

启用会计期：指开始使用计算机系统进行业务处理的初始日期。该项必须输入。系统默认为计算机的系统日期，此处更改为“2009 年 12 月”。

输入完成后，如图 3-5 所示，单击“下一步”按钮，打开“创建账套-账套信息”对话框。

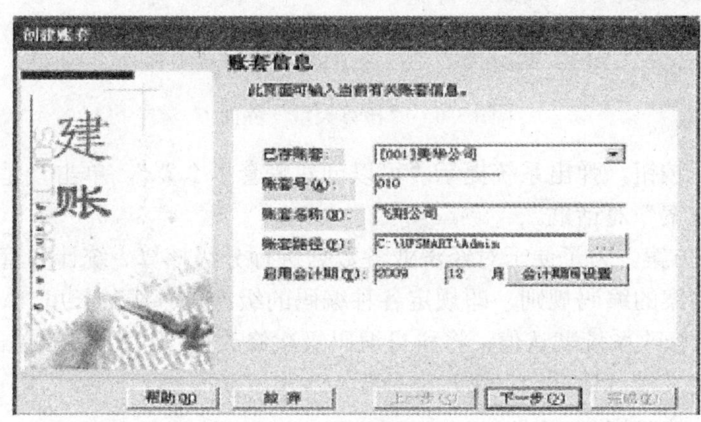

图 3-5　“账套信息”界面

(3) 单位信息。

单位名称：用户单位的全称。该项必须输入。企业全称只在发票打印时使用，其余情况全部使用企业的简称，本例输入“飞翔公司”。

单位简称：用户单位的简称，最好输入。本例输入“飞翔”。

其他栏目都属于任选项，参照所给数据输入即可。

输入完成后，单击“下一步”按钮，打开“账套信息-核算类型”对话框。

(4) 核算类型。

本币代码：必须输入，本例采用系统默认值 RMB。

本币名称：必须输入，比例采用系统默认值“人民币”。

企业类型：用户必须从下拉列表框中选择输入，系统提供了工业、商业两种类型。本例选择“工业”。

行业性质：用户必须从下拉列表框中选择输入，系统按照所选择的行业性质预置科目。本例选择行业性质为“2007 年新会计准则”。

账套主管：必须从下拉列表框中选择输入，本例选择“[101]刘静”。

按行业性质预置科目：如果用户希望预置所属行业的标准一级科目，则选中该复选框。本例选中“按行业性质预置科目”复选框。

输入完成后，如图 3-6 所示，单击“下一步”按钮，打开“创建账套-基础信息”对话框。

(5) 基础信息。如果单位的存货、客户、供应商相对较多，可以对它们进行分类核算。如果此时不能确定是否进行分类核算，也可以在建账完成后由账套主管在修改账套功能中设置分类核算。按照本例要求，可以全部不选择。

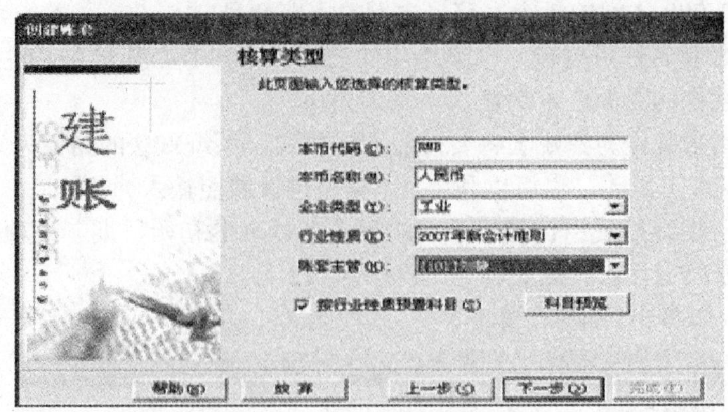

图 3-6　“核算类型”界面

单击“完成”按钮，弹出系统提示“可以创建账套了么？”，单击“是”按钮后稍候，打开“分类编码方案”对话框。

(6) 分类编码方案。为了便于对经济业务数据进行分级核算、统计和管理，系统要求预先设置某些基础档案的编码规则，即规定各种编码的级次及各级的长度。

如图 3-7 所示修改系统默认值，将科目编码级次修改为：422。然后单击“确定”按钮，打开“数据精度定义”对话框。

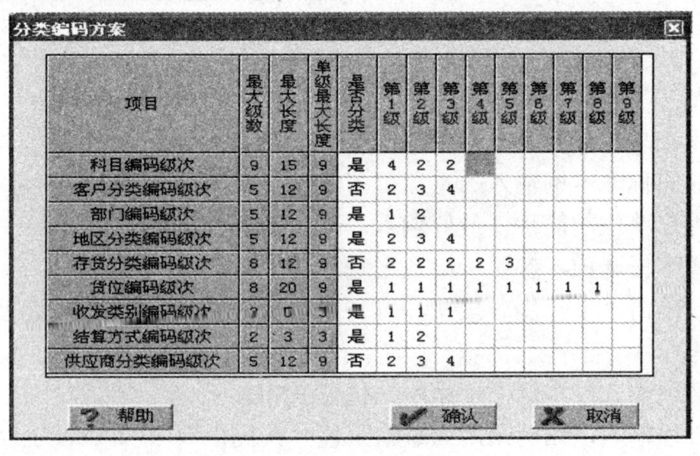

项目	最大级数	最大长度	单级最大长度	是否分类	第1级	第2级	第3级	第4级	第5级	第6级	第7级	第8级	第9级
科目编码级次	9	15	9	是	4	2	2						
客户分类编码级次	5	12	9	否	2	3	4						
部门编码级次	5	12	9	是	1	2							
地区分类编码级次	5	12	9	是	2	3	4						
存货分类编码级次	8	12	9	否	2	2	2	2	3				
货位编码级次	8	20	9	是	1	1	1	1	1	1	1	1	
收发类别编码级次	[illegible]	[illegible]	[illegible]	是	1	1	1						
结算方式编码级次	2	3	3	是	1	2							
供应商分类编码级次	5	12	9	否	2	3	4						

图 3-7　修改系统默认值

(7) 数据精度定义。数据精度涉及核算精度问题。涉及购销存业务环节时，会输入一些原始单据，如发票、出入库单等。需要填写数量及单价。数据精度定义是确定有关数量及单价的小数位数。

(8) 单击“确认”按钮，系统弹出提示“数据精度的定义发生了改变，是否保存修改结果？”。再单击“是”按钮，系统再次弹出提示“创建账套｛飞翔公司：[010]｝成功”。然后单击“确定”按钮，系统弹出提示“是否立即启用账套？”。最后单击“是”按钮，进入“系统启用”窗口。

五、系统启用

既可以系统管理员的身份启用系统，也可以账套主管的身份启用系统。在系统启用窗口中，选中要启用的系统前的复选框，系统弹出“日历”窗口，选择总账启用日期为 2009-12-01，如图 3-8 所示。然后单击“确定”按钮返回。

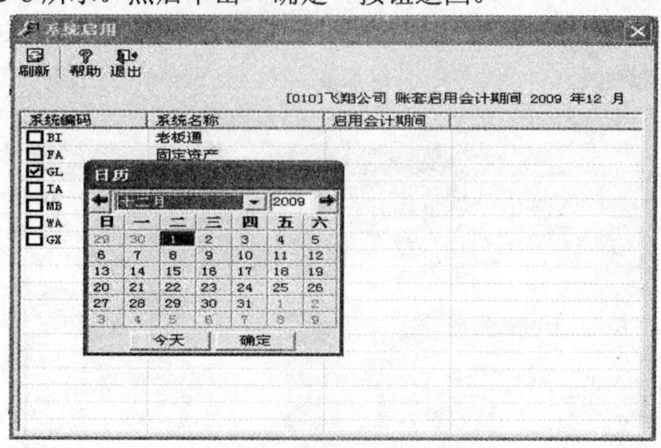

图 3-8　修改系统启用日期

提示：

• 各系统的启用会计期间必须大于或等于账套的启用期间。

• 如果在建账完成后再启用系统，需要在系统管理中，选择“系统”|“注销”命令，注销系统管理员，再重新选择“系统”|“注册”命令。打开“注册〖控制台〗”对话框。从“用户名”下拉列表框中选择“[101]刘静”，选择“[010]飞翔公司”，再单击“确定”按钮，以账套主管身份进入系统管理。然后选择“账套”|“启用”命令，进入“系统启用”窗口。

六、权限设置

(一) 指定/取消账套主管

可以在两个环节中确定企业账套的账套主管：一个是在建立账套环节，如图 3-9 所示；一个是在权限设置环节。

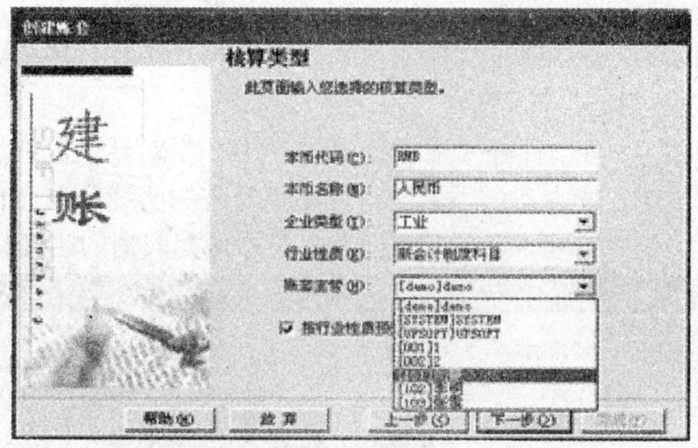

图 3-9　建立账套环节确定企业账套的账套主管

【例 3-4】 按“表 3-2 操作员名单及权限”给 103 操作员赋予 010 账套的账套主管权限。

操作步骤如下：

(1) 以系统管理员身份登录进入系统管理。选择“权限”|“权限”命令。进入“操作员权限”窗口。

(2) 从“账套主管”下拉列表框中选择“[010]飞翔公司”。在操作员列表中选择“103 张雪”，此时右边的“权限”列表框中显示为空，表示当前操作员没有任何权限。

(3) 选中“账套主管”复选框，系统弹出提示“设置操作员：[103]账套主管权限吗？”。

(4) 单击“是”按钮确定，此时，操作员权限列表中显示出当前操作员所具有的权限。如图 3-10 所示。

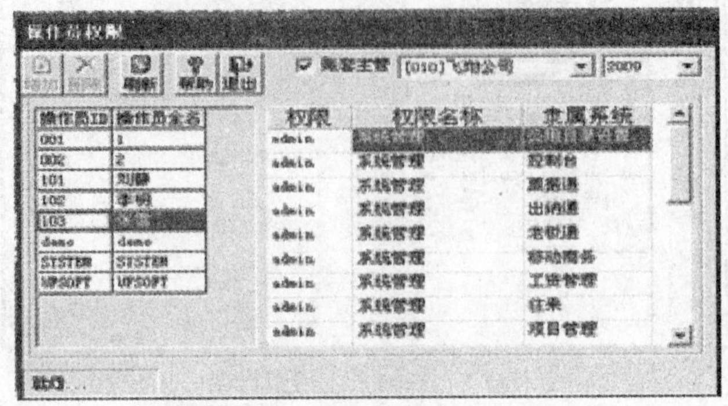

图 3-10　“操作员权限”界面

提示：

- 只有系统管理员能够指定账套主管。
- 一个账套可以设定多个账套主管，一个操作员也可以是多个账套的账套主管。
- 账套主管自动拥有该账套的所有权限。
- 取消操作员的账套主管权限时，选择该操作员，选择[010]账套，去掉账套主管前的复选框，即可取消账套主管的权限。

(二) 给操作员赋权

系统管理员和账套主管都可以给操作员赋权。系统管理员可以给所有操作员赋权，账套主管可以给本账套操作员赋权。

【例 3-5】 按“表 3-2 操作员名单及权限”给 102 操作员赋予权限。

操作步骤如下：

(1) 在“操作员权限”窗口中，从操作员列表中选择“102”，从“账套主管”下拉列表框中选择“[010]飞翔公司”。

(2) 再单击“增加”按钮，打开“增加权限——[102]”对话框。在“产品分类选择”列表中双击“GL 总账”，使之变为蓝色，右侧与总账相对应的明细项目会自动选中(蓝色显示)，如图 3-11 所示。根据岗位分工要求，在右侧列表中双击需要取消的明细权限，使之变为白色。

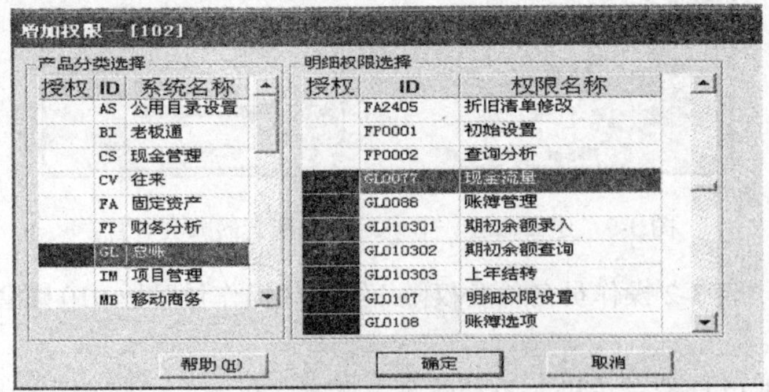

图 3-11　增加权限

(3) 完成后，单击“确定”按钮返回。

以此类推，设置其他操作员的权限。

七、备份和恢复账套

(一) 备份账套

【例 3-6】 将 010 账套备份到“C：\我的文档\101”文件夹。

操作步骤如下：

(1) 在我的文档建一个文件夹，改名为“101”。

(2) 以系统管理员身份登录进入系统管理。选择“账套”|“备份”命令，打开“账套备份”对话框，如图 3-12 所示。

(3) 从“账套号”下拉列表框中选择要输出的账套，然后单击“确认”按钮。

(4) 系统对所要输出的账套数据进行压缩处理。系统压缩完成后，打开“选择备份目标”对话框，如图 3-13 所示。

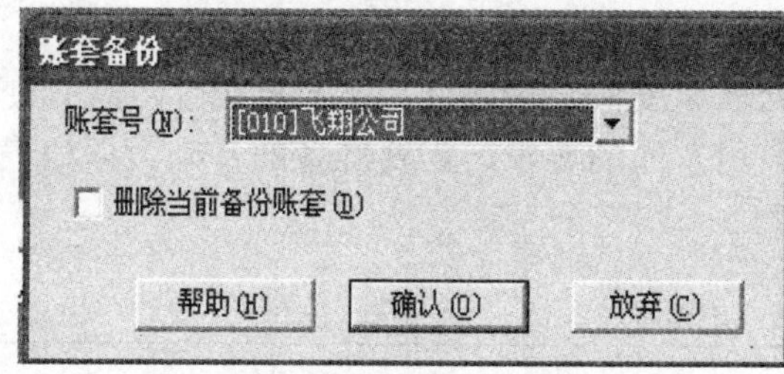

图 3-12　“套账备份”界面

图 3-13　“选择备份目标”对话框

(5) 确定存放账套备份数据的文件夹，再单击“确定”按钮，系统弹出提示“硬盘备份完毕!”，然后单击“确定”按钮。

(6) 备份完的文件夹里有如下文件，如图 3-14 所示。

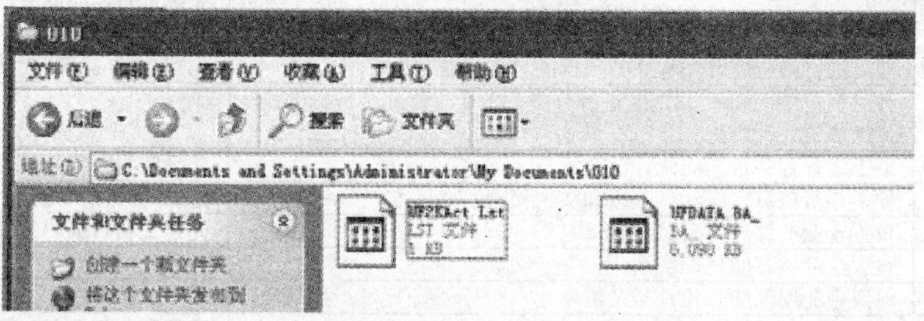

图 3-14　备份完成

提示：

- 只有系统管理员才有权限进行账套的备份和恢复，备份账套之前，最好关闭所有系统模块。
- 如果将“删除当前备份账套”复选框选中，系统会先备份数据，然后进行删除确认提示，最后删除当前账套。
- 如果学校的机器装有还原卡，则每次实验之后需要进行账套备份。并且需要把账套文件备份到一个没有设置还原的硬盘上。或者备份之后再复制到自己的 U 盘上。这样做的目的是为了能够保留本次实验结果，以作为下次实验的基础数据，如果自己有专用机器而且机器中并未安装还原卡，就不必每次实验完都进行账套备份了。

(二) 恢复账套

操作步骤如下：

(1) 以系统管理员身份登录进入系统管理，选择“账套”|“恢复”命令。打开“恢复账套数据”对话框，选择要恢复的原来已备份的文件。

(2) 选择要恢复的账套数据备份文件(系统输出的备份文件前缀为UF2KAct)，然后单击“打开”按钮，系统弹出提示“此项操作将覆盖当前账套的所有信息，继续吗？”。单击“是”按钮，系统进行账套数据的恢复，完成后提示“账套恢复成功!”。然后单击“确定”按钮返回。

第4节 基础档案设置

一、基础档案管理

用友通是财务业务一体化管理系统，其基础数据不仅涉及财务部门，还会涉及业务部门，所以数据收集、整理的工作量很大。

计算机信息处理的特点主要表现在：数据处理速度快、精确度高、分析统计汇总方便等。而基础档案是计算机汇总统计的依据。按照用友通的要求，需要准备的基础数据如表3-3所示。

表3-3 基础档案的整理

基础档案分类	基础档案目录	档案用途	前提条件
机构设置	部门档案	设置与企业财务核算与管理有关的部门	先设置部门编码方案
	职员档案	设置企业的各职能部门中需要对其核算和业务管理的职工信息	先设置部门档案，才能在其下增加职员
往来单位	客户分类	便于进行业务数据的统计、分析	先确定对客户分类然后确定编码方案
	客户档案	便于进行客户管理和业务数据的录入、统计、分析	先建立客户分类档案
	供应商分类	便于进行业务数据的统计、分析	先确定对供应商分类，然后确定编码方案
	供应商档案	便于进行供应商管理和业务数据的录入、统计、分析	先建立供应商分类档案
	地区分类	针对客户/供应商所属地区进行分类，便于进行业务数据的统计、分析	
存货	存货分类	便于进行业务数据的统计、分析	先确定对存货分类，然后确定编码方案
	存货档案	便于存货核算、统计、分析和实物管理	先确定对存货分类、确定编码方案
财务	会计科目	设置企业核算的科目目录	先设置科目编码方案及外币
	凭证类别	设置企业核算的凭证类别	
	外币	设置企业用到的外币种类及汇率	
	项目目录	设置企业需要对其进行核算和管理的对象、目录	可将存货、成本对象、现金流量直接作为核算的项目目录
收付结算	结算方式	资金收付业务中用到的结算方式	
	付款条件	设置企业与往来单位协议规定的收、付款折扣优惠方法	
	开户银行	设置企业在收付结算中对应的开户银行信息	
业务	仓库档案	设置企业存放存货的仓库信息	
	收发类别	设置企业的入库、出库类型	
	采购类型	设置企业在采购存货时的各项业务类型	先设置好收发类别为收的收发类别
	销售类别	设置企业在销售存货时的各项业务类别	先设置好收发类别为发的收发类别
	产品结构	用于设置企业各种产品的组成内容，以利于配比出库、成本计算	先设置存货、仓库档案

二、基础档案录入

用友通由多个子系统构成，如总账、工资、固定资产、购销存系统等。这些子系统有很多信息是公用的，如部门、职员、会计科目等。另外也有一些基础信息为部门模块所特有，如收发类别、仓库档案等为购销存系统所特有。本节主要介绍最基本的基础设置，包括凭证类别和会计科目。

录入基础档案前，需要以账套主管身份登录用友通管理软件。

(一) 设置凭证类别

开始日常业务处理之前，应根据企业核算和管理需求选择本企业拟使用的凭证类别。系统提供了常用的凭证分类方式。选定了某一种凭证分类，还应根据凭证分类的特点进行相应限制条件的设置。

【例 3-7】 飞翔公司采用记账凭证 1 类凭证核算企业业务。

操作步骤如下：

(1) 在用友通主界面中，选择“基础设置”|“财务”|“凭证类别”命令，打开“凭证类别预置”对话框，如图 3-15 所示。

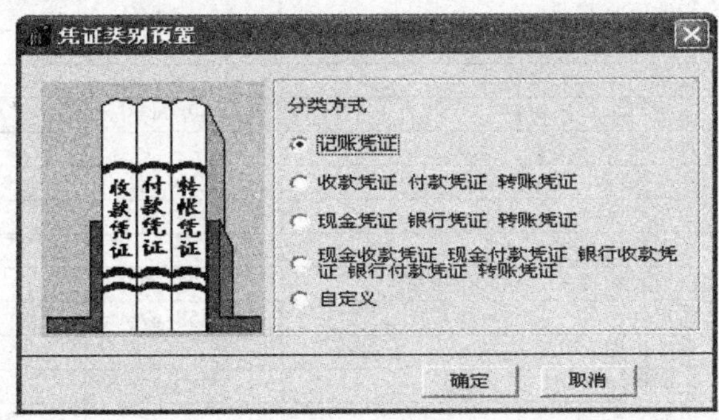

图 3-15　“凭证类别预置”对话框

(2) 单击选中“记账凭证”单选按钮，单击“确定”，打开“凭证类别”对话框，进行设置。

(二) 会计科目设置

设置会计科目是会计核算方法之一，它用于分门别类地反映企业经济业务，是登记账簿、编制会计报告的基础。用友通管理软件中预置了现行会计制度规定的一级会计科目和部分二级会计科目；企业可根据本单位实际情况修改科目属性并补充明细科目。

在设置会计科目的同时可以设置科目的辅助核算账类，用于说明本科目是否有其他核算要求。系统除完成一般的总账、明细账核算外，还提供以下几种专项核算功能：部门核算、个人往来核算、客户往来核算、供应商往来核算、项目核算。一般情况下，收入或费用类科目可设部门辅助核算，日常运营中当收入或费用发生时系统要求实时确认收入或费用的部门归属，记账时同时登记总账、明细账和部门辅助账；与客户的往来科目如何应收账款、应收票据、预收账款可设成客户往来核算；应付账款、应付票据、预付账款可设成供应商往来核算；在建工程及收入成本类科目可设成项目核算，用于按项目归集收入或费用。

设置会计科目时需要考虑的问题：

- 会计科目的设置必须满足会计报表编制的要求，凡是报表所用数据，需从系统取数的，必须设立相应科目。
- 会计科目要保持相对稳定。
- 设置会计科目要考虑各子系统的衔接。在总账系统中，只有末级会计科目才允许有发生额，才能接收各个子系统转入的数据。

1. 增加会计科目　在建立账套时系统提供了按所选行业性质预置科目的功能，如果选择预置科目，系统内已预装了行业一级科目和部门二级科目，所以企业需要增加的主要是明细科目。

【例 3-8】 飞翔公司会计科目表及 2009 年 12 月期初余额如表 3-4 所示(数量单位)。

表 3-4　会计科目及余额表

单位：元

科目编码	科目名称	借方余额	贷方余额	期初数量
1001	库存现金	9 828		
1002	银行存款	433 565		
1122	应收账款			
112201	应收账款——E 公司	44 926		
112202	应收账款——F 公司	51 344		
1221	其他应收款			
122101	其他应收款-张三	12 836		
1403	原材料			
140301	原材料——甲材料	179 704		900
140302	原材料——乙材料	176 495		1 000
1405	库存商品			
140501	库存商品——A 产品	279 183		300
140502	库存商品——B 产品	417 170		100
1511	长期股权投资			
151101	长期股权投资——股票投资	172 277		
1601	固定资产	1 458 676		
1602	累计折旧		877 350	
1801	长期待摊费用	282 725		
2001	短期借款		107 560	
2201	应付票据		73 807	
2202	应付账款			
220201	应付账款——丙单位		22 463	
220202	应付账款——丁单位		99 479	
2203	预收账款			
220301	预收账款——F 公司		70 598	
2211	应付职工薪酬		43 926	
2221	应交税费			
222106	应交税费——应交所得税		22 463	
2231	应付利息		25 672	
2232	应付股利		42 900	
2241	其他应付款		67 389	
2501	长期借款		768 099	
4001	实收资本(或股本)		1 018 111	
4002	资本公积			
400207	资本公积——其他资本公积		54 352	
4101	盈余公积			
410101	盈余公积——法定盈余公积		224 560	
5001	生产成本			
500101	生产成本——A 产品			
500102	生产成本——B 产品			

注：原材料数量单位为“吨”，库存商品数量单位为“件”。

操作步骤如下：

(1) 在用友通主界面中，选择“基础设置”|“财务”|“会计科目”命令，进入“会计科目”窗口。

(2) 单击“增加”按钮，打开“会计科目-新增”对话框。

(3) 录入新增明细科目信息，如图 3-16 所示。

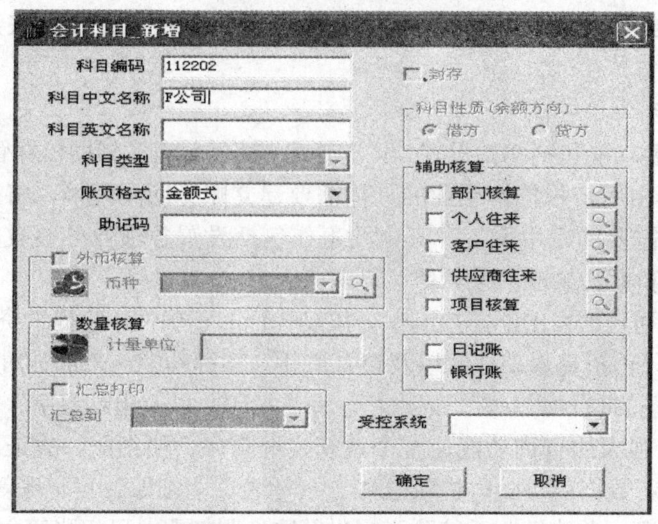

图 3-16　“会计科目-新增”对话框

提示：

- 增加明细科目时，系统默认其类型与上级科目保持一致。
- 已经使用过的末级科目不能再增加下级科目。

(4) 如果是增加要求数量核算的科目，如“140301　甲材料”，还需选中“数量核算”前的复选框，在“计量单位”文本框内输入本科目的数量计量单位。

2. 修改会计科目　如果需要对已建立会计科目的某些属性进行修改，比如账页格式、辅助核算、汇总打印、封存标识等，可以通过系统提供的“修改”功能来完成。

在“会计科目”窗口中，选中需要修改的科目，点击“修改”按钮，调出“会计科目-修改”对话框，修改相应内容，“确定”即可。

提示：

- 非末级会计科目不能再修改科目编码。
- 已经使用过的末级科目不能再修改科目编码。
- 已经有数据的会计科目，应先将该科目及其下级科目余额清零后再修改。

3. 删除会计科目　如果会计科目未经使用，也可通过删除功能来删除。

在“会计科目”窗口中，选择需要删除的科目，点击“删除”按钮，即可删除科目。

提示：

- 删除的科目不能被自动恢复，但可以通过增加功能来完成。
- 非末级科目不能删除。
- 已有数据的会计科目，应先将该科目及其下级科目余额清零后再删除。

第 5 节　总　　账

一、总账概述

总账系统是用友通管理软件的核心子系统，适合于各行各业进行账务核算和管理工作。总账管理系统即可独立运行，也可同其他系统协同运行。

首先对总账系统的功能、总账系统与其他系统之间的关系以及总账系统的应用流程进行简要的描述。

(一) 总账功能

总账系统的主要功能包括初始设置、凭证管理、账簿管理、辅助核算管理和期末处理等。

1. 初始设置　由用户根据本企业的具体需要建立账务应用环境，将用友通总账系统变成适合本单位实际需要的专用系统，其主要工作包括设置各项业务参数、设置基础档案、明细账权限的设定和期初余额的录入等。

2. 凭证管理　通过严密的制单控制保证填制凭证的正确性。它提供资金赤字控制、支票控制、预算控制、外币折算误差控制以及查看最新余额等功能，来加强对发生业务的及时管理和控制；完成凭证的录入、审核、记账、查询、打印，以及出纳签字、常用凭证定义等。

3. 账簿管理　强大的查询功能使整个系统实现总账、明细账、凭证联查，并可查询包含未记账凭证的最新数据；可随时提供总账、余额表、明细账、日记账等标准账表的查询。

4. 辅助核算管理　总账管理系统除了提供总账、明细账、日记账等主要账簿数据的查询外，还提供以下辅助核算管理：个人往来核算、部门核算、往来管理、现金管理和项目管理。

5. 月末处理　灵活的自定义转账功能、各种取数公式可满足各类业务的转账工作。

自动完成月末分摊、计提、对应转账、销售成本、汇总损益、期间损益结转等业务。

进行试算平衡、对账、结账、生成月末工作报告。

(二) 总账系统的应用流程

总账系统的应用流程如图 3-17 所示。应用流程指明了使用总账系统的正确的操作顺序，便于快速学习和掌握总账的各项功能。

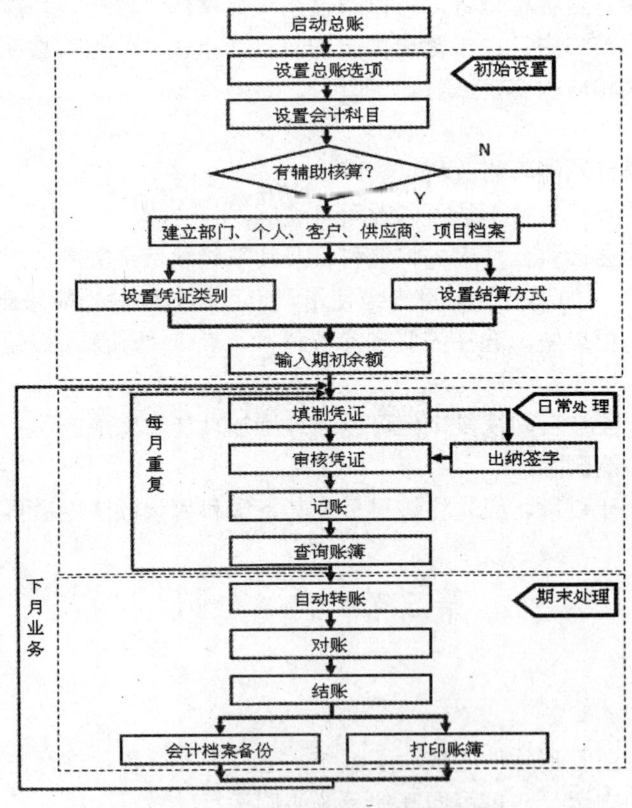

图 3-17　总账系统的应用流程图

二、总账初始化

从原有系统(手工系统或计算机系统)过渡到新系统并不是完全照抄照搬，而是需要有一个重新设计的过程，总账初始化就是结合企业的具体核算、管理要求和用友通软件的特点确定对企业的业务流程及解决方案，具体包括设置总账系统参数及录入期初余额等。

用友通是通用型管理软件，为了适应不同行业、不同企业的管理需要，系统内设计了大量的参数，参数的不同组合决定了企业应用系统的方式和流程，以此，理解各项参数的意义，明确参数对于系统应用的影响是至关重要的。

为了保证会计数据连续完整，并与手工账簿数据相同，账务系统在第一次投入使用前还需要将各种基础数据录入系统。这些基础数据主要是各明细科目的年初余额和系统启用前各月的发生额。一般情况下，资产类科目余额在借方，负债、所有者权益及利润类科目余额在贷方。如果是数量金额类科目还应输入相应的数量和单价。

年初建账和年中建账的企业需要准备的期初数据是不同的。年初建账，只需要整理会计科目的年初余额就可以了；年中某月建账，除了整理会计科目的月初余额以外，还需要整理出各科目的年初至建账月份前的积累借贷方发生额，设置了辅助核算的科目还要准备辅助账的期初数据。

【例 3-9】 “参照例 3-8 的表 3-4 会计科目余额表”输入期初余额。

操作步骤如下：

(1) 选择“总账”|“设置”|“期初余额”命令，进入“期初余额录入”窗口。

(2) 直接输入末级科目(底色为白色)期初余额，上级科目的余额将自动汇总计算，如图 3-18 所示。

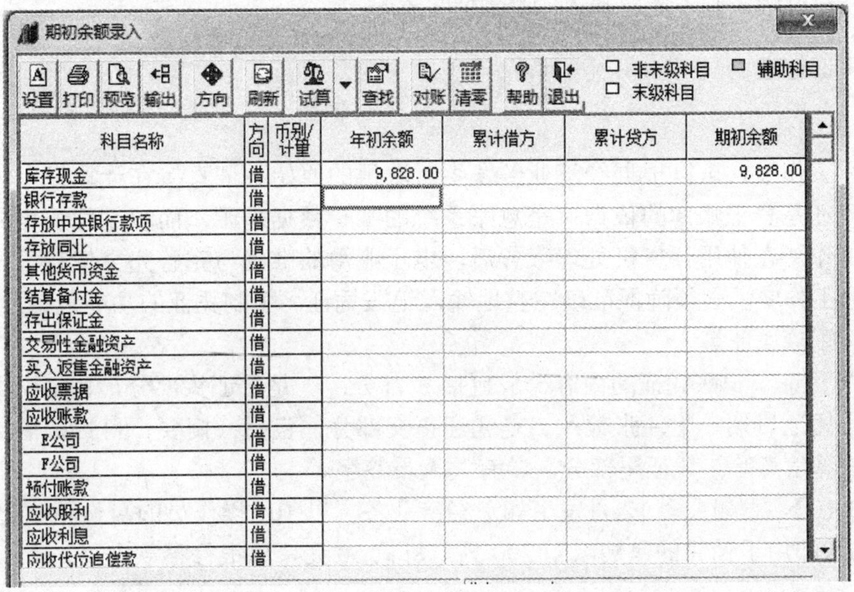

图 3-18　“期初余额录入”窗口

(3) 输入完所有科目余额后，单击“试算”按钮，打开“期初试算平衡表”对话框，如图 3-19 所示。

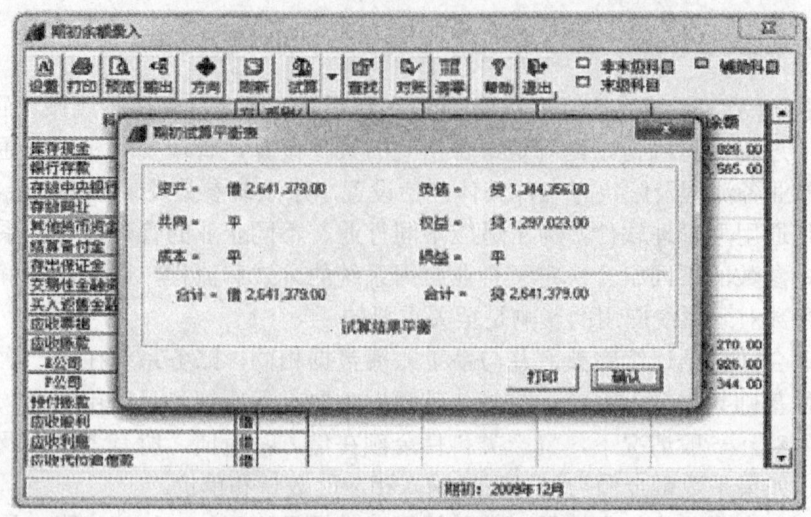

图 3-19 “期初试算平衡表”对话框

(4) 若期初余额不平衡，系统会出现红字警告信息，这时需要修改期初余额直到平衡，若期初余额试算平衡，单击“确认”按钮，即可进入到日常业务。

提示：

- 非末级会计科目余额不用录入，系统将根据其下级明细科目自动汇总计算填入。
- 出现红字余额用负号输入。
- 修改余额时，直接输入正确数据即可。
- 期初余额试算不平衡，将不能记账，但可以填制凭证。
- 已经记过账，则不能再输入、修改期初余额。

三、凭证管理

(一) 填制凭证

在实际工作中，可以根据经济业务发生时取得的原始凭证直接在计算机上填制记账凭证。记账凭证是登记账簿的依据，是总账系统的唯一数据来源，而填制凭证也是最基础和最频繁的工作。在使用计算机处理账务后，电子账簿的准确与完整完全依赖于记账凭证，因而在实际工作中，必须确保准确完整地输入记账凭证。填制凭证的功能包括：增加凭证、修改凭证、删除凭证等。

1. 增加凭证　记账凭证的内容一般包括 3 部分：一是凭证头部分，包括：凭证类别、凭证编号、凭证日期、附件张数；二是凭证正文部分，包括：摘要、科目、借贷方向、金额、辅助核算信息等；凭证尾部分，各有关人员签字。

【例 3-10】 飞翔公司 12 月发生如下经济业务，以 101 操作员的身份填制记账凭证：

(1) 购入即用于销售的包装纸箱 200 只，每只 50 元，以银行存款支付。

借：销售费用　　10 000

　贷：银行存款　　10 000

(2) 以现金购买办公用品，其中厂部用 280 元，车间用 600 元。

借：制造费用　　600

　　管理费用　　280

贷：库存现金　880

(3) 出租给 E 公司包装物一批，按协议规定 6 月收取半年租金 60 000 元，对本月应确认的收入做会计处理。

借：其他应收款——E 公司　10 000
　贷：其他业务收入　10 000

(4) 以银行存款发放工资 32 100 元。

借：应付职工薪酬　32 100
　贷：银行存款　32 100

(5) 领用甲材料 600 吨，其中生产 A 产品耗用 240 吨，生产 B 产品耗用 180 吨，车间一般耗用 92 吨，厂部一般耗用 31 吨，销售过程耗用 57 吨，期初甲材料的单位成本为 199.67 元/吨。

借：生产成本——A 产品　47 920.80
　　生产成本——B 产品　35 940.60
　　制造费用　18 369.64
　　销售费用　11 381.19
　　管理费用　6 189.77
　贷：原材料——甲材料　119 802.00

(6) 领用乙材料 890 吨，其中生产 A 产品耗用 445 吨，生产 B 产品耗用 260 吨，车间一般耗用 90 吨，厂部一般耗用 45 吨，销售过程耗用 50 吨。期初库存乙材料的单位成本为 176.5 元。

借：生产成本——A 产品　78 542.50
　　生产成本——B 产品　45 890.00
　　制造费用　15 885.00
　　销售费用　8 825.00
　　管理费用　7 942.50
　贷：原材料——乙材料　157 085.00

(7) 销售给 E 公司 A 产品 80 件，每件售价 1 700 元，增值税专用发票列明货款 136 000 元，增值税为 23 120 元，货款暂欠。

借：应收账款——E 公司　159 120
　贷：应交税费——应交增值税——销项税额　23 120
　　主营业务收入——A 产品　136 000

(8) 向 F 公司购买甲乙两种材料，增值税专用发票上记载，甲材料 20 吨，单价 195 元，计 3 900 元，增值税为 663 元，乙材料 20 吨，单价 170 元，计 3 400 元，增值税为 578 元，支付装卸费 1 560 元，按重量比例分配。全部款项以银行存款支付。按实际成本入库。

借：原材料——甲材料　4 680
　　原材料——乙材料　4 180
　　应交税费——应交增值税——进项税额　1 241
　贷：银行存款　10 101

(9) 期末分配本月应付工资，其中生产工人工资 19 600 元(生产 A 产品耗用 1 400 工时，生产 B 产品耗用 1 400 工时)，车间技术和管理人工资为 6 000 元，企业行政人员工资为 6 500

元。并按本企业职工工资 14%计提福利费

借：生产成本——A 产品 9 800

生产成本——B 产品 9 800

制造费用 6 000

管理费用 6 500

贷：应付职工薪酬 32 100

借：生产成本——A 产品 1 372

生产成本——B 产品 1 372

制造费用 840

管理费用 910

贷：应付职工薪酬 4 494

(10) 计提本月折旧费，其中车间用固定资产折旧额 7 200 元，厂部用固定资产折旧费 3 500 元。

借：制造费用 7 200

管理费用 3 500

贷：累计折旧 10 700

(11) 结转制造费用，按 A、B 产品工时分配。

借：生产成本——A 产品 24 447.32

生产成本——B 产品 24 447.32

贷：制造费用 48 894.64

(12) 本期生产 A 产品 150 件，B 产品 25 件，全部完工，验收入库，按实际成本入账。

借：库存商品——A 产品 162 082.62

库存商品——B 产品 117 449.92

贷：生产成本——A 产品 162 082.62

生产成本——B 产品 117 449.92

(13) A 产品按加权平均法计算单位成本，结转 75 件销售成本。

借：主营业务成本——A 产品 73 544.25

贷：库存商品——A 产品 73 544.25

(14) 结转本期收入费用。

借：主营业务收入——A 产品 136 000

其他业务收入 10 000

贷：本年利润 146 000

借：本年利润 129 072.71

贷：主营业务成本——A 产品 73 544.25

销售费用 30 206.19

管理费用 25 322.27

(15) 将本年利润转入未分配利润。

借：本年利润 16 927.29

贷：利润分配 16 927.29

操作步骤如下：

(1) 在“用友通标准版 10.2”窗口中，选择“总账”|“凭证”|“填制凭证”命令，或者直接单击桌面上的填制凭证图标，进入“填制凭证”窗口。

(2) 单击“增加”按钮(或按 F5 键)，增加一张新凭证。选择凭证类别为“记账凭证”，凭证日期为“2009.12.01”，在摘要栏输入“购入包装物”，科目名称栏输入销售费用的编码“6601”或直接输入“销售费用”，借方金额栏输入“10000”，按回车键继续输入下一行，如图 3-20 所示。

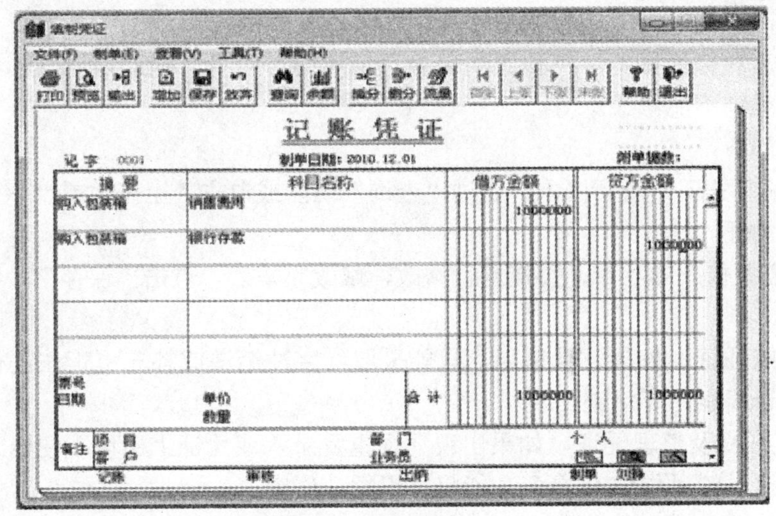

图 3-20　“填制凭证”窗口

(3) 单击“保存”按钮。

凭证栏目说明：

- 凭证类别：可以输入凭证类别字，也可以参照输入。
- 凭证编号：一般情况下，由系统按凭证类别按月自动编制，即每类凭证每月都从 0001 号开始。系统同时也自动管理凭证页号。系统规定每页凭证有 5 条记录，当某张凭证不止一页时，系统将自动在凭证号后标上分单号。
- 制单日期：计填制凭证的日期。系统自动取进入账务系统前输入的业务日期为记账凭证日期，如果日期不对，可进行修改。采用制单续时控制时，日期只能随凭证号递增而递增，凭证日期应大于系统启用日期，小于或等于系统日期。
- 附单据数：输入当前凭证所附原始单据张数。
- 摘要：输入本笔分录的业务说明，简洁明了，不能为空。每个分录行必须有摘要，各行摘要可以不同。
- 科目：输入或参照输入末级科目编码，系统自动将其转换为中文名称，也可以直接输入中文科目名称。
- 金额：即该笔分录的借方或贷方本币发生额。金额不能为 0，但可以是红字，红字金额以负数形式输入。借贷方合计数应相等，否则不能保存。

提示：

- 最后一行金额可以直接按“=”，取借贷方差额。
- 在“查看”菜单下，可以查看到当前科目的最新余额。
- 凭证一旦保存，其凭证类别、凭证编号均不能修改。

• 如果有数量核算的科目，系统会自动弹出“辅助项”对话框，在对话框内直接输入原始凭证上的数量，“确认”即可。

• 凭证填制完成后，只要继续增加凭证或退出当前凭证，凭证均可自动保存。

2. 修改凭证　虽然在凭证录入环节系统中提供了多种确保凭证输入正确的控制措施，但仍然避免不了不发生错误。为此，系统提供了凭证修改功能，分为有痕迹修改和无痕迹修改两种方式。

无痕迹修改只能针对未审核未签字凭证。修改凭证时在“填制凭证”状态下找到需要修改的凭证，直接修改即可。可修改的内容包括摘要、科目、辅助项、金额及方向、增删分录等，凭证类别不能修改。

操作步骤如下：

(1) 在“填制凭证”对话框中，通过“查询”功能或单击“上张”或“下张”按钮，找到需要修改的凭证。

(2) 单击需要修改的项目，直接进行修改，修改完毕后，点击“保存”按钮，保存修改结果。

对应已记账凭证，如果发现错误，只能采取红字冲销法或补充更正法进行改正，是一种能够保留审计线索的有痕迹修改。

3. 作废、恢复及整理凭证　如果出现凭证重复录入或凭证上出现不便修改的错误时，可以利用系统提供的“作废/恢复”功能将错误凭证作废。

若当前凭证已作废，可以选择“制单”|“作废/恢复”命令，取消作废标志，将当前凭证恢复为有效凭证。

如果无须保留作废凭证，可通过系统提供的整理功能将标注有“作废”字样的凭证彻底删除，并对未记账凭证进行重新编号，以保证凭证编号的连续性。

操作步骤如下：

(1) 比如 17 号凭证数据错误，需要作废。在“填制凭证”窗口中，先查询到要作废的凭证。

(2) 选择“制单”|“作废/恢复”命令。

(3) 凭证的左上角显示“作废”，表示该凭证已作废，如图 3-21 所示。

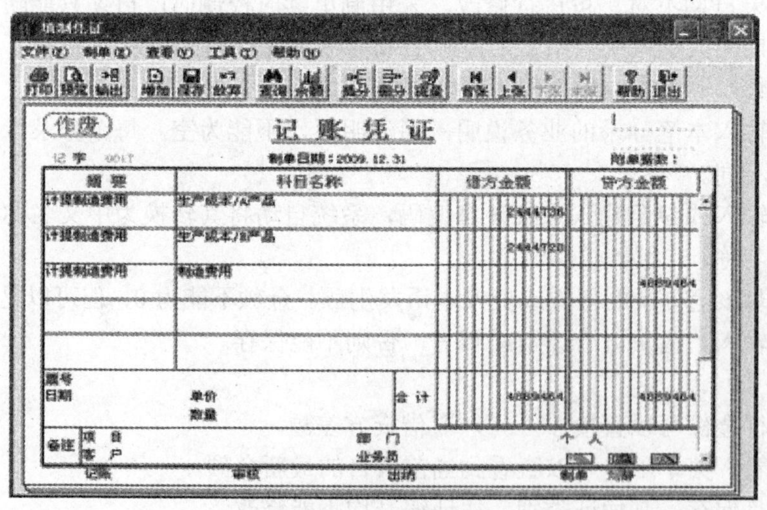

图 3-21　“作废凭证”窗口

(4) 在“填制凭证”窗口中，选择“制单”|“整理凭证”命令，打开“选择凭证期间”对话框。

(5) 选择要整理的凭证期间“2009.12”，单击“确定”按钮，打开“作废凭证表”对话框。

(6) 在要删除的凭证“删除？”一栏双击，选中要删除的凭证。

(7) 单击“确定”按钮，系统显示“是否还需整理凭证断号？”。单击“是”按钮，系统将凭证彻底删除，并对凭证重新进行编号处理。

提示：

- 作废凭证仍保留原有凭证内容及凭证号，只显示“作废”字样。
- 作废凭证不能修改、不能审核。
- 作废凭证要参加记账，否则月末无法结账，但系统不对作废凭证进行数据处理，即相当于一张空凭证。
- 账簿查询时，找不到作废凭证的数据。
- 只能对未记账的凭证做凭证整理。
- 已记账凭证做凭证整理，应先取消记账，再作凭证整理。

4. 冲销凭证　操作步骤如下：

(1) 打开填制凭证窗口。

(2) 选择“制单”|“冲销凭证”，填上需要冲销的凭证号，点“确定”进入凭证界面。

(3) 系统自动做一张红字冲销凭证，如图 3-22 所示。

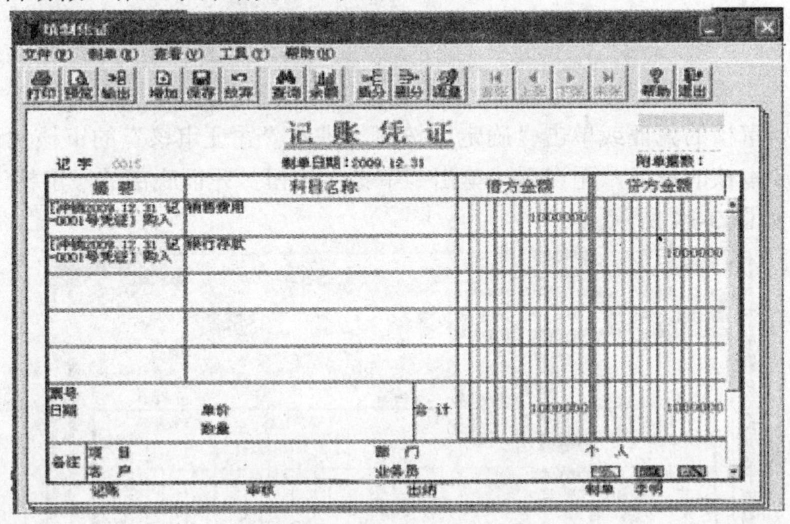

图 3-22　红字冲销凭证

(4) 点击“保存”按钮，保存凭证。

提示：

- 进行红字冲销的凭证必须是已经记账的凭证。
- 制作红字冲销凭证将错误凭证冲销后，需要再编制正确的蓝字凭证进行补充。
- 通过红字冲销法增加的凭证，应视同其为正常凭证进行保存和管理。

(二) 审核凭证

审核是指由具有审核权限的操作员按照会计制度规定，对制单人填制的凭证进行合法、合规性检查。审核无误的凭证可以进行下一处理过程——记账；审核中如果发现错误，可以利用系统提供的标错功能为凭证标注有错标记，便于制单人快速查询和更正，待修正后再重新审核。根据会计制度规定，审核与制单人不能为同一人。

系统提供了两种审核方法：单张审核和成批审核。

对审核后的凭证，系统提供取消审核的功能。

【例 3-11】 以操作员 102 的身份，审核飞翔公司 2009 年 12 月所有凭证。

操作步骤如下：

(1) 选择“总账”|“凭证”|“审核凭证”命令。打开“凭证审核”查询条件对话框。

(2) 输入查询条件，然后单击“确认”按钮，进入“凭证审核”的凭证列表窗口，如图 3-23 所示。

凭证审核

凭证共 14张　已审核 0张　未审核 14张

制单日期	凭证编号	摘要	借方金额合计	贷方金额合计	制单人	审核人
2009.12.31	记 - 0001	购入包装箱	10,000.00	10,000.00	刘静	
2009.12.31	记 - 0002	购买办公用品	880.00	880.00	刘静	
2009.12.31	记 - 0003	出租包装物	10,000.00	10,000.00	刘静	
2009.12.31	记 - 0004	发放工资	32,100.00	32,100.00	刘静	
2009.12.31	记 - 0005	领用材料	119,802.00	119,802.00	刘静	
2009.12.31	记 - 0006	领用材料	157,085.00	157,085.00	刘静	
2009.12.31	记 - 0007	销售产品	159,120.00	159,120.00	刘静	
2009.12.31	记 - 0008	购买材料	10,101.00	10,101.00	刘静	
2009.12.31	记 - 0009	分配工资	36,594.00	36,594.00	刘静	
2009.12.31	记 - 0010	计提折旧	10,700.00	10,700.00	刘静	
2009.12.31	记 - 0011	分配制造费用	45,894.54	45,894.54	刘静	
2009.12.31	记 - 0012	结转完工产品成本	279,532.54	279,532.54	刘静	

对照式审核　取消审核　打印　打印预览　确定　退出

图 3-23　凭证列表

(3) 双击要审核的凭证或单击“确定”按钮，进入“凭证审核”的审核凭证窗口。

(4) 检查要审核的凭证，无误后，单击“审核”按钮，凭证底部的“审核”处自动签上审核人姓名，如图 3-24 所示。

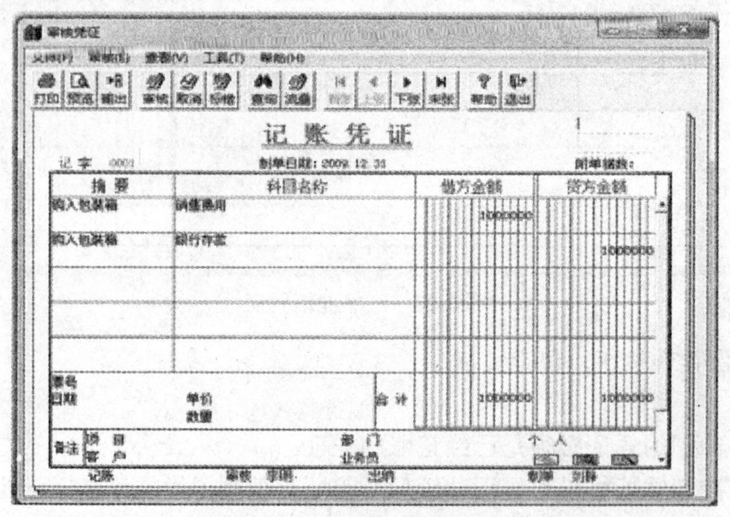

图 3-24　凭证审核

(5) 单击“下张”按钮，对其他凭证签字，最后单击“退出”按钮。

提示：

- 在确认一批凭证无错误时可以选择“审核”|“成批审核凭证”功能，可以完成成批审核的操作。
- 审核人必须具有审核权。
- 作废凭证不能被审核，也不能被标错。
- 审核人和制单人不能是同一人，凭证一经审核，就不能被修改、删除了，只有取消审核签字后才可修改或删除。已标记作废的凭证不能被审核，需先取消作废标记后才能被审核。
- 如果认为凭证有错误，可以单击“标错”按钮，标出错误凭证，以区别其他凭证。
- 已标错的凭证不能被审核，需先取消标错后才能进行审核。

(三) 记账

在总账系统中，记账凭证经审核后就可以执行记账了。手工处理时，记账是人工将审核后的凭证平行登记到总账、明细账和日记账，由于重复转抄过程中难免失误，所以设计了账账核对、账证核对等控制手段来保证账簿记录的正确性。在用友通管理系统中记账时按照预先设定的程序自动进行，记账向导引导记账过程，不用人工干预。

【例 3-12】 以 101 号操作员身份，将飞翔公司 2009 年 12 月所有凭证记账。

操作步骤如下：

(1) 选择“总账”|“凭证”|“记账”命令，进入“记账”窗口，如图 3-25 所示。

(2) 第 1 步选择要记账的凭证范围。例如，在“记账范围”栏中输入“1-15”，本例单击“全选”按钮，选择所有凭证。然后单击“下一步”按钮。

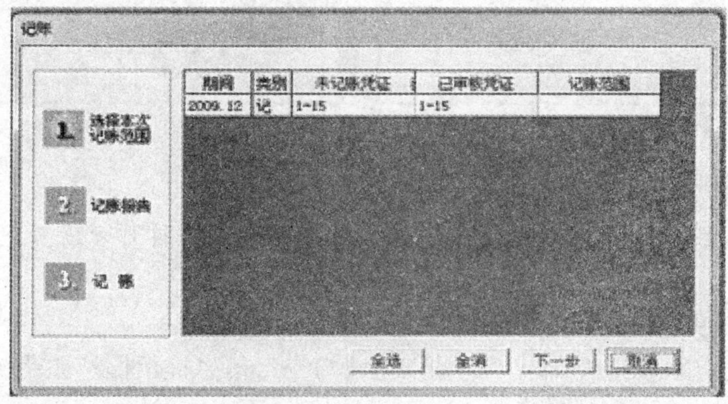

图 3-25　“记账”窗口

(3) 第二步显示记账报告。如果需要打印记账报告，可单击“打印”按钮；如果不打印记账报告，则单击“下一步”按钮。

(4) 第 3 步记账。单击“记账”按钮，打开“出其实算平衡表”对话框。单击“确认”按钮，系统开始登录有关的总账和明细账、辅助账。登记完后，弹出“记账完毕”信息提示对话框。

(5) 单击“确定”按钮，记账完毕。

提示：

- 第 1 次记账时，若期初余额试算不平衡，则不能记账。
- 上月未记账，本月不能记账。
- 未审核凭证不能记账，因而记账范围应小于等于以审核范围。

• 作废凭证不需审核即可直接记账。

• 记账过程由于断电或其他原因造成中断后，系统将自动调用恢复记账前状态恢复数据，然后再重新记账。

(四) 取消记账

由于某些原因，如记账后发现本月凭证有误需要修改，此时可利用恢复记账功能，将已记账凭证恢复到未记账状态，然后取消审核和出纳签字。修改之后，重新审核、记账。

只有账套主管才有权限进行恢复到记账前状态的操作。

【例 3-13】 以 101 号操作员身份，取消记账。

操作步骤如下：

(1) 选择“总账”|“期末”|“对账”命令，进入“对账”窗口，如图 3-26 所示。

(2) 按 Ctrl+H 组合键，弹出“恢复记账前状态功能已被激活”。信息提示框，如图 3-27 所示。单击“确定”按钮返回，在“凭证”菜单下就会显示出“恢复记账前状态”命令。

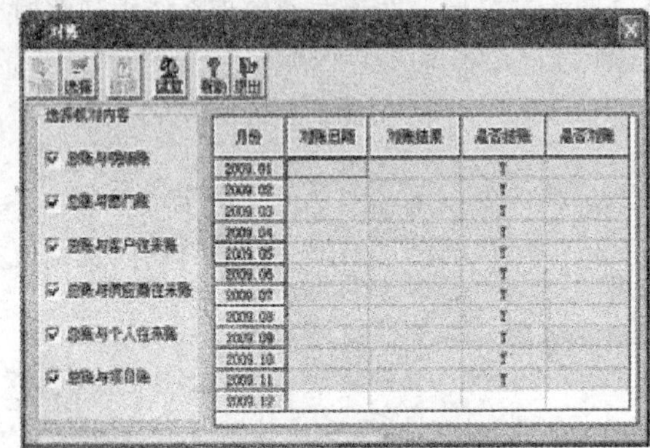

图 3-26 “对账”窗口

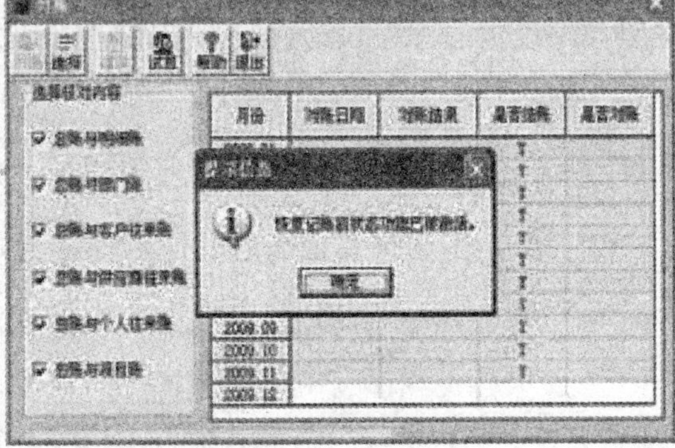

图 3-27 信息提示框

(3) 单击“确定”按钮，然后单击“退出”按钮。

(4) 选择“总账”|“凭证”|“恢复记账前状态”命令，打开“恢复记账前状态”对话框。

(5) 选中“2009 年月初状态”单选按钮，如图 3-28 所示。

(6) 单击“确定”按钮，弹出“请输入主管口令”信息提示框，如图 3-29 所示。

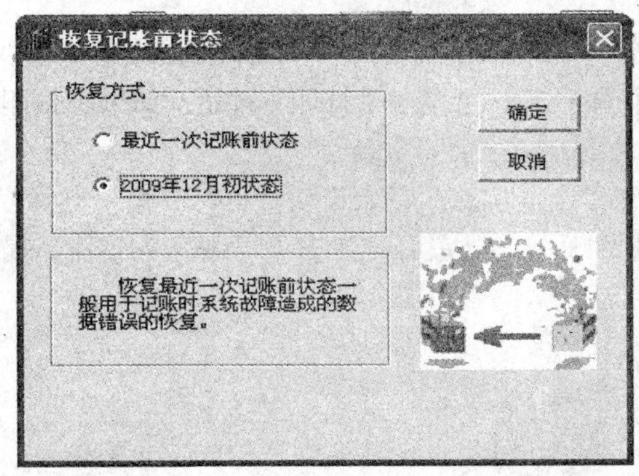

图 3-28 “恢复记账前状态”对话框

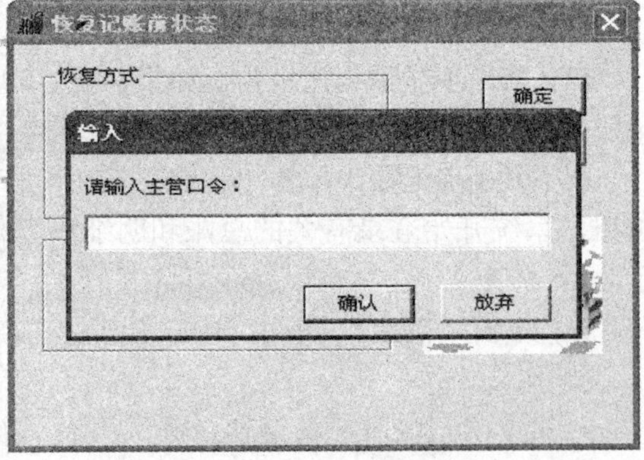

图 3-29 “请输入主管口令”信息提示框

(7) 输入主管口令，单击“确认”按钮，稍候，系统弹出“恢复记账完毕！”信息提示对话框，在其中单击“确定”按钮。

提示：

- 非主管人员，不能进行恢复记账前状态的操作。
- 已结账月份，不能恢复记账前状态。
- 如果在记账界面中再次按下 Ctrl+H 组合键，则隐藏“恢复记账前状态”功能。
- 已结账月份的数据不能取消记账。
- 取消记账后，一定要重新记账。

(五) 查询凭证

【例 3-14】 以操作员 102 的身份查询飞翔公司 2009 年 12 月凭证。

操作步骤如下：

(1) 选择“总账”|“凭证”|“查询凭证”命令，打开“凭证查询”对话框。可输入有关查询条件，再单击“确认”按钮。则显示符合条件凭证列表。

(2) 单击“辅助条件”按钮，可设置查询辅助条件，如图 3-30 所示。

(3) 单击【确认】按钮，打开“查询凭证”窗口，如图 3-31 所示。

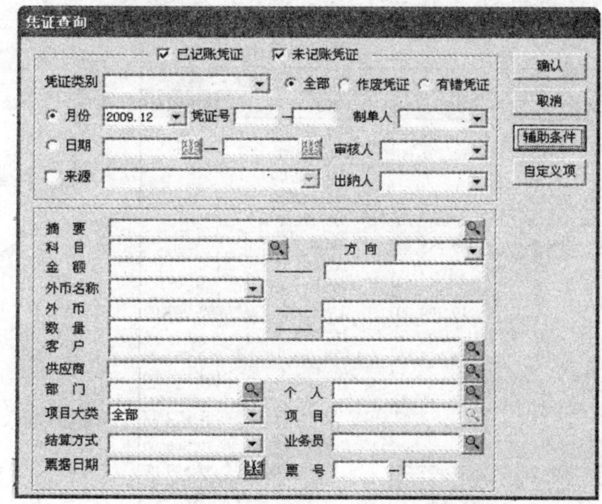

图 3-30 “凭证查询”对话框

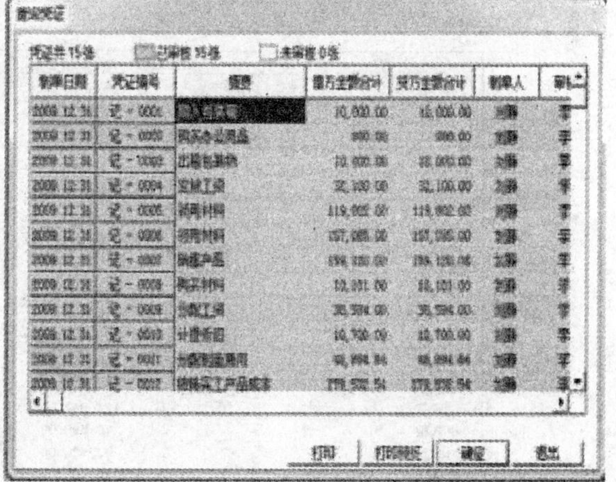

图 3-31 “查询凭证”窗口

(4) 双击某一凭证行，则屏幕可显示出此张凭证。

提示：未记账凭证也可以在“填制凭证”窗口中查询。“查询凭证”功能可以查询所有凭证。

四、账簿查询

企业发生的经济业务，经过制单、审核和记账之后，就形成了正式的会计账簿。为了能够及时了解账簿中的数据资料，并满足对账簿数据的统计分析及打印的需要，系统提供了强大的查询功能，可查询基本会计账簿、辅助账簿等。整个系统可以方便地实现对总账、明细账及凭证等账、证、表的联查。

【例 3-15】 以 102 操作员身份，查询飞翔公司 2009 年 12 月余额表。

操作步骤如下：

(1) 选择“总账”|“账簿查询”|“余额表”命令，打开“发生额及余额表查询条件”对话框，如图 3-32 所示。

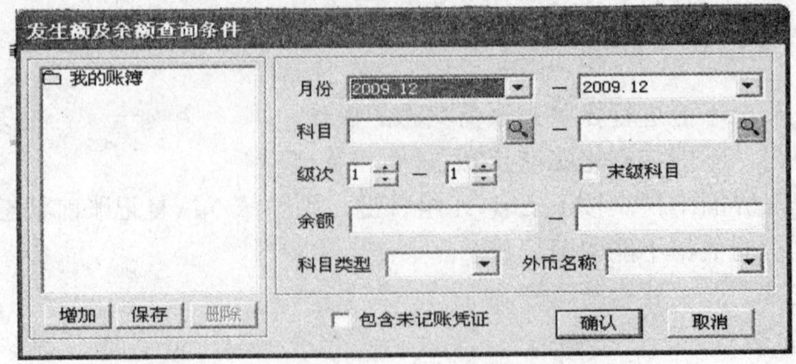

图 3-32 “发生额及余额表查询条件”对话框

(2) 选择查询条件，然后单击“确认”按钮，进入“发生额及余额表”窗口，如图 3-33 所示。

发生额及余额表

科目名称	期初余额		本期发生		期末余额	
	借方	贷方	借方	贷方	借方	贷方
库存现金	9,828.00			880.00	8,948.00	
银行存款	433,565.00			52,201.00	381,364.00	
应收账款	96,270.00		159,120.00		255,390.00	
其他应收款	12,836.00		10,000.00		22,836.00	
原材料	356,199.00		8,860.00	276,887.00	88,172.00	
库存商品	696,353.00		279,532.54	73,544.25	902,341.29	
长期股权投资	172,277.00				172,277.00	
固定资产	1,458,676.00				1,458,676.00	
累计折旧		877,350.00		10,700.00		888,050.00
长期待摊费用	282,725.00				282,725.00	
	3,518,729.00	877,350.00	457,512.54	414,212.25	3,572,729.29	888,050.00
短期借款		107,560.00				107,560.00
应付票据		73,807.00				73,807.00
应付账款		121,942.00				121,942.00
预收账款		70,598.00				70,598.00
应付职工薪酬		43,926.00	32,100.00	36,594.00		48,420.00
应交税费		[illegible]	1,241.00	23,120.00		44,342.00
应付利息		25,672.00				25,672.00
应付股利		42,900.00				42,900.00
其他应付款		67,389.00				67,389.00
长期借款		768,099.00				766,099.00
		1,344,356.00	33,341.00	59,714.00		1,370,729.00
实收资本		1,018,111.00				1,018,111.00

图 3-33 “发生额及余额表”窗口

提示：如果选中“包含未记账凭证”前的复选框，也可以查询为记账的凭证数据。

(3) 单击“累计”按钮，系统自动增加借贷方累计发生额两个栏目。

(4) 用此种方法可以查询系统提供的其他格式账簿。

五、期末处理

(一) 对账

对账是对账簿数据进行核对，以检查记账是否正确，以及账簿是否平衡。它主要是通过核对总账与明细账、总账与辅助账数据来完成账账核对。

试算平衡就是将系统中设置的所有科目的期末余额按会计平衡公式“借方余额=贷方余额”进行平衡检验，并输出科目余额表及是否平衡的信息。

一般来说，实行计算机记账后，只要记账凭证录入正确，计算机自动记账后各种账簿都应是正确、平衡的，但由于非法操作、计算机病毒或其他原因，有时可能会造成某些数据被破坏，因而引起账账不符。为了保证账证相符、账账相符，应经常使用本功能进行对账，至少一个月一次。一般可在月末结账前进行。

【例 3-16】 以操作员 103 的身份进行对账。对账月份：2009 年 12 月。

操作步骤如下：

(1) 选择“总账”|“期末”|“对账”命令，打开“对账”窗口。

(2) 将光标定位在要进行对账的月份“2009.12”，然后单击“选择”按钮，如图 3-34 所示。

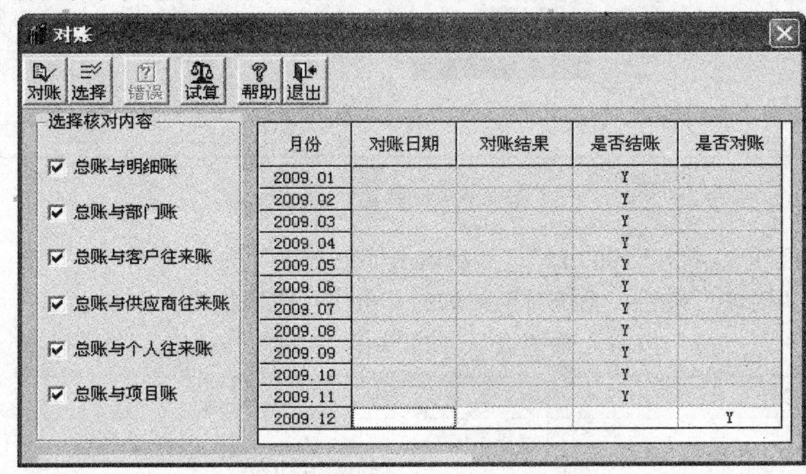

图 3-34　“对账”窗口

(3) 单击“对账”按钮，开始自动对账，并显示对账结果。

(4) 单击“试算”按钮，可以对各科目类别余额进行试算平衡。

(二) 结账

每月月底都要进行结账处理。结账实际上就是计算和结转各账簿的本期发生额和期末余额，并终止本期的账务处理工作。

在电算化方式下，结账工作与手工相比简单多了。结账是一种成批数据处理，每月只结账一次，主要是对当月日常处理限制和对下月账簿的初始化，由计算机自动完成。

1. 结账前的工作　在结账之前要做下列检查：

(1) 检查本月业务是否全部记账，如果有未记账凭证，则不能结账。

(2) 月末结转必须全部生成并记账，否则本月不能结账。

(3) 检查上月是否已结账，如果上月未结账，则本月不能记账。

(4) 核对总账与明细账、主体账与辅助账、总账系统与其他子系统数据是否一致，不一致不能结账。

(5) 损益类账户是否全部结转完毕，否则本月不能结账。

(6) 若与其他子系统联合使用，其他子系统是否已结账。若没有，则本月不能结账。

2. 结账　结账前系统自动进行数据备份。结账处理就是计算本月各账户发生额合计和本月账户期末余额并将余额结账到下月作为下月月初余额。结账完成后不得再录入本月凭证。

【例 3-17】 以操作员 103 的身份进行结账。操作步骤如下：

(1) 选择“总账”|“期末”|“结账”命令，打开“结账”窗口，见图 3-35。

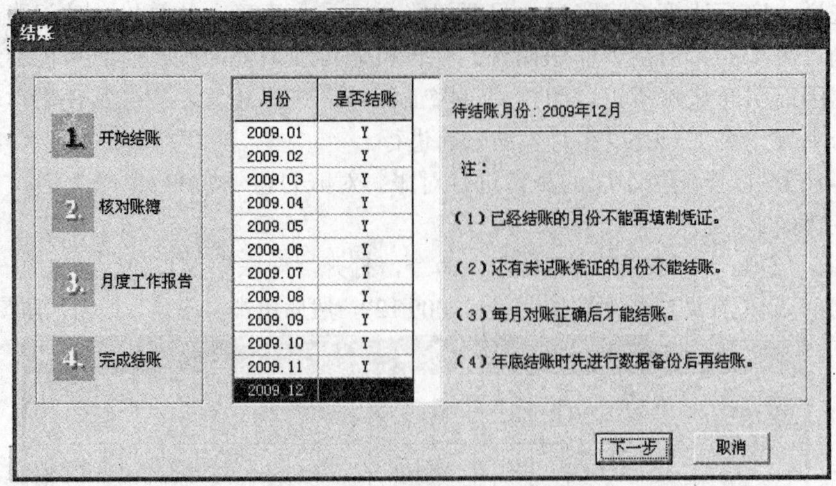

图 3-35 “结账”窗口

(2) 单击要结账月份“2009.12”，然后单击“下一步”按钮。

(3) 单击“对账”按钮，系统对要结账的月份进行账账核对。

(4) 单击“下一步”按钮，系统显示“2009 年 12 月工作报告”，如图 3-36 所示。

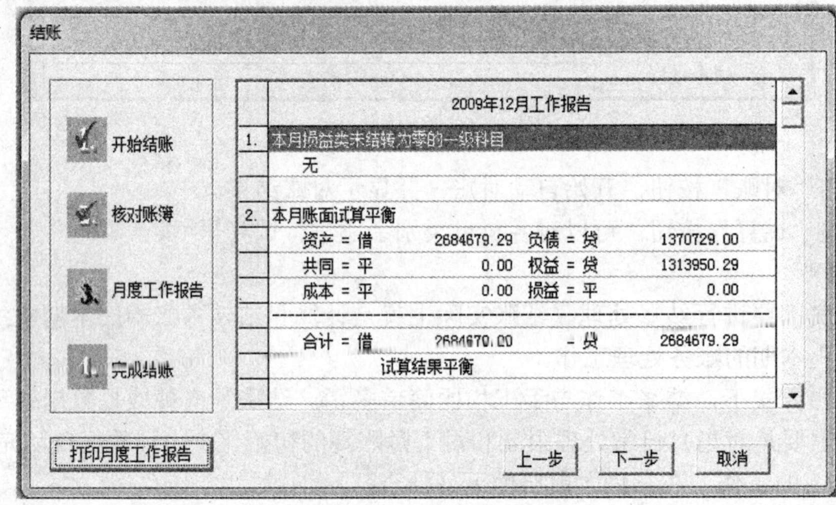

图 3-36 月度工作报告

(5) 查看工作报告后，单击“下一步”按钮，然后单击“结账”按钮，若符合结账要求，系统将进行结账，否则不予结账。

提示：

- 结账只能由有结账权限的人进行。
- 本月还有未记账凭证时，则本月不能结账。
- 结账必须按月连续进行，上月未结账，则本月不能结账。
- 若总账与明细账对账不符，则不能结账。
- 如果与其他系统联合使用，其他子系统未全部结账，则本月不能结账。
- 结账前，要进行数据备份。

(三) 反结账

【例 3-18】 以操作员 103 的身份进行反结账。

操作步骤如下：

(1) 选择“总账”|“期末”|“结账”命令，打开“结账”窗口。

(2) 选择要取消结账的月份“2009.12”。

(3) 按 Ctrl+Shift+F6 组合键激活“取消结账”功能。输入主管口令，然后单击“确认”按钮，取消结账标记。

提示：当在结完账后，由于非法操作、计算机病毒或其他原因可能会造成数据被破坏，这时可以在此使用“取消结账”功能。

第 6 节　财务报表编制

财务报表管理系统是用友通管理软件中的一个子系统。财务报表是通用的电子表格软件，既可以独立使用，也可以和财务管理软件的其他模块结合使用，适用于各行业的财务、会计、人事、计划、统计、税务等部门。与通用电子表格软件，如 EXCEL 相比，财务软件中的报表处理系统能够轻松地实现与总账和其他业务系统的对接，即数据共享和集成。虽然报表中的数据可以从总账和其他业务系统获得，但并不意味着报表系统能够自动提供所需要的报表。版本系统提供一些制作报表的工具和一些常见的模板，需要使用者利用这些工具，设计并制作出符合不同群体要求的会计报表。

报表管理系统的功能就是按照需求设计报表的格式、编制并输出报表，并对报表进行分析。其主要功能包括各行业报表模板、文件管理、格式管理、数据处理、图表、打印等功能。

一、报表有关概念

(一) 格式状态和数据状态

财务报表将含有数据的报表分为两大部分来处理，即报表格式设计工作与报表数据处理工作。报表格式设计工作和报表数据处理工作是在不同的状态下进行的。实现状态切换的是一个特别重要的按钮——格式/数据按钮，点取这个按钮可以在格式状态和数据状态之间切换。

1. 格式状态　在格式状态下设计报表的格式，如表尺寸、行高列宽、单元属性、单元风格、组合单元、关键字、可变区等。报表的三类公式：单元公式(计算公式)、审核公式、舍位平衡公式也在格式状态下定义。

在格式状态下所做的操作对本报表所有的表页都发生作用。在格式状态下不能进行数据的录入、计算等操作。

在格式状态下时，您所看到的是报表的格式，报表的数据全部都隐藏了。

2. 数据状态　在数据状态下管理报表的数据，如输入数据、增加或删除表页、审核、舍位平衡、做图形、汇总、合并报表等。在数据状态下不能修改报表的格式。

在数据状态下时，您看到的是报表的全部内容，包括格式和数据。

(二) 元

单元是组成报表的最小单位，单元名称由所在行、列标识。

行号用数字 1-9999 表示，列标用字母 A-IU 表示。

（三）单元类型

单元有以下三种类型：

1. 数值单元　数值单元是报表的数据，在数据状态下(格式/数据按钮显示为“数据”时)输入。数值单元的内容可以是 1.7*(10E－308)～1.7*(10E＋308)之间的任何数(15 位有效数字)，数字可以直接输入或由单元中存放的单元公式运算生成。建立一个新表时，所有单元的类型缺省为数值。

2. 字符单元　字符单元是报表的数据，在数据状态下(格式/数据按钮显示为“数据”时)输入。字符单元的内容可以是汉字、字母、数字及各种键盘可输入的符号组成的一串字符，一个单元中最多可输入 63 个字符或 31 个汉字。字符单元的内容也可由单元公式生成。

3. 表样单元　表样单元是报表的格式。一旦单元被定义为表样，那么在其中输入的内容对所有表页都有效。表样在格式状态下(格式/数据按钮显示为“格式”时)输入和修改，在数据状态下(格式/数据按钮显示为“数据”时)不允许修改。

一个单元中最多可输入 63 个字符或 31 个汉字。

（四）组合单元

组合单元由相邻的两个或更多的单元组成，这些单元必须是同一种单元类型(表样、数值、字符)，财务报表在处理报表时将组合单元视为一个单元。可以组合同一行相邻的几个单元，可以组合同一列相邻的几个单元，也可以把一个多行多列的平面区域设为一个组合单元。

组合单元的名称可以用区域的名称或区域中的单元的名称来表示。例如把 B2 到 B3 定义为一个组合单元，这个组合单元可以用“B2”、“B3”、或“B2:B3”表示。

（五）关键字

关键字是游离于单元之外的特殊数据单元，可以唯一标识一个表页，用于在大量表页中快速选择表页。财务报表共提供了以下六种关键字，关键字的显示位置在格式状态下设置，关键字的值则在数据状态下录入，每个报表可以定义多个关键字。

报表系统提供的关键字有六个：

(1) 单位名称：字符(最大 30 个字符)，为该报表表页编制单位的名称。

(2) 单位编号：字符型(最大 10 个字符)，为该报表表页编制单位的编号。

(3) 年：数字型(1904～2100)，该报表表页反映的年度。

(4) 季：数字型(1～4)，该报表表页反映的季度。

(5) 月：数字型(1～12)，该报表表页反映的月份。

(6) 日：数字型(1～31)，该报表表页反映的日期。

除此之外，财务报表有自定义关键字功能，可以用于业务函数中。

（六）表页

一个财务报表最多可容纳 99999 张表页，每一张表页是由许多单元组成的。一个报表中的所有表页具有相同的格式，但其中的数据不同。表页在报表中的序号在表页的下方以标签的形式出现，称为“页标”。页标用“第 1 页”～“第 99999 页”表示。

二、报表编制的基本流程

报表编制的基本流程如图 3-37 所示。

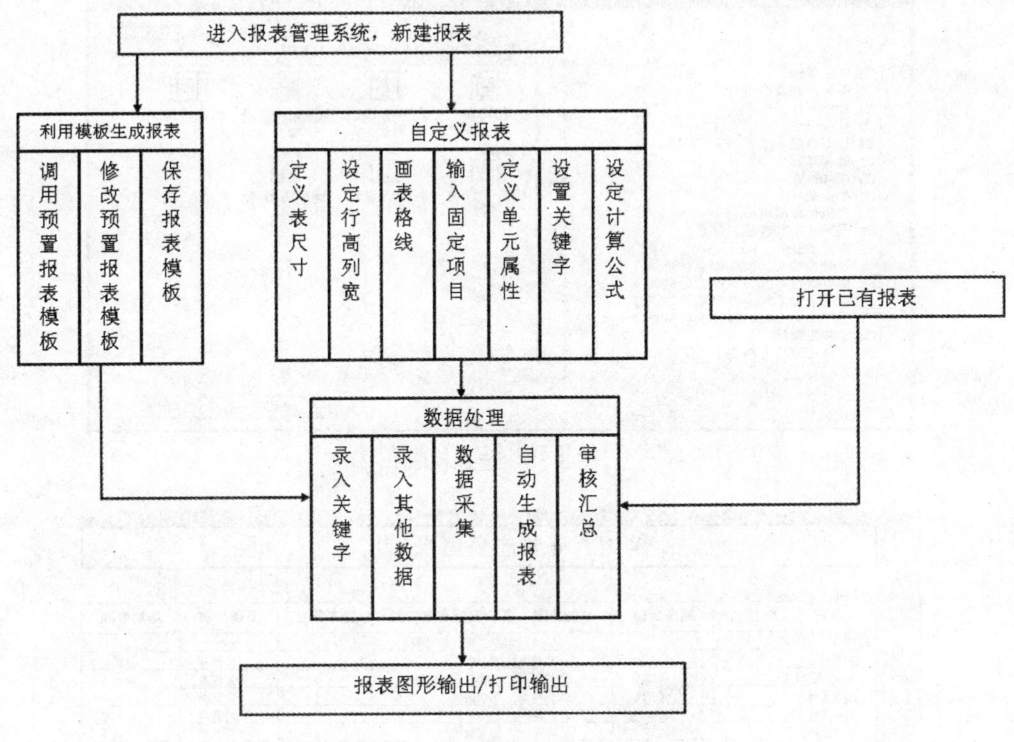

图 3-37　报表编制的基本流程图

三、利用模板快速编制报表

对于一些会计实务上常用的、格式基本固定的财务报表，用友财务报表系统为用户提供了多个行业的各种标准财务报表格式。用户可以套用系统提供的标准报表格式，并在标准格式基础上根据自己单位的具体情况进行局部修改，免去自行定义报表的繁琐工作。用友预置的分行业常用会计报表格式，称为报表模板。

(一) 调用报表模板并生成报表数据

财务报表系统提供的报表模板包括了 19 个行业的 70 多张标准财务报表(包括现金流量表)，还可以包含用户自定义的模板，用户可以根据企业所在行业挑选相应的报表，套用其格式及计算公式。

利用报表模板(小企业会计制度)生成资产负债表。

【例 3-19】 调用执行“一般企业”(2007 年新会计准则)会计制度的“资产负债表”模版。生成飞翔公司 2009 年 12 月资产负债表。

操作步骤如下：

(1) 在报表系统中，选择“文件”|“新建”命令，打开“新建”对话框。

(2) 在左侧的“模版分类”栏中，单击选中“一般企业”(2007 年新会计准则)，在右侧的“一般企业”(2007 年新会计准则)栏中选中“资产负债表”，见图 3-38。

(3) 单击“确定”按钮，打开“资产负债表”(格式状态)窗口，见图 3-39。

提示：如果需要的报表格式或公式与调用的模版不同，可以在格式状态下直接修改，然后再进行系统初始、录入关键字、计算报表数据。

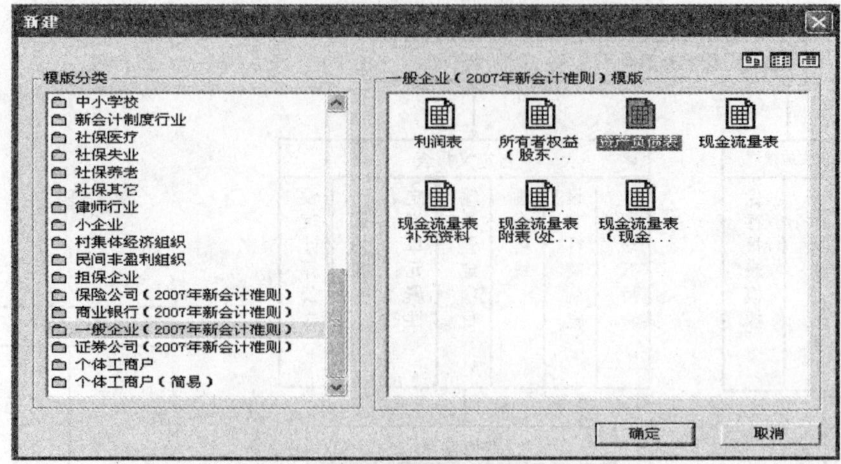

图 3-38 选择模版

	A	B	C	D	E	F
1	资产负债表					
2						会企01表
3	单位名称：xxxxxxxxxxxxxxxxxxxxxxxxxxxx年		xx 月	xx 日		单位：元
4	资　　产	期末余额	年初余额	负债及所有者权益（或股东权益）	期末余额	年初余额
5	流动资产：			流动负债：		
6	货币资金	公式单元	公式单元	短期借款	公式单元	公式单元
7	交易性金融资产	公式单元	公式单元	交易性金融负债	公式单元	公式单元
8	应收票据	演示数据公式单元	公式单元	应付票据	公式单元	公式单元
9	应收账款	公式单元	公式单元	应付账款	公式单元	公式单元
10	预付款项	公式单元	公式单元	预收款项	公式单元	公式单元
11	应收利息	公式单元	公式单元	应付职工薪酬	公式单元	公式单元
12	应收股利	公式单元	公式单元	应交税费	公式单元	公式单元
13	其他应收款	公式单元	公式单元	应付利息	公式单元	公式单元
14	存货	公式单元	公式单元	应付股利	公式单元	公式单元
15	一年内到期的非流动资产	公式单元	公式单元	其他应付款	公式单元	公式单元
16	其他流动资产			一年内到期的非流动负债		
17	流动资产合计	公式单元	公式单元	其他流动负债	公式单元	公式单元
18	非流动资产：			流动负债合计	公式单元	公式单元
19	可供出售金融资产	公式单元	公式单元	非流动负债：		
20	持有至到期投资	公式单元	公式单元	长期借款	公式单元	公式单元
21	长期应收款	公式单元	公式单元	应付债券	公式单元	公式单元
22	长期股权投资	公式单元	公式单元	长期应付款	公式单元	公式单元
23	投资性房地产	公式单元	公式单元	专项应付款	公式单元	公式单元
24	固定资产	公式单元	公式单元	预计负债	公式单元	公式单元
25	在建工程	公式单元	公式单元	递延所得税负债	公式单元	公式单元
26	工程物资	公式单元	公式单元	其他非流动负债		
27	固定资产清理	公式单元	公式单元	非流动负债合计	公式单元	公式单元

格式

图 3-39 “资产负债表”窗口

(4) 单击左下角的“格式”切换按钮，切换到数据状态。

(5) 选择“数据”|“账套初始”命令，在账套及时间初始对话框中，输入所要计算报表的账套号(101)和会计年度(2009)，单击“确认”按钮。

(6) 选择“数据”|“关键字”|“录入”命令，打开“录入关键字”对话框。输入关键字 2009 年 12 月 31 日，和公司名称，单击“确认”按钮，见图 3-40。

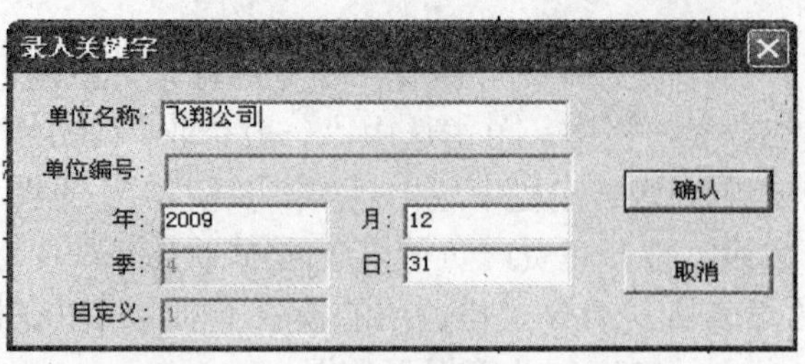

图 3-40 “录入关键字”对话框

(7) 系统弹出“是否重算第一页？”信息提示框。单击“是”按钮，生成资产负债表数据，如图 3-41 所示。

资产负债表

会企01表

单位名称：　2009 年　12 月　31 日　单位：元

资　　产	期末余额	年初余额	负债及所有者权益（或股东权益）	期末余额	年初余额
流动资产：			流动负债：		
货币资金	443,393.00	443,393.00	短期借款	107,560.00	107,560.00
交易性金融资产			交易性金融负债		
应收票据			应付票据	73,807.00	73,807.00
应收账款	96,270.00	96,270.00	应付账款	121,942.00	121,942.00
预付款项			预收款项	70,598.00	70,598.00
应收利息			应付职工薪酬	43,926.00	43,926.00
应收股利			应交税费	22,463.00	22,463.00
其他应收款	12,836.00	12,836.00	应付利息	25,672.00	25,672.00
存货	1,052,552.00	1,052,552.00	应付股利	42,900.00	42,900.00
一年内到期的非流动资产			其他应付款	67,389.00	67,389.00
其他流动资产			一年内到期的非流动负债		
流动资产合计	1,605,051.00	1,605,051.00	其他流动负债		
非流动资产：			流动负债合计	576,257.00	576,257.00
可供出售金融资产			非流动负债：		
持有至到期投资			长期借款	768,099.00	768,099.00
长期应收款			应付债券		
长期股权投资	172,277.00	172,277.00	长期应付款		
投资性房地产			专项应付款		
固定资产	581,326.00	581,326.00	预计负债		
在建工程			递延所得税负债		
工程物资			其他非流动负债		
固定资产清理			非流动负债合计	768099.00	768099.00

数据　第1页

计算完毕！

图 3-41　生成资产负债表数据

(8) 照此方法可以生成利润表。

提示：

- 当前报表套用报表模板后，原有的格式和数据全部丢失。
- 调用模板不等于照搬，还要根据企业实际情况进行审核确认。如果模板不符合企业实际情况，需要对报表格式和公式进行修改，必须在格式状态下完成。
- 生成报表之前要保证所有凭证都已经记账。

（二）自定义报表模板

用户可以根据本单位的实际需要定制内部报表模板，并可将自定义的模板加入到系统提供的模板库中，供今后生成报表使用。

操作步骤如下：

(1) 在财务报表窗口中，设计出要定制为模板的会计报表。

(2) 选择“格式”|“自定义模板”命令，打开“自定义模板”对话框。

(3) 单击“增加”按钮，打开“定义模板”对话框，输入模板所属的行业名称，单击“确定”按钮返回“自定义模板”对话框。

(4) 单击“下一步”按钮，再单击“增加”按钮，选择要定义为报表模板的报表路径和报表文件。

(5) 单击“添加”按钮，再单击“完成”按钮，该报表便定制为一个会计报表模板。

四、自定义报表

对于企业来讲，数量最大的当属企业内部管理报表了。由于各企业所属行业不同、管理需求不同，因此，内部管理报表差异性很大，需要利用自定义会计报表进行设计。

操作步骤如下：

(1) 进入财务报表系统，选择工具栏“新建”按钮，新建一张空白报表。

(2) 选择“格式”菜单，见图3-42。

(3) 顺次选择格式菜单中的各选项进行报表的格式设计，格式设计决定了报表的外观和结构，格式设计应该在“格式”状态下进行。

格式设计具体内容包括：

表尺寸：在对话框中输入报表的行数和列数，确认后表尺寸就设置完成了，当前处理的报表将按照设置的表尺寸显示。

行高、列宽：在“行高”、“列宽”对话框中输入希望的行高、列宽值。

区域画线：选取要画线的区域。选择“区域画线”，在“区域画线”对话框中，“画线类型”和“样式”中选择一种即可，确认后，选定区域中按指定方式画线。

单元属性：选取要设置单元属性的区域。选择“单元属性”，在“单元属性”对话框中设置单元的单元类型、数字格式和边框样式。

组合单元：选取要设置为组合单元的区域，选择“组合单元”，在“组合单元”对话框单击“设置组合”按钮设置组合单元。也可取消组合单元。

(4) 设置/取消关键字。

设置关键字：选取要设置关键字的单元，选择“数据”|“关键字”|“设置”，弹出“设置关键字”对话框。在对话框中的关键字名称中选择一个，确认后在选定单元中显示关键字名称为红色。

取消关键字：选择“数据”|“关键字”|“取消”，弹出“取消关键字”对话框，选取要取消的关键字，则该关键字被取消。

关键字设置之后，可以改变关键字在单元中的左右位置。选择“数据”|“关键字”|“偏移”命令，弹出“定义关键字偏移”对话框，在其中输入关键字的偏移量。单元偏移量的范围是[-300，300]，负数表示向左偏移，正数表示向右偏移，如图3-43所示。

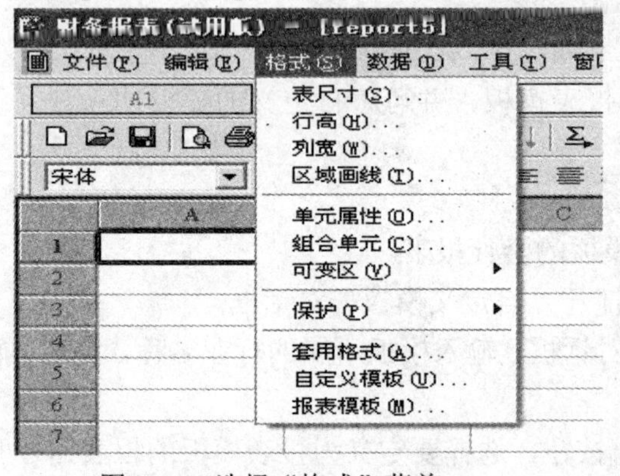

图3-42 选择“格式”菜单

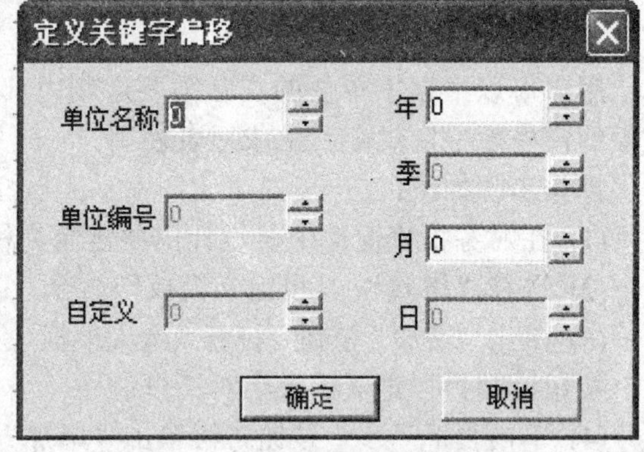

图3-43 “定义关键字偏移”对话框

(5) 编辑单元公式。选择要输入单元公式的单元。选择“数据”|“编辑公式”|“单元公式”，打开“公式定义”对话框进行定义。

(6) 输入有关函数，或者单击“函数向导”按钮，如图3-44所示。按照向导提示，选择所需函数，输入单元公式。

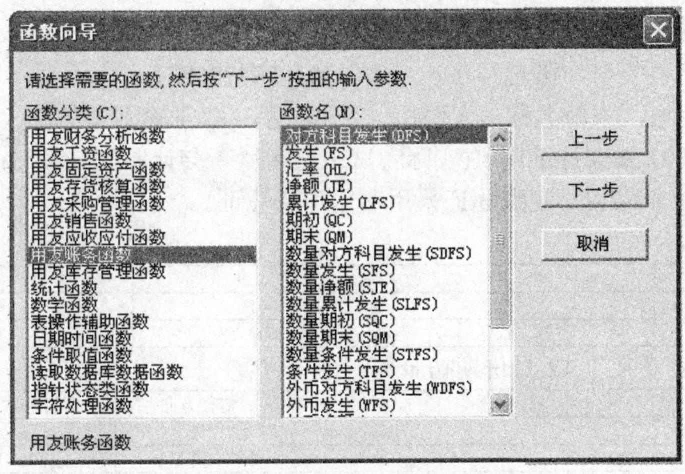

图 3-44 “函数向导”窗口

由于用友财务报表系统提供的函数非常多，此处不一一详细介绍，具体函数使用方法参见“帮助”|“财务报表帮助”。

(7) 保存报表。在格式状态下，选择“文件”|“保存”，打开“保存为”列表框。

(8) 在“文件名”文本框中输入报表文件名，单击“保存”按钮。保存文件扩展名为“.rep”，为用友报表专用扩展名。

保存完毕后，也可将该报表保存为自定义报表模板。使用该自行设计的报表时，就可以按照调用报表模板生成报表的步骤生成本企业本期的报表。

本章小结

用友通软件适应小企业会计信息管理的需求，提供企业财务业务一体化的管理方案。用友通主要包括：总账管理、财务报表、工资管理、固定资产管理、采购管理、销售管理、库存管理等功能。为中小企业财务工作提供了很好的方便。本章主要介绍该软件的基本理论和具体操作，以方便读者快速系统地掌握其应用。本章的学习过程中应侧重于实务操作，重视上机操作。

课后实验

【实验目的】 掌握会计从业资格考试初级电算化用友通实务操作的整体流程。

【实验内容】

(1) 建立单位账套。

(2) 增加操作员。

(3) 进行财务分工。

(4) 进行基础设置。

(5) 增加新科目并录入期初余额。

(6) 填制、审核凭证并记账。

(7) 编制报表。

【实验准备】 已正确安装用友通管理软件。

【实验资料】

1) 会计主体资料：

公司名称：高科公司，账套号 006，税号 1010294720871

法人代表：胡梅，本币名称：人民币。企业类型：工业企业，

行业性质：2007 新会计准则。(实际考试中选用“新会计制度科目”)

科目编码级数 4-2-2-2，记账凭证采用通用记账凭证。

操作员及权限：

编 号	姓 名	口 令	权 限
101	丁 磊	001	账套主管
102	赵 红	002	账套主管

2) 会计科目表及某年 12 月份期初余额：

科目编码	科 目 名 称	借贷方向	期初余额	期初数量
1001	库存现金	借	8 751	
1002	银行存款	借	404 015	
1122	应收账款	借	123 950	
112201	应收账款——E 公司	借	52 420	
112202	应收账款——F 公司	借	71 530	
1221	其他应收款	借	18 000	
122101	其他应收款——张三	借	18 000	
122102	其他应收款——E 公司	借		
1123	预付账款	借		
1401	材料采购	借		
140101	材料采购——甲材料	借		
140102	材料采购——乙材料	借		
1403	原材料	借	268 400	
140301	原材料——甲材料	借	152 000	952
140302	原材料——乙材料	借	116 400	1 000
1405	库存商品	借	1 330 000	
140501	库存商品——A 产品	借	516 000	
140502	库存商品——B 产品	借	814 000	
1511	长期股权投资	借	245 351	
151101	长期股权投资——股票投资	借	245 351	
1601	固定资产	借	2 436 927	
1602	累计折旧	贷	1 152 052	
1801	长期待摊费用	借	403 880	
1901	待处理财产损益	借		
2001	短期借款	贷	261 087	
2201	应付票据	贷	119 373	
2202	应付账款	贷	191 100	
220201	应付账款——丙单位	贷	47 900	
220202	应付账款——丁单位	贷	143 200	
2203	预收账款	贷	171 800	
220301	预收账款——F 公司	贷	171 800	
2211	应付职工薪酬	贷	128 915	
2221	应交税费	贷	42 925	
222101	应交税费——应交增值税	贷		
22210101	应交税费——应交增值税——进项税额	贷		
22210105	应交税费——应交增值税——销项税额	贷		
222106	应交税费——应交所得税	贷	42 925	
2231	应付利息	贷	18 725	
2232	应付股利	贷	66 937	
2241	其他应付款	贷	124 175	
2501	长期借款	贷	906 000	
4001	实收资本	贷	1 552 035	
4002	资本公积	贷	116 375	
400207	资本公积——其他资本公积	贷	116 375	
4101	盈余公积	贷	389 775	
410101	盈余公积——法定盈余公积	贷	389 775	

（续表）

科目编码	科 目 名 称	借贷方向	期初余额	期初数量
410103	盈余公积——法定公益金			
4103	本年利润			
4104	利润分配			
410402	利润分配——提取法定盈余公积			
410403	利润分配——提取法定公益金			
410410	利润分配——应付普通股股利			
410415	利润分配——未分配利润			
5001	生产成本			
500101	生产成本——A 产品			
500102	生产成本——B 产品			
5101	制造费用			
6001	主营业务收入			
600101	主营业务收入——A 产品			
600102	主营业务收入——B 产品			
6051	其他业务收入			
6301	营业外收入			
6401	主营业务成本			
640101	主营业务成本——A 产品			
640102	主营业务成本——B 产品			
6402	其他业务成本			
6601	销售费用			
6602	管理费用			
6603	财务费用			
6711	营业外支出			
6801	所得税费用			

3) 企业某年 12 月份经济业务(每笔业务做一张凭证)：

(1) 向银行提取现金 12 000 元，以备发放工资。

借：库存现金　12 000

　贷：银行存款　12 000

(2) 以现金发放本月工资。

借：应付职工薪酬　12 000

　贷：库存现金　12 000

(3) 期末分配本月应付工资，其中生产工人工资为 6 540，(生产 A 产品耗用 880 工时，生产 B 产品耗用 210 工时)，车间技术管理人员工资为 2 100 元，企业行政人员工资为 3 360 元。

借：生产成本——A 产品　5 280

　　生产成本——B 产品　1 260

　　制造费用　2 100

　　管理费用　3 360

　贷：应付职工薪酬　12 000

(4) 分别按本企业有关人员的工资的 14%计提福利费。

借：生产成本——A 产品　739.20

　　生产成本——B 产品　176.40

　　制造费用　294.00

　　管理费用　470.40

　贷：应付职工薪酬　1680.00

(5) 销售给 E 公司 A 产品 125 件，每件售价 1 200 元，增值税专用发票载明货款 150 000

元，增值税为 25 500 元；B 产品 50 件，每件售价 2 400 元，增值税专用发票载明货款 120 000 元，增值税为 20 400 元；款项收妥，已存入银行。

借：银行存款 315900

贷：应交税费——应交增值税——销项税额 45 900

主营业务收入——A 产品 150 000

主营业务收入——B 产品 120 000

(6) 以现金 260 元，支付 A、B 产品销售搬运费。

借：销售费用 260

贷：库存现金 260

(7) F 公司购 B 产品，预收货款 87 000 元，存入银行。

借：银行存款 87 000

贷：预收账款——F 公司 87 000

(8) 销售给 F 公司 B 产品 330 件，每件售价 2 400 元，增值税专用发票载明货款 792 000 元，增值税为 134 640 元。

借：预收账款——F 公司 926 640

贷：主营业务收入 792 000

应交税费——应交增值税——销项税额 134 640

(9) 将销售给 F 公司 B 产品货款结算清。

借：银行存款 839 640

贷：预收账款——F 公司 839 640

(10) 计提本月折旧费，其中车间用固定资产 1 442 900 元，月折旧率 0.007，厂部用固定资产 994 025 元，月折旧率 0.006。

借：制造费用 10 100.30

管理费用 5 964.15

贷：累计折旧 16 064.45

(11) 厂部管理人员张三出差归来，报销差旅费 18 000 元，前预借 18 000 元。

借：管理费用 18 000

贷：其他应收款——张三 18 000

(12) 购入即用的销售包装纸箱 100 只，每只 370 元，以银行存款支付。

借：销售费用 37 000

贷：银行存款 37 000

(13) 以银行存款购买办公用品，其中车间用 6 500 元，厂部用 12 800 元。

借：制造费用 6 500

管理费用 12 800

贷：银行存款 19 300

(14) 出租给 E 公司包装物一批，按协议规定明年五月份收取半年租金 56 400 元，对本月应确认的收入做出会计处理。

借：其他应收款——E 公司 9 400

贷：其他业务收入 9 400

(15) 厂部职工报销市内交通费 20 元，以现金付讫。

借：管理费用　20

贷：库存现金　20

(16) 向丁单位购买甲乙两种材料，增值税专用发票上记载，甲材料 50 吨，单价 180 元，计 9 000 元，增值税为 1 530 元，乙材料 50 吨，单价 135 元，计 6 750 元，增值税为 1 147.5 元，货款暂欠。

借：材料采购——甲材料　9 000.00

材料采购——乙材料　6 750.00

应交税费——应交增值税-进项税额　2 677.50

贷：应付账款——丁单位　18427.50

(17) 以上购买甲乙两种材料，以现金支付装卸搬运费 315 元，按买价比例分配。

借：材料采购——甲材料　180

材料采购——乙材料　135

贷：库存现金　315

(18) 前所购甲乙两种材料，按其实际成本入库。

借：原材料——甲材料　9 180

原材料——乙材料　6 885

贷：材料采购——甲材料　9 180

材料采购——乙材料　6 885

(19) 领用甲材料 766 吨，其中生产 A 产品耗用 316 吨，生产 B 产品耗用 230 吨，车间一般耗用 112 吨，厂部一般耗用 36 吨，销售过程耗用 72 吨，期初库存甲材料的单位成本为 159.66 元/吨。

借：生产成本——A 产品　50 452.56

生产成本——B 产品　36 721.80

制造费用　17 881.92

管理费用　5 747.76

售费用　11 495.52

贷：原材料——甲材料　122 299.56

(20) 领用乙材料 481.5 吨，其中生产 A 产品耗用 245 吨，生产 B 产品耗用 146 吨，车间一般耗用 45 吨，厂部一般耗用 23 吨，销售过程耗用 22.5 吨，期初库存乙材料的单位成本为 116.4 元/吨。

借：生产成本——A 产品　28 518.00

生产成本——B 产品　16 994.40

制造费用　5 238.00

管理费用　2 677.20

销售费用　2 619.00

贷：原材料——乙材料　56 046.60

(21) 结转制造费用，按 A、B 产品工时分配。

借：生产成本——A 产品　34 000.47

生产成本——B 产品　8 113.75

贷：制造费用　42 114.22

(22) 本期生产 A 产品 150 件全部完工，验收入库，按实际成本入账。

借：库存商品——A 产品 118 990.23

贷：生产成本——A 产品 118 990.23

(23) 本期生产 B 产品 50 件全部完工，验收入库，按实际成本入账。

借：库存商品——B 产品 63 266.35

贷：生产成本——B 产品 63 266.35

(24) 期初库存 A 产品的单位成本是 860 元，按先进先出法计算并结转 125 件销售成本。

借：主营业务成本——A 产品 107 500

贷：库存产品——A 产品 107 500

(25) 期初库存 B 产品的单位成本是 1 480 元，按先进先出法计算并结转 380 件销售成本。

借：主营业务成本——B 产品 562 400

贷：库存产品——B 产品 562 400

(26) 结转本期收入账户。

借：主营业务收入——A 产品 150 000

主营业务收入——B 产品 912 000

其他业务收入 9 400

贷：本年利润 107 1400

(27) 结转本期费用账户。

借：本年利润 770 314.03

贷：主营业务成本——A 产品 107 500.00

主营业务成本——B 产品 562 400.00

管理费用 49 039.51

销售费用 51 374.52

(28) 计算应交所得税，税率 25%。

借：所得税费用 75 271.49

贷：应交税金——应交所得税 75 271.49

(29) 结转所得税费用。

借：本年利润 75 271.49

贷：所得税费用 75 271.49

(30) 按 10%提取法定盈余公积。

借：利润分配——提取法定盈余公积 22 581.45

贷：盈余公积——法定盈余公积 22 581.45

(31) 按 5%提取法定公益金。

借：利润分配——提取法定公益金 11 290.72

贷：盈余公积——法定公益金 11 290.72

(32) 按 20%提取应付投资者利润。

借：利润分配——应付普通股股利 45 162.84

贷：应付股利 45 162.84

(33) 结转已实现的利润。

借：本年利润 225 814.48

贷：利润分配——未分配利润　225 814.48

(34) 结转已分配利润。

借：利润分配——未分配利润　79 035.01

贷：利润分配——提取法定盈余公积　22 581.45

利润分配——提取法定公益金　11 290.72

利润分配——应付普通股股利　45 162.84

【实验要求】

(1) 以系统管理员 admin 的身份，进行增加操作员、建立账套、财务分工操作。

(2) 以 101 操作员的身份，进行增加会计科目并录入余额以及填制凭证操作。

(3) 以 102 操作员的身份，进行审核、记账，生成资产负债表和利润表。

【操作指导】　请参照山东初级会计电算化实务题的操作步骤。

第4章　系统应用基础

学习目标

- 了解用友ERP-U8的功能和总体结构；
- 掌握系统注册并设置操作员和权限、建立和管理账套、建立基础信息档案及数据的备份和恢复。

第1节　用友ERP-U8简介

一、软件定位

用友ERP-U8企业应用套件(简称用友ERP-U8)是中国ERP普及旗舰产品，是中国用户量最大、应用最全面、行业实践最丰富的ERP，并与中国企业最佳业务实践相结合，形成了中国企业最佳经营管理平台。它充分适应中国企业高速成长且逐渐规范发展的状态，为广大中小企业连接世界级管理，是蕴涵中国企业先进管理模式，体现各行业业务最佳实践，有效支持中国企业国际化战略的信息化经营平台。在今天，它不仅成为管理者进行企业运营与管理的桌面工具，更是企业实现精细管理、敏捷经营的利器。

用友ERP-U8管理软件定位于中国企业管理软件的中端应用市场,可以满足不同的竞争环境下，不同的制造、商务模式下，以及不同的运营模式下的企业经营，提供企业日常运营、人力资源管理到办公事务处理等全方位的企业管理解决方案。

面对快速多变的市场和日益激烈的竞争环境，提升管理水平，提高内外部协同效率，是大型及中小型企业保证企业持续盈利和不断成长的基础。用友ERP-U8管理软件以集成的信息管理为基础，以规范企业运营、改善经营成果为目标、帮助企业实现“精细管理，敏捷经营”。用友ERP-U8提供财务管理、供应链管理、生产制造管理、客户关系管理、人力资源管理、办公自动化和商业智能等集成化功能，并整合各种合作伙伴的方案。在总结中国企业各行业最佳实践的基础上，提供的行业解决方案涵盖机械、电子、汽配、服装、化工、食品、制药、服务业、零售业等，是中国企业应用最广泛的ERP管理软件

用友ERP-U8管理软件是一个企业综合运营平台,用以满足各级管理者对信息化的不同要求：为高层经营管理者提供大量收益与风险的决策信息，辅助企业制定长远发展战略；为中层管人员提供企业各个运作层面的运作状况，帮助进行各种事件的监控、发现、分析、解决、反馈等处理流程，力求做到投入产出最优配比；为基层管理人员提供便利的作业环境，易用操作方式以有效履行其工作职能。

二、功能特点

用友U8管理软件产品共有8组：财务系统、购销存系统、生产制造、异地商务分销系

统、以客户为中心的 CRM 系统、人力资源管理系统、商业职能和企业级报表和企业门户。功能模块包括薪资、固定资产、资金管理、总账、应收、应付、财务分析、成本管理、现金流量、UFO、采购计划、采购管理、销售、库存、存货核算、行业报表、合并报表、决策支持、WEB 共 19 个子系统。它与传统财务软件相比，具有以下特点：

(1) SQL Server 7.0 采用动态行级锁，使并发冲突的机率与表记录数成反比，提高了网络并发控制性能。

(2) 利用存贮过程，不仅改造了 Access 的查询，还使客户端一定程度地减肥，提高了网络计算性能。

(3) 采用了标准模式，主要利用系统管理在外面包的一层用户权限机制，提高了网络安全性。

(4) 不受库大小约束，备份、恢复的性能提高，从而优化了备份、恢复机制。

(5) 用友远程查询可以做到查询任意业务数据、在任何时候任何地方查询、并且查询到的数据是最新的，从而确认了远程应用的可行性。

三、总体结构

历经十多年的发展，用友 ERP-U8 管理软件汇聚了几十万用户的应用需求，累积了丰富的行业先进企业管理经验，以销售订单为导向，以计划为主轴，其业务涵盖财务、物流、生产、CRM(客户关系管理)、OA(办公自动化)、管理会计、决策支持、网络分销、人力资源、集团应用以及企业应用集成等全面应用，用友 ERP-U8 管理软件的总体结构如表 4-1 所示。

表 4-1　用友 ERP-U8 管理软件的总体结构

财务管理(FM)	供应链管理(SCM)	生产制造(PM)	客户关系管理(CRM)	人力资源(HR)	决策支持(DSS)	集团应用(GA)	零售管理(RM)	分销管理(DM)	系统管理集成应用	办公自动化(OA)
成本管理	GSP 管理	设备管理	客户调查	绩效管理	管理驾驶舱	专家分析	零售收款	通路管理	零售接口	网络调查
资金管理	质量管理	工程变更	统计分析	宿舍管理	专家财务评估	行业报表	零售开单	供应商自助	PDM 接口	内部论坛
项目管理	出口管理	车间管理	市场管理	培训管理		合并报表	日结管理	客户商务端	企业门户	档案管理
预算管理	库存管理	生产订单	费用管理	人事合同		结算中心	店存管理	综合管理	金税接口	信息管理
网上银行	委外管理	需求规划	活动管理	保险福利		集团账务	价格管理	业务记账	WEB 应用	车辆管理
UFO 报表	采购管理	产能管理	商机管理	经理查询		集团预算	折扣管理	分销业务	EAI 平台	物品管理
网上报销	销售管理	主生产计划	客户管理	考勤管理			VIP 管理		系统管理	会议管理
固定资产	合同管理	物料清单		薪资管理			门店业务管理			教育培训
存货核算	售前分析			招聘管理			数据交换			知识中心
应付管理				人事信息						个人办公
应收管理										事件处理
总账管理										工作流程

从表 4-1 可见，用友 ERP-U8 提供了企业信息化全面解决方案，它对应了现今高等教育的多个专业方向，如企业管理、物流管理、会计、人力资源管理等。如果全面展开上述所有内容，对于教学学时而言无异于无法承受之重。因此，在综合考虑教学对象、教学内容、教学学时的基础上，在此选择了其中的财务管理和供应链管理两部分中的常用模块搭建了本教材的骨架，以支撑企业财务业务的一体化管理。财务管理中选择了总账管理、UFO 报表、固定资产、应收管理、应付管理等主要模块。供应链管理中选择了采购管理、销售管理、库存管理等主要模块。另外，还包括人力资源管理中的薪资管理。

四、各模块关系

为了对账务一体化运行模式有直观的了解和认识，现以数据流程图 4-1 形式列示。

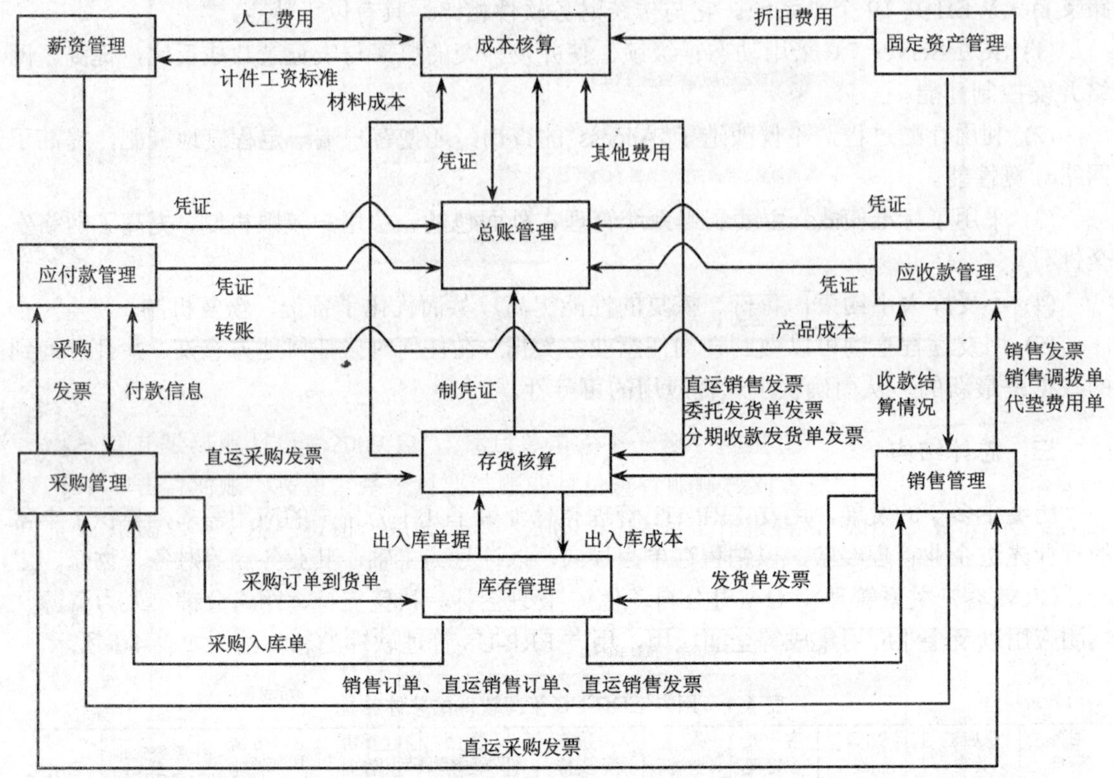

图 4-1 模块间的数据关系

第 2 节 系统的安装和启动

会计软件的运行环境是指能够充分发挥会计软件的优良特性，并实现会计信息共享处理、保证会计软件能够正常稳定运行所需要的环境。系统运行环境包括系统运行的硬件环境和软件环境。

用友 ERP-U8 管理软件是基于 C/S 结构设计，最终数据保存在服务器上。如果是局域网内使用，对服务器要求更好，因为服务器兼有计算、保存数据等工作，特别是在有多个客户端的情况下更是如此，否则无法及时响应。

一、系统运行环境

用友 ERP-U8 管理软件属于应用软件范畴，需要按以下要求配置硬件环境准备系统软件，如表 4-2 所示。

注意：

• 如果是单机安装，即把数据服务器、应用服务器、客户端安装在一台机器上，需要满足以上三项最低配置要求。

• 在数据服务器安装、单机版安装或安装所有产品的情况下；需首先安装 SQL Server

2000+SP4。

表 4-2　用友 ERP-U8 要求的软件和硬件环境

分类	硬件环境		系统软件
对象	最低配置	推荐配置	
客户端	内存 512 MB 以上；CPUP3800MHz 以上；安装盘(U8.61 所安装的盘符)空间 4GB 以上；系统盘(操作系统所安装的盘符)有 500MB 以上的空间	内存 lGB 以上；CPUP41.8GHz 以上；磁盘空间 10GB 以上；系统盘有 2GB 以上空间	WindowsXP+SP2 或 Windows 2000 Serveff Professional+SP4 或 Windows2003Server 或 WindowsNT+SP6a
数据服务器	内存 1 GB 以上；CPU 频率 1.8 GHz 以上；磁盘空间 20GB 以上	内存 2GB 以上；CPU2.4GHz 以上，多 CPU；磁盘空间 40GB 以上	Windows2000Server+SP4 Windows2003 Server WindowsNT+SP6a
应用服务器	内存 1GB 以上：CPUl.8GHz 以上；磁盘空间 10GB 以上	内存 lGB 以上；CPU1.8GHz 以上，多 CPU；磁盘空间 10GB 以上	WindowsXP+SP2 Windows2000Server+SP4 Windows2003 Server
网络协议	IE6.0+SPl，TCP/IP，Named Pipe		

二、SQL Server 2000 SP4 数据库的安装

用友 ERP-U8 管理软件要求以 SQL Server 2000 SP4 作为后台数据库。SQL Server 2000 SP4 有个人版、标准版、企业版、专业版等多种版本，建议服务器上安装 SQL Server 2000 标准版；客户端视其安装的操作系统安装 SQL Server 2000 SP4 标准版或个人版。下面以安装 SQL Server 2000 SP4 个人版为例介绍安装过程。其操作步骤如下：

(1) 执行 SQL Server 2000 安装文件 Setup 后，打开 SQL Server 2000 自动菜单，选择其中的“安装 SQL Server 2000 组件”命令，打开“安装组件”对话框，见图 4-2。

图 4-2　SQL Server 2000 安装界面

(2) 选择其中的“安装数据服务器”选项，稍候，打开“安装向导一欢迎”对话框，单击“下一步”按钮，打开“计算机名”对话框。选择“本地计算机”选项；单击“下一步”按钮，打开“安装选择”对话框，见图 4-3。

(3) 选择“创建新的 SQL Server 实例，或安装客户端工具”选项，单击“下一步”按钮，打开“用户信息”对话框。输入姓名，单击“下一步”按钮，打开“软件许可证协议”对话框。阅读后，单击“是”按钮，打开“安装定义”对话框，见图 4-4。

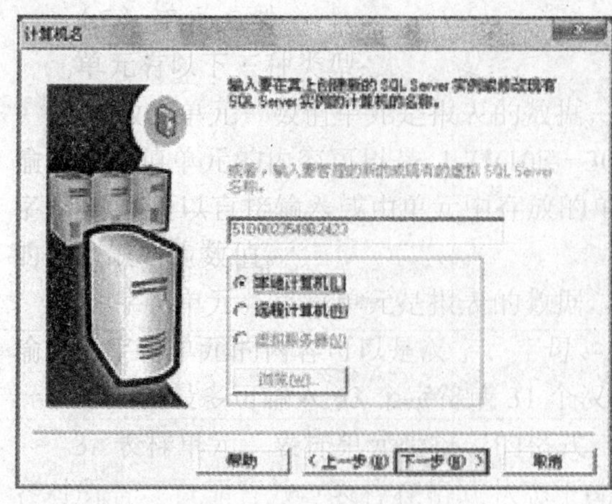

图 4-3　“安装组件”对话框

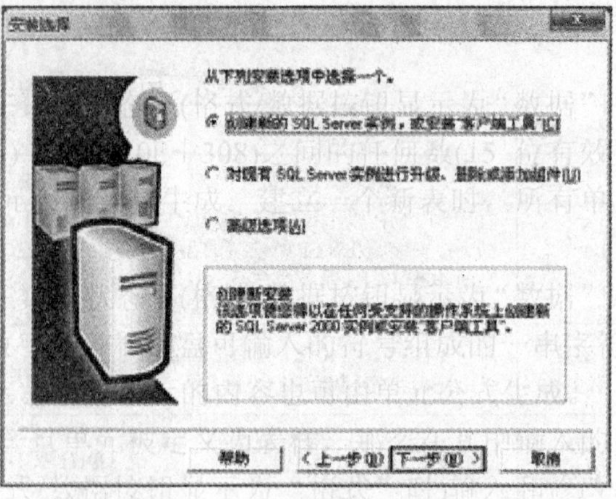

图 4-4　“安装选择”对话框

(4) 选择“服务器和客户端工具”选项，单击“下一步”按钮，打开“实例名”对话框，采用系统默认，单击“下一步”按钮，打开“安装类型”对话框。选择“典型”选项，并选择文件安装路径，单击“下一步”按钮，打开“选择组件”对话框。采用系统默认，单击“下一步”按钮，打开“服务账户”对话框，见图 4-5。

(5) 选择“对每个服务使用同一账户。自动启动 SQL Server 服务”选项，将服务设置为“使用本地系统账户”，单击“下一步”按钮，打开“身份验证模式”对话框，见图 4-6。

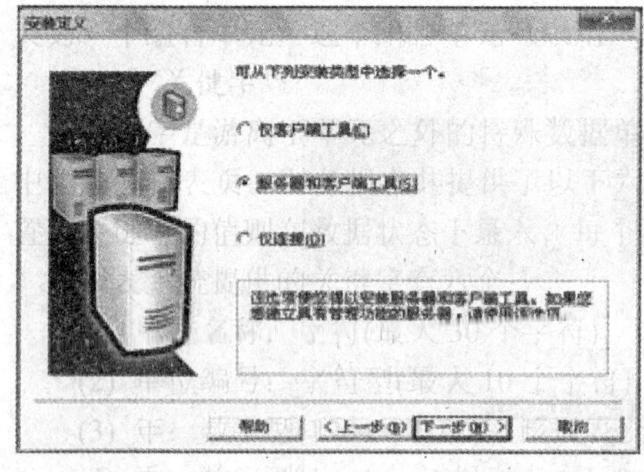

图 4-5　“安装定义”对话框

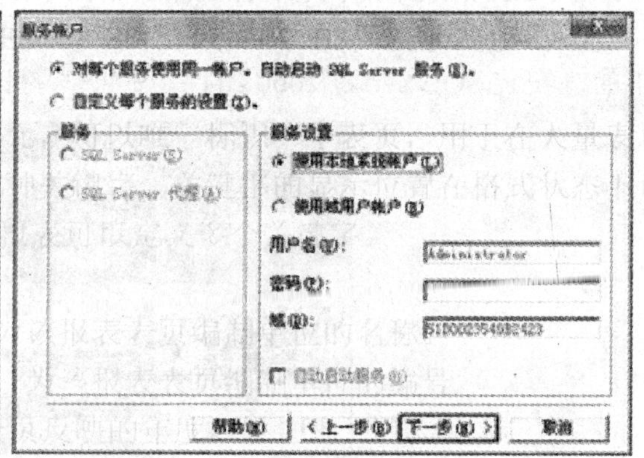

图 4-6　“服务账户”对话框“

(6) 为了加强系统安全性，选择“混合身份验证模式”，选中“空密码”复选框，单击“下一步”按钮，打开“开始复制文件”对话框，见图 4-7。

(7) 稍候片刻，系统安装结束，显示“安装结束”对话框，单击“完成”按钮，结束 SQL Server 2000 安装。

(8) SQL Server 2000 安装完成后，再安装 SQL Server 2000 SP4 升级文件，根据向导一步步完成安装。

SQL Server 2000 安装完成，重新启动计算机，在任务栏会有 SQL 图标，将鼠标放在上单击右键，选择弹出“SQL Server 服务管理器”对话框，选择本机服务器并启动，见图 4-8。

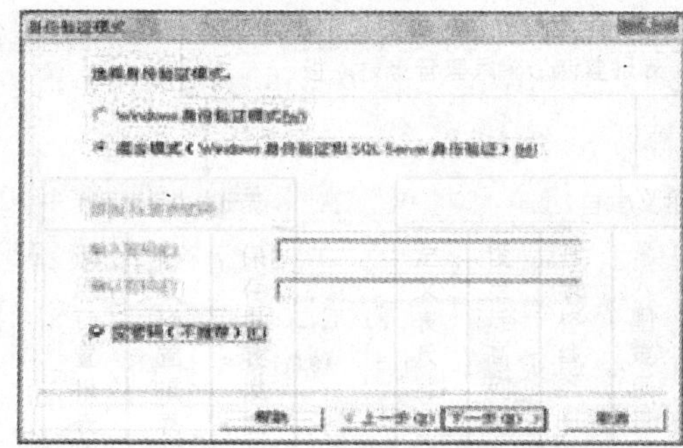

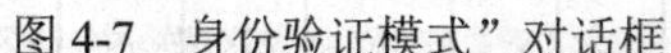

图 4-7　身份验证模式”对话框

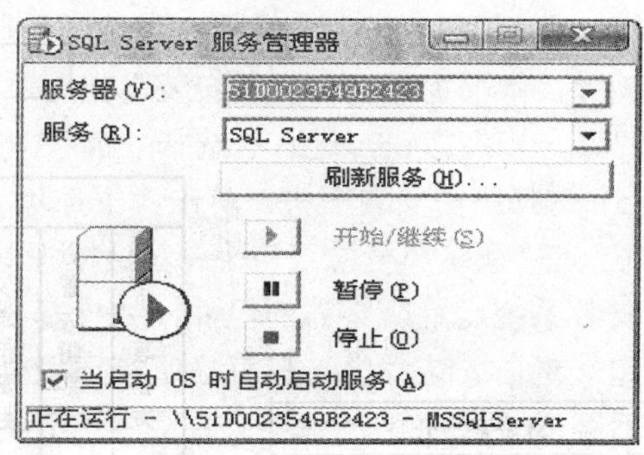

图 4-8　“SQL Server 服务管理器”对话框

三、用友 ERP-U8 管理软件安装与启动

为确保系统安装成功，提醒大家在安装之前注意以下问题：

(1) 请对照用友 ERP-U8 环境说明文件所描述的配置准备环境。

(2) 安装时操作系统所在的磁盘分区剩余磁盘空间必须大于 2G。

(3) 安装 SQL 数据库环境。

(4) 关闭杀毒软件。

(5) 安装完毕重新启动机器，安装用友 ERP-U8 系统。

(6) 重新启动机器，配置 U8 服务管理器。

下面以单机安装用友 ERP-U872 管理软件为例，系统安装操作步骤如下：

(1) 以系统管理员身份注册进入系统，将用友 ERP-U8 管理软件光盘放入服务器的光盘驱动器中，打开光盘目录，双击 Setup 应用程序文件，进入 ERP-U8 管理软件安装欢迎界面。单击“下一步”按钮，打开安装授权“许可证协议”对话框。

(2) 选择“我接受许可证协议中的条款”，单击“下一步”按钮，接受协议内容，系统进行历史版本检测与清理，完成检测与清理后，进入“客户信息”设置对话框。

(3) 输入用户名“王荟”和公司名称“山东飞鹰科技有限责任公司”，单击“下一步”按钮，打开“选择目的地位置”对话框，见图 4-9。

单击“更改”按钮可以修改安装位置，在此保持默认设置，直接单击“下一步”按钮，进入“安装类型”选择对话框，见图 4-10。

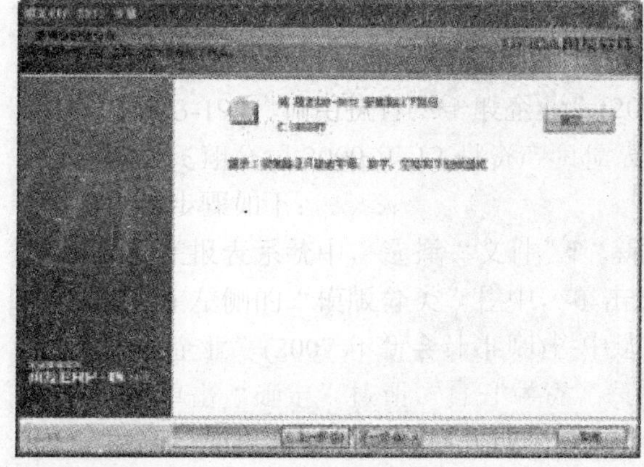

图 4-9　“选择目的地位置”对话框

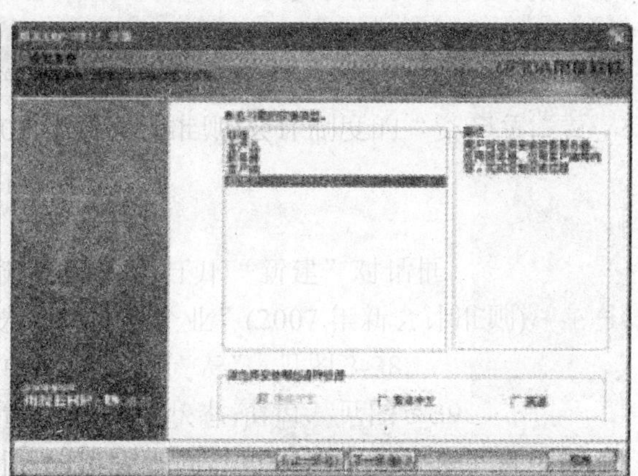

图 4-10　“安装类型”选择对话框

(4) 系统提供了五种安装类型，选择不同安装类型，安装模块不同，安装进程也存在一定的差异，本书选择“自定义安装”类型，取消“繁体中文”和“英语”的语种资源安装，单击“下一步”按钮，进入“选择功能”对话框，见图 4-11。

(5) 选择所需安装模块，单击“下一步”按钮，进入“环境检测”界面，见图 4-12。

(6) 在“系统环境检查”结果对话框中，如果缺省组件未安装，可单击“安装缺省组建”按钮安装系统运行所必需的组件，如果基础环境不符合要求，将无法进行软件安装，单击“确定”退出安装程序。只有当所需环境全部符合要求时，单击“确定”按钮，系统才能进行后续安装。

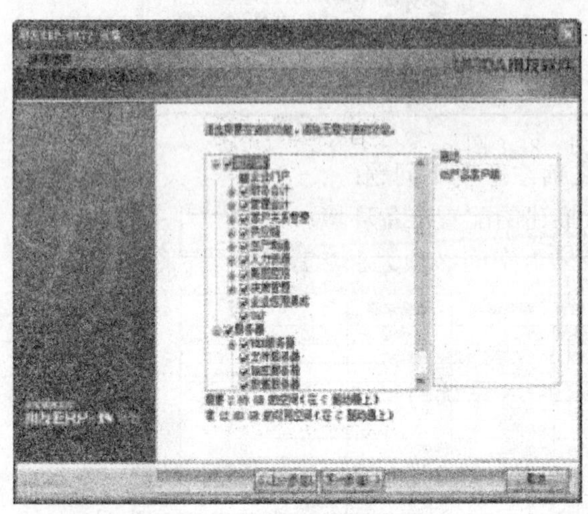

图 4-11 “选择功能”对话框

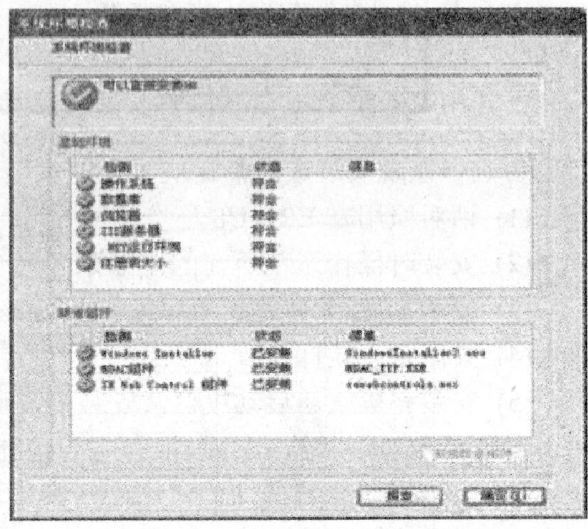

图 4-12 “环境检测”界面

(7) 单击“安装”按钮，系统开始安装用友 ERP-U872，并显示安装进程。

注意：此处安装时间较长，请耐心等待。

(8) 用友 ERP-U872 安装完毕后，进入重新启动计算机对话框，见图 4-13。

(9) 重新启动计算机进入 Windows 操作平台，系统提示“正在完成最后的配置”，稍候，出现“数据源配置”对话框，在“数据库”后的文本框中输入数据服务器的计算机名或 IP 地址，再输入数据库管理员 SA 的密码，单击“测试连接”按钮，系统提示“连接串测试成功”信息，表示数据源配置成功。单击“完成”按钮，完成配置，见图 4-14。

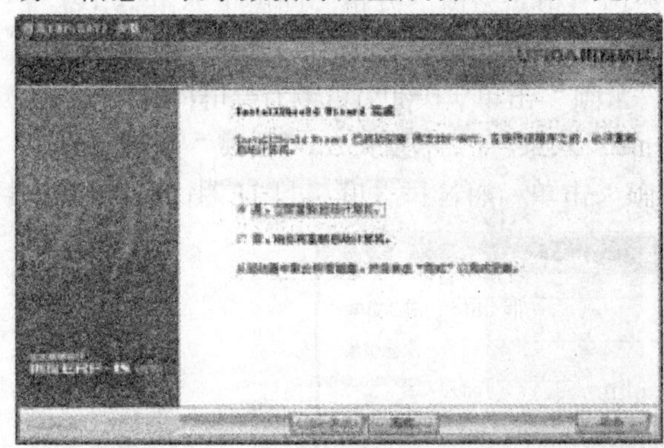

图 4-13 重新启动计算机对话框

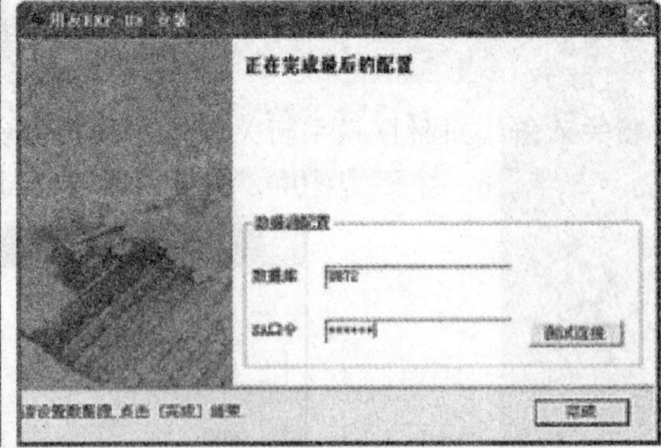

图 4-14 完成配置

如果安装成功，在右下角任务栏显示图标，表示 U8 应用服务管理器安装成功。

安装完成后，执行“开始”|“程序”|“用友 ERP-U872”|“系统服务”|“系统管理”命令，启动系统管理，创建系统数据库。

四、U8 服务器配置

(1) 执行“开始”|“程序”|“用友 ERP-U872”|“系统服务”|“应用服务器配置”命令，打开“U8 应用服务器配置工具”窗口，根据具体情况进行配置，见图 4-15。

(2) 单击“数据库服务器”打开“数据源配置”对话框，单击“增加”按钮，创建新的数据源：sql，数据服务器为本机 SQL Server 服务器名称，SA 密码为空，设置完成点击“测试连接”按钮，对弹出对话框单击“确定”，完成退回“数据源配置”界面，见图 4-16。

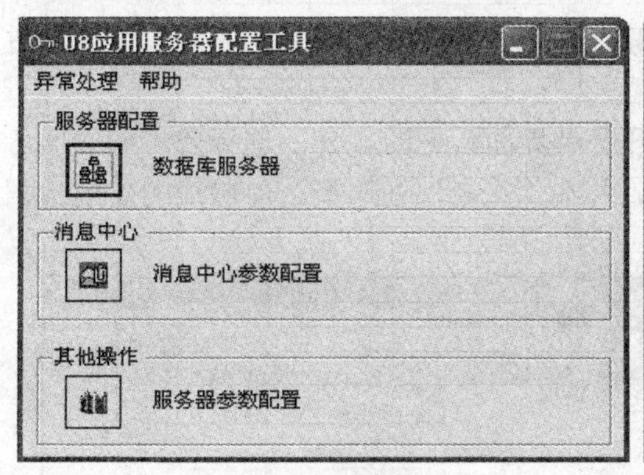

图 4-15 “U8 应用服务器配置工具”窗口

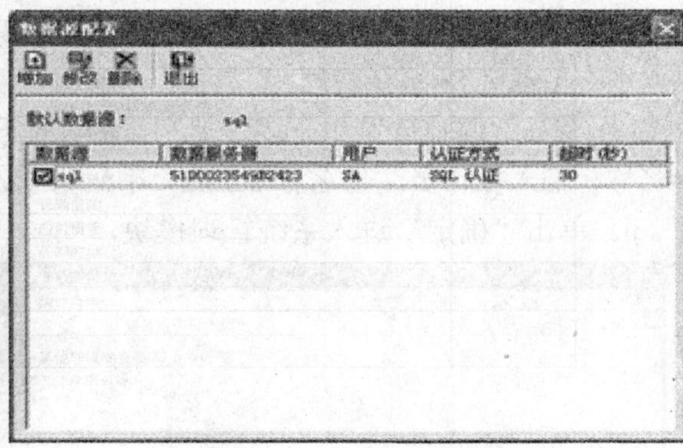

图 4-16 “数据源配置”界面

(3) 在“U8 应用服务器配置工具”窗口单击“服务器参数配置”，根据实际情况进行修改。

(4) 双击任务栏中的图标，调整各项服务启动模式，使其全部为“自动”。

第 3 节　系统管理

系统管理是用友 ERP-U8 管理软件中一个非常重要的组成部分。它的主要功能是对用友 ERP-U8 管理软件的各个产品进行统一的操作管理和数据维护，具体包括账套管理、年度账管理、操作员及权限管理。

1. 账套管理　账套指的是一组相互关联的数据。一般来说，可以为企业中每一个独立核算的单位建立一个账套。

账套管理功能一般包括账套的建立、修改、删除、引入和输出等。

2. 年度账管理　年度账与账套是两个不同的概念，一个账套中包含了企业所有的数据。把企业数据按年度划分，称为年度账。用户不仅可以建立多个账套，而且每个账套中还可以存放不同年度的年度账。这样，对不同核算单位、不同时期的数据，就可以方便地进行操作。

年度账管理包括年度账的建立、清空、引入、输出和结转上年数据等。

3. 操作员及其权限管理　为了保证系统及数据的安全与保密，系统管理提供了操作员及操作权限的集中管理功能。通过对系统操作分工和权限的管理，一方面可以避免与业务无关的人员进入系统，另一方面可以对系统所含的各个模块的操作进行协调，以保证各负其责，流程顺畅。

一、启动系统管理

为了加强系统的总体控制，系统增设了一个系统管理员 admin，用于管理该系统中的所有账套。

在单位第一次运行财务软件时，由于尚未为单位建立核算账套，因此，只能以默认的管理员 admin 进行登录，其登录密码为空。为确保系统安全，请及时为 admin 设置登录密码。

【例 4-1】 以系统管理员身份启动系统管理模块并进行注册。

操作步骤如下：

(1) 执行“开始”|“程序”|“用友 ERP-U872”|“系统服务”|“系统管理”命令，进入“用友 ERP-U8<系统管理>”界面，见图 4-17。

(2) 单击“系统”菜单下“注册”命令，打开登录界面，见图 4-18。选择登录到的服务器名称，输入操作员注册名称 admin，密码为空，并在“账套”处选择之前增加的新的数据源 sql。单击“确定”进入系统管理模块。

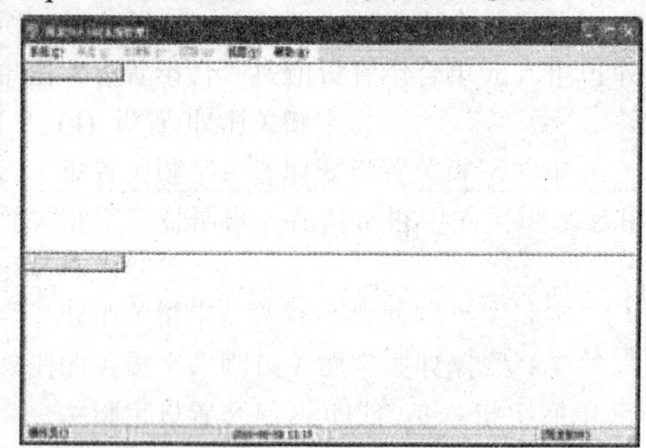

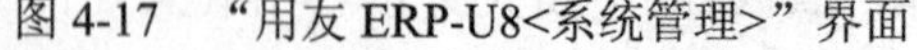

图 4-17 “用友 ERP-U8<系统管理>”界面

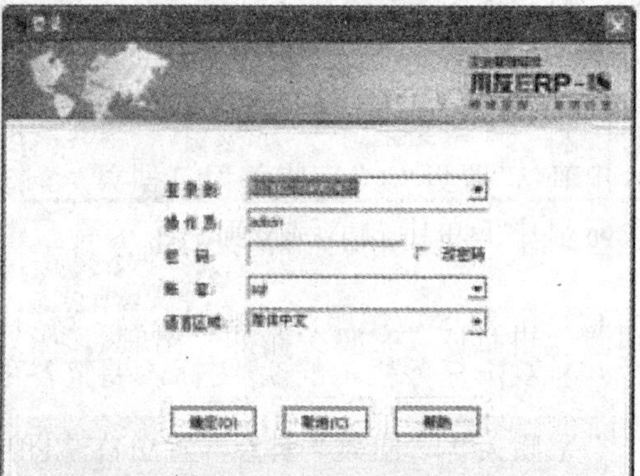

图 4-18 登录界面

二、设置操作员

操作员的设置分两个层次：角色和用户。角色即为岗位的名称，如财务总监、主管会计等，用户即为具体的操作人员，如王天逸、宋柯等。

由于公司内部岗位变动时常发生，操作员岗位变动后，需重新设定操作权限，为解决这一问题，用友财务管理软件提出角色概念，可以通过预先给角色设定好权限，之后在设置用户时，指定用户归属角色，这时，用户便自动继承了角色的权限。当然，也可以单独为用户赋予权限，用户可以不属于任何角色。

1. 设置角色

【例 4-2】 设置“财务核算”角色，编号为“001”。

操作步骤如下：

(1) 在“用友 ERP-U8<系统管理>”界面，单击“权限”菜单下的“角色”命令。

(2) 在“角色管理”窗口中，单击“增加”按钮，进入“角色详细情况”设置界面，见图 4-19。输入角色的相关信息，若已有用户，可按要求指定为该角色的用户，录入完毕，单击“增加”按钮对输入信息进行保存，同时进入下一角色录入界面，全部录入完毕，单击“取消”按钮，返回“角色管理”界面后退出即可。

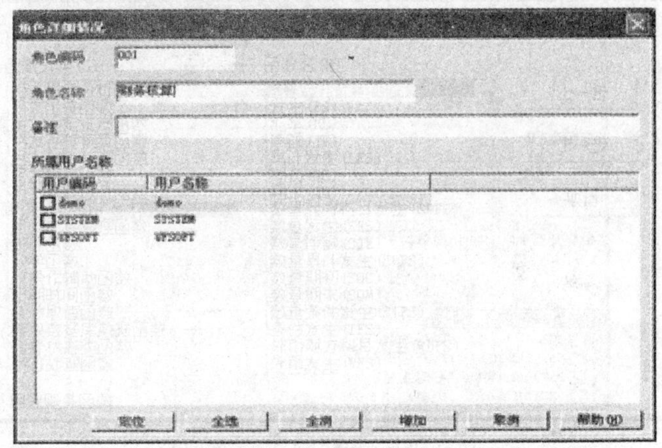

图 4-19　“角色详细情况”设置界面

注意：

- “角色管理”窗口可进行角色的增加、删除和修改等管理工作。
- 增加角色时，角色编码不能为空，最大不能超过 10 位；角色名称不能为空，最大不能超过 30 位。

2. 设置用户　系统对用户的设置个数不限制，一个角色可以拥有多个用户，一个用户也可以分属于不同的角色或不属于任何角色，以作为独立用户存在。

【例 4-3】 增加用户，如表 4-3 所示。

表 4-3　用户信息表

编　号	姓　名	口　令	所属部门	所属角色
CW001	王天逸	1	财务部	账套主管
CW002	宋　柯	2	财务部	财务核算
CW003	武　艺	3	财务部	财务核算
CW004	贾　君	4	财务部	财务核算

操作步骤如下：

(1) 在“用友 ERP-U8<系统管理>”界面，单击“权限”菜单下的“用户”命令。

(2) 在“用户管理”窗口，单击“增加”按钮，进入“操作员详细情况”设置界面，见图 4-20。输入有关信息，如下图，录入完毕后，单击“增加”按钮进行保存，同时进入下一用户录入界面。全部录入完毕，单击“取消”按钮，返回“角色管理”界面后退出即可。

注意：

- “角色管理”窗口可进行用户的增加、删除和修改等管理工作。
- 增加角色时，角色编码不能为空，最大不能超过 10 位；角色名称不能为空，最大不能超过 30 位。安全考虑，口令最好不为空。
- 若用户已指定为某一角色或用户已被启用，则该用户不能被删除。对于已离开工作岗位且已启用的用户，可单击“修改”按钮，在“操作员详细情况”界面选择“注销当前用户”按钮取消其登录权限。

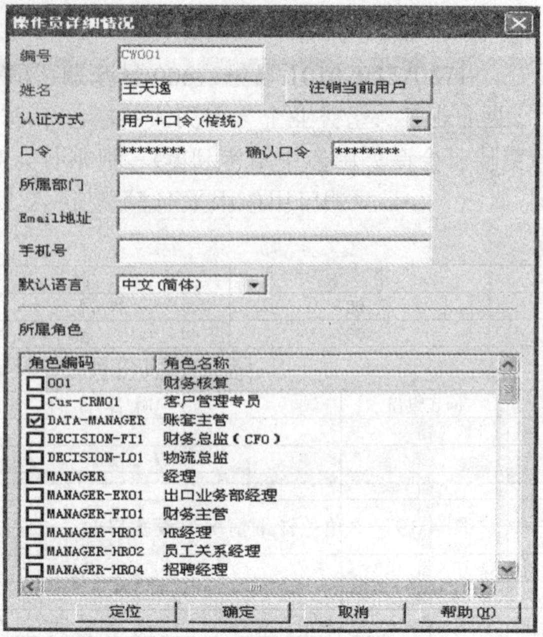

图 4-20

• 只有系统管理员 admin 才有权限对用户和角色进行设置。

三、建立账套

账套是用于存放独立核算单位全部会计数据的实体，这些数据主要包括会计科目、记账凭证、会计报表等。一个账套只能保存一个公司或一个独立核算单位的会计资料。在实际工作中可以根据需要建立多个账套，通过合理组织账套文件，及时地掌握各子公司或下属独立核算单位的财务状况，为加强企业管理和经济核算提供必要的信息。

为了方便操作，会计软件中都设置了建账向导，用来引导用户建立账套。企业建立账套时，只需企业根据自身的具体情况设置基础参数，软件将按照这些基础参数自动建账。首先，需要指定账套编号、账套名称，账套名称一般就是核算单位的全称；其次，需要设定账套参数，这些参数主要有所属行业(工业、商业、行政事业等)、记账本位币、账套存储路径、会计分期、会计年度开始日期、账套启用时间、基础数据编码规则等。

【例 4-4】 创建 511 号核算账套，单位名称为“山东飞鹰科技有限责任公司”，启用会计期为“2010 年 8 月 1 日”。

操作步骤如下：执行“开始”|“程序”|“用友 ERP-U872”|“系统服务”|“系统管理”命令，进入“用友 ERP-U8<系统管理>”界面。单击“账套”菜单下的“建立”，打开“创建账套—账套信息”界面。按要求输入账套信息：账套号“511”，账套名称“山东飞鹰科技有限责任公司”，启用会计期“2010 年 8 月”，其他采用默认设置，见图 4-21。

注意：

• 新建账套号不能与已存账套号重复，用户必须输入。

• 账套名称必须输入。

• 账套路径用户可以参照修改，设置新的存放路径。

• 启用会计期为启用财务软件处理会计业务的日期，具体到月，用户必须输入，不能设在计算机系统日期之后。

- 如果要进行财务评估与分析，则需要建立专家财务评估数据库。

【例 4-5】 山东飞鹰科技有限责任公司简称飞鹰公司，单位地址：山东省济南市历下区燕子山路 878 号，法人代表：王荟，邮政编码：250014，联系电话及传真：0531-88776655，税号：140011672305321。

操作步骤如下：在“创建账套-账套信息”界面单击“下一步”按钮，打开“单位信息”界面，输入有关单位信息，见图 4-22。

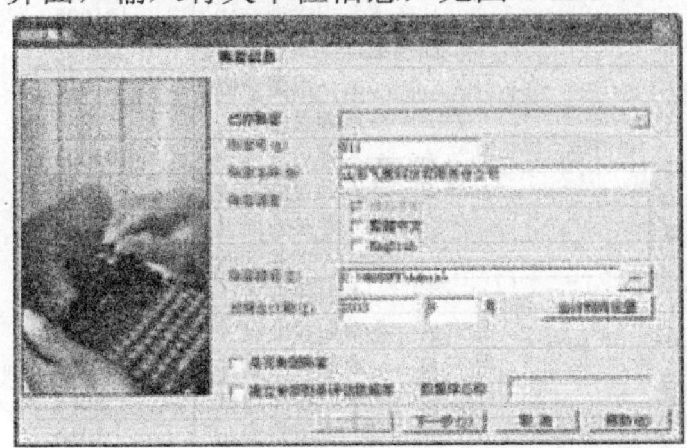

图 4-21　“创建账套-账套信息”界面

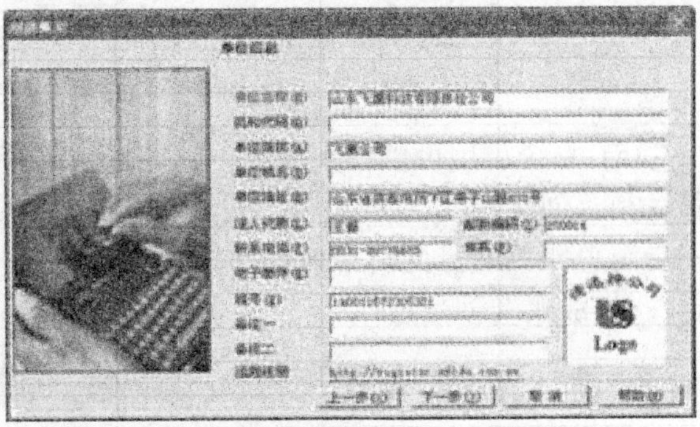

图 4-22　“单位信息”界面

【例 4-6】 山东飞鹰科技有限责任公司的记账本位币：人民币(RMB)，企业类型：工业，行业性质：2007 年新会计制度科目，账套主管：王天逸，该企业要求进行外币核算，对存货、客户进行分类管理，对供应商不分类，选择按行业性质预置科目；存货分类编码：222，客户编码级次：222，科目编码级次：4222，其他编码采用系统默认，企业在对数量、单价核算时，小数定位两位。启用总账系统，启用日期为 2010 年 8 月 1 日。

操作步骤如下：

(1) 在“单位信息”界面单击“下一步”按钮，打开“核算类型”界面，输入有关内容，见图 4-23。

注意：

- 所属行业性质是系统用来明确核算单位采用何种会计制度的重要信息。
- 除本币代码和本币名称外，其余各项必须从下拉列表框中选择输入。

(2) 单击“下一步”按钮，进入“基础信息”界面，见图 4-24，设置所列基础信息后单击“完成”按钮，系统弹出“可以创建账套了么？”提示框，单击“是”，系统自动创建账套。

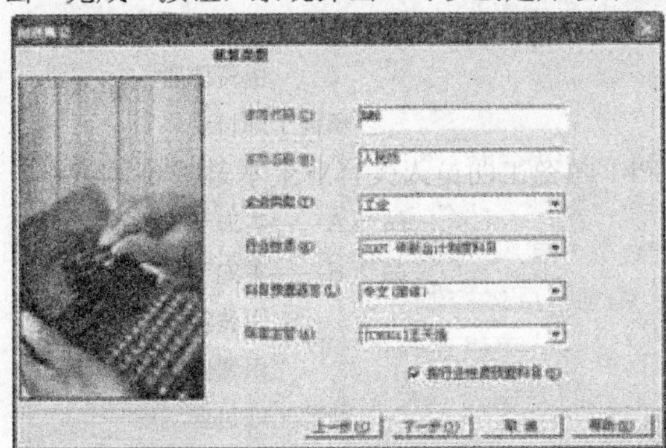

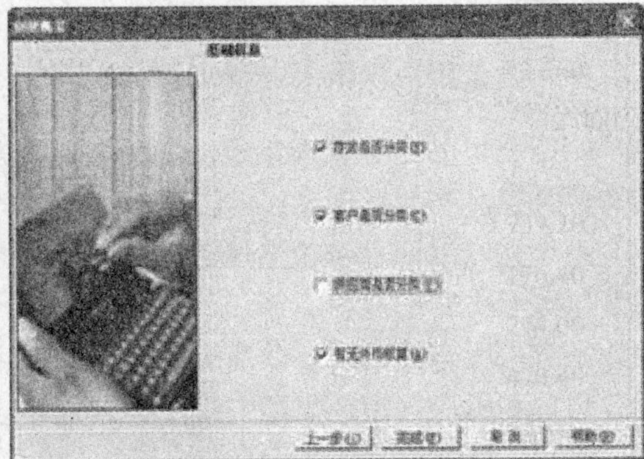

图 4-23　“核算类型”界面

图 4-24　“基础信息”界面

(3) 根据经济业务特点，修改相关项目编码级次方案，修改完毕后，单击“确定”按钮对修改信息进行保存，然后单击“取消”按钮，弹出“数据精度”对话框。

(4) 根据业务数据处理要求，设置数据小数位数，设置完毕后，单击“确定”按钮，系统弹出“创建账套-系统启用”对话框，见图 4-25。

图 4-25 “创建账套-系统启用”对话框

(5) 系统启用可以在新账套创建完成后进行，也可以在基础设置中通过系统启用模块进行。在“创建账套-系统启用”对话框中单击“是”进入“系统启用”界面，见图 4-26，选择启用总账系统，此时系统弹出“请进入企业应用平台进行业务操作”提示框，单击“确定”，完成账套创建操作。

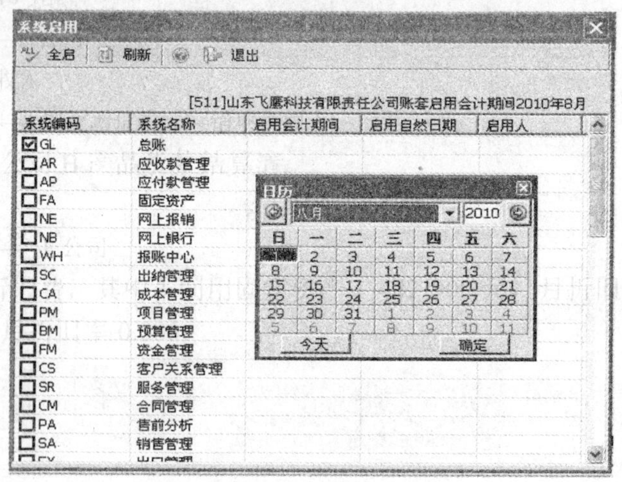

图 4-26 “系统启用”界面

注意：

- 只有系统管理员 admin 和账套主管具有系统启用权限。
- 各系统的启用会计期间均必须不早于账套的启用日期。

四、设置用户权限

一个公司的财务管理系统，必须按照内部控制制度的要求，对财务管理人员进行严格的岗位分工，严禁越权操作，因此，企业财务管理软件要求对操作员的操作权限进行限制。

系统允许以两种身份注册进入系统管理进行授权。一种是以系统管理员的身份，另一种是以账套主管的身份。系统管理员负责整个系统的总体控制和数据维护工作，他可以管理该系统中所有的账套。以系统管理员身份注册进入，可以进行账套的建立、引入和输出；设置角色和用户；指定账套主管；设置和修改用户的密码及其权限等。

账套主管负责所选账套的维护工作。主要包括对所选账套参数进行修改、对年度账的管理(包括年度账的建立、清空、引入、输出和结转上年数据)，以及该账套操作员权限的设置。

操作员的操作权限划分可以实现三个层次上的权限管理：第一，功能级权限管理，该权限包括功能级权限的查看和分配；第二，数据级权限管理，该权限可以通过字段级和记录级两个方面进行权限控制；第三，金额级权限管理，该权限主要实现对具体处理的数量级划分，对敏感数据进行集中控制。其中功能级权限在系统管理模块进行设置，其他权限需进入企业应用平台的权限管理模块或在总账设置模块中进行设置。

【例 4-7】 为角色“001 财务核算”设定操作权限：511 账套总账模块凭证处理权限。

操作步骤如下：

(1) 以系统管理员 admin 或账套主管 CW001 王天逸的身份注册进入“系统管理”窗口，单击“权限”菜单中的“权限”子菜单，打开“操作员权限”设置窗口，见图 4-27。

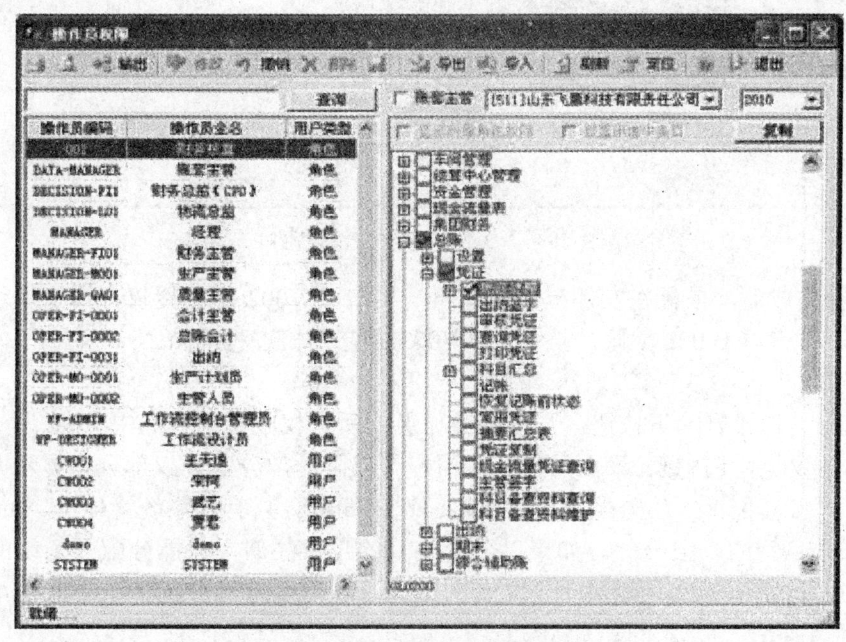

图 4-27　“操作员权限”设置窗口一

(2) 在“操作员权限”设置窗口，选择“2010”、“<511>山东飞鹰科技有限责任公司”账套，选定左侧 001 财务核算，然后单击工具栏上的“修改”按钮，在右侧找到“总账-凭证-凭证处理”权限，在此权限前方框内打“√”。

(3) 选择完成后，鼠标在左侧框内选择下一角色进行授权，弹出提示对话框，单击“是”完成对 001 权限的操作。

【例 4-8】 为操作员 CW002 宋柯赋予“511”账套的总账(除审核凭证和恢复记账前状态外)、薪资管理、公用目录设置、固定资产、应付款管理、应收款管理、采购管理、销售管理、库存管理、存货核算的所有权限。为 CW003 武艺赋予总账系统中出纳签字以及出纳的所有权限。

(1) 以系统管理员 admin 或账套主管 CW001 王天逸的身份注册进入“系统管理”窗口，单击“权限”菜单中的“权限”子菜单，打开“操作员权限”设置窗口。

(2) 在“操作员权限”设置窗口，选择“2010”、“<511>山东飞鹰科技有限责任公司”账套，选定左侧 CW002 宋柯，然后单击工具栏上的“修改”按钮，在右侧找到例题所示权限，在此权限前方框内打“√”，见图 4-28。

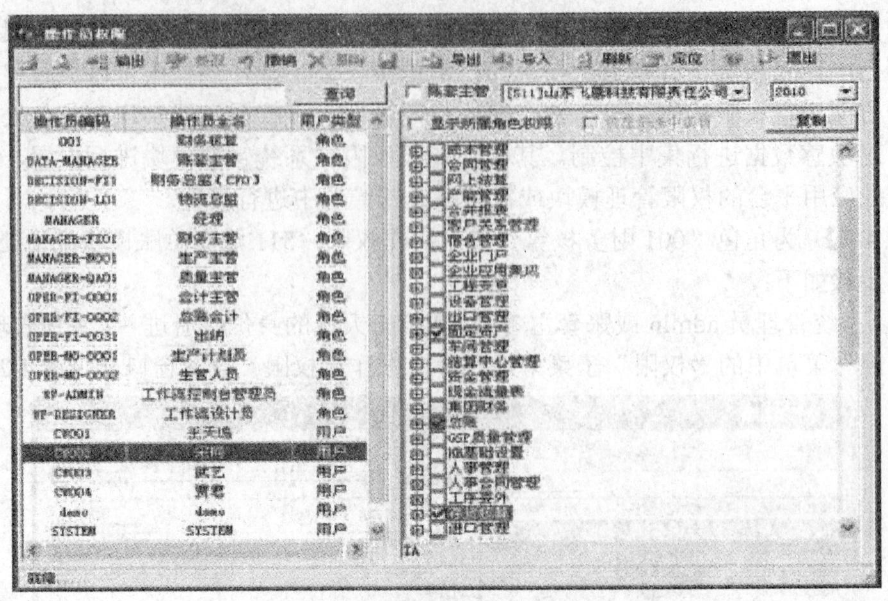

图 4-28 “操作员权限”设置窗口二

(3) 选择完成后，鼠标在左侧框内选择下一用户 CW003 进行授权，弹出提示对话框，单击“是”完成对 CW002 权限的操作。CW003 武艺授权过程同上。

注意：

- 点击工具栏“删除”按钮，则将该操作员的所有权限置为非选中状态。
- 点击“仅显示选中条目”，只显示该用户有权限的部分，无权部分不显示。
- 对于“账套主管”的分配，只需要将□选中即可。只有以系统管理员 Admin 的身份才能进行账套主管的权限分配。如果以账套主管的身份注册，只能分配子系统的权限。但需要注意的是，系统一次只能对一个账套的某一个年度账进行分配，一个账套可以有多个账套主管。
- 正在使用或已经启用的用户权限不能进行修改、删除的操作。

五、账套的修改、保存、引入与删除

当系统管理员建完账套或账套主管建完账套后，在未使用相关信息的基础上，需要对某些信息进行调整，以便使信息更真实准确的反映企业的相关内容时，可以进行适当的调整。只有账套主管可以修改其具有权限的年度账套中的信息，系统管理员无权修改。

账套修改操作步骤如下：

(1) 用户以账套主管的身份注册，选择相应的账套，进入系统管理界面。

(2) 选择“账套”菜单中的“修改”，则进入修改账套的功能，见图 4-29～图 4-32。

注意：

- 可以修改的信息有：账套名称，所有单位信息，行业性质，所有基础信息，编码方案，数据精度。
- 对于已启用并使用的任何信息无法修改。

保存账套功能是指将所选的账套数据进行备份输出。对于企业系统管理员来讲，定时的将企业数据备份出来存储到不同的介质上(如常见的光碟、移动硬盘、网络磁盘等等)，对

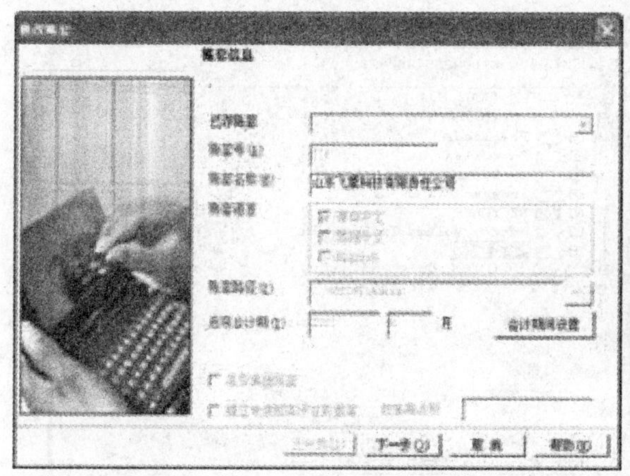

图 4-29　“账套信息”界面

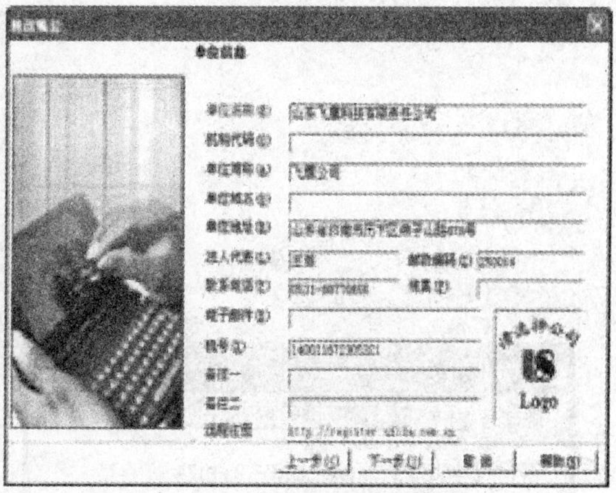

图 4-30　“单位信息”界面

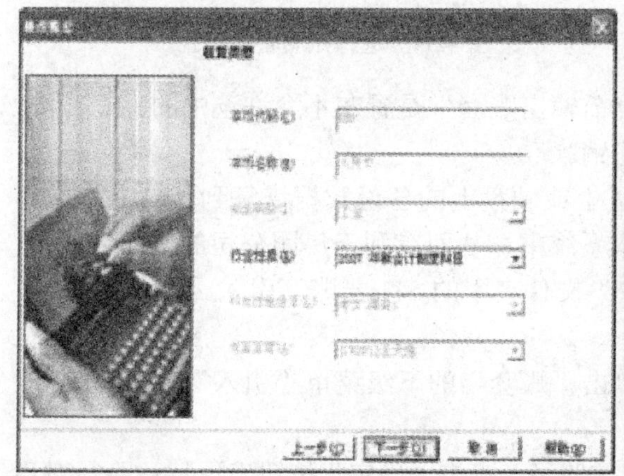

图 4-31　“核算类型”界面

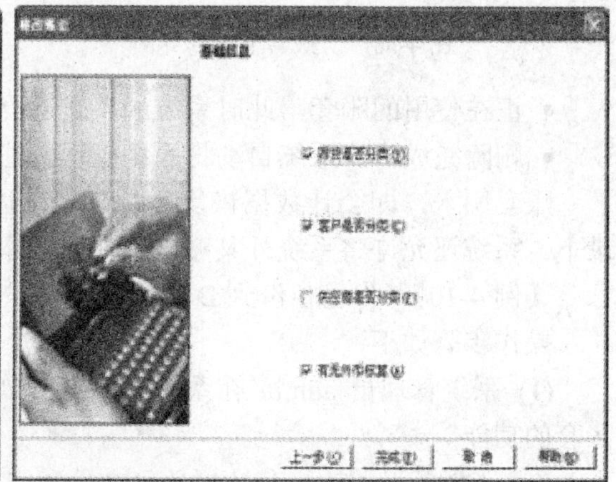

图 4-32　“基础信息”界面

数据的安全性是非常重要的。如果企业由于不可预知的原因(如自然灾害、计算机病毒、人为误操作等等)，需要对数据进行恢复，此时备份数据就可以将企业的损失降到最小。当然，对于异地管理的公司，此种方法还可以解决审计和数据汇总的问题。具体应用应根据企业实际情况加以应用。

【例 4-9】 将 511 号账套数据备份到 D 盘“账套备份”文件夹。

操作步骤如下：

(1) 在 D 盘建立“账套备份”文件夹。

(2) 以系统管理员 admin 身份登录系统管理模块，单击“账套”菜单下的“输出”子菜单，打开“账套输出”界面，见图 4-33。选择 511 账套，如果想删除当前账套，应选中“删除当前输出账套”复选框，单击“确认”按钮。

(3) 经过压缩进程，系统进入“请选择账套备份路径”对话框，见图 4-34，按要求路径备份。备份完毕后，系统弹出“输出成功”对话框，单击“确定”完成操作。

注意：

- 只有系统管理员 Admin 有权限进行账套输出。
- 如果将“删除当前输出账套”同时选中，在输出完成后系统会确认是否将数据源从当前系统中删除。

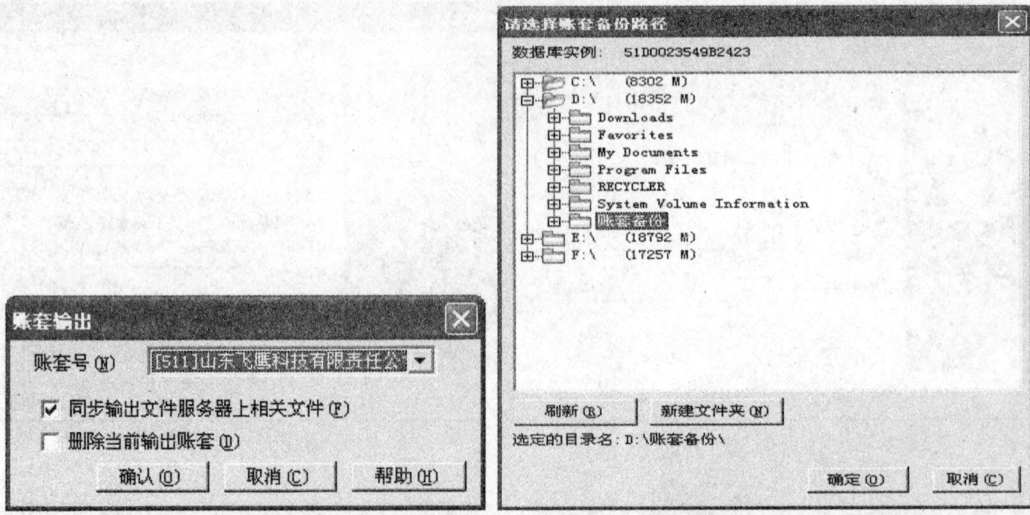

图 4-33 “账套输出”界面　　　　图 4-34 选择账套备份路径

- 正在使用的账套，此时系统的“删除当前输出账套”是置灰不允许选中的。
- 删除完成后，系统自动将系统管理员注销。

账套引入，即会计数据恢复，是指把软盘上或硬盘上的备份数据恢复到硬盘上指定目录下。系统还允许将系统外某账套数据引入本系统中，从而有利于集团公司的操作。

【例 4-10】 将已备份到 D 盘“账套备份”文件夹中的 511 号账套引入。

操作步骤如下：

(1) 系统管理员 admin 在系统管理界面单击“账套”的下级菜单“引入”，则进入引入账套的功能。

(2) 选择要引入的账套数据备份文件和引入路径。点击“确定”按钮出现默认路径对话框，若保持默认位置，可以直接点击“确定”，见图 4-35。

图 4-35 默认路径

(3) 若系统已存在相关账套，将弹出“此项操作将覆盖<511>账套当前的所有信息，继续吗？”，单击“是”按钮将进入引入账套进程，对弹出的“账套<511>引入成功”提示对话框，单击“确定”按钮完成账套引入工作。

六、年度账管理

在用友财务软件中，用户不仅可以建立多个账套，而且每个账套中可以存放多个年度的会计数据。这样一来，对不同核算单位、不同时期数据的操作只需通过设置相应的系统路径即可进行，而且由于系统自动保存了不同会计年度的历史数据，对利用历史数据的查询和比较分析也显得特别方便。年度账的建立是在已有上年度账套的基础上，通过年度账建立，自动将上个年度账的基本档案信息结转到新的年度账中。对于上年余额等信息需要在年度账结转操作完成后，由上年自动转入下年的新年度账中。

操作步骤如下：

(1) 用户首先要以账套主管的身份注册，选定需要进行建立新年度账套和上年的时间，进入系统管理界面。

(2) 用户在系统管理界面单击“年度账”|“建立”菜单，进入建立年度账的功能界面。系统弹出建立年度账的界面，它中有两个栏目“账套”和“会计年度”，都是系统默认，此时不能进行修改操作。如果需要调整，请点击“放弃”按钮，重新注册登录选择。如果确认可以建立新年度账，点击“确定”按钮；如果放弃年度账的建立可点击“放弃”按钮。

年度账操作中的引入与账套操作中的引入含义基本一致，所不同的是年度账操作中的引入不是针对某个账套，而是针对账套中的某一年度的年度账进行的。

年度账的引入操作与账套的引入操作基本一致，不同之处在于引入的是年度数据备份文件(由系统卸出的年度账的备份文件，前缀名统一为 uferpyer)。

操作步骤如下：

(1) 系统管理员用户在系统管理界面单击“年度账”的下级菜单“引入”，则进入引入年度账套的功能。

(2) 选择要引入的年度账套数据备份文件和引入路径，点击“打开”按钮表示确认；如想放弃，则点击“放弃”按钮

年度账的输出作用和账套输出的作用相同，具体优势在于：年度账的输出方式对于有多个异地单位的客户的及时集中管理是有好处的。例如：某单位总部在上海，其济南分公司每月需要将最新的数据传输到上海。此时第一次只需济南将账套输出(备份)，然后传输到上海进行引入(恢复备份)，以后再需要传输数据时只需要将年度账进行输出(备份)然后引入(恢复备份)即可。这样方式使得以后传输只传输年度账即可，其好处是传输的数据量小，便于传输提高效率和降低费用。

操作步骤如下：

(1) 以账套主管身份注册，进入系统管理模块。然后点击“年度账”菜单下级的“输出”功能进入。

(2) 系统弹出输出年度数据界面，在“选择年度”处列示出需要输出的当前注册账套年度账的年份(为不可修改项)，点击“确认”进行输出。此时系统会进行输出的工作，在系统进行输出过程中系统有一个进度条，任务完成后，系统会提示输出的路径(此处系统只允许选择本地的磁盘路径，例如：c：\backup，等等)。

年度账操作中的输出与账套操作中的输出的含义基本一致，所不同的是年度账操作中的输出不是针对某个账套，而是针对账套中的某一年度的年度账进行的。删除当前年度账后，其他年度账依然可以使用。

操作步骤如下：

(1) 以账套主管身份注册，进入系统管理模块。然后从“年度账”菜单下级的“输出”功能进入。

(2) 系统弹出输出年度数据界面，在“选择年度”处列示出需要输出的当前注册账套年度账的年份(为不可修改项)，同时选中“删除当前输出年度”，点击“确认”进行。此时系统会进行输出的工作，在系统进行输出过程中系统有一个进度条，任务完成后，系统会提示输出的路径(此处系统只可以选择本地的磁盘路径，例如：c：\backup，等等)。完成后系统请您确认是否删除当前输出的年度账，确认后完成删除操作。取消则系统放弃删除操作。

有时，用户会发现某年度账中错误太多，或不希望将上年度的余额或其他信息全部转到下一年度，这时候，便可使用清空年度数据的功能。“清空”并不是指将年度账的数据全部清空，系统还会保留一些信息，主要有：基础信息、系统预置、科目报表等。保留这些信息主要是为了方便用户使用清空后的年度账重新做账。

操作步骤如下：

(1) 以账套主管的身份注册，并且选定账套，进入系统管理界面。

(2) 在系统管理界面单击“年度账”菜单，再将鼠标移动到“清空年度数据”上，账套主管用户可在界面中的会计年度栏目选择要清空的年度账的年度，点击“确定”按钮表示确认，这时，为保险起见，系统还将弹出一窗口，要求用户进行再度确认；如想放弃，则直接点击“放弃”按钮。确认后系统弹出如下窗口，进行清空年度数据操作。年度数据清空后，系统弹出确认窗口。点击“确认”完成清空年度数据操作。

第 4 节 企业应用平台

为使企业能够存储在企业内部和外部的各种信息，使企业员工、用户和合作伙伴能够从单一的渠道访问其所需的个性化信息，用友 ERP-U872 为用户提供了企业应用平台，企业员工可以通过单一的访问入口访问企业的各种信息，定义自己的业务工作，并设计自己的工作流程。

日常使用时，不同的操作人员各自通过身份注册进入企业应用平台所看到的窗口是相同的，但每个操作人员所能进入的模块是不同的，这源自于上一阶段所做的权限设置，因此在一方面也实现了企业的内部控制。

一、登录企业应用平台

企业应用平台集中了用友 ERP-U8 应用系统的所有功能，为各个子系统提供了一个交流的公共平台，成为用友 ERP-U8 管理系统的控制台和工作中心。

【例 4-11】以账套主管 CW001 王天逸的身份注册进入企业应用平台，操作日期为 2010 年 8 月 1 日。

操作步骤如下：

(1) 执行“开始”|“程序”|“用友 ERP-U872”|“企业应用平台”命令，打开“登录”界面，见图 4-36。

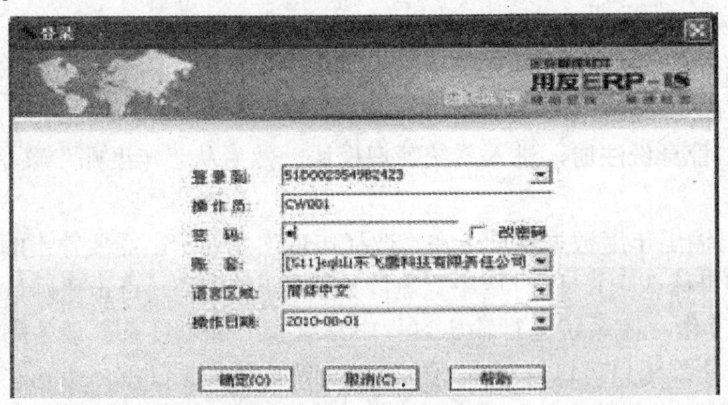

图 4-36 “登录”界面

(2) 在“登录”界面按要求输入有关信息，如图所示，完成后单击“确定”按钮，进入 UFIDA ERP-U8 窗口。

二、设置基础档案

基础信息设置是企业应用平台的一项主要内容，其中许多项目的设置将直接影响到财务管理软件系统应用方案的选择使用，在一个新账套建立以后，首先要对各模块共用的基础信息进行设置。基础设置的内容较多，主要分为七大类：基本信息(包括系统启用、编码方案、数据精度)、基础档案(包括机构人员、客商信息、存货、财务、收付结算、业务、生产制造、对照表和其他)、业务参数(视安装时选择功能的多少而有区别)、个人参数(包括个人选项)、单据设置(包括单据格式设置、单据编号设置、单据打印控制)、档案设置(包括档案编码设置)和变更管理(包括数据变更日志)。部分基础信息也可通过其他相关功能模块进行设置。本部分主要介绍客商信息以及机构人员等基础档案的设置方法。

虽然基础设置内容较多，但在企业应用平台中进行基础设置的操作是相似的，操作的基本方法如下：

(1) 在 UFIDA ERP-U8 窗口左侧的“业务导航视图”中，单击左下的“基础设置”，显示“基础设置”信息，依次单击前方⊞以展开目录树。

(2) 在目录树的相关功能处双击，即可进入相关设置界面，对基础信息进行设置。

1. 本单位信息　本单位信息是用于维护企业本身一些基本信息的功能，包括企业的名称、英文名称、法人代表、联系电话等。本单位信息在系统建账时可以输入，在企业应用平台的基本信息中增加此功能，方便用户修改维护；在系统管理中只有账套主管可以修改此信息，在企业应用平台中，只有账套主管才能查看和修改此信息。用户在系统管理建账时输入本单位信息，然后进入此功能可以修改和完善本单位信息。如果以后本单位信息改变了，可以调用此功能进行修改，也可由账套主管在修改账套功能或企业应用平台的基础设置中进行修改。其中单位名称为必输项，见图 4-37。

2. 部门档案　部门档案主要用于设置企业各个职能部门的信息，部门指某使用单位下辖的具有分别进行财务核算或业务管理要求的单元体，可以是实际中的部门机构，也可以是虚拟的核算单元。按照已经定义好的部门编码级次原则输入部门编号及其信息。最多可分 5 级，编码总长 12 位，部门档案包含部门编码、名称、负责人等信息。

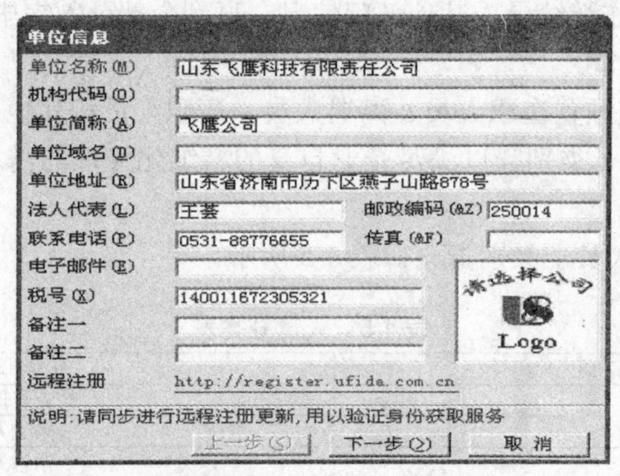

图 4-37　“单位信息”界面

【例 4-12】 账套的部门档案如表 4-4 所示。

表 4-4 部门档案

部门编码	部门名称	部门属性
1	人事部	综合管理
2	财务部	财务管理
3	采购部	采购供应
4	销售部	市场营销
5	生产部	产品生产

操作步骤如下：

(1) 在 UFIDA ERP-U8 窗口选择“基础设置”中的“基础档案”|“机构人员”|“部门档案”双击，打开“部门档案”设置窗口，见图 4-38。

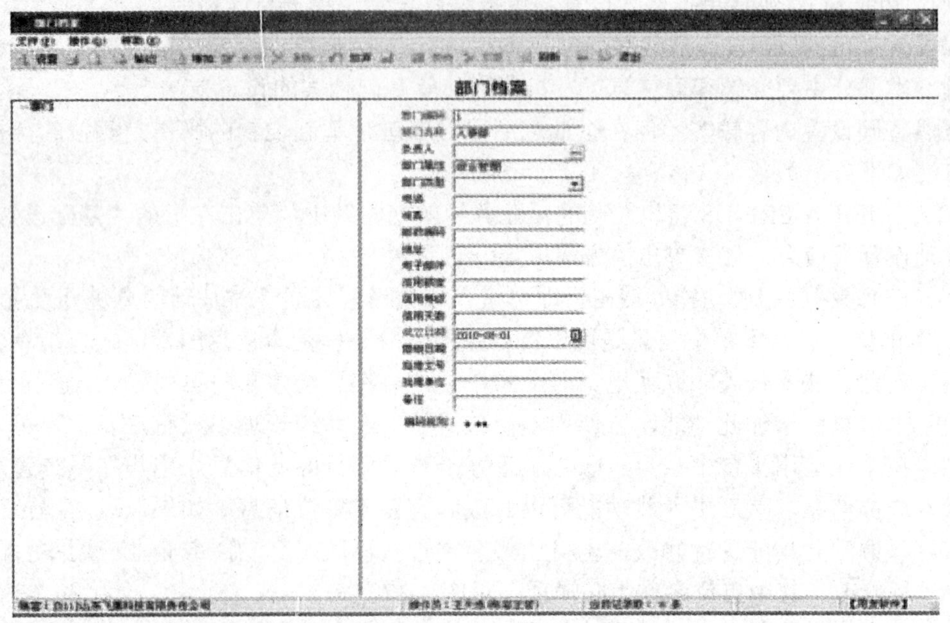

图 4-38 部门档案设置

(2) 在“部门档案”设置窗口，单击工具栏上的“增加”按钮，依次录入表中所示信息。输入完毕后，再次单击“增加”按钮予以保存。

(3) 重复第(2)步操作继续录入其他部门信息，直到全部录入完毕，单击“退出”按钮，返回 UFIDA ERP-U8 窗口。

3. 人员类别 系统预置在职人员、离退人员、离职人员和其他人员四类顶级类别，用户可以自定义扩充人员子类别，以满足企业自身的精细化管理的需求，但不能增加新的顶级类别。

【例 4-13】 在职人员子类别资料如表 4-5 所示。

表 4-5 人员分类表

分类编码	分类名称
101	企业管理人员
102	采购人员
103	销售人员
104	生产人员

操作步骤如下：

(1) 在 UFIDA ERP-U8 窗口选择“基础设置”中的“基础档案”|“机构人员”|“人员类别”双击，打开“人员类别”设置窗口。

(2) 单击选择“在职人员”，然后单击工具栏“增加”按钮，打开“修改档案项”对话框。输入档案编码和档案名称等信息后，单击“确定”按钮进行保存，见图 4-39。

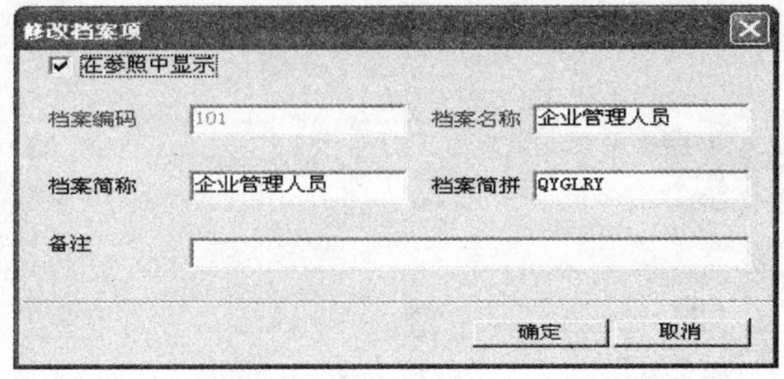

图 4-39　“修改档案项”对话框

注意：

- 档案编码、档案名称不能为空，不能重复；
- 顶级类别可以修改，但不允许增加和删除；
- 当某类别已有人员引用时，不允许增加其子类别；
- 查询/定位人员时，可以选择中间类别，显示结果包含该类别下的各子类别人员；
- 新增/修改人员信息时，只能选择末级的人员类别。

4. 人员档案　人员档案主要用于设置企业各职能部门中需要进行核算和业务管理的职员信息，必须先设置好部门档案才能在这些部门下设置相应的职员档案。除了固定资产和成本管理模块外，其他模块均需使用职员档案。设置职员档案可以方便地进行个人往来核算和管理等操作。

【例 4-14】　账套部分职员档案信息资料如表 4-6 所示。

表 4-6　人员档案表

人员编码	人员姓名	性　别	人员类别	行政部门	是否业务员	人员属性
101	王荟	女	企业管理人员	人事部		总经理
201	王天逸	男	企业管理人员	财务部		部门主管
202	宋柯	男	企业管理人员	财务部		财务会计
203	武艺	男	企业管理人员	财务部		财务会计
204	贾君	女	企业管理人员	财务部		财务会计
301	孙博	男	采购人员	采购部	是	部门主管
401	王冲	男	销售人员	销售部	是	部门主管
501	肖川	男	生产人员	生产部		部门主管

操作步骤如下：

(1) 在 UFIDA ERP-U8 窗口选择“基础设置”中的“基础档案”|“机构人员”|“人员档案”双击，打开“人员列表”窗口。

(2) 在“人员列表”窗口，先选择人员类别，在选择部门，然后单击工具栏上的“增加”按钮，打开“人员档案”设置框，见图 4-40。依次输入职员档案信息资料：职员编码“101”，人员姓名“王荟”，性别“女”，人员类别“企业管理人员”，行政部门“人事部”，人员属性“总经理”，其余信息依实际情况录入，输入完毕，单击工具栏保存按钮(或 F6)进行保存。

图 4-40 “人员档案”窗口

(3) 在“人员列表”窗口，依次选择部门，然后单击工具栏上的“增加”按钮，录入其他职员信息。

注意：

- 人员编码必须输入，必须唯一；
- 人员类别必须录入，可以重复；
- 行政部门只能选定末级部门；
- 人员档案资料一旦被使用将不能被修改或删除。

5. 地区分类　企业可以根据自身管理要求出发对客户、供应商的所属地区进行相应的分类，建立地区分类体系，以便对业务数据统计、分析。使用用友 ERP-U8 产品中的采购管理、销售管理、库存管理和应收应付款管理系统都会用地区分类。

地区分类最多有五级，企业可以根据实际需要进行分类。例如：可以按区、省、市进行分类，也可以按省、市、县进行分类。

【例 4-15】 山东飞鹰科技有限责任公司对往来单位采取地区分类核算管理，其地区分类如表 4-7 所示。

表 4-7 地区分类表

分类编码	分类名称	分类编码	分类名称
01	国内	02	国外
01001	北京	02001	美国
01002	山东	02002	德国

操作步骤如下：

(1) 在 UFIDA ERP-U8 窗口选择“基础设置”中的“基础档案”|“客商信息”|“地区分类”双击，打开“地区分类”窗口，见图 4-41。

(2) 在“地区分类”设置窗口中单击工具栏的“增加”按钮，依次录入类别编号“01”，类别名称“国内”，然后单击工具栏保存按钮(或 F6)进行保存。依次同样依次输入其他地区分类信息，录入完毕后单击“退出”，返回 UFIDA ERP-U8 窗口。

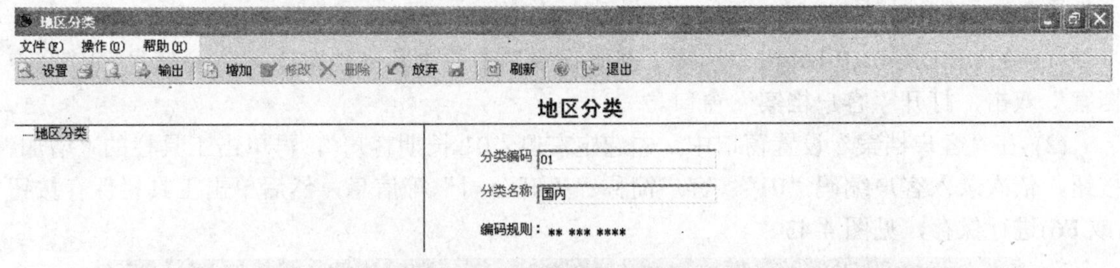

图 4-41　“地区分类”窗口

6. 客户分类　当企业往来客户较多时，企业可以根据自身管理的需要对客户进行分类管理，建立客户分类体系。客户按行业、地区等进行划分，设置客户分类后，根据不同的分类建立客户档案。没有对客户进行分类管理需求的用户可以不使用本功能。客户分类信息包括类别编码和类别名称两部分。

【例 4-16】 山东飞鹰科技有限责任公司对客户实施分类管理，客户分类采用方案如表 4-8 所示。

表 4-8　客户分类表

分 类 编 码	分 类 名 称
01	长期客户
02	短期客户

操作步骤如下：

(1) 在 UFIDA ERP-U8 窗口选择“基础设置”中的“基础档案”|“客商信息”|“客户分类”双击，打开“客户分类”窗口，见图 4-42。

(2) 在“客户分类”设置窗口中单击工具栏的“增加”按钮，依次录入分类编码“01”，分类名称“长期客户”，然后单击工具栏保存按钮(或 F6)进行保存。依次同样依次输入其他客户分类信息，录入完毕后单击“退出”，返回 UFIDA ERP-U8 窗口。

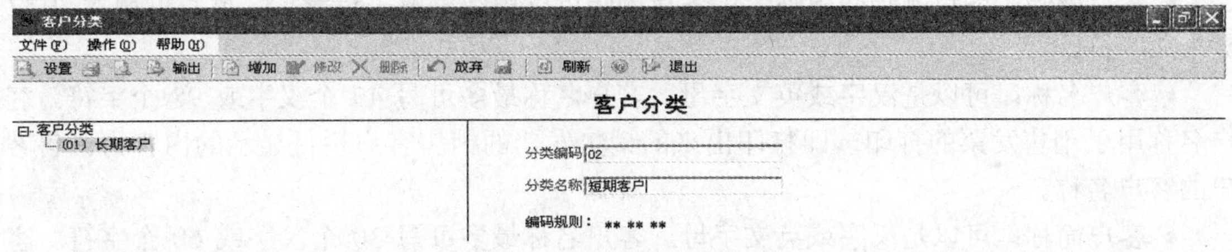

图 4-42　“客户分类”窗口

7. 客户档案　建立客户档案可以对客户的数据进行分类、汇总和查询，以便于加强往来管理。使用客户档案管理往来客户时，应首先收集整理与本单位有业务往来关系的客户的基本信息，以便信息录入时及时准确。客户档案所需基本信息主要包括客户编码、客户名称、客户所属分类、开户银行名称、账号、税号等。

【例 4-17】 山东飞鹰科技有限责任公司客户档案如表 4-9 所示。

表 4-9 客户档案表

客户编码	客户简称	法人代表	所属分类	所属地区	税号	开户银行	银行账号	发展日期	分管部门	专管业务员
01	兴旺公司	毛泰	01	01002	11111111111	工商济南分行	050220100120	2004-12-31	销售部	王冲
02	圣明公司	黄尚	02	01001	22222222222	工商北京分行	050220270100	2005-07-01	销售部	王冲

操作步骤如下：

(1) 在 UFIDA ERP-U8 窗口选择“基础设置”中的“基础档案”|“客商信息”|“客户档案”双击，打开“客户档案”窗口。

(2) 在“客户档案”设置窗口中，先选定左侧“01 长期客户”，再单击工具栏的“增加”按钮，依次录入客户编码“01”，客户简称“兴旺公司”等信息，然后单击工具栏保存按钮(或 F6)进行保存，见图 4-43。

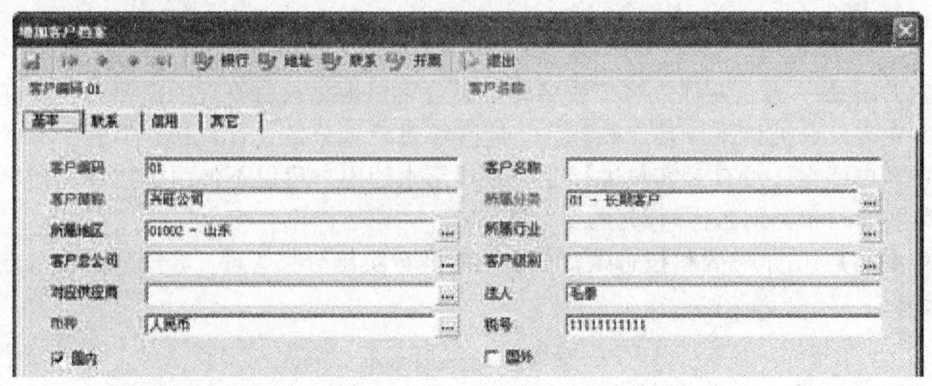

图 4-43 “增加客户档案”窗口

(3) 单击工具栏上“银行”按钮，打开“客户银行档案”窗口，通过“增加”录入有关银行基本信息后单击工具栏保存按钮(或 F6)进行保存。

(4) 完成上述设置后，单击左上角工具栏保存按钮，并进入下一客户档案录入界面。依次同样依次输入其他客户分类信息，录入完毕后单击“退出”，返回 UFIDA ERP-U8 窗口。

注意：

- 标题为蓝色的信息项目为必填项。
- 客户编码：客户编码必须唯一；客户编码可以用数字或字符表示，最多可输入 20 位数字或字符。
- 客户名称：可以是汉字或英文字母，客户名称最多可写 49 个汉字或 98 个字符。客户名称用于销售发票的打印，即打印出来的销售发票的销售客户栏目显示的内容为销售客户的客户名称。
- 客户简称：可以是汉字或英文字母，客户名称最多可写 30 个汉字或 60 个字符。客户简称用于业务单据和账表的屏幕显示。
- 发展日期：该客户是何时建立供货关系的。
- 停用日期：输入因信用等原因和用户停止业务往来的客户被停止使用的日期。停用日期栏内容不为空的客户，在任何业务单据开具时都不能使用，但可进行查询。如果要使被停用的客户放弃使用，将停用日期栏的内容清空即可。

8. 供应商档案　建立供应商档案主要是为企业的采购管理、库存管理、应付账管理服务的。在填制采购入库单、采购发票和进行采购结算、应付款结算和有关供货单位统计时都会用到供货单位档案，因此，必须应先设立供应商档案，以便减少工作差错。在输入单据时，如果单据上的供货单位不在供应商档案中，则必须在此建立该供应商的档案。其具体操作方法和客户档案相同。

【例 4-18】 山东飞鹰科技有限责任公司供应商信息资料如表 4-10 所示。

表 4-10　供应商档案

客户编码	客户简称	法人代表	所属地区	税号	开户银行	银行账号	发展日期	分管部门	专管业务员
01	国泰公司	戴表	01001	33333333333	招商北京分行	07550500629511	2007-12-31	采购部	孙博
02	民安公司	何谐	01002	44444444444	招商济南分行	07550500629512	2005-02-14	采购部	孙博

(1) 在 UFIDA ERP-U8 窗口选择“基础　　设置”中的“基础档案”|“客商信息”|“供应商档案”双击，打开“供应商档案”窗口。

(2) 在“供应商档案”设置窗口中，单击工具栏的“增加”按钮，依次录入客户编码“01”，客户简称“国泰公司”等信息，见图 4-44。

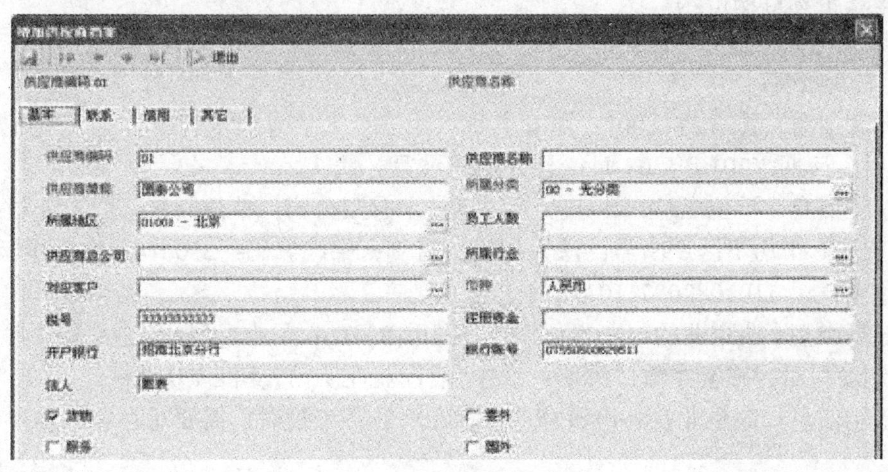

图 4-44　“增加供应商档案”窗口

(3) 完成上述设置后，单击左上角工具栏保存按钮，自动进入下一客户档案录入界面。依次同样依次输入其他客户分类信息，录入完毕后单击“退出”，返回 UFIDA ERP-U8 窗口。

本章小结

使用用友 ERP-U8 系统，首先要运行系统管理和基础设置两个模块。系统管理模块提供了账套的建立、修改、权限设置、账套的引入和输出等基本功能，基础设置是信息系统得以运行的前期工作，该模块可以设置系统的公用基础信息、控制信息等，这些信息包括企业的部门、个人、客户、供应商等信息，企业可以根据需要设置这些基本资料。基础信息设置的正确与否直接关系到会计信息系统能否正常运转以及能否产生正确的会计信息。在本章的学习中，除了要理解这些基本理论外，重点应熟练掌握用友 ERP-U8 系统中系统管理和企业应用平台两个模块的使用。

课后实验

【实验目的】

(1) 掌握用友 ERP-U872 管理软件中系统管理和基础设置的相关内容。

(2) 理解系统管理在整个系统中的作用及基础设置的重要性。

【实验内容】

(1) 建立单位账套。

(2) 增加操作员。

(3) 进行财务分工。

(4) 输入基础信息。

(5) 备份账套数据。

(6) 修改账套参数。

【实验准备】

(1) 已正确安装用友 ERP-U872 管理软件。

(2) 设置系统日期格式。

【实验资料】

1) 建立新账套：

(1) 账套信息。账套号：007；账套名称：山东众人信息技术有限公司：采用默认账套路径；启用会计期：2010 年 08 月；会计期间设置：默认。

(2) 单位信息。单位名称：山东众人信息技术有限公司；单位简称：众人公司：单位地址：山东省济南市历下区 999 号：法人代表：肖剑；邮政编码：250014；联系电话及传真：62898899；税号：110108200711013。

(3) 核算类型。该企业的记账本位币：人民币(RMB)；企业类型：工业；行业性质：2007 年新会计制度科目：账套主管：陈明；选中“按行业性质预置科目”复选框。

(4) 基础信息。该企业有外币核算，进行经济业务处理时，需要对存货、客户、供应商进行分类。

(5) 分类编码方案。该企业的分类方案如下：

存货分类编码级次：1223

客户和供应商分类编码级次：223

收发类别编码级次：12

部门编码级次：122

结算方式编码级次：12

地区分类编码级次：223

科目编码级次：4222

(6) 数据精度。该企业对存货数量、单价小数位定为 2。

(7) 系统启用。启用总账系统，启用时间为 2010-08-01。

2) 财务分工：

(1) 001　陈明(口令：1)

角色：账套主管。负责财务业务一体化管理系统运行环境的建立，以及各项初始设置工作；负责管理软件的日常运行管理工作，监督并保证系统的有效、安全、正常运行；负责总账管理系统的凭证审核、记账、账簿查询、月末结账工作；负责报表管理及其财务分析工作。具有系统所有模块的全部权限。

(2) 002　王晶(口令：2)

角色：出纳。负责现金、银行账管理工作。具有出纳签字和出纳的所有权限。

(3) 003　李伟(口令：3)

角色：总账会计、应收会计、应付会计。负责总账系统的凭证管理工作以及客户往来和供应商往来管理工作。具有总账管理、应收款管理、应付款管理的全部操作权限。

(4) 004　白丽(口令：4)

角色：采购主管、仓库主管、存货核算员。主要负责采购业务处理。具有公共单据、公用目录设置、应收款管理、应付款管理、总账管理、采购管理、销售管理、库存管理、存货核算的全部操作权限。

(5) 005　程旭(口令：5)

角色：销售主管、仓库主管、存货核算员。主要负责销售业务处理。权限同白丽。

注意：以上权限设置只是为了实验中学习，与企业实际分工可能有所不同，企业相关操作员比较多，分工比较细致。

3) 设置基础档案。山东众人信息技术有限公司分类档案资料如下：

(1) 部门档案：

部门编码	部门名称	部门属性
1	管理中心	管理部门
101	总经理办公室	综合管理
102	财务部	财务管理
2	供销中心	供销管理
201	销售部	市场营销
202	采购部	采购供应
3	制造中心	生产部门
301	一车间	生产制造
302	二车间	生产制造

(2) 人员类别：本企业在职人员分为 4 类。

分类编码	分类名称
1001	企业管理人员
1002	经营人员
1003	车间管理人员
1004	生产人员

(3) 人员档案：

人员编号	人员姓名	性别	行政部门	人员类别	是否业务员	是否操作员	对应操作员编码
101	肖剑	男	总经理办公室	企业管理人员	是	是	
102	陈明	男	财务部	企业管理人员	是	是	001
103	王晶	女	财务部	企业管理人员	是	是	002
104	李伟	女	财务部	企业管理人员	是	是	003
201	程旭	女	销售部	经营人员	是	是	005
202	孙健	男	销售部	经营人员	是	是	
211	白丽	女	采购部	经营人员	是	是	004
212	李平	男	采购部	经营人员	是	是	

(4) 客户分类：

分类编码	分类名称
01	批发
02	零售
03	代销
04	专柜

(5) 供应商分类：

分类编码	分类名称
01	原料供应商
02	产品供应商

(6) 地区分类：

地区分类	分类名称
01	东北地区
02	华北地区
03	华东地区
04	华南地区
05	西北地区
06	西南地区

(7) 客户档案：

客户编号	客户名称/简称	所属分类码	所属地区	税号	开户银行(默认值)	银行账号	地址	邮政编码	扣率	分管部门	分管业务员
001	华宏公司	01	02	120009884732788	工行土地分行	73853654	北京市海淀区土地路 1 号	100077	5	销售部	程旭
002	昌新贸易公司	01	02	120008456732310	工行华苑分行	69325581	天津市南开区华苑路 1 号	300310		销售部	程旭
003	精益公司	04	03	310106548765432	工行徐汇分行	36542234	上海市徐汇区天平路 8 号	200032		销售部	孙健
004	利氏公司	03	01	108369856003251	中行平房分行	43810548	哈尔滨市平房区和平路 116 号	150008	10	销售部	孙健

(8) 供应商档案：

供应商编号	供应商名称	所属分类码	所属地区	税号	开户银行	银行账号	邮编	地址	分管部门	分管业务部
001	兴华公司	01	02	110567453698462	中行	48723367	100045	北京市朝阳区十里堡 8 号	采购部	白丽
002	建昌公司	01	02	110479865267583	中行	76473293	100036	北京市海淀区开拓路 108 号	采购部	白丽
003	泛美商行	02	03	320888465372657	工行	55561278	230187	南京市湖北路 100 号	采购部	李平
004	艾德公司	02	03	310103695431012	工行	85115076	200232	上海市浦东新区东方路 1 号甲	采购部	李平

【实验要求】

(1) 以系统管理员 admin 的身份，进行增加操作员、建立账套、财务分工、备份账套操作。

(2) 以账套主管“陈明”的身份，进行系统启用、基础档案设置、账套数据修改操作。

【操作指导】

1) 执行“开始”|“程序”|“用友 ERP-U872”|“系统服务”|“系统管理”命令，启动系统管理。

2) 以系统管理员身份登录系统管理：

(1) 执行“系统”|“注册”命令，打开“登录”系统管理对话框。

(2) 系统中预先设定了一个系统管理员 admin，第一次运行时，系统管理员密码为空，选择系统默认账套(default)，单击“确定”按钮，以系统管理员身份进入系统管理。

注意：

• 为了保证系统的安全性，在“登录”系统管理对话框中，可以设置或更改系统管理员的密码。如设置系统管理员密码为 Super 的操作步骤如下：①选中“改密码”复选框和系统默认账套，单击“确定”按钮。②打开“设置操作员密码”对话框，在“新密码”和“确认新口令”后面的输入区中均输入 Super。③单击“确定”按钮，返回系统管理。

• 一定要牢记设置的系统管理员密码，否则无法以系统管理员的身份进入系统管理，也就不能执行账套数据的引入和输出。

• 考虑实际教学环境，建议不要设置系统管理员密码。

3) 增加操作员：

(1) 执行“权限”|“用户”命令，进入“用户管理”窗口。

(2) 单击工具栏上的“增加”按钮，打开“增加用户”对话框，按下表中所示资料输入操作员。

编 号	姓 名	口 令	确认口令	所属部门	角 色
001	陈 明	1	1	财务部	账套主管
002	王 晶	2	2	财务部	出纳
003	李 伟	3	3	财务部	总账会计、应收会计、应付会计、资产管理、薪酬经理
004	白 丽	4	4	采购部	采购主管、仓库主管、存货核算员
005	程 旭	5	5	销售部	销售主管、仓库主管、存货核算员

(3) 最后单击“取消”按钮结束，返回“用户管理”窗口，所有用户以列表方式显示。再单击工具栏上的“退出”按钮，返回“系统管理”窗口。

注意：

• 只有系统管理员才有权限设置角色和用户。

• 用户编号在系统中必须唯一，即使是不同的账套，用户编号也不能重复。

• 所设置的操作员用户一旦被引用，便不能被修改和删除。

• 如果操作员调离企业，可以通过“修改”功能“注销当前用户”。

• 在“增加用户”对话框中，蓝色字体标注的项目为必输项，其余项目为可选项。这一规则适用于所有界面。

4) 建立账套：

(1) 创建账套。执行“账套”|“建立”命令，打开“创建账套”对话框。

(2) 输入账套信息。

已存账套：系统中已存在的账套在下拉列表框中显示，用户只能查看，不能输入或修改。

账套号：必须输入。本例输入账套号 007。

账套名称：必须输入。本例输入“山东众人信息技术有限公司”。

账套路径：用来确定新建账套将要被放置的位置，系统默认的路径为 C:\U8SOFT\Admin，用户可以人工更改，也可以利用“...”按钮进行参照输入，本例采用系统的默认路径。

启用会计期：必须输入。系统默认为计算机的系统日期，更改为“2010 年 8 月”。

是否集团账套，是否使月 OA：不选择。

输入完成后，单击“下一步”按钮，进行单位信息设置。

(3) 输入单位信息。

单位名称：用户单位的全称，必须输入。企业全称只在发票打印时使用，其余情况全部使用企业的简称。本例输入“山东众人信息技术有限公司”。

单位简称：用户单位的简称，最好输入。本例输入“众人公司”。

其他栏目都属于任选项，参照实验资料输入即可。输入完成后，单击“下一步”按钮，进行核算类型设置。

(4) 输入核算类型。

本币代码：必须输入。本例采用系统默认值 RMB。

本币名称：必须输入。本例采用系统默认值“人民币”。

企业类型：用户必须从下拉列表框中选择输入。系统提供了工业、商业、医药流通三种模式。如果选择工业模式，则系统不能处理受托代销业务；如果选择商业模式，委托代销和受托代销都能处理。本例选择“工业”模式。

行业性质：用户必须从下拉列表框中选择输入，系统按照所选择的行业性质预置科目。本例选择行业性质为“2007 年新会计制度科目”。

科目预置语言：中文(简体)。V8.72 为多语言版本。

账套主管：必须从下拉列表框中选择输入。本例选择“001 陈明”。

按行业性质预置科目：如果用户希望预置所属行业的标准一级科目，则选中该复选框。本例选择“按行业性质预置科目”。

输入完成后，单击“下一步”按钮，进行基础信息设置。

(5) 确定基础信息。如果单位的存货、客户、供应商相对较多，可以对他们进行分类核算。如果此时不能确定是否进行分类核算，也可以在建账完成后，由账套主管在“修改账套”功能中设置分类核算。

按照本例要求，选中“存货是否分类”、“客户是否分类”、“供应商是否分类”、“有无外币核算”4 个复选框，单击“完成”按钮，系统提示“可以创建账套了吗?”，单击“是”按钮，稍候，系统打开“编码方案”对话框。

注意：此处创建账套的时间较长，请耐心等待

(6) 确定编码方案。为了便于对经济业务数据进行分级核算、统计和管理，系统要求预先设置某些基础档案的编码规则，即规定各种编码的级次及各级的长度。

按实验资料所给内容修改系统默认值，单击“确定”按钮，再单击“取消”按钮，打开“数据精度”对话框。

注意：科目编码级次中第 1 级、第 2 级、第 3 级科目编码长度根据建账时所选行业性质自动确定，此处显示为灰色，不能修改，只能设定第 4 级之后的科目编码长度。

(7) 数据精度定义。数据精度是指定义数据的小数位数，如果需要进行数量核算，需要认真填写该项。本例采用系统默认值，单击“确定”按钮，再单击“取消”按钮，系统弹出“创建账套”系统提示对话框，单击“否”按钮，暂不进行系统启用的设置。系统提示“请进入企业应用平台进行业务操作!”，单击“确定”按钮返回。

(8) 退出。单击工具栏上的“退出”按钮，返回系统管理。

注意：编码方案、数据精度、系统启用项目可以由账套主管在“企业应用平台”|“设置”|“基本信息”中进行修改。

5) 财务分工：

(1) 执行“权限”|“权限”命令，进入“操作员权限”窗口。

(2) 选择 007 账套；2010 年度。

(3) 从窗口左侧操作员列表中选择“001 陈明”，选中“账套主管”复选框，确定陈明具有账套主管权限。

注意：

• 由于在增加用户和建立账套时已设定“陈明”，为账套主管，此处无需再设置。如果

在建账时未设定陈明为账套主管，可以在此处进行指定。

- 一个账套可以设定多个账套主管。
- 账套主管自动拥有该账套的所有权限。

6) 系统启用与基础设置：

(1) 登录企业应用平台。企业应用平台是用友 ERP-U872 管理软件的唯一入口，实现了用友 ERP-U872 管理软件各产品统一登录、统一管理的功能。操作员的角色及权限决定了其是否有权登录系统，是否可以使用企业应用平台中的各功能单元。

执行“开始”|“程序”|“用友 ERP-U872”|“企业应用平台”命令，打开“登录”对话框。输入操作员 001 或“陈明”；输入密码 1；在“账套”下拉列表框中选择“007 山东众人信息技术有限公司”；更改“操作日期”为“2010-08-01”；单击“确定”按钮，进入“UFIDA-ERP-U8”窗口。

(2) 系统启用。在企业应用平台中，单击“基础设置”|“基本信息”|“系统启用”选项，打开“系统启用”对话框。启用总账，启用日期为“2010-08-01”。

(3) 进行基础设置。在企业应用平台中，单击“基础设置”|“基础档案”选项，展开其中包含的项目，选择要设置的基础档案，即进入相应项目的设置界面。

(4) 按所给实验资料依次输入数据。

注意：

- 各档案设置时，输入的数据量很大，操作比较简单。基本上遵循“增加－输入－保存”的操作原则。
- 必须先建立客户分类、供应商分类档案，才能建立客户档案、供应商档案；且客户档案、供应商档案必须建立在最末级分类上。
- 所有档案建立时，应遵循事先设定的分类编码原则。
- 建立客户档案时，银行信息需要在修改状态下录入。

7) 备份账套数据：

(1) 执行“账套”|“输出”命令，打开“账套输出”对话框，选择需要输出的账套 007，单击“确认”按钮，稍候，系统提示“请选择账套备份路径”对话框。

(2) 选择需要将账套数据输出的驱动器及所在目录，单击“确定”按钮。

(3) 备份完成后，系统弹出“输出成功!”信息提示对话框，单击“确定”按钮返回。

8) 修改账套，需要以账套主管的身份注册进入系统管理。

(1) 在系统管理窗口，执行“系统”|“注册”命令，打开“登录”系统管理对话框。

注意：如果此前是以系统管理员的身份注册进入系统管理，那么需要首先执行“系统”|“注销”命令，注销当前系统操作员，再以账套主管的身份登录。

(2) 在“操作员”文本框中输入 001 或“陈明”；在“密码”文本框中输入 1，选择“007 山东众人信息技术有限公司”，会计年度为 2010。

(3) 单击“确定”按钮，进入“系统管理”窗口，菜单中显示为黑色字体的部分为账套主管可以操作的内容。

(4) 执行“账套”|“修改”命令，打开“修改账套”对话框，可修改的账套信息以白色显示，不可修改的账套信息以灰色显示。

(5) 修改完成后，单击“完成”按钮，系统提示“确认修改账套了吗?”信息，单击“是”按钮，确定“编码方案”和“数据精度”，单击“确认”钮，系统提示“修改账套成功!”信息。

(6) 单击“确定”按钮，返回系统管理。

注意：账套中的很多参数不能修改。若这些参数错误，则只能删除此账套，再重新建立。因此，建立账套时，参数设置一定要小心。

第5章 账务处理系统

学习目标

- 了解账务处理系统的基本功能和业务流程；
- 掌握账务系统的初始设置、日常业务处理、凭证和账簿管理、出纳管理、定义转账凭证、生成机制凭证、期末对账、结账。

第1节 账务处理系统概述

账务处理系统，又称为总账系统，是整个企业管理软件的核心系统，主要进行会计凭证、会计账簿的管理，与其他子系统之间存在着密切的数据传递关系。它既可以独立运行，也可以和其他子系统协同使用，它提供通用数据接口为财务报表、财务分析、领导查询和决策分析等相关信息提供数据，实现了财务信息与管理信息的高度整合，为企业决策提供实时的有效信息。

总账系统属于财务会计系统的一部分，而财务会计系统与其他系统成并行关系。账务系统既可独立运行，也可同其他系统协同运转。因此总账产品在整个U8中占有绝对重要的地位，与其他产品的关系见图5-1。

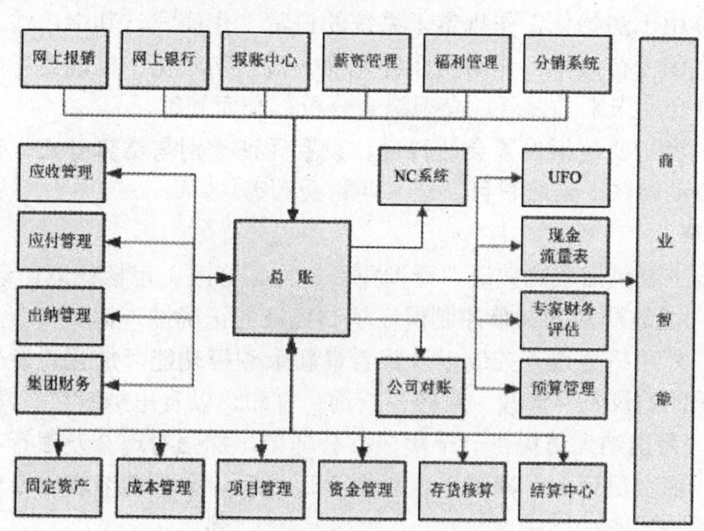

图5-1 总账与其他产品的关系

一、账务处理系统的特点

账务处理系统特点是：

(1) 规范处理方法。账务处理系统采用通用的会计记账方法——复式记账法，并满足以下基本原则：有借必有贷，借贷必相等；资产等于负债与所有者权益之和；总账科目余额或发生额必须等于其下属明细账余额或发生额之和。尽管不同的单位由于业务量不同，而选择不同的会计核算组织程序，但最终的账簿格式基本相同。因此，无论是在西方还是在国内，到处都可以看到大量商品化账务处理系统或总账软件。

(2) 综合性强，在整个会计信息系统中起核心作用。会计信息系统中的其他子系统是局部反映供产销过程中某个经营环节或某类经济业务的，例如材料核算子系统主要反映采购、库存、应付账款核算这一经营环节。这些子系统采用货币或者数量作为计量单位，而账务处理系统则是以货币作为主要计量单位，综合、全面地反映企业供产销的所有方面。因此，账务处理系统产生的信息具有很强的概括性和综合性。此外，账务处理子系统还要接收其他子系统产生的数据，同时还要向其反馈数据，这样账务处理子系统又是数据交互的桥梁，它把其他子系统有机地结合在一起，形成了完整的会计信息系统。

(3) 内部控制严格。由于账务处理子系统所产生的账表要提供给投资者、债权人、管理人员、财政税务部门等，因此必须保证账务处理数据的正确性，保证结果的真实性。而正确的报表来自正确的账簿，正确的账簿来自正确的凭证，只有从凭证开始，对账务处理的各个环节加强控制，才能防止一些可避免的差错发生。

二、账务处理系统的功能概述

通常，一个完整的财务管理软件的账务处理系统是由系统初始化、日常处理、出纳管理、账簿管理、辅助核算、期末业务处理、数据维护等功能模块组成的。

(一) 系统初始化

账务处理系统初始化分为两种情况下进行：其一是首次使用账务处理系统，其二是建立新的核算账套。由于初始化工作规定了系统的日常工作模式，其中一些系统参数设置生效后将无法更改，因而初始化工作的全面性尤为关键。初始化工作既要考虑企业当前的实际，同时还考虑到企业未来的发展，必须综合分析，全面统筹。

系统初始化内容主要包括设置会计科目、设置凭证类别与结算方式、设置会计账簿、设置外汇汇率和自动转账、结账科目、录入期初余额等。

(二) 日常处理

日常处理业务主要包括填制凭证、查询凭证、凭证修改、审核凭证、记账等业务。

1. 凭证管理 通过严密的制单控制保证填制凭证的正确性。提供资金赤字控制、支票控制、预算控制、外币折算误差控制以及查看最新余额等功能，加强对发生业务的及时管理和控制。完成凭证的录入、修改、审核、查询、打印，以及出纳签字、常用凭证定义等。

2. 出纳管理 为出纳人员提供一个集成办公环境，加强对现金及银行存款的管理。可完成银行日记账、现金日记账，随时出最新资金日报表，余额调节表以及进行银行对账，编制银行存款余额调节表。

3. 记账 账簿的登记通常称为记账或过账，它必须以审核无误的记账凭证为依据。与手工方式下记账不同，计算机账务处理系统中的记账过程是自动完成的，即由账务处理软件系统自动进行合法性检验、科目汇总并登记账簿等。

(三) 账簿管理

强大的查询功能使整个系统实现总账、明细账、凭证联查，并可查询包含未记账凭证的最新数据。可随时提供总账、余额表、明细账、日记账等标准账表查询。

(四) 辅助核算

1. 个人往来核算 个人往来核算主要用于核算企业与企业员工之间的资金往来业务，便于及时地控制个人借款，完成清欠工作。提供个人借款明细账、催款单、余额表、账龄分析报告及自动清理核销已清账等功能。

2. 部门核算 部门核算主要为了考核部门费用收支的发生情况，及时地反映控制部门费用的支出，对各部门的收支情况加以比较，便于进行部门考核。将科目设置为部门辅助核算，增加部门辅助核算账户后，不仅能够得到这些账户于本会计期间内的发生额情况，而且能够进一步细化到有关账户在不同部门的发生额情况。提供各级部门总账、明细账的查询，并对部门收入与费用进行部门收支分析等功能。

3. 项目管理 用于生产成本、在建工程等业务的核算，以项目为中心为使用者提供各项目的成本、费用、收入、往来等汇总与明细情况以及项目计划执行报告等，也可用于核算科研课题、专项工程、产成品成本、旅游团队、合同、订单等。提供项目总账、明细账及项目统计表的查询。

4. 往来管理 主要进行客户和供应商往来款项的发生、清欠管理工作，及时掌握往来款项的最新情况。提供往来款的总账、明细账、催款单、往来账清理、账龄分析报告等功能。

(五) 期末业务处理

灵活的自定义转账功能、各种取数公式可满足各类业务的转账工作，不同期间的期末处理具有明显的规律性。自动完成月末分摊、计提、对应转账、销售成本、汇兑损益、期间损益结转等业务。进行试算平衡、对账、结账、生成月末工作报告。

账务处理系统的业务处理流程见图5-2。

第2节 系统初始化

账务处理系统是一个通用性较强的系统，为了使其能够在各行各业应用，设计时应重点考虑各单位会计核算和财务管理的一般特性。当具体单位使用时，就要根据本单位的业务性质进行具体设置，这种设置工作称作初始化。

系统初始化是指将通用会计软件转成专用会计软件、将手工会计业务数据移植到计算机中等一系列准备工作，是使用财务软件的基础。一般是在系统安装完成并进行了初始参数设置后，由账套主管根据本单位的实际情况负责完成的。

总账初始设置的内容：包括设置基础参数、外币及汇率、会计科目、凭证类别、结算方式、分类定义、编码档案、录入期初余额及设置操作员明细权限。考虑初始设置内容之间的相互关系，基本流程为：设置账套参数→定义外币及汇率→设置会计科目→设置凭证类型→定义结算方式→定义客户/供应商等分类信息→定义客户/供应商等档案信息→定义项目档案→录入期初余额。

一、登录

使用总账系统之前，须先在系统管理模块创建账套，然后启动并注册登录企业应用平台，选择有关功能模块进行业务处理。

【例5-1】 以CW001王天逸登录企业应用平台处理相关业务。基本步骤如下：

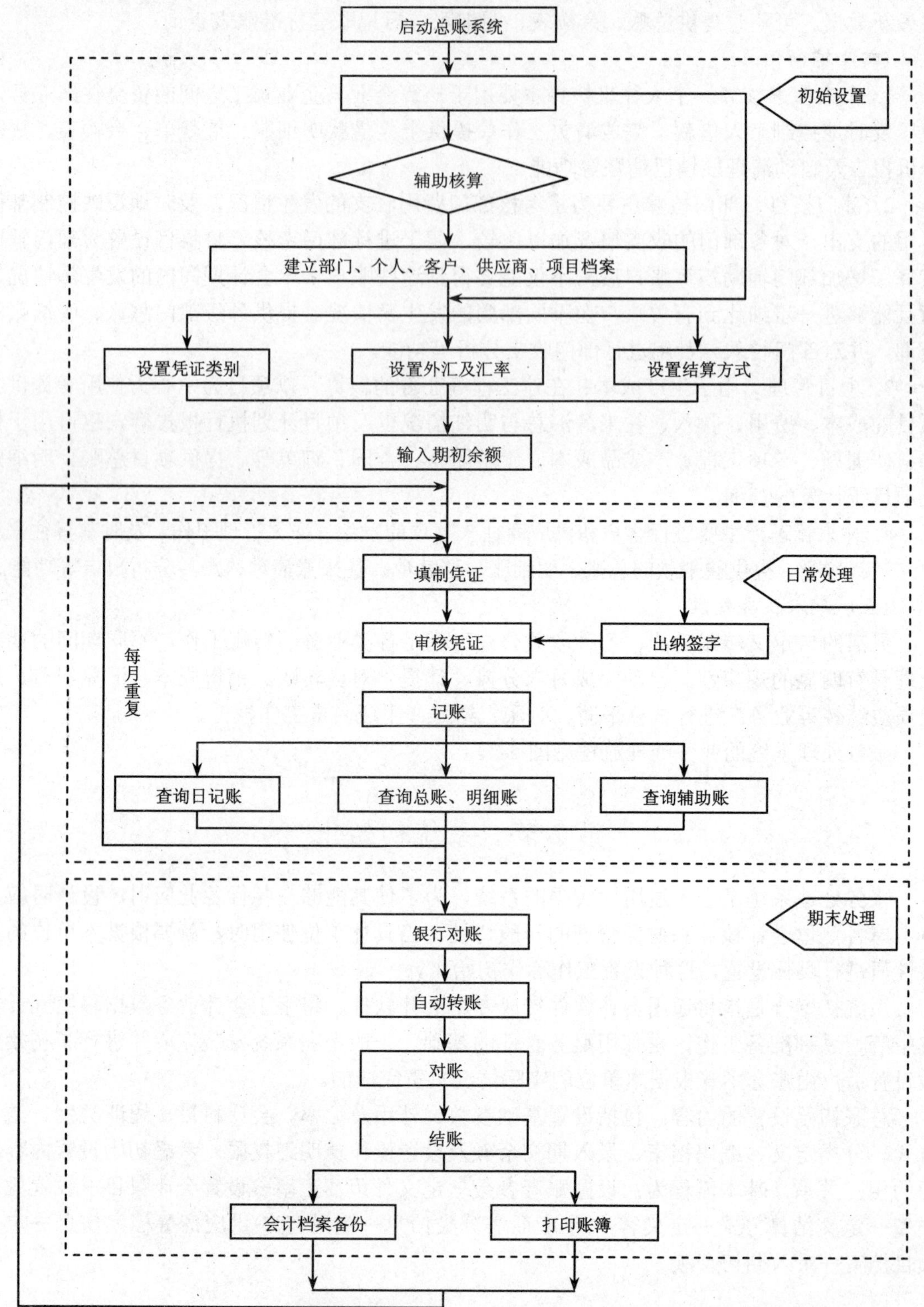

图 5-2 财务处理系统业务流程图

(1) 执行“开始”|“程序”|“用友 ERP-U872”|“企业应用平台”命令，打开“登录”界面。

(2) 在“登录”界面按要求输入有关信息，完成后单击“确定”按钮，进入 UFIDA ERP-U8 窗口。

二、选项

设置控制参数是对总账管理系统的一些系统选项进行设置，以便为总账管理系统配置相应的功能或设置相应的控制。系统在建立新的账套后由于具体情况需要，或业务变更，发生一些账套信息与核算内容不符，可以通过此功能进行账簿选项的调整和查看。可对“凭证选项”、“账簿选项”、“凭证打印”、“预算控制”、“权限选项”、“会计日历”、“其他选项”、“自定义项核算”八个部分内容的操作控制选项进行修改。

(一) 凭证设置

1. 制单控制　主要设置在填制凭证时，系统应对哪些操作进行控制。

(1) 制单序时控制：此项和“系统编号”选项联用，制单时凭证编号必须按日期顺序排列，8 月 13 日编制 10 号凭证，则 8 月 14 日只能开始编制 11 号凭证，即制单序时，如果有特殊需要可以将其改为不序时制单。

(2) 支票控制：若选择此项，在制单时使用银行科目编制凭证时，系统针对票据管理的结算方式进行登记，如果录入支票号在支票登记簿中已存，系统提供登记支票报销的功能；否则，系统提供登记支票登记簿的功能。

(3) 赤字控制：若选择了此项，在制单时，当“资金及往来科目”或“全部科目”的最新余额出现负数时，系统将予以提示。提供了提示、严格两种方式，可根据您的需要进行选择。

(4) 可以使用应收受控科目：若科目为应收款管理系统的受控科目，为了防止重复制单，只允许应收系统使用此科目进行制单，总账系统是不能使用此科目制单的。所以如果你希望在总账系统中也能使用这些科目填制凭证，则应选择此项。

注意：总账和其他业务系统使用了受控科目会引起应收系统与总账对账不平。

(5) 可以使用应付受控科目：若科目为应付款管理系统的受控科目，为了防止重复制单，只允许应付系统使用此科目进行制单，总账系统是不能使用此科目制单的。所以如果您希望在总账系统中也能使用这些科目填制凭证，则应选择此项。

注意：总账和其他业务系统使用了受控科目会引起应付系统与总账对账不平。

(6) 可以使用存货受控科目：若科目为存货核算系统的受控科目，为了防止重复制单，只允许存货核算系统使用此科目进行制单，总账系统是不能使用此科目制单的。所以如果您希望在总账系统中也能使用这些科目填制凭证，则应选择此项。

注意：总账和其他业务系统使用了受控科目会引起存货系统与总账对账不平。

2. 凭证控制

(1) 现金流量科目必录现金流量项目：选择此项后，在录入凭证时如果使用现金流量科目则必须输入现金流量项目及金额。

(2) 自动填补凭证断号：如果选择凭证编号方式为系统编号，则在新增凭证时，系统按凭证类别自动查询本月的第一个断号默认为本次新增凭证的凭证号。如无断号则为新号，与原编号规则一致。

(3) 批量审核凭证进行合法性校验：批量审核凭证时针对凭证进行二次审核，提高凭证输入的正确率，合法性校验与保存凭证时的合法性校验相同。

(4) 凭证录入时结算方式及票据号是否必录。

(5) 同步删除外部系统凭证：选中此项后，外部系统删除凭证时相应的将总账的凭证同步删除。否则，将总账凭证作废，不予删除。

3. 凭证编号方式　系统在“填制凭证”功能中一般按照凭证类别按月自动编制凭证编号，即“系统编号”；但有的企业需要系统允许在制单时手工录入凭证编号，即“手工编号”。

4. 现金流量参照科目　用来设置现金流量录入界面的参照内容和方式。“现金流量科目”选项选中时，系统只参照凭证中的现金流量科目；“对方科目”选项选中时，系统只显示凭证中的非现金流量科目。“自动显示”选项选中时，系统依据前两个选项将现金流量科目或对方科目自动显示在指定现金流量项目界面中，否则需要手工参照选择。

(二) 账簿

1. 打印位数宽度　定义正式账簿打印时各栏目的宽度，包括摘要、金额、外币、数量、汇率、单价。

2. 凭证、账簿套打　凭证、账簿套打是用友公司专门为用友软件用户设计的，适合于用各种打印机输出管理用表单与账簿。系统提供四种套打纸型：

(1) U8——用友 U8.X 版本软件使用的标准版套打纸(分 U8 针打(连续)纸型和 A4 激光(非连续)纸型)。

(2) 账簿通(兼容上海纸)——上海地区专用的套打纸(分针打连续和激光非连续)。

(3) 用友 6.0——原用友 DOS6.03 版本软件使用的套打纸(只有连续纸型)。

(4) 用友 7.0——原用友 Windows 7.21 版本软件使用的套打纸(分连续纸型和非连续纸型)。

3. 明细账(日记账、多栏账)打印输出方式　打印正式明细账、日记账或多栏账时，按年排页还是按月排页。

按月排页：即打印时从所选月份范围的起始月份开始将明细账顺序排页，再从第一页开始将其打印输出，打印起始页号为“1 页”。这样，若所选月份范围不是第一个月，则打印结果的页号必然从“1 页”开始排。

按年排页：即打印时从本会计年度的第一个会计月开始将明细账顺序排页，再将打印月份范围所在的页打印输出，打印起始页号为所打月份在全年总排页中的页号。这样，若所选月份范围不是第一个月，则打印结果的页号有可能不是从“1 页”开始排。

4. 打印设置按客户端保存　如果有多个用户使用多台不同型号的打印机时，选择此项则按照每个用户自己的打印机类型和打印选项设置，打印凭证和账簿。

5. 使用新打印控件打印(总账、明细账、余额表、多栏账、日记账)　选中时，总账、明细账、余额表、多栏账、日记账打印时支持新打印控件。

(三) 凭证打印

1. 合并凭证显示、打印　选择此项，则在填制凭证、查询凭证、出纳签字和凭证审核时，以系统选项中的设置显示；在科目明细账显示或打印时凭证按照“按科目、摘要相同方式合并”或“按科目相同方式合并”合并显示，并在明细账显示界面提供是否“合并显示”的选项。

2. 打印凭证的制单、出纳、审核、记账等人员姓名　在打印凭证时，是否自动打印制单人、出纳、审核人、记账人的姓名。

3. 打印包含科目编码　在打印凭证时，是否自动打印科目编码。

4. 摘要与科目打印内容设置　通过此功能，可设置凭证中的摘要栏与科目栏内打印的辅助项。

5. 打印转账通知书　启用了此项，才能够在科目编辑时指定可打印的科目，在凭证中可打印转账通知单。

6. 凭证、正式账每页打印行数　“凭证打印行数”可对凭证每页的行数进行设置，“正式账每页打印行数”可对明细账、日记账、多栏账的每页打印行数进行设置。双击表格或按空格对行数直接修改即可。

(四) 权限

1. 制单权限控制到科目　要在系统管理的“功能权限”中设置科目权限，再选择此项，权限设置有效。选择此项，则在制单时，操作员只能使用具有相应制单权限的科目制单。

2. 允许修改、作废他人填制的凭证　若选择了此项，在制单时可修改或作废别人填制的凭证，否则不能修改。

3. 制单权限控制到凭证类别　要在系统管理的“功能权限”中设置凭证类别权限，再选择此项，权限设置有效。选择此项，则在制单时，只显示此操作员有权限的凭证类别。同时在凭证类别参照中按人员的权限过滤出有权限的凭证类别。

4. 操作员进行金额权限控制　选择此项，可以对不同级别的人员进行金额大小的控制，例如财务主管可以对 10 万元以上的经济业务制单，一般财务人员只能对 5 万元以下的经济业务制单，这样可以减少由于不必要的责任事故带来的经济损失。如为外部凭证或常用凭证调用生成，则处理与预算处理相同，不做金额控制。

注意：

- 结转凭证不受金额权限控制。
- 在调用常用凭证时，如果不修改直接保存凭证，此时由被调用的常用凭证生成的凭证不受任何权限的控制，例如包括金额权限控制、辅助核算及辅助项内容的限制等。
- 外部系统凭证是已生成的凭证，得到系统的认可，所以除非进行更改，否则不做金额等权限控制。

5. 凭证审核控制到操作员　如只允许某操作员审核其本部门操作员填制的凭证，则应选择此选项。

6. 出纳凭证必须经由出纳签字　若要求现金、银行科目凭证必须由出纳人员核对签字后才能记账，则选择“出纳凭证必须经由出纳签字”。

7. 凭证必须经由主管会计签字　如要求所有凭证必须由主管签字后才能记账，则选择“凭证必须经主管签字”。

8. 可查询他人凭证　如允许操作员查询他人凭证，则选择“可查询他人凭证”。

9. 明细账查询权限控制到科目　这里是权限控制的开关，在系统管理中设置明细账查询权限，必须在总账系统选项中打开，才能起到控制作用。

10. 制单、辅助账查询控制到辅助核算　设置此项权限，制单时才能使用有辅助核算属性的科目录入分录，辅助账查询时只能查询有权限的辅助项内容。

注意：

- 查询客户往来辅助账：由 U850 以前版本升级用户，如往来核算在应收系统时，系统无客户辅助账，只有选择此项后才能查询，并需补录期初客户往来明细数据。U850 以后版本，默认在总账中查询客户往来辅助账。
- 查询供应商往来辅助账：由 U850 以前版本升级用户，如往来核算在应付系统时，系统无供应商辅助账，只有选择此项后才能查询，并需补录期初供应商往来明细数据。U850

以后版本，默认在总账中查询供应商往来辅助账。

（五）会计日历

可查看各会计期间的起始日期与结束日期，以及启用会计年度和启用日期。此处仅能查看会计日历的信息，如需修改请到系统管理中进行。此外，还可以看到建立账套时的一些信息：账套名称、单位名称、账套存放的路径、行业性质和定义的科目级长等。

（六）预算控制、其他、自定义项核算

涉及专家财务评估，部门、个人、项目的排序方式，外币汇率方式等信息。

【例 5-2】以 CW001 操作员王天逸的身份登录企业管理平台后，对总账控制参数进行设置：制单序时控制；支票控制；可以使用应收、应付、存货受控科目；出纳凭证必须经由出纳签字；不允许修改、作废他人填制的凭证；数量小数位和单价小数位设置为 2 位；部门、个人、项目按编码方式排序；其他采取默认设置。

操作步骤如下：

(1) 在 UFIDA ERP-U8 窗口选择“业务工作”中的“财务会计”|“总账”|“设置”|“选项”双击，打开“选项”对话框，见图 5-3。

(2) 打开“凭证”选项卡，单击“编辑”按钮激活窗口，然后选中“制单序时控制”、“支票控制”、“可以使用应收、应付、存货受控科目”复选框。

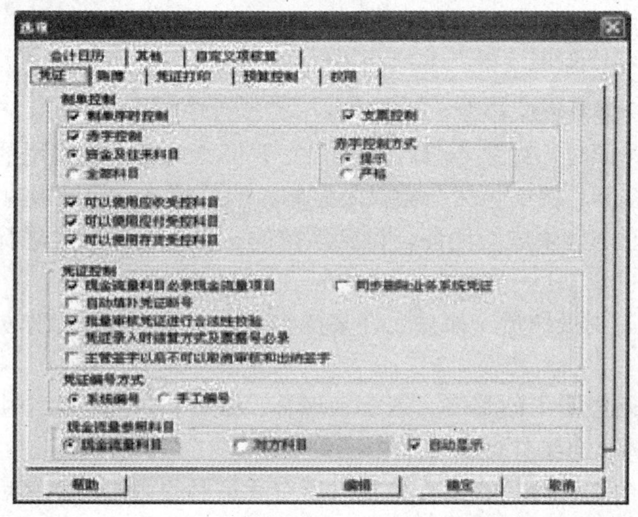

图 5-3 “选项”对话框“凭证”选项卡

(3) 依次打开有关选项卡，按要求进行设置。全部设置完成后，单击“确定”按钮，完成“选项”设置。

三、外币设置

汇率管理是专为外币核算服务的。企业如果存在外币业务时，需要在此处对本账套所使用的外币进行定义。

在“填制凭证”中所用的汇率应先在此进行定义，以便制单时调用，减少录入汇率的次数和差错；当汇率变化时，应预先在此进行定义，否则，制单时不能正确录入汇率；对于使用固定汇率(即使用月初或年初汇率)作为记账汇率的用户，在填制每月的凭证前，应预先在此录入该月的记账汇率，否则在填制该月外币凭证时，将会出现汇率为零的错误；对于使用变动汇率(即使用当日汇率)作为记账汇率的用户，在填制该天的凭证前，应预先在此录入当天的记账汇率。

【例 5-3】 山东飞鹰科技有限责任公司存在外币核算业务：企业采取固定汇率记账，币符：USD，币名：美元，汇率 1：6.79

操作步骤如下：

(1) 在 UFIDA ERP-U8 窗口选择“基础设置”中的“基础档案”|“财务”|“外币设置”双击，打开“外币设置”对话框，见图 5-4。

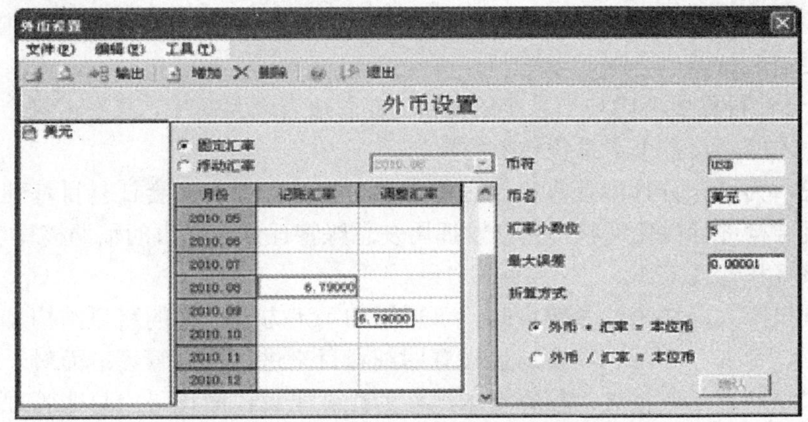

图 5-4　“外币设置”对话框

(2) 输入币符：USD，币名：美元，单击“确认”，完成外币的增加操作。

(3) 选择汇率方式与折算方式后，如图输入“2010.08”月份的记账汇率“6.79”，输入完毕后回车保存。

注意：

- 折算方式：分为直接汇率与间接汇率两种，用户可以根据外币的使用情况选定汇率的折算方式。直接汇率即[外币×汇率=本位币]，间接汇率即[外币÷汇率=本位币]。
- 外币最大误差：在记账时，如果“外币×(或÷)汇率—本位币”大于最大折算误差，则系统给予提示，系统默认最大折算误差为 0.00001，即不相等时就提示，如果用户希望在制单时不提供最大折算误差提示，可以将最大折算误差设为一个比较大的数值，如 1000000 即可。
- 固定汇率与浮动汇率：选“固定汇率”即可录入各月的月初汇率，选“浮动汇率”即可录入所选月份的每日汇率。
- 在“选项”中的“汇率方式”的设置决定制单使用固定汇率还是浮动汇率。

四、会计科目

会计科目是填制会计凭证、登记会计账簿、编制会计报表的基础。会计科目是对会计对象具体内容分门别类进行核算所规定的项目。会计科目是一个完整的体系，它是区别于流水账的标志，是复式记账和分类核算的基础。会计科目设置的完整性影响着会计过程的顺利实施，会计科目设置的层次深度直接影响会计核算的详细、准确程度。

每个会计科目核算的经济内容是不同的，据此会计科目可以分为五类：

行政事业中分为：资产、负债、净资产、收入、支出。

企业中分为：资产、负债、所有者权益、共同、成本、损益。

建立会计科目是会计核算方法之一，财务软件一般都提供了符合国家会计制度规定的一级会计科目，但是明细科目的确定要根据各企业情况自行确定，确定原则如下：

(1) 会计科目的设置必须满足会计报表编制的要求，凡是报表所用数据，需从系统取数的，必须设立相应科目。

(2) 会计科目的设置必须保持科目与科目间的协调性和体系完整性。不能只有下级而无上级；既要设置总账科目，又要设置明细科目，以提供总括和详细的会计核算资料。

(3) 会计科目要保持相对稳定，会计年中不能删除。一级科目名称要符合国家标准，明细科目名称要通俗易懂。

(4) 设置会计科目要考虑与子系统的衔接。在总账管理系统中，只有末级会计科目才允许有发生额，才能接收各个子系统转入的数据。

一般来说，为了充分体现计算机管理的优势，在企业原有的会计科目基础上，应对以往的一些科目结构进行优化调整，充分发挥用友总账管理系统提供的辅助核算功能，深化、强化企业的核算和管理工作。

当企业规模不大，往来业务较少时，可采用和手工方式一样的科目结构及记账方法，即将往来单位、个人、部门、项目通过设置明细科目来进行核算管理；而对于一个往来业务频繁，清欠、清理工作量大，核算要求严格的企业来说，应该采用总账管理系统提供的辅助核算功能进行管理，即将这些明细科目的上级科目设为末级科目及设为辅助核算科目，并将这些明细科目设为相应的辅助核算目录。一个科目设置了辅助核算后，它所发生的每一笔业务将会登记在总账和辅助明细账上。

(一) 会计科目设置的内容

1. 科目编码　科目编码应是科目全编码，即从一级科目至本级科目的各级科目编码组合。其中，各级科目编码必须唯一，且必须按其级次的先后次序建立，即先有上级科目，然后才能建立下级明细科目。通常，通用商品化会计核算系统在建立账套时，会自动根据行业性质预先装入规范的一级会计科目及部分常用的明细科目。

在进行科目代码设置时，一级科目代码应该使用财政部统一规定的代码。其他各级科目码应按使用单位的实际情况，在满足核算和管理要求的基础上自行设置。但这种设置还应符合账套参数所设的基础数据编码规则。通常对会计科目进行编码采用分组的顺序码。

由于账务系统运行时计算机只以科目代码来识别账户，因此，科目编码非常重要，除上面所说原则外，编码时还需要注意以下问题：

(1) 科目代码必须具有唯一性，即每一个会计科目有且只有一个代码来代表。

(2) 科目代码既要反映科目间的统属和逻辑关系，也要尽量减少位数，避免增加输入和运算的工作量，增加出错的可能性。

(3) 考虑到单位业务的扩展和管理要求的不断提高，科目代码还应具有一定的扩展性，以便需要时能够灵活地对科目进行增删。

2. 科目名称　科目名称是指本级科目名称，通常分为科目中文名称和科目英文名称。明细科目的名称还应该尽可能与其上级科目体现一种归属关系。

3. 科目类型　科目类型是指会计制度中规定的科目类型，分为资产、负债、共同、所有者权益、成本、损益。

4. 账页格式　定义该科目在账簿打印时的默认打印格式。通常系统会提供金额式、外币金额式、数量金额式、数量外币式四种账页格式供选择。

5. 助记码　用于帮助记忆科目，提高录入和查询速度。通常科目助记码不必唯一，可以重复。

6. 科目性质(余额方向)　增加记借方的科目，科目性质为借方；增加记贷方的科目，科目性质为贷方。一般情况下，只能在一级科目设置科目性质，下级科目的科目性质与其一级科目的相同。已有数据的科目不能再修改其科目性质。

7. 辅助核算　辅助核算是对总账的一种补充，辅助实现会计信息的多元分类。辅助核算可将会计科目的发生额及余额进一步明细到具体部门、个人、客户、供应商或项目上。科目的辅助核算属性用于说明本科目是否设定辅助核算以及具体的辅助核算类型。辅助核算类型包括部门核算、个人往来核算、客户往来核算、供应商往来核算、项目核算。本章的第七节将对辅助核算做详细讲述。

8. 其他核算　用于说明本科目是否有其他要求，如银行账、日记账等。一般情况下，现金科目要设为日记账，银行存款科目要设为银行账和日记账。

9. 外币核算　用于设定该科目是否有外币核算，以及核算的外币名称。

10. 数量核算　用于设定该科目是否有数量核算，以及数量计量单位。

(二) 会计科目模块设置的功能

1. 科目增加　该功能允许增加一个新的会计科目，增加时要进行合法性和正确性检查，即不能有相同的科目代码出现，保持科目代码的唯一性。

【例 5-4】 增加会计科目，如表 5-1 所示。

表 5-1　明细科目编码表

科 目 编 码	科 目 名 称	辅助账类型
100201	工行存款	日记账、银行账
100202	中行存款	外币核算、日记账、银行账
122101	职工借款	个人往来
140301	生产用原材料	数量核算(吨)
660201	办公费	部门核算
660202	差旅费	部门核算
660203	工资	部门核算
660204	折旧费	部门核算
660205	其他	部门核算
222101	应交增值税	
22210101	进项税额	
22210102	销项税额	

操作步骤如下：

(1) 在 UFIDA ERP-U8 窗口选择“基础设置”中的“基础档案”|“财务”|“会计科目”双击，打开“会计科目”对话框。

(2) 单击工具栏“增加”按钮，打开“新建会计科目”对话框。

(3) 在“新增会计科目”对话框中依次录入科目编码、科目中文名称等信息，选择设置完毕后单击“确定”按钮，保存完毕后“确定”按钮转换成“增加”按钮，单击继续增加会计科目。

(4) 所有科目录入完毕后，单击“关闭”按钮，返回“会计科目”窗口。

2. 科目修改　当科目属性有错误时，可以对错误属性进行修改。但是如果某科目已被制过单或已录入期初余额，则不能修改该科目。如要修改该科目，必须先删除所有与该科目有关的凭证，并将该科目及其下级科目的余额清零后，再修改。修改完毕后要将余额及凭证补上。已使用的科目不能增加下级。

【例 5-5】 修改会计科目资料，如表 5-2 所示。

表 5-2 待修改科目编码表

科 目 编 码	科 目 名 称	辅助账类型
1001	库存现金	日记账
1122	应收账款	客户往来
2202	应付账款	供应商往来

操作步骤如下：

(1) 在 UFIDA ERP-U8 窗口选择“基础设置”中的“基础档案”|“财务”|“会计科目”双击，打开“会计科目”对话框。

(2) 在“会计科目”设置对话框中选择要修改的会计科目“1001 库存现金”后，单击工具栏的“修改”按钮，弹出修改对话框。

(3) 单击“会计科目_修改”对话框右下角的“修改”按钮，激活对话框，将科目设置为日记账，见图 5-5。

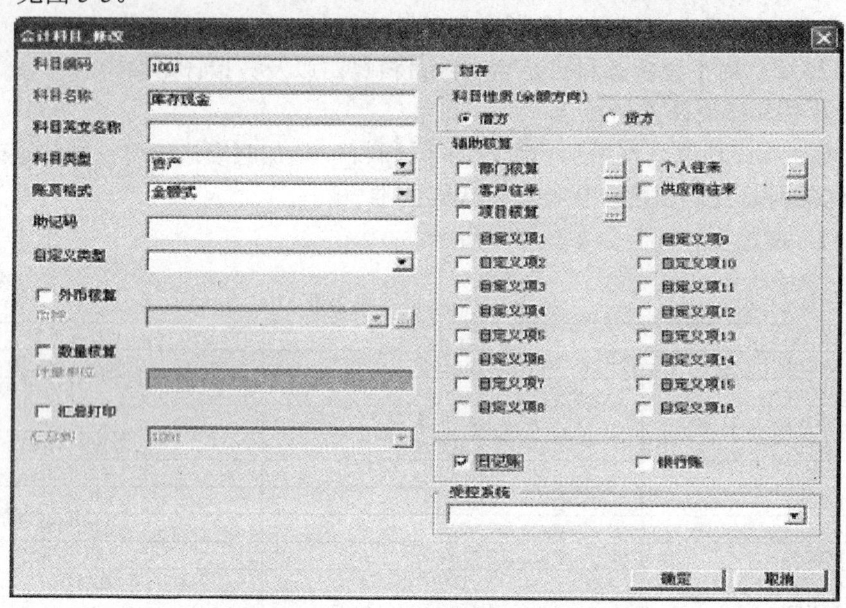

图 5-5 “会计科目_修改”对话框

(4) 修改完毕后，单击“确定”按钮对修改结果进行保存，同样操作适用于其他科目修改。

3. 科目查询 准确而迅速地定位在用户所要查询的科目上，方便查询或修改科目的各种属性。

4. 科目删除 对于不再使用的科目，可以将其从科目库中删除掉。但是已有金额的科目不能删除，不能删除非末级科目。

【例 5-6】 将共同类科目中“3101 衍生工具”科目删除。

操作步骤如下：

(1) 在“会计科目”设置窗口，选中共同类科目中的“3101 衍生工具”科目后，单击工具栏上的“删除”按钮，弹出“删除记录”对话框。

(2) 单击对话框中的“确定”按钮，将会计科目删除。

5. 科目打印 该功能可实现科目的简单和明细打印。

6. 指定科目　由用户指定适用于某一特殊功能的会计科目，这项操作称为指定科目。系统中只有指定科目后，才能执行出纳签字，从而实现库存现金、银行存款管理的保密性。如将“库存现金”科目指定为现金日记账科目，将“银行存款”科目指定为银行存款日记账科目等。

【例 5-7】 指定“1001 库存现金”为现金总账科目、“1002 银行存款”为银行总账科目。

操作步骤如下：

(1) 在“会计科目”设置窗口单击“编辑”菜单中的“指定科目”，打开“指定科目”对话框。

(2) 选中“现金科目”单选按钮，将“1001 库存现金”科目从“待选科目”添加到“已选科目”位置。选中“银行科目”单选按钮，将“1002 银行存款”科目从“待选科目”添加到“已选科目”位置，见图 5-6。

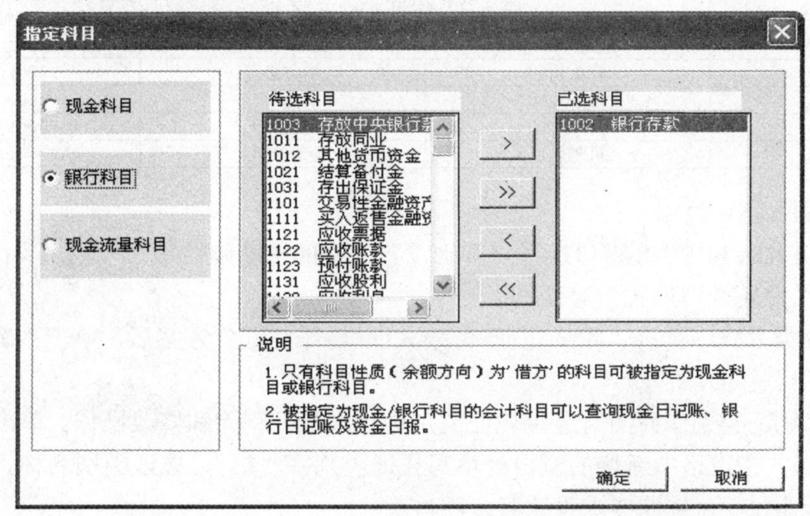

图 5-6　“指定科目”对话框

(3) 完成会计科目的选择添加后，单击对话框中的“确定”按钮，对操作进行保存。

注意：

• 若想指定会计科目，应在设置会计科目功能中将库存现金和银行存款科目设置为日记账。

• 指定的现金、银行存款科目是供出纳管理使用的，所以在查询现金、银行存款日记账前，必须指定现金、银行存款总账科目。

• 现金科目和银行科目只能指定一级科目，而现金流量科目只能指定末级明细科目。

五、凭证类别

许多单位为了便于管理或登账方便，一般对记账凭证进行分类编制，但各单位的分类方法不尽相同，所以许多财务软件系统提供了“凭证类别”功能，用户完全可以按照本单位的需要对凭证进行分类。对选择的凭证分类可以在制单时设置对科目的限制条件，系统有以下 7 种限制类型供选择。

(1) 借方必有：制单时，此类凭证借方至少有一个限制科目有发生。

(2) 贷方必有：制单时，此类凭证贷方至少有一个限制科目有发生。

(3) 凭证必有：制单时，此类凭证无论借方还是贷方至少有一个限制科目有发生。

(4) 凭证必无：制单时，此类凭证无论借方还是贷方不可有一个限制科目有发生。

(5) 无限制：制单时，此类凭证可使用所有合法的科目，可以是任意级次的科目，科目之间用逗号分隔，数量不限，也可参照输入，但不能重复录入。

(6) 借方必无：即金额发生在借方的科目必须不包含借方必无科目。可在凭证保存时检查。

(7) 贷方必无：即金额发生在贷方的科目必须不包含贷方必无科目。可在凭证保存时检查。

限制科目由用户输入，可以是任意级次的科目，科目之间用逗号(半角)分割，数量不限，也可参照输入，但不能重复录入。若限制科目为非末级科目，则在制单时，其所有下级科目都将受到同样的限制。

【例 5-8】 设置凭证类别，如表 5-3 所示。

表 5-3 凭证类别方案

类 别 字	凭 证 类 别	限 制 类 型	限 制 科 目
收	收款凭证	借方必有	1001，1002
付	付款凭证	贷方必有	1001，1002
转	转账凭证	凭证必无	1001，1002
机	机制凭证	无限制	

操作步骤如下：

(1) 在 UFIDA ERP-U8 窗口选择“基础设置”中的“基础档案”|“财务”|“凭证类别”双击，打开“凭证类别预置”对话框。

(2) 在分类方式中选择“收款凭证 付款凭证 转账凭证”方案后，单击“确定”按钮进入“凭证类别”界面。

(3) 在“凭证类别”界面对选定凭证类别进行增加、删除和修改操作。单击工具栏上的“增加”按钮，在表格中新增的空白处填写凭证类别字“机”，凭证类别名称“机制凭证”，限制类型“无限制”，按题要求设置其余项目。

注意：

• 已使用的凭证类别不能删除，也不能修改类别字。

• 若选有科目限制(即“限制类型”不是“无限制”)，则至少要输入一个限制科目。若限制类型选“无限制”，则不能输入限制科目。

• 若限制科目为非末级科目，则在制单时，其所有下级科目都将受到同样的限制。如：若分类如上所设，且 1002 科目下有 100201，100202 两个下级科目，那么，在填制转账凭证时，将不能使用 100201，100202 下的所有科目。

• 表格右侧的上下箭头按钮可以调整凭证类别的前后顺序，它将决定明细账中凭证的排列顺序。例如：凭证类别设置中凭证类别的排列顺序为收、付、转，那么，在查询明细账、日记账时，同一日的凭证，将按照收、付、转的顺序进行排列。

六、结算方式

结算方式是用来建立和管理用户在经营活动中所涉及的与银行之间的货币结算方式。该功能用来建立和管理在经营活动中所涉及的货币结算方式。它与财务结算方式一致，如现金结算、支票结算、电汇结算等。结算方式最多可以分为 2 级。

【例 5-9】 山东飞鹰科技有限责任公司的结算方式如表 5-4 所示。

表 5-4　结算方式方案

结算方式编码	结算方式名称	票 据 管 理
1	现金结算	否
2	支票结算	是
201	现金支票	是
202	转账支票	是

操作步骤如下：

(1) 在 UFIDA ERP-U8 窗口选择“基础设置”中的“基础档案”|“收付结算”|“结算方式”双击，打开“结算方式”对话框

(2) 单击工具栏上的“增加”按钮，输入结算方式编码“1”，结算方式名称“现金结算”。单击按钮，对增加内容进行保存。

(3) 重复上一步操作，完成其他结算方式设置后，单击“退出”按钮，结束本次结算方式设置。

注意：

- 必须按照结算方式编码级次的先后顺序录入。
- 结算方式的录入内容必须唯一。
- 票据管理的标志可以根据实际情况选择是否需要。
- 如果要修改，应以账套主管的身份登录系统管理—账套—修改，进行编辑。系统控制台中的基础设置是只读的，不允许修改。

七、项目目录

企业在实际业务处理中会对多种类型的项目进行核算和管理，例如在建工程、对外投资、技术改造项目、项目成本管理、合同等。用友软件提供项目核算管理的功能，用户可以将具有相同特性的一类项目定义成一个项目大类。一个项目大类可以核算多个项目，为了便于管理，我们还可以对这些项目进行分类管理，可以将存货、成本对象、现金流量、项目成本等作为核算的项目分类。

为了便于管理，还可以对这些项目进行分类管理，其基本过程大体可分为五大步。

第一步，设置科目辅助核算：在会计科目设置功能中先设置相关的项目核算科目，如对生产成本及其下级科目设置项目核算的辅助账类。

第二步，定义项目大类：即定义项目核算的分类类别。如增加生产成本项目大类。

第三步，指定核算科目：即具体指定需按此类项目核算的科目。一个项目大类可以指定多个科目，一个科目只能指定一个项目大类。如将直接材料、直接工资和制造费用指定为按生产成本项目大类核算的科目。

第四步，定义项目分类：为了便于统计，可将同一项目大类下的项目进一步划分，如将生产成本项目大类进一步划分为自行开发项目和委托开发项目。

第五步，定义项目目录：是将各个项目大类中的具体项目输入系统。

(一) 设置科目辅助核算

【例 5-10】 将“511 山东飞鹰科技有限责任公司”账套的“5001 生产成本”及其下的两个明细科目“500101 直接材料”、“500102 直接人工”设置为项目辅助核算。

操作步骤如下：

(1) 在 UFIDA ERP-U8 窗口选择“基础设置”中的“基础档案”|“财务”|“会计科目”

双击，打开“会计科目”对话框。

(2) 单击工具栏“查找”按钮，快速定位会计科目“5001 生产成本”。

(3) 选定单击“修改”按钮，在“会计科目_修改”对话框的“辅助核算”处选择“项目核算”，选择设置完毕后单击“确定”按钮，对修改结果进行保存。

(4) 同样的方法完成其他项目辅助核算科目的设置。全部完成后，单击“会计科目_修改”界面中的“返回”按钮，退回到“会计科目”界面。

(二) 定义项目大类

项目大类即项目核算的分类类别，主要设置项目大类名称、指定会计科目、设置项目分类编码方案和设置项目栏目。

【例 5-11】 为“山东飞鹰科技有限责任公司”设置项目大类“生产成本”，其项目分类编码方案为 2-2-2。

操作步骤如下：

(1) 在 UFIDA ERP-U8 窗口选择“基础设置”中的“基础档案”|“财务”|“项目目录”双击，打开“项目档案”对话框。

(2) 单击工具栏上的“增加”按钮，弹出“项目大类定义_增加”向导第一步“项目大类名称”。

(3) 在项目大类类型中选择“普通项目”，输入项目大类名称“生产成本”，完毕后，单击“下一步”进入向导第二步“定义项目级次”，见图 5-7。

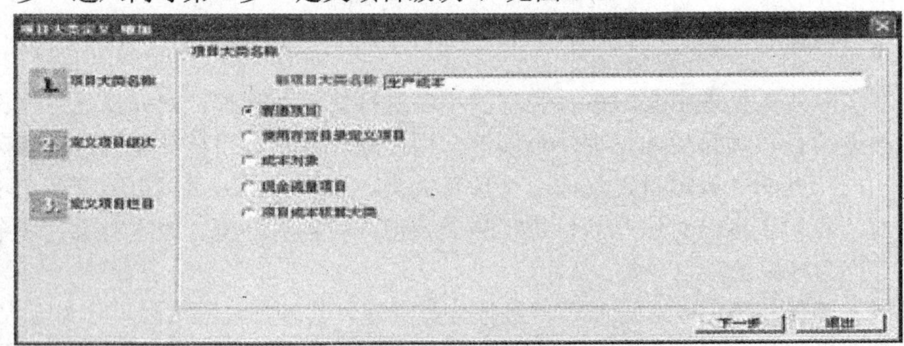

图 5-7　增加项目大类

(4) 设置项目分类编码级次，一级 2 位，二级 2 位，三级 2 位，设置完毕后，单击“下一步”进入向导第三步“定义项目栏目”，见图 5-8。

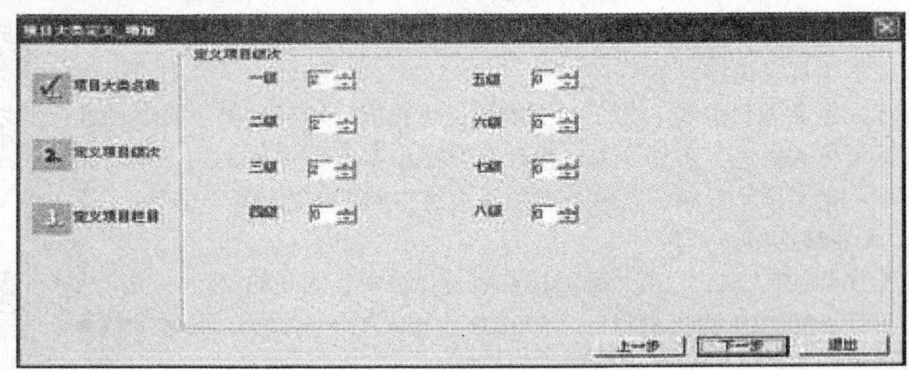

图 5-8　设置项目分类编码级次

(5) 在“定义项目栏目”界面可实现对项目栏目的增加、删除和修改操作。此处栏目保持默认，单击“完成”按钮，结束项目大类定义返回“项目档案”主界面。

注意：

- 如果使用存货核算系统，可以在此选择“使用存货目录定义项目”，即使用存货系统中已定义好的存货目录作为项目目录。
- 项目大类的名称是该类项目的总称，而不是会计科目名称。
- 系统允许在同一单位中同时进行几个项目大类的项目核算。

(三) 指定核算科目

指定核算科目就是具体指定需要进行项目核算的会计科目。一个项目大类可以指定多个会计科目，一个会计科目只能指定给一个项目大类。如将材料费、人工费和利息指定为在建工程项目大类核算的会计科目。

【例 5-12】 将“5001 生产成本”、“500101 直接材料”、“500102 直接人工”指定为“生产成本”项目大类的核算科目。

操作步骤如下：

(1) 在 UFIDA ERP-U8 窗口选择“基础设置”中的“基础档案”|“财务”|“项目目录”双击，打开“项目档案”对话框。

(2) 在“项目档案”对话框中单击项目大类文本框按钮，在弹出的下拉列表框中选择“生产成本”项目大类，再打开“核算科目”选项卡，进入指定科目界面。通过点击“>”按钮将右侧“5001”、“500101”、“500102”添加到左侧“已选科目”列表，操作完毕后，单击“确定”按钮进行保存，见图 5-9。

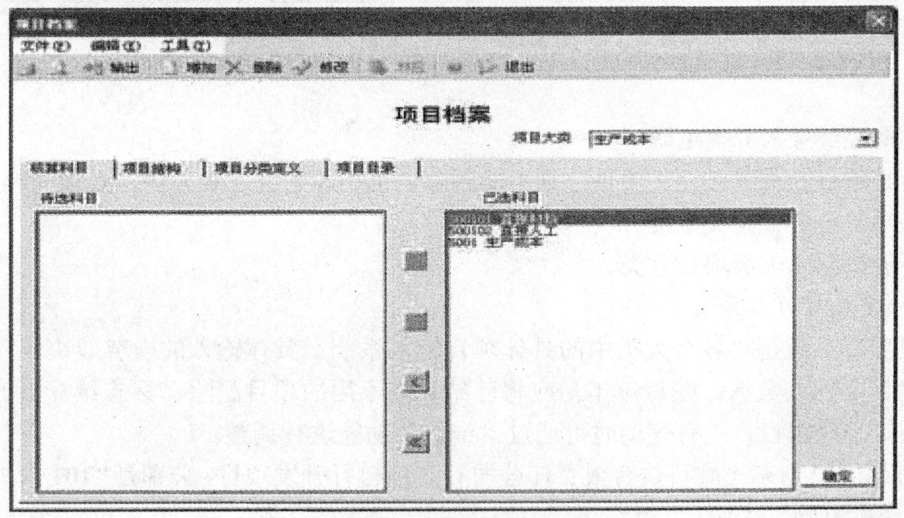

图 5-9 指定核算科目

(四) 项目分类定义

日常工作中，为了方便统计分析，习惯性地将同一项目大类下的项目进行细分，便产生了项目分类定义。

【例 5-13】 为“511”账套设置项目分类方案为“01 自行开发项目”、“02 委托开发项目”。

操作步骤如下：

(1) 在 UFIDA ERP-U8 窗口选择“基础设置”中的“基础档案”|“财务”|“项目目录”

双击，打开“项目档案”对话框。

(2) 在“项目档案”对话框中单击项目大类文本框 按钮，在弹出的下拉列表框中选择“生产成本”项目大类，在打开“项目分类定义”选项卡。

(3) 输入分类编码“01”，分类名称“自行开发项目”，输入完毕后单击“确定”按钮予以保存。

(4) 重复第(3)步，完成其他项目分类定义，见图 5-10。

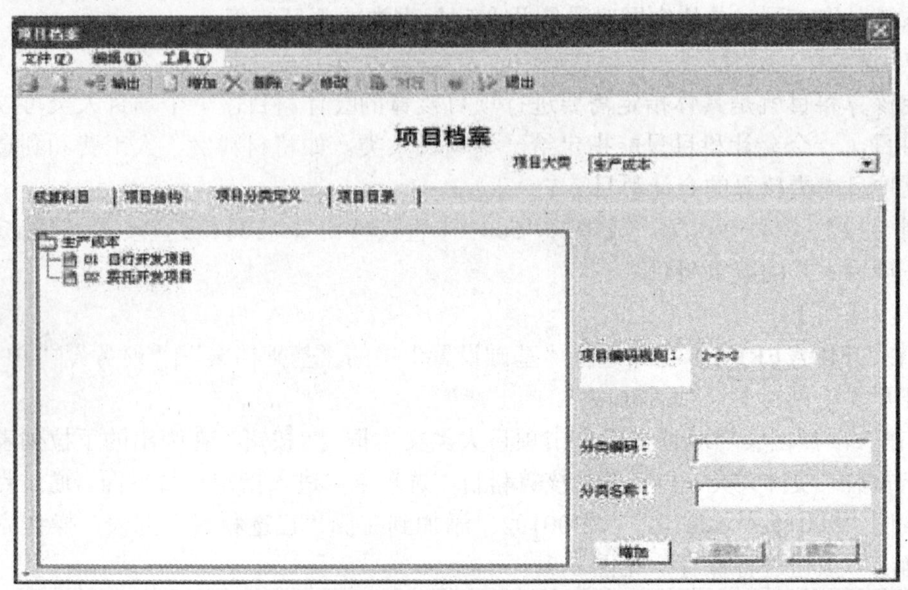

图 5-10 项目分类定义

注意：

- 不能隔级录入分类编码。
- 若某项目分类下已定义项目，则不能删除，也不能定义下级分类，必须先删除项目，再删除该项目分类或定义下级分类。
- 不能删除非末级项目分类。

(五) 定义项目目录

定义项目目录是将各个大类中的具体项目输入系统。具体输入的内容取决于项目中所拟定的栏目名称或数据。在每年年初应将已结算或不用的项目删除，标志结算后的项目将不能再用，平时项目目录有变动时可通过“维护”功能进行调整。

【例 5-14】山东飞鹰科技有限责任公司有三项自行开发项目，分别是“101 台式电脑”、“102 笔记本电脑”、“103 主板”。

操作步骤如下：

(1) 在 UFIDA ERP—U8 窗口选择“基础设置”中的“基础档案”|“财务”|“项目目录”双击，打开“项目档案”对话框。

(2) 在“项目档案”对话框中，选择“自行开发项目”项目大类，然后打开“项目目录”选项卡，进入项目目录界面。

(3) 单击“维护”按钮，进入“项目目录维护”窗口。

(4) 单击工具栏上的“增加”按钮，增加新记录，一次录入项目编号：101，项目名称：

台式电脑，是否结算处保持为空，所属分类码输入 01，也可双击参照录入，见图 5-11。

项目目录维护

设置　输出　增加　删除　查找　排序　过滤　全部　合并　定义取数关系　退出

项目档案

项目编号	项目名称	是否结算	所属分类码
101	台式电脑		01
102	笔记本电脑		01
103	主板		01

图 5-11　项目目录定义

(5) 如图以同样的方式录入其他项目目录，录入完毕后单击工具栏上的“退出”按钮，完成操作。

注意：若不小心增加了一条空白记录，可通过键盘的 Esc 功能键将此记录删除。

八、期初余额

在开始使用总账管理系统时，应将经过整理的手工账目的期初余额录入系统。假如企业是在年初建账，则期初余额就是年初数；假如是年中启用总账管理系统，则应先将各账户此时的余额和年初到此时的借贷方累计发生额计算清楚。例如，某企业 2010 年 8 月开始启用总账管理系统，那么，应将该企业 2010 年 7 月各科目的期末余额及 1～7 月的累计发生额计算出来，准备作为启用系统的期初数据录入到总账管理系统中，系统将自动计算年初余额。若科目有辅助核算，还应整理各辅助项目的期初余额，以便在期初余额中录入。

期初余额录入后，应对其进行试算平衡检查，以保证期初余额的准确性。如果期初余额不平衡，需要进行查找错误予以修改，并再次进行试算，直到确定平衡。为保证系统内部数据的真实可靠，如期初余额不平衡，则无法完成后续凭证的记账操作。

表 5-5　期初余额表

科目名称(编码)	辅助账明细	方向	币别	数量	期初余额(元)
库存现金(1001)		借			10 000
银行存款(1002)		借			450 000
工行存款(100201)		借			300 000
中行存款(100202)		借	美元		150 000
应收账款(1122)	2010 年 7 月 21 日 兴旺公司 销售产品	借			600 000
其他应收款(1221)		借			20 000
职工借款(122101)	2010 年 7 月 10 日 王冲 出差借款	借			20 000
坏账准备(1231)		贷			5 000
原材料(1403)		借			190 000
生产用原材料(140301)		借		吨	190 000
库存商品(1405)		借			910 000
生产成本(5001)		借			55 000
直接材料(500101)	台式电脑：25000；笔记本电脑：15000	借			40 000
直接人工(500102)	台式电脑：5000；笔记本电脑：10000	借			15 000
固定资产(1601)		借			1 420 000
累计折旧(1602)		贷			66 240
应付账款(2202)	2010 年 7 月 16 日 国泰公司 购货款	贷			183 760
实收资本(4001)		贷			3 400 000

(一) 录入总账科目期初余额

第一次使用账务处理系统，应先将启用月份的月初余额和借贷方累计发生额计算清楚，录入到账务处理系统中。

【例 5-15】 输入“1001 库存现金”科目的期初余额为“10000”。

操作步骤如下：

(1) 在 UFIDA ERP—U8 窗口选择“业务工作”中的“财务会计”|“总账”|“设置”|“期初余额”双击，打开“期初余额录入”对话框。

(2) 在“1001 库存现金”科目的期初余额栏直接录入“10000”。

注意：

- 如果某科目为数量、外币核算，可以录入期初数量、外币余额。但必须先录入本币余额，再录入外币余额。
- 只要求录入最末级科目的余额和累计发生数，上级科目的余额和累计发生数由系统自动计算。
- 出现红字余额用负号输入。
- 修改余额时，直接输入正确数据即可，然后单击“刷新”按钮进行刷新。
- 凭证记账后期初余额变为浏览只读状态，不能再修改。
- 在录入会计科目余额时，系统提供了调整余额方向的功能，即在还未录入会计科目余额时如果发现会计科目的余额方向与系统设置的方向不一致时可以将其方向调整。

(二) 录入辅助账期初余额

在录入期初余额时，若某科目涉及辅助核算，不能直接输入总账期初余额，必须双击调出辅助核算账，录入相应期初明细资料。输入完毕后，系统自动计算该科目的期初余额。

【例 5-16】 输入“1122 应收账款”科目的期初余额“600000”，为 2010 年 7 月 21 日王冲向兴旺公司销售产品而产生的。

操作步骤如下：

(1) 在 UFIDA ERP—U8 窗口选择“业务工作”中的“财务会计”|“总账”|“设置”|“期初余额”双击，打开“期初余额录入”对话框。

(2) 定位应收账款科目，双击期初余额栏，打开“辅助期初余额”窗口，见图 5-12。

(3) 单击工具栏上的“增行”按钮，直接输入客户、业务员、方向、金额栏的信息。

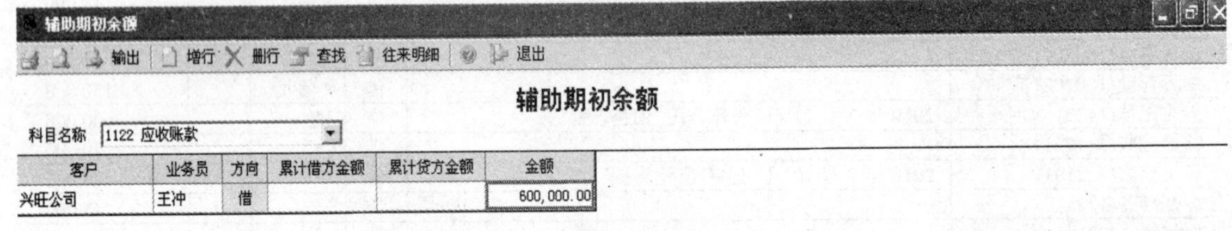

图 5-12 “辅助期初余额”窗口

(三) 试算平衡

期初余额及累计发生额输入完成后，必须依据“资产=负债+所有者权益+收入-成本费用”的原则进行试算平衡。校验工作由计算机自动完成。

【例 5-17】 对 511 号账套期初余额进行试算平衡检验。

操作步骤如下：

(1) 在“期初余额录入”界面中单击工具栏上的“试算”按钮，系统自动完成平衡检验，并显示“期初试算平衡表”，见图 5-13。

(2) 单击“确定”按钮，完成试算平衡检验。

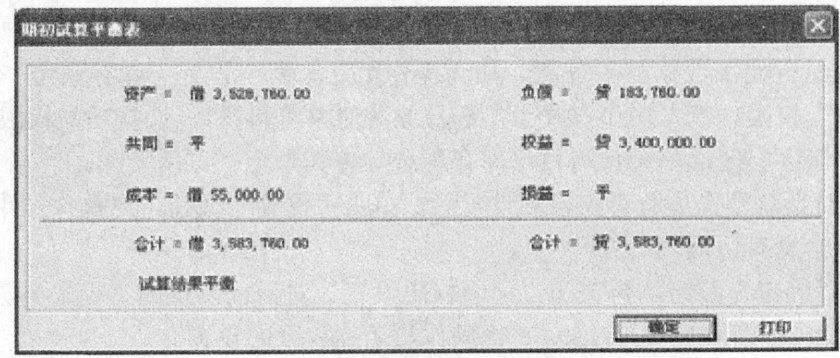

图 5-13　期初试算平衡表

(四) 期初对账

由于初次使用系统，在进行期初设置时的一些不经意的修改，可能会导致总账与辅助账、总账与明细账核对有误，因此，系统提供对期初余额进行对账的功能，可以及时做到账账核对，并可尽快修正错误的账务数据。

【例 5-18】 对 511 号账套的期初信息进行期初对账。

操作步骤如下：

(1) 在“期初余额录入”窗口中单击工具栏上的“对账”按钮，弹出“期初对账”对话框。

(2) 单击“开始”按钮进行对账，对账完毕后显示对账信息。

(3) 若有对账不符的项目存在，单击“对账错误”按钮可显示错误信息。

(4) 在“期初对账”对话框中，单击“取消”按钮结束期初对账操作。

九、数据权限分配

操作员必须在系统管理中定义角色或用户，并分配完功能级权限后才能在这里进行“数据权限分配”。数据权限分配主要包括记录级数据权限和字段级数据权限两大类。

数据权限控制设置是数据权限设置的前提，用户可以根据需要先在数据权限默认设置表中选择需要进行权限控制的对象，数据权限的控制分为记录级和字段级两个层次，对应系统中的两个页签“记录级”和“字段级”，系统将自动根据该表中的选择在数据权限设置中显示所选对象。

数据权限分配包括记录权限分配和字段权限分配两类。

1. 记录权限分配

(1) 记录权限分配是指对具体业务对象进行权限分配，即为哪些用户或角色设置何种业务的数据控制权限及权限范围。记录权限分配的前提是在“数据权限控制设置”对话框中至少选择了一个记录级业务对象。记录权限分配的基本业务操作步骤如下：在 UFIDA ERP-U8 窗口选择“系统服务”|“权限”|“数据权限分配”双击，或在 UFIDA ERP-U8 窗口选择“业务工作”|“财务会计”|“总账”|“设置”|“数据权限分配”然后双击，打开“权限浏览”视图。

(2) 在“权限浏览”视图中选择“记录”及级权限，然后选择要分配权限的用户或角色名称，选中的用户或角色名称显示在界面的右上角。

(3) 单击工具栏上的“授权”按钮，打开“记录权限设置”对话框。

(4) 选择“业务对象”，再在需要的功能权限上进行选择，如“科目”对象的功能权限有“查账”和“制单”两项，系统将根据当前所选的用户或者角色，按“用户或角色＋业务对象”方式进行明细数据权限分配。如为操作员“宋柯”设置“库存现金”科目的“查账”和“制单”权限。基本操作方式为：选择业务对象“科目”，选择功能权限“查账”和“制单”在“禁区”区选择会计科目“库存现金”将其添至“可用”区。

(5) 完成对当前操作员所有权限的设置后，单击“保存”按钮，对操作结果进行保存，系统弹出保存信息对话框。

(6) 单击“确定”按钮，再关闭“记录权限设置”对话框，返回“权限浏览”视图。

(7) 重复第(2)～第(6)步，完成对其他操作员明细权限的设置。

(8) 完成所有操作员数据权限设置后，单击“权限浏览”视图工具栏上的“退出”按钮结束数据权限分配操作。

注意：

- 可供分配的数据权限在“数据权限控制设置”对话框中选定的内容而定，一般情况下包括科目权限分配、客户权限分配、部门权限分配等。
- 权限类型的使用执行如下规则：如科目的权限类型只设置为录入权限，则该用户只有制单权限，但没有查询该科目任何账簿的权限(即浏览权限和录入权限不存在包括关系)；如设置部门(客户、供应商、仓库、业务员、货位、存货)权限类型为录入权限，则该用户既可以录入该部门的所有单据信息，同时还可以查询该部门的所有数据信息(即录入权限中包含浏览权限)。

2. 字段权限分配　字段权限分配是对单据中包括的字段进行权限分配，它是出于安全保密性考虑而设置的，有的信息属于企业严格控制的内容，在使用时这些信息应限制查看权限，例如限制仓库保管员看到出入库单据上的有关产品(商品)价格信息。字段权限分配的前提是在“数据权限控制设置”对话框中至少选择了一个字段级业务对象，具体操作步骤和数据权限分配类似。

十、金额权限分配

金额权限分配主要用于控制操作员进行账务处理时金额的处理额度大小，它主要包括采购订单的金额审核额度、科目的制单金额额度。在设置这两个金额权限之前必须先设定对应的金额级别。

(一) 设置科目和采购订单金额级别

对操作员进行金额额度控制是通过划分金额级别来体现的，当为一个操作员设置一个科目的金额级别后，该操作员只能使用该级别额度以内的金额，超过该额度金额，该操作员将无法直接使用该科目进行业务处理。设置科目和采购订单金额级别操作步骤如下：

(1) 在 UFIDA ERP-U8 窗口选择“系统服务”|“权限”|“金额权限分配”双击，或在 UFIDA ERP-U8 窗口选择“业务工作”|“财务会计”|“总账”|“设置”|“金额权限分配”然后双击，打开“金额权限设置”窗口。

(2) 在“金额权限分配”窗口中，单击工具栏上的“级别”按钮，显示“金额权限分配”窗口。

(3) 选择业务对象“科目级别”或“采购订单”级别然后单击工具栏上的“增加”按钮，直接输入或参照选择会计科目，录入各级别金额，输入完毕单击工具栏上的按钮，再单击“退出”按钮，返回“金额权限设置”界面。

注意：

• 设置科目金额级别时，上下级科目不能同时出现。如已经设置了“1002 银行存款”科目的金额级别，则不能再设置“1002 银行存款”明细科目的金额级别，此时设置的“1002”科目的金额级别对其下级科目全部适用，即所有“1002 银行存款”的下级科目拥有相同的金额级别。

• 设置科目级别时，当对一个用户设置了一个级别后，相当于该用户对所有的科目均具有相同的级别，若该科目没有设置金额级别，即表示该科目不受金额级别控制。

• 设置金额授权前需要先分别设置金额级别，级别总共分六级。对于科目来说，可以根据设置对应科目的金额级别，可以直接对上级科目设置级别，也可以明细到末级进行级别设置，但不允许对有上下级关系的科目同时进行级别设置。采购订单的金额审核级别设置一个记录即可。

• 从级别 1～6。金额必须逐级递增，不允许中间为空的情况存在，但允许最后有不设置的级别存在。

• 一个科目只能选择一个级别，可以输入的级别只能是 1～6。

• 若对一个用户授权的级别没有对应的金额，但是该级别的前面级别有金额，则对于该用户来说表示其拥有无穷大的权限。

• 在需要进行金额权限控制时，若申请权限的用户还没有金额权限记录，则作为没有任何金额权限处理。

• 金额权限控制中，下述三种情况不受控制：调用常用凭证生成的凭证；期末转账结转生成的凭证；在外部系统生成的凭证。如果超出金额权限，保存凭证时不受限制。

• 可对“科目”、“采购订单”设置不同的级别，分别保存。

(二) 分配操作员科目和采购订单金额权限

分配操作员科目和采购订单金额权限，即为操作员划分其可用金额级别。其分配处理操作步骤如下：

(1) 在“金额权限设置”视图中，选择业务对象“科目级别”或“采购订单级别”，然后单击工具栏上的“增加”按钮，在“用户编码”栏双击直接输入或参照选择用户编码。用户名称自动显示，再在“级别”栏双击，选择金额级别。

(2) 单击“增加”按钮，完成其他操作员金额权限的设置，设置完毕后，单击工具栏上的按钮对录入内容进行保存，再单击“退出”按钮结束金额权限设置操作。

注意：

• 只能直接对用户进行授权，对于一个对象，一个用户只能有一条记录存在。

• 若对一个用户授权的级别没有对应的金额，但是该级的前面级别有金额，则对于该用户来说表示其拥有无穷大的权限。

• 在需要进行金额权限控制时，若申请权限的用户还没有金额权限记录，则作为没有任何金额权限处理。

• 调用常用凭证生成的凭证、期末转账结转生成的凭证、在外部系统生成的凭证不受金额权限控制。

第 3 节　日常业务处理

在总账管理系统中，当初始化设置完成后，就可以开始进行日常账务处理了。本节以一般的会计业务流程为线索，结合具体业务介绍日常会计业务处理的各项基本操作。

日常业务处理的任务是通过输入和处理各种记账凭证、审核凭证、记账，查询和打印输出各种凭证、日记账、明细账和总分类账，进行月末对账和结账，最终生成和输出各种常用报表等。

一、凭证处理

记账凭证是登记账簿的依据，是总账管理系统的唯一数据源。凭证处理的内容包括填制凭证、修改凭证、作废删除凭证、冲销凭证、凭证审核、出纳签字、主管核准、凭证记账、凭证汇总等工作。

(一) 填制凭证

在实际工作中，可直接在计算机上根据审核无误准予报销的原始凭证填制记账凭证，也可以先由人工制单而后集中输入，企业采用哪种方式应根据本单位实际情况。一般来说，业务量不多或基础较好或使用网络版的企业可采用前种方式，而在第一年使用或人机并行阶段，则比较适合采用后一种方式。

记账凭证的内容一般包括两部分：一是凭证头部分；二是凭证正文部分。如果输入会计科目有辅助核算要求，则应输入辅助核算内容；如果一个科目同时兼有多种辅助核算，则同时要求输入各种辅助核算的有关内容，见图 5-14。

记 账 凭 证

字　　制单日期：　　审核日期：　　附单据数：

摘 要	科目名称	借方金额	贷方金额
票号 日期	数量 单价	合 计	

备注　项 目　　部 门　　个 人
　　　客 户　　业务员

记账　　审核　　出纳　　制单

图 5-14　记账凭证样式

(1) 凭证头部分的内容如下：

凭证类别：可以输入凭证类别字，也可以参照输入，如收、付、转等，凭证类别是在初始化的时候设置的。

凭证编号：一般情况下，由系统分类按月自动编制，即每类凭证每月都从 0001 号开始，对于网络用户，如果是几个人同时制单，在凭证的左上角，系统先提示一个参考凭证号，真正的凭证编号只有在凭证保存时才给出，如果只有一个人制单或使用单用户版制单时，凭证左上角的凭证号即是正在填制的凭证的编号。系统同时也自动管理凭证页号，系统规定每页凭证有 5 条记录，当某号凭证不止一页时，系统自动将在凭证号后标上分单号，例如，收-0001 号 0002/0003 表示为收款凭证第 0001 号凭证共有 3 张分单，当前光标所在分录在第 2 张分单上。如果在启用账套时设置凭证编号方式为“手工编号”，则用户可在此处手工录入凭证编号。

制单日期：即该张凭证经济业务的发生日期。系统自动取进入账务系统前输入的业务日期为记账凭证填制的日期，如果日期不对，可进行修改或参照输入，凭证日期不得超过系统日期。

附单据数：即所附原始单据的张数。当您需要将某些图片、文件作为附件链接凭证时，可单击“附单据数”录入框右侧的图标，选择文件的链接地址即可。

(2) 凭证正文部分的内容如下：

摘要：对该笔业务内容的简述，要求简洁明了，不能为空。凭证的每一行均有一个摘要，不同行的摘要可以不同。

会计科目：必须输入末级科目。科目可以输入科目编码、中文科目名称、英文科目名称或助记码。

辅助信息：对于要进行辅助核算的科目，系统提示输入相应的辅助核算信息。辅助核算信息包括客户往来、供应商往来、个人往来、部门核算、项目核算等。如果需要对所输入的辅助项进行修改时，可双击所要修改的项，系统显示“辅助信息”录入窗，可进行修改。

注意：

- 辅助核算为“部门核算”则系统自动检索部门档案数据，并强制要求制单人员选择或输入部门，以便将经济业务归集到某个部门。
- 辅助核算为“客户往来”或“供应商往来”，则系统应该要求制单人员输入往来的客户或供应商代码和业务员姓名，或根据客户或供应商基础档案显示往来单位代码、名称等，供财会人员选择往来单位代码，并输入该笔业务的经手人员姓名，将结果保存起来。
- 辅助核算为“个人往来”，则系统自动检索职员档案数据，并要求制单人员录入或选择往来个人，以便将该笔业务归集到所属部门人员名下。
- 辅助核算为“项目核算”，则系统自动检索项目档案，并要求制单人员录入或选择具体的项目，以便将该笔经济业务归集到某项目。
- 辅助核算为“数量”则屏幕提示用户输入“数量”、“单价”。系统根据“数量×单价”，自动计算出金额。
- 辅助核算为“外币”则系统提示制单人员录入外币金额和汇率。如果财会人员在初始设置中选择了固定汇率，则系统自动取出当月月初汇率作为当前汇率并不允许修改：如果选用浮动汇率，则系统取出当月月初汇率并允许修改。制单人员输入外币金额和汇率并选择发生额方向后，系统自动按“外币金额×汇率”计算出本位币金额，填入相应栏目。
- 如果科目为银行科目，那么还应输入“结算方式”、“票号”及“发生日期”。输入这些数据的目的，主要是便于进行银行对账，同时也可以方便工作人员对支票的管理。
- 对于要使用“支票登记簿”功能的用户，若希望在制单时也可进行支票登记，则应在初始设置模块中设置“支票控制”选项，那么在录入凭证时，如果所输的结算方式应使用支票登记簿，在输入支票号后，系统则会自动勾销支票登记簿中未报销的支票，并将报销日期填上制单日期。
- 金额：即该笔分录的借方或贷方本币发生额，金额不能为零，但可以是红字，红字金额以负数形式输入。

【例 5-19】2010 年 8 月 2 日，收到外单位投资 10000 美元存入中国银行，汇率 1：6.79，转账支票号 ZZ001。

借：银行存款——中行存款(100202) 67 900

贷：实收资本(4001) 67 900

操作步骤如下：

(1) 以制单员“CW002 宋柯”的身份注册登录企业应用平台。

(2) 在 UFIDA ERP—U8 窗口选择“业务工作”中的“财务会计”|“总账”|“凭证”|“填制凭证”双击，打开“填制凭证”设置窗口。

(3) 单击工具栏上的按钮或者 F5 功能键或者单击“制单”菜单下的“增加凭证”，激活凭证填制界面。在凭证类别框中直接输入凭证类别字“收”或参照选择“收 收款凭证”，系统自动进行凭证编号。鼠标单击制单日期处，直接录入制单日期“2010.08.02”。

(4) 输入摘要“收到投资”；科目名称“银行存款/中行存款”，由于涉及外币核算，系统自动弹出“辅助项”对话框，录入有关结算方式“202”，票号“ZZ001”，见图 5-15。

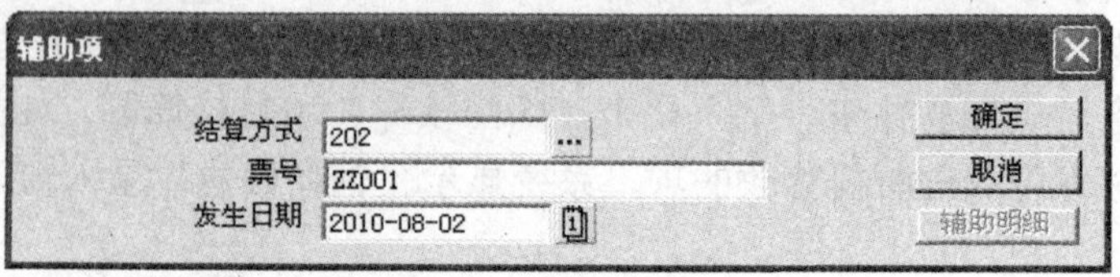

图 5-15 “辅助项”对话框

(5) 在“外币”栏录入金额“10000”后回车，借方金额自动计算得出结果。

(6) 回车自动转到下一行，摘要栏信息自动复制填入，录入科目名称“实收资本”，贷方金额“67900”。全部输入完毕后，单击工具栏上的按钮，弹出对话框显示“凭证已成功保存”，同样的方法完成其他凭证的填制操作，见图 5-16。

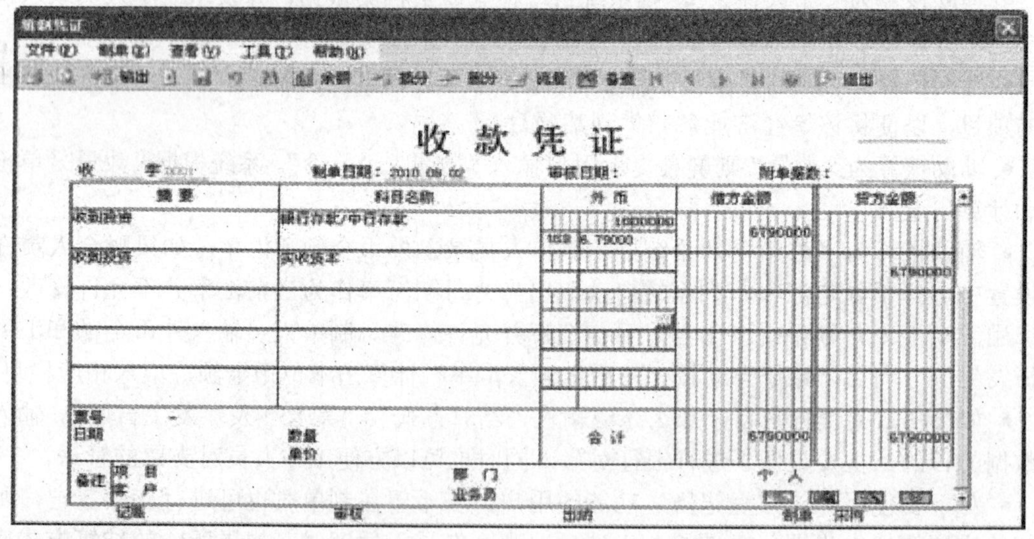

图 5-16 凭证的填制操作

注意：

• 系统自动取当前业务日期为记账凭证填制的日期，可修改。

• 如果使用了应收管理系统来管理所有客户往来业务，那么所有与客户发生的业务，都应在应收款管理系统中生成相应的凭证，而不能在“填制凭证”功能中制单。如果使用了应付款管理系统来管理所有供应商往来业务，那么所有与供应商发生的业务，都应在应付款管理系统中生成相应的凭证。

• 每笔分录的借方或贷方金额不能为零，如果方向不符，可按空格键调整余额方向。

• 为简化凭证的录入工作，软件提供“凭证选项设置”功能，在“填制凭证”界面，单击“工具”|“选项”菜单，根据需要进行选择，见图 5-17。

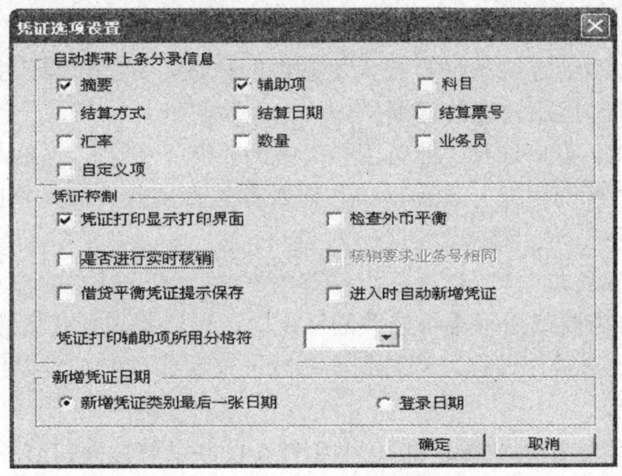

图 5-17　“凭证选项设置”界面

（二）修改凭证

在填制凭证中，通过翻页查找或输入查询条件，找到要修改的凭证，将光标移到需修改的地方进行修改即可。可修改内容包括摘要、科目、辅助项、金额及方向、增删分录等。

1. 凭证的“无痕迹”修改　所谓无痕迹，即不留下任何曾经修改的线索和痕迹，也即调出原已录入的凭证，直接修改其中的内容。

有两种状态下的错误凭证可进行无痕迹修改：一是凭证输入后，还未审核或审核未通过，此时可利用凭证的编辑输入功能直接由制单人进行修改；二是凭证虽已通过审核，但还未记账，此时应首先由凭证审核人员取消审核后，再利用凭证的编号输入功能由制单人进行修改。

2. 凭证的“有痕迹”修改　所谓有痕迹修改，指留下曾经修改的线索和痕迹，即以红字冲销或补充登记的方法来修改凭证中的错误。

对已记账的错误凭证，可以采用类似手工操作中的“红字冲销法”和“补充登记法”的方法进行修改。红字冲销法是将错误凭证采用增加一张“红字”凭证全额冲销，然后再编制一张正确的“蓝字”凭证进行更正。补充登记法是将原错误凭证少计金额再按原有分录模式填制一张凭证，补充少计的差额。

使用了红字冲销和蓝字补充的方法而增加的凭证，应视同正常凭证，并对其进行保存和管理。在补充增加的凭证上必须注明原凭证的编号，以明确这一凭证与原业务的关系。实际工作中，尽可能地采用红字冲销法进行修改。

注意：

• 当录入的辅助核算信息错误，可将鼠标移动辅助信息显示栏上，在鼠标显示为笔形状态时双击，可弹出辅助信息录入对话框，进行修改。

• 凭证一旦保存，其凭证类别、凭证编号将不能修改。

• 外部系统传过来的凭证不能在总账管理系统中进行修改，只能在生成该凭证的系统中进行修改。

- 若已采用制单序时控制，则在修改制单日期时，不能在上一张凭证的制单日期之前。
- 如果涉及银行科目的分录已录入支票信息，并对该支票做过报销处理，修改操作将不影响“支票登记簿”中的内容。

（三）查询凭证

凭证查询是指按照给定的条件查找满足条件的凭证，并在屏幕上显示出来，包括对为记账凭证的查询和对已记账凭证的查询。

在 UFIDA ERP-U8 窗口选择“业务工作”中的“财务会计”|“总账”|“凭证”|“查询凭证”双击，打开“查询凭证”设置窗口，输入有关查询条件后，单击“确定”按钮，显示找到符合条件的凭证。

（四）作废及删除凭证

当某张凭证不再需要或出现不可修改的错误时，可以将凭证作废删除。

1. 凭证作废　日常操作过程，若遇到非法凭证需要作废时，可以使用“作废/恢复”功能，将这些凭证作废。

【例 5-20】 一笔往日的业务：2010 年 8 月 6 日，以现金支付财务部办公费用 600 元。

借：管理费用——办公费(660201)　　600

　贷：库存现金(1001)　　600

作废上述“付字 0001 号”业务。

操作步骤如下：

(1) 在“填制凭证”对话框中，通过查询定位要作废的凭证。

(2) 单击“制单”菜单中的“作废/恢复”子菜单，系统在凭证的左上角添加“作废”字样，见图 5-18。

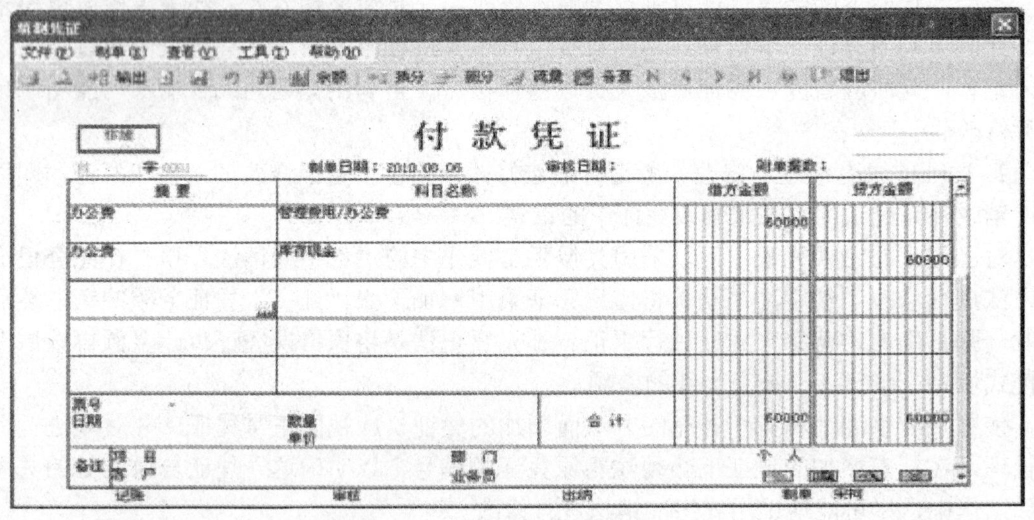

图 5-18　“作废凭证”对话框

注意：

- 账簿查询时，找不到作废凭证的数据。
- 若当前凭证已作废，可单击“制单”菜单中的“作废/恢复”选项，取消作废标志，并将当前凭证恢复为有效凭证。

- 作废凭证不能修改，也不能审核。
- 作废凭证仍保留原有的凭证内容及编号，只显示作废字样。

2. 凭证删除　凭证整理就是删除所有作废凭证，并对未记账凭证重新编号。若本月已有凭证记账，那么，本月最后一张已记账凭证之前的凭证将不能作凭证整理，只能对其后面的未记账凭证作凭证整理。若想作凭证整理，应先利用“恢复记账前状态”功能中恢复本月月初的记账前状态，再作凭证整理。

【例 5-21】 将上例中的作废凭证从系统中彻底删除。

操作步骤如下：

(1) 在“填制凭证”对话框中，单击“制单”菜单中的“整理凭证”子菜单，系统弹出“凭证期间选择”对话框，见图 5-19。

(2) 单击“确定”按钮，进入“作废凭证表”对话框，对确实要删除的凭证，在作废凭证信息的“删除？”栏双击添加删除标志 Y，见图 5-20。

图 5-19　“凭证期间选择”对话框

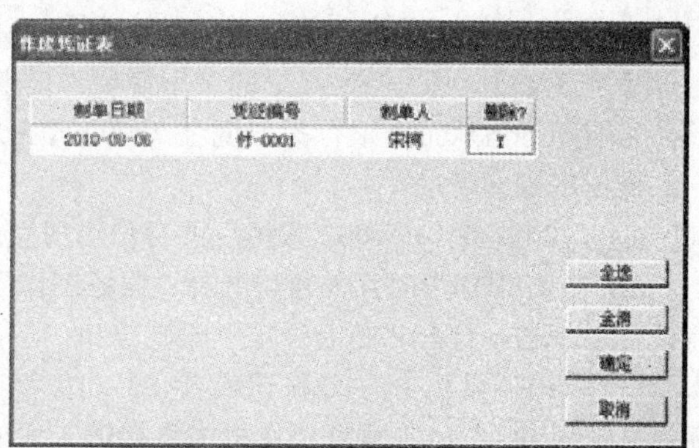

图 5-20　“删除凭证”对话框

(3) 单击“确定”按钮，系统进行作废凭证删除处理后，显示是否还需要整理凭证断号提示对话框。单击“是”按钮，系统自动完成未记账凭证的凭证号重排，见图 5-21。

图 5-21　“整理凭证”对话框

(五) 常用摘要

企业在处理日常业务数据时，在输入单据或凭证的过程中，因为业务的重复性发生，经常会有许多摘要完全相同或大部分相同，如果将这些常用摘要存储起来，在输入单据或凭证时随时调用，必将大大提高业务处理效率。调用常用摘要可以在输入摘要时直接输摘要代码或按 F2 键或参照输入。

定义常用摘要主要是对摘要编码、摘要内容、相关科目进行定义。

常用摘要编码：用以标识某常用摘要。在制单中录入摘要时，用户只要在摘要区输入该常用摘要的编码，系统即自动调入该摘要正文和相关科目。

常用摘要内容：结合本单位的实际情况和经济业务的性质，简要说明发生的经济业务的主要内容。。

相关科目：如果某条常用摘要对应某科目，则可以在此输入，在调用常用摘要的同时，也将被一同调入，以提高录入速度。

【例 5-22】 将从银行提取现金业务的摘要信息“提现备用”定义为常用摘要。

操作步骤如下：

(1) 以制单员“CW001 王天逸”的身份注册登录企业应用平台

方法一：在 UFIDA ERP-U8 窗口选择“基础设置”中的“基础档案”|“其他”|“常用摘要”双击，打开“常用摘要”设置窗口。

方法二：在 UFIDA ERP-U8 窗口选择“业务工作”中的“财务会计”|“总账”|“凭证”|“填制凭证”双击，打开“填制凭证”设置窗口。单击工具栏上的“增加”按钮激活新凭证录入，将光标定位在摘要栏，单击参照录入按钮，弹出“常用摘要”设置窗口。

(2) 单击“增加”按钮，录入摘要编码“0001”，摘要内容“提现备用”，相关科目“1001”。

(3) 录入完毕，单击工具栏上的“退出”按钮结束常用摘要设置。

【例 5-23】 调用已定义好的常用摘要“提现备用”录入一张业务凭证：2010 年 8 月 8 日，采购部孙博从工商银行提取现金 20000 元备用，现金支票号 XJ001

操作步骤如下：

(1) 以制单员“CW002 宋柯”的身份注册登录企业应用平台。

(2) 在 UFIDA ERP-U8 窗口选择“业务工作”中的“财务会计”|“总账”|“凭证”|“填制凭证”双击，打开“填制凭证”设置窗口。

(3) 单击工具栏上的按钮或者 F5 功能键或者单击“制单”菜单下的“增加凭证”，激活凭证填制界面。在凭证类别框中直接输入凭证类别字“付”或参照选择“付 付款凭证”，系统自动进行凭证编号。鼠标单击制单日期处，直接录入制单日期“2010.08.08”。

(4) 在摘要栏单击参照录入按钮，弹出“常用摘要”设置对话框，选入“提现备用”，完成常用凭证的调用，科目名称处自动引入“库存现金”；其他相关信息可直接录入。

(5) 单击按钮，提示“此支票尚未登记，是否登记？”，单击“是”进入“票号登记”窗口，输入详细信息，然后单击“确定”按钮完成凭证录入。

(六) 常用凭证

在企业日常的经济业务中，有许多的业务经常大量重复发生，如从银行提取现金、对外销售产品、购买办公用品等。反映这些业务的会计凭证的分录格式一致，不同的仅仅是发生额，为方便这类凭证的输入，可以预先定义这类凭证的分录格式，即常用凭证，使用时直接调用，以提高凭证填制速度。

定义常用凭证主要是登记常用凭证的编号、常用凭证的类别、借方会计科目以及贷方会计科目。在调用常用凭证时，操作员可以根据当前处理的经济业务内容直接使用或修改后使用。

1. 定义常用凭证

【例 5-24】 将销售一批台式电脑，工行收到转账支票的业务定义为 0001 号常用凭证。

操作步骤如下：

(1) 在 UFIDA ERP-U8 窗口选择“业务工作”中的“财务会计”|“总账”|“凭证”|“常用凭证”双击，打开“常用凭证”设置窗口。

(2) 单击“增加”按钮，录入常用凭证编码 0001，录入说明信息即摘要信息“销售台式电脑”，选择凭证类别“收 收款凭证”，录入完毕后单击工具栏上的“详细”按钮进入分录定义界面，见图 5-22。

图 5-22　“常用凭证”设置窗口一

(3) 单击工具栏上的“增加”，增加一条分录，系统自动将说明信息作为摘要信息填入摘要栏内。录入会计科目 100201，系统弹出“辅助信息”设置对话框，选择结算方式“202 转账支票”后单击“确定”返回，见图 5-23。

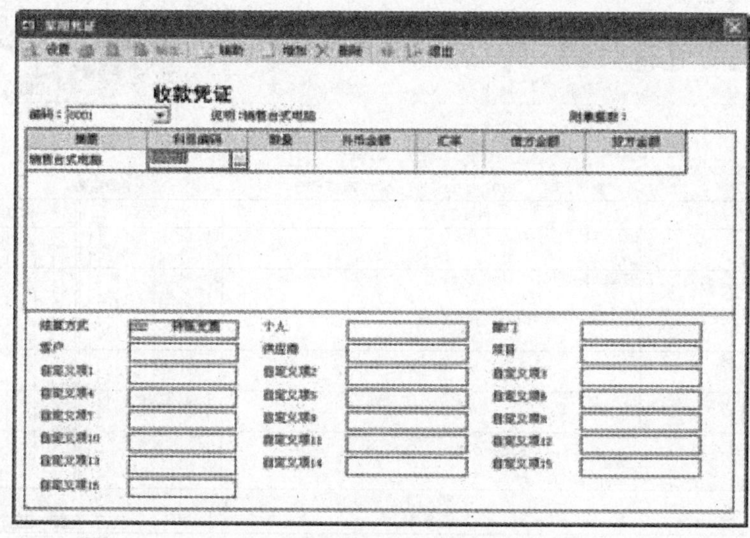

图 5-23　“常用凭证”设置窗口二

(4) 重复上一步操作，进行多条分录的设置，见图 5-24。

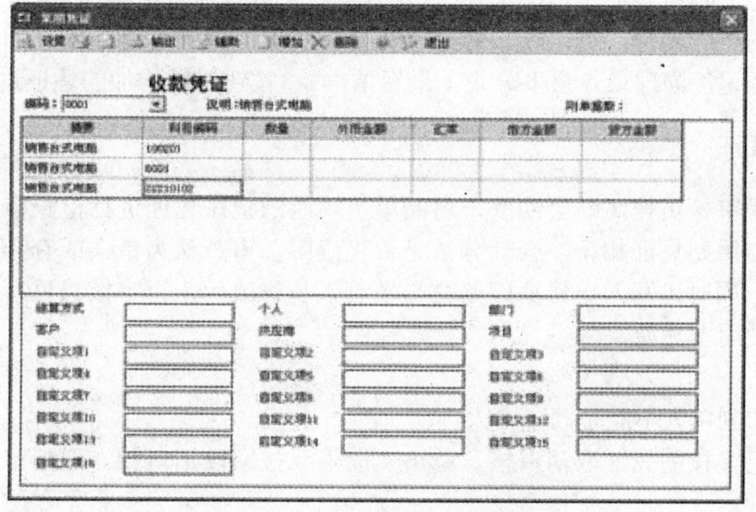

图 5-24　“常用凭证”设置窗口三

(5) 重复(2)～(4)步，可进行其他常用凭证的定义，最后单击“退出”按钮返回 UFIDA ERP-U8 窗口。

2. 调用常用凭证

【例 5-25】 2010 年 8 月 10 日，销售给兴旺公司台式电脑 50 台，货款 280000 元，税款 47600 元，已存入工行，转账支票号 ZZ002。

操作步骤如下：

(1) 在 UFIDA ERP-U8 窗口选择“业务工作”中的“财务会计”|“总账”|“凭证”|“填制凭证”双击，打开“填制凭证”设置窗口。

(2) 单击“制单”菜单中的“调用常用凭证”子菜单，弹出“调用常用凭证”对话框。

(3) 直接录入或参照录入常用凭证代码 0001 后，单击“确定”按钮，系统自动增加一张新凭证，见图 5-25。

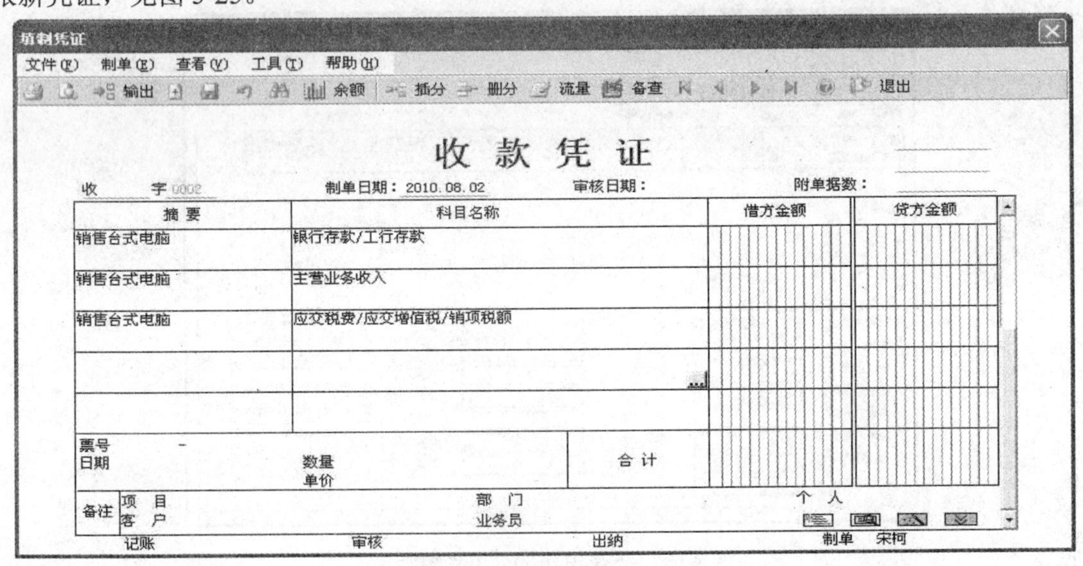

图 5-25 “调用凭证”设置窗口

(4) 将制单日期修改为“2010.08.10”，录入第一条分录借方金额 327 600 元，将鼠标移动辅助信息显示栏“票号”处，在鼠标显示为笔形状态时双击，可弹出辅助信息录入对话框，进行补充登记，同理录入余下分录。最后单击 按钮对所增加的凭证进行保存。

二、审核凭证

审核凭证是审核员按照财会制度，对制单员填制的记账凭证进行检查核对，主要审核记账凭证是否与原始凭证相符，会计分录是否正确等、审查认为错误或有异议的凭证，应打上出错标记，同时可写入出错原因并交与填制人员修改后，再审核。只有具有审核凭证权限的人才能使用本功能。

注意：

- 审核人和制单人不能是同一个人。
- 若想对已审核的凭证取消审核，单击“取消”按钮取消审核。取消审核签字只能由审核人自己进行。
- 凭证一经审核，就不能被修改、删除，只有被取消审核签字后才可以进行修改或删除。

• 审核人除了要具有审核权外，还需要有对待审核凭证制单人所制凭证的审核权，这个权限在“基础设置”的“数据权限”中设置。

• 作废凭证不能被审核，也不能被标错。

• 已标错的凭证不能被审核，若想审核，需先取消标错后才能审核。已审核的凭证不能标错。

(一) 凭证审核的方法

1. 静态屏幕审核法　静态屏幕审核法是指计算机一次将未审核的凭证显示在屏幕上，由审核员通过目测等方式对已输入的凭证进行检查，若审核员发现凭证填制有误或认为有异议，此时应予以标错并交由制单人修改后重新审核；若审核员认为没有差错，则单击“签字”按钮进行审核签字，表明已审核通过。这种方法受操作员熟练程度的影响较大，而且长时间目测会引发疲劳，影响审核质量和效率。

在企业实际业务处理时，往往是先将凭证打印出来，通过对纸质凭证审核后，再在账务处理系统中执行批量审核功能对计算机系统内的凭证进行一次性审核处理。

注意：

• 若想对已审核的凭证取消审核，可单击“取消”按钮取消审核。

• 审核人除了要具有审核权外，还需要有对待审核凭证制单人所制凭证的审核权，这个权限可通过“数据权限分配”功能完成。

• 审核人和制单人不能是同一个人。

• 凭证一经审核，就不能被修改、删除，只有取消审核签字后才可以进行修改或删除。

• 取消审核签字只能由审核人自己进行。

• 采用手工制单的用户，在凭单上审核完成后还须对录入机器中的凭证进行审核。

• 作废凭证不能被审核，也不能被标错。

• 已标错的凭证不能被审核，若想审核，需先单击“标错”按钮取消标错后才能审核。

• 若企业采用将输入计算机的凭证通过打印机输出为纸质凭证进行审核，审核全部通过后，可在“审核凭证”审核对话框，单击“审核”菜单中的“成批审核凭证”子菜单项，一次性完成所有待审凭证的审核。

2. 二次录入校验法　二次录入校验法是由不同的操作员将同一笔业务重复输入两次，通过计算机比较两次录入的结果，判定凭证是否正确的一种审核方法。采用这种方法可以检查出多输或漏输的凭证、数据不一的凭证等。这种方法检查凭证错误效率高，但是输入时间花费较多。

操作步骤如下：

(1) 以审核员“王天逸”的身份注册登录企业应用平台，在 UFIDA ERP-U8 窗口选择“业务工作”|“财务会计”|“总账”|“凭证”|“审核凭证”双击，打开“凭证审核”范围选择对话框，保持默认选项，单击“凭证审核”范围选择对话框中的“确定”按钮，进入“凭证审核”方式选择对话框。

(2) 在“凭证审核”方式选择对话框中选择要进行审核的凭证，然后单击“对照式审核”按钮，弹出“凭证审核”对话框，见图 5-26。

(3) 根据原始凭证，录入第一条分录信息，单击“增加”按钮，系统自动对当前分录进行对照式检查，并将对照结果显示在“对照结果”栏中，如果对照结果一致，显示 Y，并自动增加一条分录等待录入信息，如果对照结果不一致，则显示为 X，不能增加新分录，要求操作员对录入的信息进行检查。

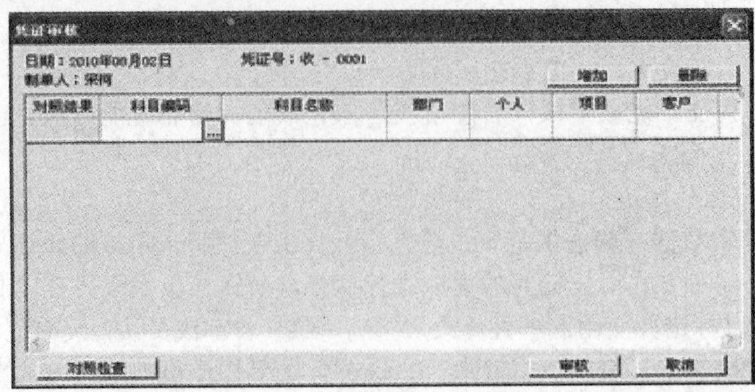

图 5-26 “凭证审核”对话框

(4) 如果对照检查结果不一致，可单击“对照检查”按钮，或按 F2 功能键，系统自动进行检查，并显示“审核检查对照表”对话框。

(5) 如果经检查确属原凭证填制错误，可直接退回到“凭证审核”方式选择对话框，重新选择下账凭证进行审校；如果检查结果相符，可在如图所示的界面中，单击“审核”按钮或按 F5 功能键完成审核签字，系统自动进入下张凭证审核录入界面，操作员可按第(3)～(5)步的方式完成对其他凭证的审核。对凭证审核完毕后，退回到“凭证审核”方式选择对话框，此时会发现通过审核的凭证在“审核人”栏添加了审核人姓名“王天逸”，未通过审核的“审核人”栏为空。

(6) 单击“取消”按钮，结束本次审核操作。

（二）取消审核

如果发现已审核的凭证有误，在未记账的情况下，可通过系统提供的取消审核签字功能，将审核签字取消。

取消审核签字的方式有两种。

方式一：

(1) 以审核员的身份注册登录企业应用平台，在 UFIDA ERP-U8 窗口选择“业务工作”|“财务会计”|“总账”|“凭证”|“审核凭证”双击，打开“凭证审核”范围选择对话框。

(2) 保持默认选项，单击“凭证审核”范围选择对话框中的“确定”按钮，进入“凭证审核”方式选择对话框。

(3) 在“凭证审核”方式选择对话框中选择要取消审核的凭证，然后单击“取消审核”按钮，“审核人”栏中签字人姓名被取消。

(4) 单击“取消”按钮，结束取消审核签字操作。

方式二：

(1) 以审核员的身份注册登录企业应用平台，在 UFIDA ERP-U8 窗口选择“业务工作”|“财务会计”|“总账”|“凭证”|“审核凭证”双击，打开“凭证审核”范围选择对话框。

(2) 保持默认选项，单击“凭证审核”范围选择对话框中的“确定”按钮，进入“凭证审核”方式选择对话框。

(3) 在“凭证审核”方式选择对话框中直接单击“确定”按钮，进入“审核凭证”窗口。

(4) 通过查询功能找到要取消审核签字的凭证。单击工具栏上“取消审核”按钮取消审核签字。

(5) 单击“退出”按钮，返回“凭证审核”方式选择对话框，单击“取消”按钮结束本次取消审核签字操作。

注意：

- 取消审核签字只能由审核人自己进行。
- 如果要取消所有凭证的审核签字，系统提供了成批取消签字功能，可通过此功能将所有已审核签字而未记账的凭证取消签字。

三、出纳签字

出纳签字由于涉及企业现金的收入与支出，应加强对出纳凭证的管理，出纳人员可通过出纳签字功能对制单员填制的带有库存现金、银行存款科目的凭证进行检查核对，主要核对出纳凭证的出纳科目的金额是否正确，审查认为错误或有异议的凭证，应交由填制人员修改后再核对。因此，出纳签字可视为一种特殊的凭证审核操作。

在使用出纳签字功能时，应首先在系统“选项”中选择系统控制参数“出纳凭证必须经由出纳签字”，这样出纳凭证才需要进行出纳签字；其次在会计科目指定处理时，指定出纳签字科目，这样才能进行出纳签字。

【例 5-26】 以出纳员“武艺”的身份登录系统，对出纳凭证进行出纳审核签字。

(1) 以出纳员“武艺”的身份注册登录企业应用平台，在 UFIDA ERP-U8 窗口选择“业务工作”|“财务会计”|“总账”|“凭证”|“出纳签字”，然后双击，打开“出纳签字”范围选择对话框

(2) 选择要查询全部、作废凭证或有错凭证，三者任选其一。选择凭证的来源，为空表示所有系统的凭证。在此保持默认，单击“确认”按钮，显示“出纳签字”凭证一览表，见图 5-27。

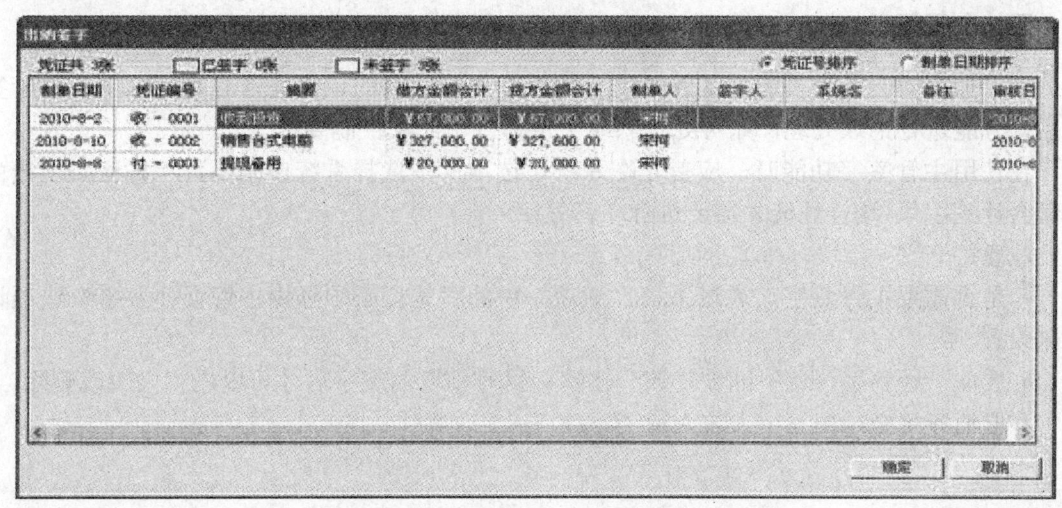

图 5-27　“出纳签字”范围选择对话框

(3) 单击“确定”按钮，进入“出纳签字”检查签字界面。

(4) 对需进行出纳签字的凭证通过单击 ▶ 按钮逐一审查，通过审查后，单击工具栏上的“签字”按钮进行出纳签字，见图 5-28。

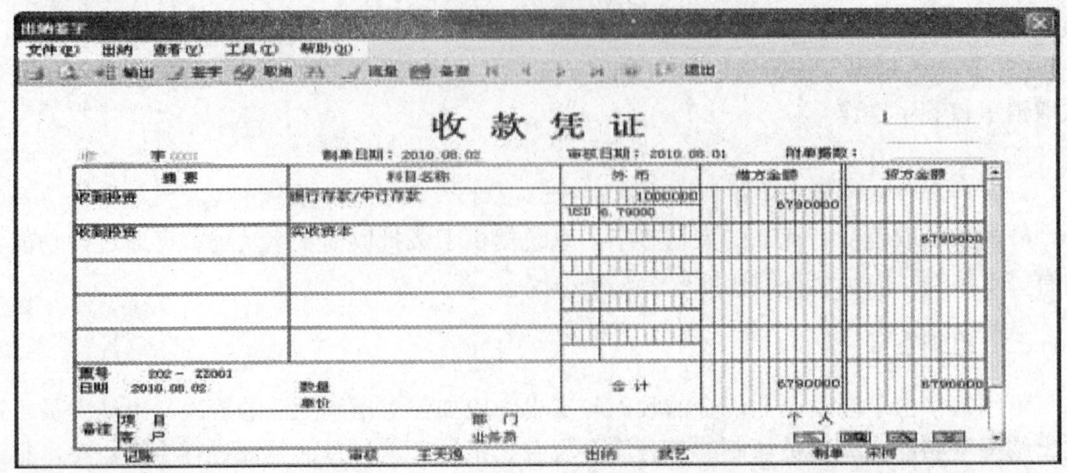

图 5-28 “出纳签字”检查签字界面

(5) 出纳签字完成后，单击工具栏上的“退出”按钮返回“出纳签字”凭证一览表，单击“取消”按钮结束本次出纳签字操作。

注意：

• 企业可根据实际需要决定是否要对出纳凭证进行出纳签字管理，此功能通过“选项”中的“出纳凭证必须经由出纳签字”选项进行设置。

• 出纳凭证能否进行出纳签字，除上面选项设置外，还需同时制定出纳签字科目，即将“库存现金”科目指定为现金科目，将“银行存款”指定为银行科目，此项制定操作在“会计科目”设置中进行。

• 凭证一经签字，就不能被修改、删除，只有被取消签字后才可以进行修改或删除。

• 取消出纳签字只能由出纳人自己进行。

四、主管签字

为了加强对会计人员制单的管理，有的企业要求所有的记账凭证必须经由主管会计签字后，方能进行记账处理，账务处理系统中也提供了此项控制要求。

在使用主管签字功能时，应首先在系统“选项”中选择系统控制参数“凭证必须经由主管会计签字”，这样凭证才需要进行主管签字。

注意：

• 是否需要主管签字，通过系统“选项”中的“凭证必须经由主管会计签字”选项设置来设置。

• 凭证一经签字，就不能被修改、删除，只有别取消签字后才可以进行修改或删除。

• 取消签字必须由签字人本人取消。

五、记账

记账是以会计凭证为依据，将经济业务全面、系统、连续地记录到具有账户基本结构的账簿中去的一种方法。

在手工方式下，记账是由会计人员根据已审核的记账凭证及所附有的原始凭证逐笔或汇总后登记有关的总账和明细账。

在电算化方式下，记账是由有记账权限的操作员发出记账指令，由计算机按照预先设计的记账程序自动进行合法性检查、科目汇总、登记账簿等。

(一) 记账处理过程

记账凭证经审核及出纳签字后，即可以进行登记总账、明细账、日记账及往来账等操作。本系统记账采用向导方式，使记账过程更加明确，记账工作由计算机自动进行数据处理，不用人工干预。大体过程可划分为以下几个方面：

1. 记账范围选择　记账前，首先列出各期间尚未记账凭证的清单，并同时列出其中的空号与已审核凭证的范围，要求用户选择记账月份、类别、凭证号范围等，其中记账月份不能为空。

2. 合法性检验　首先要检验记账凭证是否有不平衡的情况。若发现有借贷不平的凭证，系统会将该凭证类别和凭证号显示出来。当所有选择范围内的凭证检验通过后，就可进行下一步工作。

3. 保护记账前状态　记账前，为防止记账过程中出现意外，系统自动进行数据备份，保存记账前数据。记账过程中一旦出现诸如停电等意外，系统立即停止记账并会自动利用备份文件恢复系统数据，恢复到记账前的状态，然后重新进行记账。

4. 正式记账　系统完成上述工作后，就转入自动记账阶段，自动记账分为四个环节。

首先，更新记账凭证文件，将经过审核的未记账凭证从临时凭证数据库文件转入历史数据库文件中，使之正式形成系统的基础数据。

其次，更新科目汇总表文件，对记账凭证按科目进行汇总，更新“科目汇总表文件”相应科目的发生额，并计算余额。

再次，更新有关辅助账数据库文件。

最后，将临时凭证数据库文件中已记账的凭证删除，以防止重复记账。

【例 5-27】 以操作员“王天逸”的身份注册登录企业应用平台，对前面已审核的凭证进行记账操作。

操作步骤如下：

(1) 以账套主管王天逸的身份注册登录企业应用平台，在 UFIDA ERP-U8 窗口选择“业务工作”|“财务会计”|“总账”|“凭证”|“记账”，然后双击，打开“记账”范围选择对话框，见图 5-29。

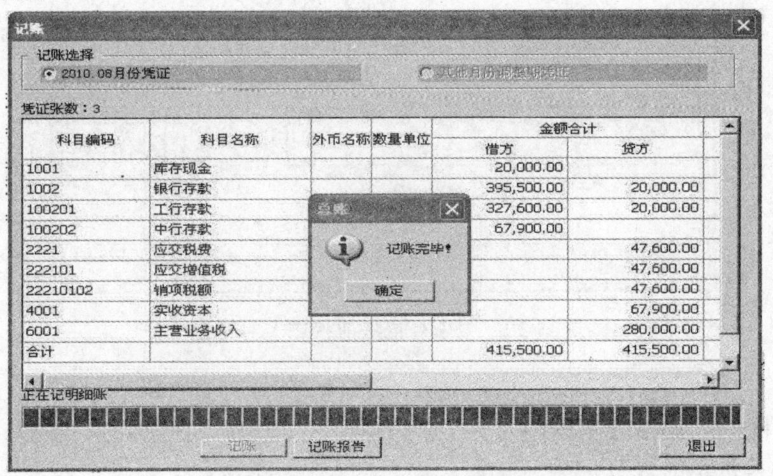

图 5-29　“记账”范围选择对话框

(2) 在“记账范围”栏可手工输入，也可单击“全选”按钮选择所有凭证。

(3) 单击“记账”按钮，系统首先对期初数据进行试算平衡检查，并显示检查结果“期初试算平衡表”。

(4) 单击“确定”按钮，系统开始记账，并显示记账进程。系统记账完毕后，显示提示对话框。

注意：

- 在第一次记账时，若期初余额试算不平衡，系统将不允许记账。
- 所选范围内的凭证如有不平衡凭证，系统将列出错误凭证，并重选记账范围。
- 所选范围内的凭证如有未审核凭证，系统提示是否只记已审核凭证或重选记账范围。

(二) 取消记账

在记账过程中，可能会出现一些特殊情况，造成记账信息错误，此时就需要对已记账凭证取消记账。由于此项功能操作也会引发信息混乱，必须控制其使用。

【例 5-28】 账套主管“王天逸”对 2010 年 8 月份已记账凭证进行取消记账操作。

操作步骤如下：

(1) 以账套主管“王天逸”的身份注册登录企业应用平台，在 UFIDA ERP-U8 窗口选择“业务工作”|“财务会计”|“总账”|“期末”|“对账”，然后双击，打开“对账”对话框。

(2) 在“对账”对话框中，按 Ctrl+H 键激活“恢复记账前状态”功能，并显示状态信息。

(3) 返回 UFIDA ERP-U8 窗口选择“业务工作”|“财务会计”|“总账”|“凭证”|“恢复记账前状态”，然后双击，打开“恢复记账前状态”对话框，见图 5-30。

(4) 选择恢复方式“2010 年 08 月初状态”后，单击“确定”按钮，按要求输入账套主管口令。系统自动完成取消记账操作。

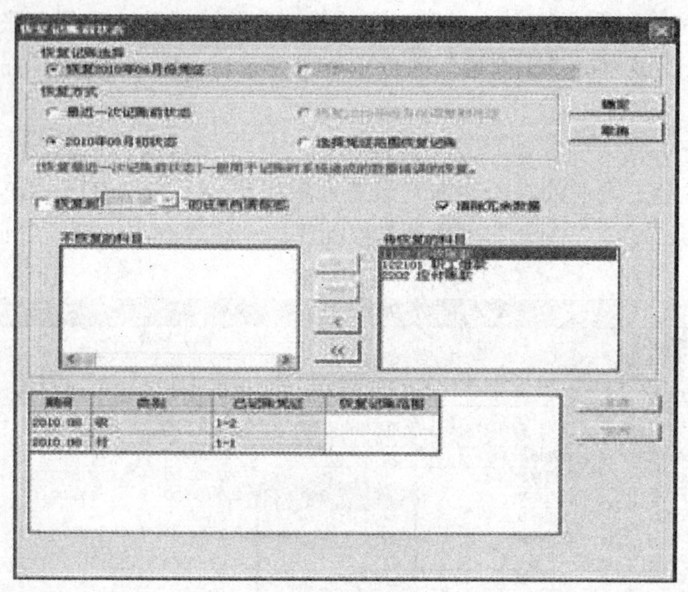

图 5-30 “恢复记账前状态”对话框

注意：

- 取消记账只能由账套主管进行。
- 已结账月份不能恢复记账前状态。

第 4 节　出纳管理

出纳主要负责现金和银行存款的管理。出纳管理是财务会计核算管理中最基本、最主要的功能之一，其主要功能包括：查询和打印现金日记账、银行存款日记账和资金日报；对收付款凭证进行审核和签字；登记和管理支票登记簿；录入银行对账单，进行银行对账，输出余额调节表。

一、查询日记账和资金日报账

计算机账务处理中，日记账由计算机自动登记。日记账的主要作用只是用于输出库存现金与银行存款日记账，供出纳员核对现金收支和结存等情况下使用。

要输出现金日记账和银行存款日记账，要求在系统初始化时，库存现金会计科目和银行存款会计科目必须选择“日记账”标记，即表明该科目要登记日记账。因此，如果需要，任何一个会计科目都可以输出日记账。

资金日报表是反映现金和银行存款科目当日借贷方发生额及余额情况的报表。

【例 5-29】 以出纳“武艺”的身份查询 2010 年 8 月 2 日的资金日报表。

操作步骤如下：

(1) 以操作员“武艺”的身份注册登录企业应用平台，在 UFIDA ERP-U8 窗口选择“业务工作”|“财务会计”|“总账”|“出纳”|“资金日报表”，然后双击，打开“资金日报表”查询条件对话框。

(2) 输入查询条件“2010-08-02”，选择“包含未记账凭证”，然后单击“确定”按钮，显示查询结果，见图 5-31。

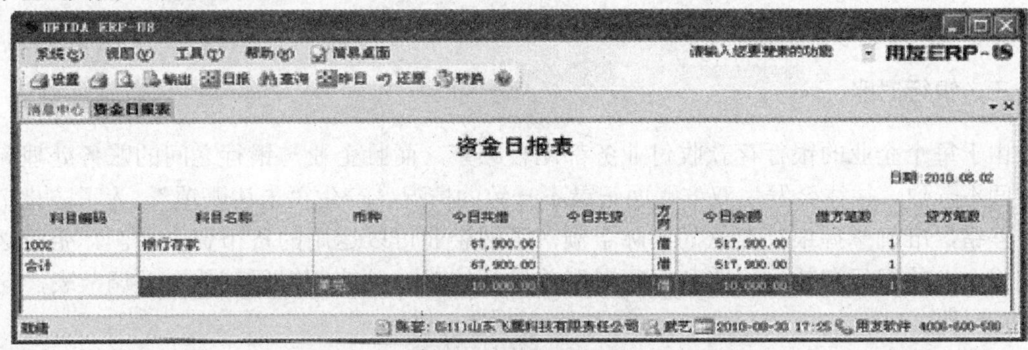

图 5-31　“资金日报表”查询条件对话框

二、支票管理

在手工记账时，出纳员通常利用支票领用登记簿，用来登记支票领用情况，为此总账管理管理系统特为出纳员提供了“支票登记簿”功能，以供其详细登记支票领用人、领用日期、支票用途、是否报销等情况。当应收、应付系统或资金系统有支票领用时，自动填写。只有在“会计科目”中设置银行账的科目才能使用支票登记簿。

(一) 领用支票

企业人员领用支票时，银行出纳员须进入“支票登记”功能登记支票领用日期、领用部门、领用人、支票号、备注等。

支票登记簿各栏目说明如下：

(1) 领用部门、领用人：可以参照部门档案、职员档案输入。

(2) 支票号：支票号可达 30 位，必须唯一。

(3) 预计金额：为所有未报销支票的预计未报金额合计。如果是外币科目支票登记时，这里显示外币金额。

(4) 用途：可输入 30 个字符。

(5) 收款人：可以录入 100 个字符。

(6) 付款银行名称：提供在“基础设置”中设置的开户银行参照，选择本张支票的付款银行。

(二) 支票报销

当支票实际支出后，经办人持原始单据到财务部门报销，会计人员据此填制记账凭证，当在系统中录入该凭证时，系统要求录入该支票的结算日期和支票号，在系统填制完成该凭证后，自动会在支票登记簿中将该号支票报销日期处进行日期登记。

注意：

- 报销日期：不能在领用日期之前。支票登记簿中的报销日期栏，一般是由系统自动填写的，但对于有些已报销而由于人为原因而造成系统未能自动填写报销日期的支票，可进行手工填写，将光标移到报销日期栏，然后写上报销日期。
- 实际金额：实际报销金额。如果是外币科目支票登记时，这里显示外币金额。
- 将光标移到需要修改的数据项上可直接修改支票登记簿内容。
- 支票登记簿中报销日期为空时，表示该支票未报销，否则系统认为该支票已报。
- 已报销的支票不能进行修改。若想取消报销标志，只要将光标移到报销日期处，按空格键后删掉报销日期即可。

三、银行对账

由于每个企业的银行存款收付业务都比较频繁，而且企业与银行之间的账务处理和入账时间不一致，往往会发生双方账面记录不一致的情况，产生“未达账项”。为了防止记账发生差错，准确掌握银行存款的实际金额，了解企业可以运用的货币资金余额，企业必须定期将企业的银行存款日记账和银行对账单进行核对，并编制银行存款余额调节表，这就是银行对账。

为辅助企业出纳人员完成银行对账工作，账务系统提供了银行对账功能，即将系统登记的银行存款日记账和银行对账单进行核对。凡在会计科目设置时，设置为“银行账”的会计科目均可以进行银行对账。为了保证银行对账的正确性，在使用“银行对账”功能进行对账之前，必须在开始对账的月初先将日记账、银行对账单未达项录入系统中，即将利用计算机账务处理系统进行对账前，手工对账所编制的最后一张银行存款余额调节表录入到计算机系统中。

银行对账工作包括银行对账期初余额录入、录入银行对账单、对账、编制银行对账余额调节表、核销已达账项等。

(一) 银行对账期初录入

为了确保银行对账的准确性和连续性，第一次使用银行对账功能之前，系统要求先进入初始对账，即在开始对账的月初先将银行存款日记账、银行对账单未达账项录入系统并调整平衡。

【例 5-30】 以操作员“武艺”身份注册登录 511 账套，录入山东飞鹰科技有限责任公司的银行对账期初未达账项。

对账单余额方向为借方，启用日期为 2010 年 8 月 1 日，工行人民币户企业日记账调整前期初余额为 300 000 元，银行对账单调整前余额为 285 000 元，未达账项一笔，系 2010 年 7 月 7 日银行已付企业未付款 15 000 元，直接以现金结算。

操作步骤如下：

(1) 以操作员“武艺”的身份注册登录企业应用平台，在 UFIDA ERP-U8 窗口选择“业务工作”|“财务会计”|“总账”|“出纳”|“银行对账”|“银行对账期初录入”，然后双击，打开“银行科目选择”对话框，选择“工行存款”后，单击“确定”按钮。

(2) 在“银行对账期初”录入界面，首先录入“单位日记账”和“银行对账单”的调整前余额 300 000 和 285 000，见图 5-32。

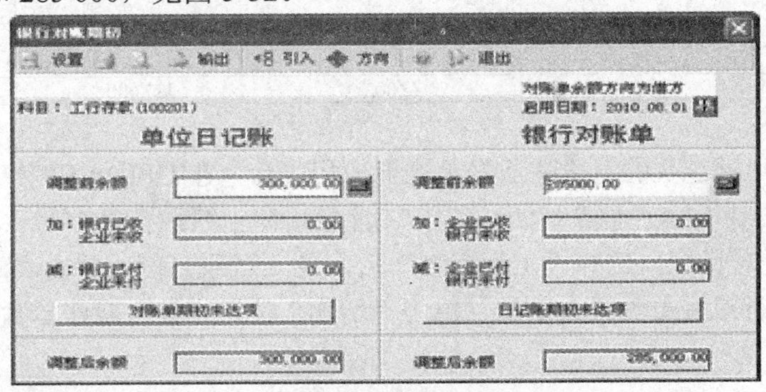

图 5-32　“银行对账期初”录入界面

(3) 单击“对账单期初未达项”按钮，进入“银行方期初”窗口，通过单击“增加”按钮，录入 2010 年 7 月 7 日银行已付企业未付款 15000 元，见图 5-33。

银行方期初

设置　输出　增加　删除　过滤　退出

银行方期初

科目：工行存款(100201)　　调整前余额：285,000.00

日期	结算方式	票号	借方金额	贷方金额
2010.07.07	1			15,000.00

图 5-33　“银行方期初”窗口

(4) 录入完成后，单击按钮，再单击“退出”按钮，结束银行对账期初未达账项录入。

注意：

• 单击启用日期参照按钮可以调整银行账户的启用日期。

• 录入的银行对账单、单位日记账的期初未达项的发生日期不能大于或等于此银行科目的启用日期。

• 若某银行科目已进行过对账，在期初未达项录入中，对于已勾对或已核销的记录不能再修改。

• 银行对账单余额方向为借方时，借方发生表示银行存款增加，贷方发生表示银行存款减少；反之，借方发生表示银行存款减少，贷方发生表示银行存款增加。系统默认银行对账单余额方向为借方，按“方向”按钮可调整银行对账单余额方向。已进行过银行对账勾对的银行科目不能调整银行对账单余额方向。

(二) 录入银行对账单

银行定期向单位传递对账单，用户须按期录入银行对账单。逐笔输入银行对账单的工作通常由单位出纳人员完成。

录入的银行对账单主要包括业务日期、结算凭证类型、凭证号、业务金额等内容，其中结算凭证号与业务金额是系统自动对账所必需的，录入时必须仔细，防止因录入错误而使系统出现对账异常状况。

银行对账单也可以是银行提供的电子文档，可以直接导入系统中，减少出纳人员的录入工作量和出错的可能性。

【例 5-31】 以操作员“武艺”的身份注册登录 511 账套，录入信息如表 5-6 所示。

表 5-6 2010 年 8 月银行对账单

日 期	结 算 方 式	票 号	借 方 金 额	贷 方 金 额
2010.8.8	201	XJ001		20 000
2010.8.9				3 000
2010.8.10	202	ZZ002	327 600	

操作步骤如下：

(1) 以操作员“武艺”的身份注册登录企业应用平台，在 UFIDA ERP-U8 窗口选择“业务工作”|“财务会计”|“总账”|“出纳”|“银行对账”|“银行对账单”，然后双击，打开“银行科目选择”对话框，选择“工行存款”后，录入对账月份，单击“确定”按钮。

(2) 进入“银行对账单”录入窗口，单击“增加”按钮，录入对账单数据信息资料，见图 5-34。

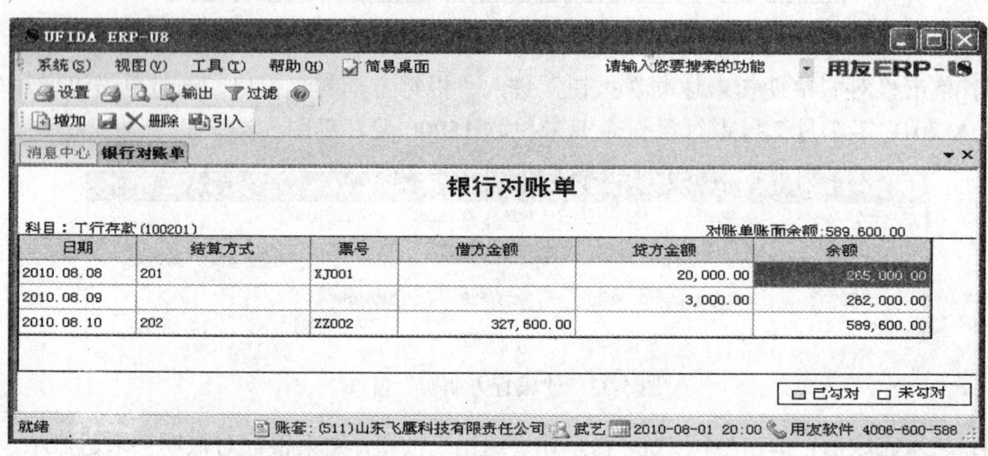

图 5-34 “银行对账单”录入窗口

(3) 单击按钮后，关闭“银行对账单”录入窗口，结束银行对账单录入工作。

注意：

- 只需录入发生日期，结算方式，票号和借、贷方金额，系统自动计算余额。
- 录入过程中，可通过“Enter”键增加新纪录。

(三) 银行对账

银行对账是指将企业的银行存款日记账与银行出具的对账单进行核对。银行与企业间由于记账时间不同或其他原因会形成一方已记录的账另一方未记录，这种一方已入账而另一方尚未入账的项称为未达账项。未达账项一般有四种类型：银行已收企业未收、银行已付企业未付、企业已收银行未收、企业已付银行未付。

产生银行未达账项的根源是多方面的，主要有两类：一类是时间上的延误，如银行收到款项后未及时通知单位，形成银行已收企业未收未达账项；第二类是记录上的错误，如企业错把银行收款业务记到现金日记账上，形成银行已收企业未收未达账项。

银行对账的目的将企业银行账与对账单进行核对，不仅要找出经济业务相同的进行核销，而且还要找出未达账项和造成未达账项的根源，防止有意或无意的错误。对于长期未上账的未达账项，更应引起警惕。

银行对账采用自动对账与手工对账相结合的方式。

自动对账即由计算机自动在“单位银行对账文件”和“银行对账单文件”中寻找完全相同的经济业务进行核对或勾销。对账依据通常是“结算方式+结算号+方向+金额”或“支票号+金额”。对于已核对上的银行业务，系统将自动在银行存款日记账和银行对账单双方写上两清标志，并视为已达账项，否则，视其为未达账项。由于自动对账是以银行存款日记账和银行对账单双方对账依据完全相同为条件，所以为了保证自动对账的正确和彻底，必须保证对账数据的规范合理。

手工对账是对自动对账的补充。采用自动对账后，可能还有一些特殊的已达账没有对出来，而被视为未达账项，为了保证对账更彻底正确，可通过手工对账进行调整勾销。

下面 4 种情况中，只有第 1 种情况能自动核销已对账的记录，后 3 种情况均需通过手工对账采强制核销。

- 对账单文件中一条记录和银行日记账未达账项文件中一条记录完全相同。
- 对账单文件中一条记录和银行日记账未达账项文件中多条记录完全相同。
- 对账单文件中多条记录和银行日记账未达账项文件中一条记录完全相同。
- 对账单文件中多条记录和银行日记账未达账项文件中多条记录完全相同。

【例 5-32】 以操作员“武艺”的身份注册登录 511 账套，对 2010 年 8 月份的银行账进行最大条件对账。

操作步骤如下：

(1) 以操作员“武艺”的身份注册登录企业应用平台，在 UFIDA ERP-U8 窗口选择“业务工作”|“财务会计”|“总账”|“出纳”|“银行对账”|“银行对账单”，然后双击，打开“银行科目选择”对话框，选择“工行存款”后，录入对账月份，单击“确定”按钮，见图 5-35。

(2) 进入“银行对账”窗口，单击“对账”按钮，弹出“自动对账”设置对话框，见图 5-36。

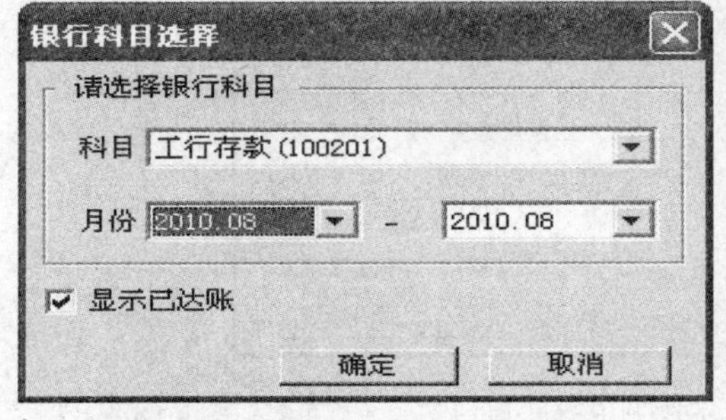

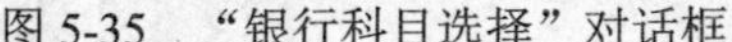
图 5-35　“银行科目选择”对话框

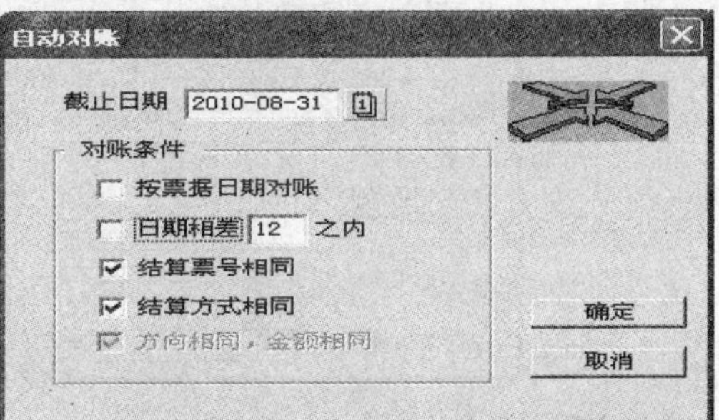

图 5-36　“自动对账”设置对话框

(3) 录入对账截止日期“2010.08.31”，单击“日期相差 12 天之内”复选框，取消此对账条件的限制，然后单击“确定”按钮，系统自动开始对账，自动在两清栏打上圆圈标志，其所在行背景色变为淡黄色，见图 5-37。

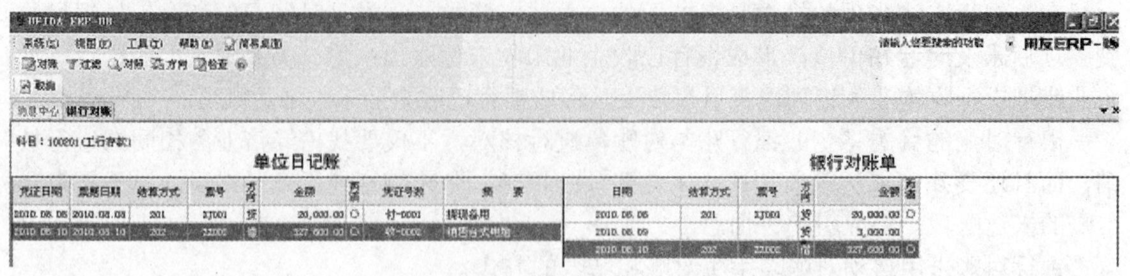

图 5-37 系统自动对账

(4) 在进行完对账后，需要进行平衡检查以确保对账结果正确，单击工具栏上的“检查”按钮，系统自动对对账结果进行检查，并显示检查结果。

(5) 如果对账不平，需要重新核对，直到平衡为止，如已平衡，关闭窗口，结束对账。

注意：

- 取消对账标志可通过自动或手动方式取消两清标志。
- 对账日期如果不输，则核对所有日期的账。

(四) 编制银行存款余额调节表

在对银行进行两清勾对后，计算机自动整理汇总未达账和已达账，生成“银行存款余额调节表”，以检查对账是否正确。该余额调节表为截止日期的余额调节表，若无对账日期，则为最新余额调节表。如果余额调解表显示账面余额不平，应查“银行期出录入”中的相关项目是否平衡，“银行对账单”录入是否正确，“银行对账”中勾对是否正确、对账是否平衡，如不正确进行调整。

【例 5-33】 以操作员“武艺”的身份注册登录 511 账套，查看 2010 年 8 月份的工商银行银行存款余额调节表。

操作步骤如下：

(1) 以操作员“武艺”的身份注册登录企业应用平台，在 UFIDA ERP-U8 窗口选择“业务工作”|“财务会计”|“总账”|“出纳”|“银行对账”|“余额调节表查询”，然后双击，打开“银行存款余额调节表”窗口，见图 5-38。

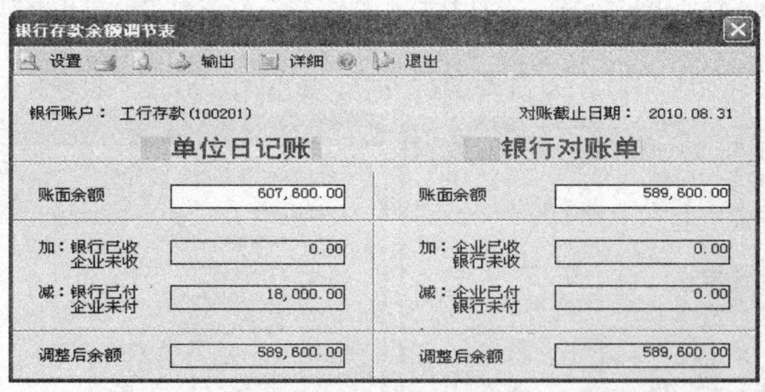

图 5-38 “银行存款余额调节表”窗口

(2) 选择要查看的存款银行“工商银行”，单击工具栏上的“查看”按钮，显示“银行存款余额调节表”对话框。

(五) 核销已达账

对于一般用户来说，在银行对账正确后，如果想将已达账删除并只保留未达账时，可使用本功能。选择“出纳”|“银行对账”|“核销银行账”，选择要核销的银行科目，按“确定”按钮即可。

注意：

- 如果银行对账不平衡时，请不要核销已达账，否则将造成以后对账错误。
- 不影响银行日记账的查询和打印。
- 按“ALT+U”键可以进行反核销。

第 5 节　期末业务处理

期末会计业务是指会计人员将本月所发生的日常经济业务全部登记入账后，在每个会计期末都需要完成的一些特定的会计工作，主要包括：期末的摊销、计提、结转业务，对账，结账以及期末会计报表的编制等。由于各会计期间的许多期末业务均具有较强的规律性，因此，由计算机来处理期末会计业务，不但可以规范会计业务的处理还可以大大提高处理期末业务的工作效率。

一、期末的摊销、计提、结转业务

期末的摊销、计提、结转业务具有较强的规律性，在账务处理系统中都通过调用事先设置好的转账凭证模版，由计算机根据转账模板定义自动生成转账凭证来完成。

注意：

- 转账凭证模版必须事先设置。
- 转账凭证中的数据来源于账簿，因此，为了保证数据的完整、准确，在调用模版之前必须将本月的各项业务登记入账。
- 严格遵循各项业务处理时的先后顺序。基本顺序为：工资折旧费用的计提→其他费用的摊提→辅助生产成本的结转→制造费用的结转→生产费用的结转→产成品成本结转→成本费用收入结转。
- 结转生成的凭证必须经过审核后，才能登记入账。
- 专人负责期末结转工作。

二、自动转账业务设置

自动转账设置就是定义自动转账的规则，预先将有规律出现的会计业务定义好凭证框架，再将各种金额来源计算公式保存在计算机中，从而形成自动转账凭证。每月只需调用这种自动转账功能，就会产生凭证。

(一) 自动转账凭证取数函数

期末自动转账分录金额基本来源于总账系统或凭证本身，因此，计算公式设置过程中主要运用财务函数从账务系统中获取数据。

1. 财务取数函数的基本格式　取数函数格式：函数名(科目编码，会计期间，方向，辅助项 1，辅助项 2)。

(1) 函数名，见表 5-7。

表 5-7 主要账务取数函数

函 数 名	函 数 名 称	功 能
QC( )/WQC( )/SQC( )	期初余额函数	取某科目的期初余额
QM( )/WQM( )/SQM( )	期末余额函数	取某科目的期末余额
FS( )/WFS( )/SFS( )	借(贷)方发生额函数	取某科目结转月份的发生额
JG( )/WJG( )/SJG( )	取对方科目计算结果函数	取对方一个或多个科目结果
常数		取某个指定的数字
UFO( )	UFO 报表取数函数	取 UFO 报表中某个单元数据

注：其中函数名前加“W”或“S”的函数分别为相应的外币函数和数量函数。

(2) 科目编码。科目编码用于确定取哪个科目的数据，科目编码必须是总账系统中已定义的会计科目编码。如果转账凭证明细科目栏的科目与公式中的科目编码相同，则公式中的科目编码可省去不写。如：QM( )表示取当前分录科目栏定义的科目的月末余额；WQM( )表示取当前分录科目栏定义的科目的外币月末余额；SQM( )表示取当前分录科目栏定义的科目的数量月末余额。

(3) 会计期间。会计期间可输为“年”或“月”或输入 1、2…12。如果输入“年”则按当前会计年度取数，如果输入“月”则按结转月份取数，如果输入“1”、“2”等数字时，表示取此会计月的数据。会计期可以为空，为空时默认为“月”。当输入 1～12 的数字时，代表从 1～12 的会计期，而不是自然月。如：QM(510201，)表示取 510201 科目结转月份的月末本币余额。

(4) 方向。发生额函数或累计发生额函数的方向用“J”或“j”或“借”或“Dr”(英文借方缩写)表示借方；用“D”或“d”或“贷”或“Cr”(英文贷方缩写)表示贷方，其意义为取该科目所选方向的发生额或累计发生额。余额函数的方向表示方式同上，但允许为空，其意义为取该科目所选方向上的余额，即：若余额在相同方向，则返回余额；若余额在相反方向，则返回 0；若方向为空，则根据科目性质返回余额，如 1001 库存现金科目为借方科目，若余额在借方，则正常返回其余额，若余额在贷方，则返回负数。如：FS(410101，月，D)表示取 410101 科目的结转月份贷方发生额。

(5) 辅助项。当科目为辅助核算科目(即科目账类设为辅助核算)时，可以指定辅助项取数。如果科目有两种辅助核算，则可输入两个末级辅助项。辅助项可输入编码也可输入名称，或者输入“*”，也可以不输入。如果输入辅助项，则按所输入的辅助项取数，如果输入“*”，则取科目总数，如果不输入，则按当前分录各辅助项栏中定义的辅助项取数。如：660201 为部门项目科目，则 QM(660201，月，，部门编码，项目编码)表示取部门项目下 660201 科目的期末余额。QM(660201，月，，*，*)表示取 660201 科目的各部门各项目期末余额的总余额。QM(660201，月，，部门编码，*)表示取 660201 科目部门下各项目期末余额的总余额。QM(660201，月，，*，项目编码)表示取 660201 科目项目下各部门期末余额的总余额。QM(660201，月)表示取当前分录所定义的转账发生部门、项目的期末余额。

注：如需按自定义项结转，需要在选项中定义自定义项为辅助核算项。

2. 特殊取值函数

(1) 结果函数。如果输入 JG(科目)则表示取转账中对方该科目发生数合计，如果输入 JG(zzz)或 JG(ZZZ)或 JG( )则表示取对方所有发生数合计。如：某转账凭证分录定义如下：

科目	方向	公式
660201	借	QM(660201，月)
660202	借	QM(660202，月)
660203	借	QM(660203，月)
3131	贷	JG( )

也可以这样定义：

科目	方向	公式
660201	借	QM(660201，月)
660202	借	QM(660202，月)
660203	借	QM(660203，月)
3131	贷	JG(660201)
3131	贷	JG(660202)
3131	贷	JG(660203)

(2) UFO 函数。UFO 函数用于从 UFO 报表中提取数据，如定义取数公式：UFO(C:\U8SOFT\损益表.rep，1，4，3)，表示取报表名为损益表中第一页、第 4 行、第 3 列单的数据，公式中表页号可缺省。

注意：

• 如果您的科目有两种辅助核算，则这两个辅助项在公式中的排列位置必须正确，否则系统将无法正确结转。五种辅助项在公式中先后顺序为：客户，供应商，部门，个人，项目。例如：660201 为某部门项目科目，则您可以输入 QM(660201，月，，部门编码，项目编码)，而不可以输入 QM(660201，月，项目编码，部门编码)。

• 如果公式中最后一个辅助项不输入，则可以不输入逗号，否则仍须保留相应的逗号。如您可以输入 QM(122101)或 QM(，月)，但不能输入 QM(月)。

• 若您使用了本公司生产的应收、应付系统，且公式中的科目为纯客户、供应商核算的科目，那么，将不能按照客户、供应商取数，只能按该科目取数。例如：2202 为供应商往来科目，则您只能输入 QM(2202，月，，*)，而不能输入 QM(220201，月，，客户编码)或 QM(220201，月)，否则将取不到数据。

• 以上本币取数函数与数量、外币取数函数可用“+”、“—”、“*”、“/”及括号组合使用。

• 结果函数所在的转账分录若有辅助核算，则必须定义具体的辅助项。

• 一张凭证中最多定义一个差额函数，一张凭证可以定义多个结果函数，但必须在同一方向。

• 一张凭证可同时定义结果函数与差额函数，但必须在同一方向。

• 如果一张凭证有差额函数，则在转账生成时总是最后执行差额函数。

(二) 自动转账定义设置

转账分为内部转账和外部转账。内部转账是指在总账管理子系统中把某个或某几个会计科目中的余额或本期发生额结转到一个或多个会计科目中；外部转账是将其他子系统生成的凭证转入总账系统中。

转账凭证的定义系统提供了自定义转账凭证、对应结转、按加权平均计价结转销售成本、按售价(计划价)销售成本结转、汇兑损益结转、期间损益结转和自定义比例结转、费用摊销和预提八种方式。

1. 自定义转账设置　自定义转账是系统中最灵活的结转设置方式，任何期末摊销、计提、结转业务均可进行定义，此项功能可以完成的转账业务主要有：

(1) “费用分配”的结转。如：工资分配等

(2) “费用分摊”的结转。如：制造费用等。

(3) “税金计算”的结转。如：增值税等。

(4) “提取各项费用”的结转。如：提取福利费等。

(5) “部门核算”的结转。

(6) “项目核算”的结转。

(7) “个人核算”的结转。

(8) “客户核算”的结转。

(9) “供应商核算”的结转。

【例 5-34】 山东飞鹰科技有限责任公司其本月坏账准备提取方式为按本月应收账款期末余额的 2‰提取。

操作步骤如下：

(1) 以操作员“王天逸”的身份注册登录企业应用平台，在 UFIDA ERP-U8 窗口选择“业务工作”|“财务会计”|“总账”|“期末”|“转账定义”|“自定义转账”，然后双击，打开“自定义转账设置”窗口。

(2) 单击工具栏上的“增加”按钮，弹出新增转账凭证“转账目录”对话框。录入转账序号“0001”，转账说明“提取坏账准备金”，选择凭证类别“转 转账凭证”或“机 机制凭证”。

(3) 单击“确定”按钮，进入“自定义转账设置”分录设置窗口。单击“增行”按钮，直接录入或参照录入科目编码“670101(资产减值准备/坏账准备)”，选择方向为“借”，在“金额公式”栏双击直接录入公式或参照录入公式，本例采用参照录入。

注意：此例需新增一会计科目 670101(资产减值准备/坏账准备)

(4) 在“公式向导”对话框一：选择“期末函数 QM( )”，然后单击“下一步”按钮，见图 5-39。

(5) 在“公式向导”对话框二：选择会计科目“1122 应收账款”，期间“月”，方向“借”，客户“01”，选择“继续录入公式”复选框后选择运算符“*(乘)”，然后单击“下一步”，见图 5-40。

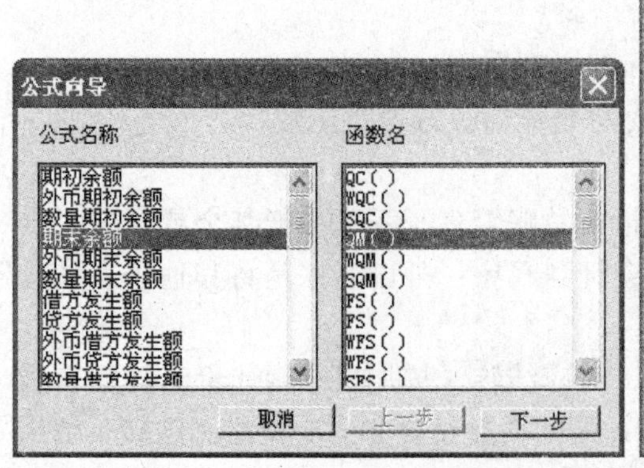

图 5-39　函数选择

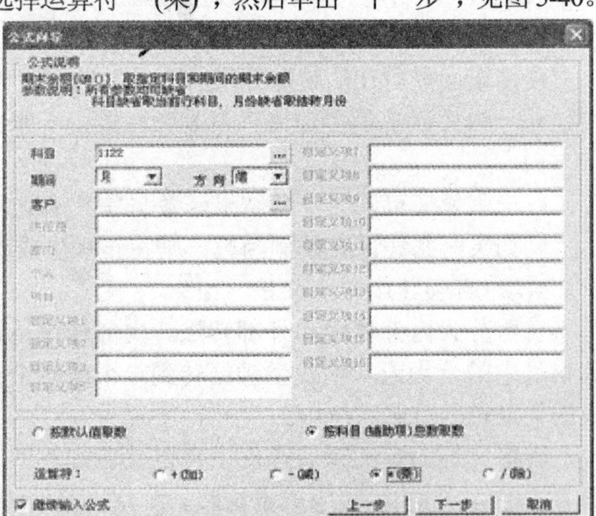

图 5-40　定义参数

(6) 再次进入“公式向导”函数选择对话框，选择“常数”后，单击“下一步”，进入常数录入对话框，录入常数值 0.002，单击“完成”按钮，见图 5-41。

图 5-41　输入常数

(7) 单击工具栏“增行”按钮，录入会计科目“1231(坏账准备)”，选择方向为“贷”，录入金额公式“JG( )”，见图 5-42。

自定义转账设置

设置　输出　增加　修改　删除　放弃　插入　增行　删行　退出

转账序号 0001　　转账说明 提取坏账准备金　　凭证类别 转账凭证

摘要	科目编码	部门	个人	客户	供应商	项目	方向	金额公式
提取坏账准备金	670101						借	QM(1122,月,借,01)*0.002
提取坏账准备金	1231						贷	JG()

图 5-42　定义分录

(8) 单击工具栏按钮，对自定义转账凭证进行保存后，单击“退出”按钮可结束定义操作。

2. 对应结转设置　对应结转不仅可进行两个科目的一对一结转，还提供科目的一对多结转功能。对应结转的科目可为上级科目，但其下级科目的科目结构必须一致(相同明细科目)，如有辅助核算，则两个科目的辅助账类也必须一一对应。

本功能只结转期末余额，若结转发生额，需在自定义结转中设置。

3. 销售成本结转设置　销售成本结转，是将月末库存商品(或产成品)销售数量乘以库存商品(或产成品)的平均单价计算各类商品销售成本并进行结转。

此项结转涉及三个会计科目“库存商品”、“主营业务收入”和“主营业务成本”，要求其科目结构设置必须相同且一一对应，同时均设置为数量核算。若想对带往来辅助核算的科目结转成本，需要通过自定义结转方式进行定义。

4. 按售价(计划价)销售成本结转设置　适用于按照售价(计划价)结转销售成本的，期末统一调整差异额的企业。

注意：

• 差异额计算方法：分为售价法和计划价法。售价法：差异额=收入余额×差异率(商业企业多用此法)；计划价法：差异额=成本余额×差异率(工业企业多用此法)。

• 凭证类别：所生成凭证的类别。

• 计算科目：由用户指定库存商品科目、商品销售收入科目、商品销售成本科目、进销差价科目四个科目。用户可输入总账科目或明细科目，但输入要求这三个科目具有相同结构的明细科目，即要求库存商品科目和商品销售收入科目下的所有明细科目必须都有数量核算，且这三个科目的下级必须一一对应。

• 结转方式：提供两种转账生成分录的方式：月末结转成本方式/月末调整成本方式。

• 差异率：分为综合差异率和个别差异率。综合差异率即按当前结转科目的上一级科目取数进行计算出当前科目的差异率，若当前结转科目为一级科目，则按该科目本身取数计算差异率。若当前结转的是项目，则按其隶属的科目进行计算。个别差异率即按当前结转科目或项目本身取数计算差异率。

5. 汇兑损益结转设置　用于期末自动计算外币账户的汇兑损益，并在转账生成中自动生成汇兑损益转账凭证，汇兑损益只处理外汇存款账户，外币现金账户，外币结算的各项债权、债务，不包括所有者权益类账户、成本类账户和损益类账户。

【例 5-35】 山东飞鹰科技有限责任公司有外币核算，要求定义汇兑损益的自动转账凭证。

操作步骤如下：

(1) 以操作员“王天逸”的身份注册登录企业应用平台，在 UFIDA ERP-U8 窗口选择“业务工作”|“财务会计”|“总账”|“期末”|“转账定义”|“汇兑损益”，然后双击，打开“汇兑损益结转设置”窗口，见图 5-43。

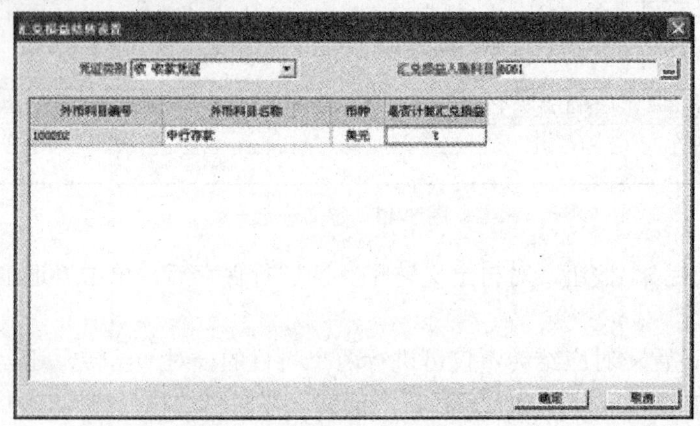

图 5-43　“汇兑损益结转设置”窗口

(2) 选择凭证类别“收 收款凭证”或“付 付款凭证”或“机 机制凭证”，选择汇兑损益入账科目“6061 汇兑损益”，在“是否计算汇兑损益”栏双击添加 Y 标记，然后单击“确定”按钮予以保存。

注意：

• 为了保证汇兑损益计算正确，填制某月的汇兑损益凭证时，账户必须先将本月的所有未记账凭证先记账。

• 汇兑损益入账科目不能是辅助账科目或有数量外币核算的科目。

• 若启用了应收款、应付款管理系统，则计算汇兑损益的外币科目不能是带客户或供应商往来核算的科目。

6. 期间损益结转设置　能用于在一个会计期间终止时，将损益类科目的余额结转到本年利润科目中，从而及时反映企业利润的盈亏情况。期间损益结转主要是对于管理费用、销售费用、财务费用、销售收入、营业外收支等科目的结转。

【例 5-36】 定义 511 账套的期间损益自动结转凭证。

操作步骤如下：

(1) 以操作员“王天逸”的身份注册登录企业应用平台，在 UFIDA ERP-U8 窗口选择“业务工作”|“财务会计”|“总账”|“期末”|“转账定义”|“期间损益”，然后双击，打开“期间损益结转设置”窗口。

(2) 选择凭证类别“转 转账凭证”，录入本年利润科目“4103 本年利润”，鼠标单击下方空白处，系统自动刷新界面。

(3) 由于“6801 所得税费用”需要本年利润计算完毕后方可计算，因此，选择其所在行的“本年利润编码”栏，删除栏内会计科目编码。单击“确定”按钮予以保存。

注意：

• 损益科目结转表中将列出所有的损益科目。如果您希望某损益科目参与期间损益的结转，则应在该科目所在行的本年利润科目栏填写相应的本年利润科目，若不填本年利润科目，则将不转此损益科目的余额。

• 损益科目结转表的每一行中的损益科目的期末余额将转到该行的本年利润科目中去。

• 本年利润科目若有的辅助账类，则必须与损益科目的辅助账类一致。

• 损益科目结转表中的本年利润科目必须为末级科目，且为本年利润入账科目的下级科目。

7. 自定义比例转账 当两个或多个科目及辅助项有一一对应关系时，可进行将其余额按一定比例系数进行对应结转，可一对一结转，也可多对多结转和多对一结转。可在转账生成时显示生成的转账明细数据表，用户根据明细表可定义结转的金额和比率。本功能只结转期末余额。对应结转与自定义比例结转的区别见表 5-8。

表 5-8 对应结转与自定义比例结转的区别

	对 应 结 转	自定义比例结转
转出科目	唯一	可以设置多个
转出金额	全部转出	可自定义结转金额和比率

8. 费用摊销和预提设置 可实现分期等额摊销待摊费用和计提预提费用。费用摊销可针对已经计入待摊费用的数据进行分期摊销，按一定的结转比例或金额转入费用类科目。费用预提可按一定的结转比例或金额计提预提费用。可一对一结转，也可一对多结转。

注意：

• 一张凭证可定义多行，待摊(预提)科目及辅助项必须一致，转入费用科目及辅助项可不相同。

• 待摊(预提)科目与转入费用科目必须为末级科目，转出辅助项与转入辅助项可不相同。

• 转入费用科目如有外币核算，则必须与待摊(预提)科目币种相同，否则不能有外币核算；转入费用科目如有数量核算，则必须与待摊(预提)科目数量单位相同，否则不能有数量核算。

• 辅助项可根据科目性质进行参照，若科目有辅助账类，系统弹出辅助项录入窗，如该科目为部门项目辅助账类，要求录入结转的项目和部门，录入完毕后，系统用逗号分隔显示在表格中。

• 已生成结转凭证的费用摊销(预提)方案允许删除，允许修改转入费用科目、转入辅助项、待摊(预提)金额和结转比例等项，其他项目不允许修改。

• 待摊(预提)科目核算外币时，按照外币的原币进行摊销或预提，本币金额根据当期汇率计算。

- 生成结转凭证时，如果同一凭证转入费用科目有多个，则每个转入费用科目的最后一笔结转金额为转出科目的结转金额减当前凭证已转出的金额。
- 当累计摊销(预提)金额达到待摊销(预提)总额时，即方案结转完毕，不允许再生成结转凭证。
- 支持跨年摊销或预提，未摊销或预提完毕的方案结转到下一年后，可在以后年度继续进行费用摊销或预提。

三、自动转账生成

定义完转账凭证后，每月月末只需执行转账生成即可由计算机快速生成转账凭证，在此生成的转账凭证将自动追加到未记账凭证中去，通过审核、记账后才能真正完成结转工作。

由于转账凭证中定义的公式基本上取值自账簿，因此，在进行月末转账之前，必须将所有未记账凭证全部记账，否则，生成的转账凭证中的数据可能不准确。特别是对于一组相关转账分录，必须按顺序依次进行转账生成、审核、记账。转账凭证每月只能生成一次。

如果启用了应收款、应付款管理系统，则在总账管理系统中不能按客户、供应商进行结转。根据需要，选择生成结转方式、结转月份及需要结转的转账凭证，系统在进行结转计算后显示将要生成的凭证，确认无误后，将生成的凭证追加到未记账凭证中。

基本操作步骤如下：

(1) 以操作员“宋柯”的身份注册登录企业应用平台，在 UFIDA ERP-U8 窗口选择“业务工作”|“财务会计”|“总账”|“期末”|“转账生成”，然后双击，打开“转账生成”窗口。

(2) 选择要进行的转账工作，如自定义转账、对应结转等，选择要进行结转的月份和要结转的凭证。

(3) 单击“确定”按钮，系统自动生成相关的转账凭证，如和实际有出入，可在凭证上直接修改；若凭证无误，可单击保存以追加到未记账凭证中。

下面简要举例说明如何自动转账生成有关凭证。

1. 自定义转账凭证的生成

【例 5-37】以操作员宋柯的身份注册进入企业应用平台，完成坏账准备金的计提处理。

操作步骤如下：

(1) 以操作员“宋柯”的身份注册登录企业应用平台，在 UFIDA ERP-U8 窗口选择“业务工作”|“财务会计”|“总账”|“期末”|“转账生成”，然后双击，打开“转账生成”窗口。

(2) 选择转账月份“2010.08”，选择“自定义转账”，在 0001 号凭证后的“是否结转”栏双击添加标记“Y”。

(3) 单击“确定”按钮，系统自动生成相关的转账凭证，点击保存，左上角显示“已生成”标记。

(4) 更换操作员“王天逸”完成凭证的审核、记账操作。

2. 期间损益结转凭证的生成

【例 5-38】 宋柯对 511 账套进行期间损益的处理。

操作步骤如下：

(1) 以操作员“宋柯”的身份注册登录企业应用平台，在 UFIDA ERP-U8 窗口选择“业务工作”|“财务会计”|“总账”|“期末”|“转账生成”，然后双击，打开“转账生成”窗口。

(2) 选择转账月份“2010.08”，选择“期间损益结转”，选择类型“全部”，在“是否结转”栏双击自行添加标记“Y”或单击“全选”按钮选择所有损益科目，然后单击“确定”按钮。

(3) 单击“确定”按钮，系统自动生成转账凭证，对生成的凭证进行保存。

(4) 更换操作员“王天逸”完成凭证的审核、记账操作。

四、对账

对账是对账簿数据进行核对，以检查记账是否正确，以及账簿是否平衡。它主要是通过核对总账与明细账、总账与补助账数据来完成账账核对。

试算平衡就是将系统中设置的所有科目的期末余额按会计平衡公式“借方余额=贷方余额”进行平衡检验，并输出科目余额表及是否平衡信息。

一般来说，实行计算机记账后，只要记账凭证录入正确，计算机自动记账后各种账簿都应是正确、平衡的，但由于非法操作或计算机病毒或其他原因有时可能会造成某些数据被破坏，因而引起账账不符，为了保证账证相符、账账相符，应经常使用本功能进行对账，至少一个月一次，一般可在月末结账前进行。

如果使用了应收款、应付款管理系统，则在总账管理系统中不能对往来客户账、供应商往来账进行对账。

当对账出现错误或记账有误时，系统允许“恢复记账前状态”，进行检查、修改，直到对账正确。

【例 5-39】 在 2010 年 8 月 31 日，账套主管“王天逸”对 511 账套进行平衡检查。

操作步骤如下：

(1) 以账套主管“王天逸”的身份注册登录企业应用平台，在 UFIDA ERP-U8 窗口选择“业务工作”|“财务会计”|“总账”|“期末”|“对账”，然后双击，打开“对账”窗口。

(2) 在 8 月份“是否对账”栏双击打上对账标记“Y”，然后单击工具栏上的“对账”按钮，系统自动对账，并显示对账结果。

(3) 单击“试算”按钮，系统自动完成试算检查并显示试算结果。单击“确定”按钮，返回“对账”界面。

五、结账

每月月底都要进行结账处理，结账实际上就是计算和结转各账簿的本期发生额和期末余额，并终止本期的账务处理工作。

在电算化方式下，结账工作与手工相比简单多了，结账是一种成批数据处理，每月只结账一次，主要是对当月日常处理限制和对下月账簿的初始化，由计算机自动完成。

在结账之前要进行下列检查：

(1) 检查本月业务是否全部记账，如果有未记账凭证，则不能结账。

(2) 月末结转必须全部生成并记账，否则本月不能结账。

(3) 检查上月是否已结账，上月未结账，则本月不能记账。

(4) 核对总账与明细账、主体账与辅助账、总账管理系统与其他子系统数据是否已一致，不一致不能结账。

(5) 损益类账户是否全部结转完毕，否则本月不能结账。

(6) 若与其他子系统联合使用，其他子系统是否已结账；若没有，则本月不能结账。

【例 5-40】 在 2010 年 8 月 31 日，账套主管“王天逸”对 511 账套进行结账处理。

操作步骤如下：

(1) 以账套主管“王天逸”的身份注册登录企业应用平台，在 UFIDA ERP-U8 窗口选择“业务工作”|“财务会计”|“总账”|“期末”|“结账”，然后双击，打开“结账”窗口。

(2) 选择“2010.08”，单击“下一步”按钮。

(3) 单击“对账”按钮，系统自动进行对账处理后单击“下一步”按钮，显示月度工作报告，见图 5-44。

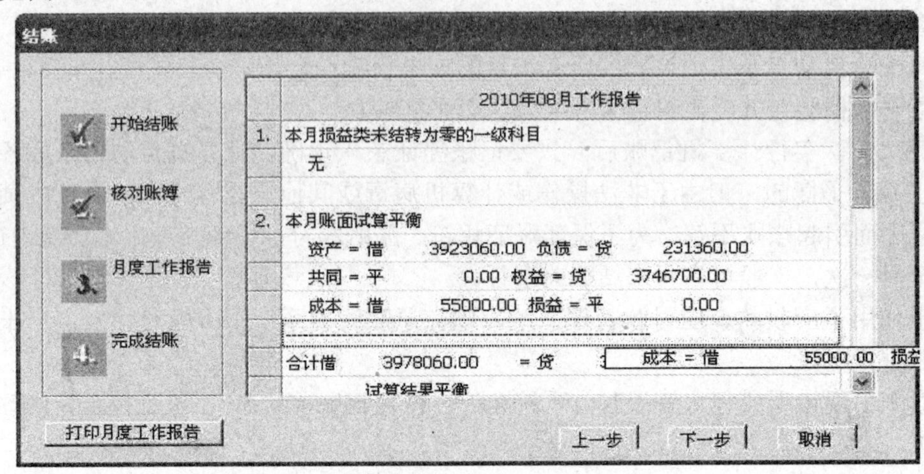

图 5-44 “结账”窗口

(4) 单击“下一步”，进入结账处理最后一步，单击“结账”，完成结账处理。

注意：

- 结账前要进行数据备份，结账后不得再录入本月凭证，并终止各账户的记账工作；计算本月各账户发生额合计和本月账户期末余额，并将余额结转下月月初。
- 如果结账以后发现结账错误，可以进行“反结账”，取消结账标志，然后进行修正，再进行结账工作。

六、账务处理的逆向处理

当账务处理系统出现账务混乱时，可以进行逆向处理，以便修改前期错误，其基本操作过程如下：

(一) 取消结账

取消结账只能由账套主管进行。以账套主管的身份注册登录企业应用平台，在 UFIDA ERP-U8 窗口选择“业务工作”|“财务会计”|“总账”|“期末”|“结账”，选择最末结账月份，按“Ctrl+Shift+F6”键后，根据提示输入主管口令，单击“确定”后返回 UFIDA ERP-U8 窗口。

(二) 取消记账

取消记账只能由账套主管进行。以账套主管的身份注册登录企业应用平台，在 UFIDA ERP-U8 窗口选择“业务工作”|“财务会计”|“总账”|“期末”|“对账”，按“Ctrl+H”键后，根据提示单击“确定”后返回 UFIDA ERP-U8 窗口，再进入“凭证”|“恢复记账前状

态”，选择恢复方式后单击“确定”完成操作。

(三) 取消审核

取消审核只能由审核人进行。以审核员的身份注册登录企业应用平台，在 UFIDA ERP-U8 窗口选择“业务工作”|“财务会计”|“总账”|“凭证”|“审核凭证”，按需要选择范围后，单击“取消审核”或“成批取消审核”按钮完成操作。

(四) 取消签字

取消出纳签字只能由出纳员进行。以出纳员的身份注册登录企业应用平台，在 UFIDA ERP-U8 窗口选择“业务工作”|“财务会计”|“总账”|“凭证”|“出纳签字”，按需要选择范围后，单击“取消签字”或“成批取消签字”按钮完成操作。

(五) 删除凭证

删除凭证只能由制单人进行。以制单人的身份注册登录企业应用平台，在 UFIDA ERP-U8 窗口选择“业务工作”|“财务会计”|“总账”|“凭证”|“填制凭证”，按需要选择欲删除的凭证，在“制单”菜单下单击“作废/恢复”，打上作废标记，然后在“制单”菜单下单击“凭证整理”命令，完成凭证删除处理。

本章小结

账务处理系统是财务软件的核心，主要进行会计凭证、会计账簿的管理，与其他子系统之间存在着密切的数据传递关系。本章主要介绍账务处理系统的基本功能和业务流程、账务系统的初始设置、日常业务处理、凭证和账簿管理、定义和生成转账凭证、期末对账、结账。通过该内容的学习，读者可以全面掌握总账系统的操作方法，熟练运用该软件，从而为财务报表、财务分析、领导查询和决策分析等相关信息提供数据，实现了财务信息与管理信息的高度整合，为企业决策提供实时的有效信息。

课后实验

★ 实验一　总账管理系统初始设置

【实验目的】

(1) 掌握用友 ERP-U872 管理软件中总账管理系统初始设置的相关内容

(2) 理解总账管理系统初始设置的意义。

(3) 掌握总账管理系统初始设置的具体内容和操作方法。

【实验内容】

(1) 总账管理系统参数设置。

(2) 基础档案设置：会计科目、凭证类别、外币及汇率、结算方式、辅助核算档案等。

(3) 期初余额录入。

【实验准备】 引入第 4 章“课后实验”的账套数据。其操作步骤如下：

(1) 以系统管理员的身份注册进入系统管理，执行“账套”|“引入”命令，打开“请选择账套备份文件”对话框。

(2) 选择第 4 章“课后实验”账套数据所在的磁盘驱动器，列表框中显示该磁盘驱动器中所包含的全部文件夹，依次双击存放账套数据的各文件夹，找到账套文件 UfErpAcL.Lst，单击“确定”按钮，系统提示用户确认账套引入的目录，单击“确定”按钮，打开“请选择账套引入的目录”对话框，用户可以选择账套引入的具体路径，单击“确定”按钮，如果系统内已存在该账套号账套，系统会再次提示要求用户确认是否覆盖已存在信息，单击“是”按钮，覆盖信息；单击“否”按钮，不覆盖信息。

【实验资料】

1) 总账控制参数：

选项卡	参数设置
凭证	制单序时控制 支票控制 赤字控制：资金及往来科目；赤字控制方式：提示 可以使用应收款、应付款、存货受控科目 取消“现金流量科目必录现金流量项目”选项 凭证编号方式采用系统编号
账簿	账簿打印位数按软件的标准设定 明细账打印按年排页
凭证打印	打印凭证的制单、出纳、审核、记账等人员姓名
预算控制	超出预算允许保存
权限	出纳凭证必须经由出纳签字 允许修改、作废他人填制的凭证 可查询他人凭证 明细账查询权限不控制到科目
会计日历	会计日历为1月1日～12月31日 数量小数位和单价小数位设置为2位
其他	外币核算采用固定汇率 部门、个人、项目按编码方式排序

2) 基础数据：

(1) 外币及汇率：

币符：USD；币名：美元；固定汇率：1:8.275(此汇率只供演示使用)。

(2) 2010年8月份会计科目及期初余额表：

科目名称	辅助核算	方向	币别计量	累计借方发生额	累计贷方发生额	期初余额
库存现金(1001)	日记	借		18 889.65	18 860.65	6 875.70
银行存款(1002)	银行日记	借		469 251.88	370 000.35	511 057.16
工行存款(100201)	银行日记	借		469 251.88	370 000.35	511 057.16
中行存款(100202)	银行日记	借	美元			
应收账款(1122)	客户往来	借				157 600.00
其他应收款(1221)		借				3 800.00
应收单位款(122101)	客户往来	借				
应收个人款(122102)	个人往来	借				3 800.00
坏账准备(1231)		贷		3 000.00	6 000.00	10 000.00
预付账款(1123)	供应商往来	借				
材料采购(1401)		借			80 000.00	80 000.00
原材料(1403)		借		293 180.00		1 004 000.00
生产用原材料(140301)	数量核算	借	吨	293 180.00		1 004 000.00
周转材料(1411)		借				
材料成本差异(1404)		借		2 410.27		1 000.00
库存商品(1405)		借		140 142.54	90 000.00	2 394 000.00
委托加工物资(1408)		借				
待摊费用(1504)		借				642.00
报刊费(150401)		借				642.00
固定资产(1601)		借				260 860.00
累计折旧(1602)		贷			39 511.89	47 120.91
在建工程(1604)		借				
人工费(160401)	项目核算	借				
材料费(160402)	项目核算	借				
其他(160493)	项目核算	借				
待处理财产损溢(1901)						
待处理流动资产损溢(190101)						
待处理固定资产损溢(190102)						

（续表）

科目名称	辅助核算	方向	币别计量	累计借方发生额	累计贷方发生额	期初余额
无形资产(1701)		借			58 500.00	58 500.00
短期借款(2001)		贷			200 000.00	200 000.00
应付账款(2202)	供应商往来	贷				276 850.00
应付职工薪酬(2211)		贷			3400.00	8200.00
应付工资(221101)		贷				
应付福利费(221102)		贷			3 400.00	8200.00
应交税费(2221)		贷		36 781.37	15 581.73	−16 800.00
应交增值税(222101)		贷		36 781.37	15 581.73	−16 800.00
进项税额(22210101)		贷		36 781.37		−33 800.00
销项税额(22210105)		贷			15 581.73	17 000.00
其他应付款(2241)		贷			2 100.00	2 100.00
应付利息(2231)		贷				
借款利息(223103)		贷				
实收资本(4001)		贷				2 609 052.00
本年利润(4103)		贷				1 478 000.00
利润分配(4104)		贷		13 172.74	9 330.55	−119 022.31
未分配利润(410401)		贷		13 172.74	9 330.55	−119 022.31
生产成本(5001)	项目核算	借				17 165.74
直接材料(500101)	项目核算	借				10 000.00
直接人工(500102)	项目核算	借				4 000.74
制造费用(500103)	项目核算	借				2 000.00
折旧费(500104)	项目核算	借				1 165.00
其他(500105)	项目核算	借				
制造费用(5101)		借				
工资(510101)		借				
折旧费(510102)		借				
主营业务收入(6001)		贷		350 000.00	350 000.00	
其他业务收入(6051)		贷		250 000.00	250 000.00	
主营业务成本(6401)		借		300 000.00	300 000.00	
营业税金及附加(6403)		借		8561.28	8 561.28	
其他业务成本(6402)		借		180 096.55	180 096.55	
销售费用(6601)		借		5 000.00	5 000.00	
管理费用(6602)		借				
薪资(660201)	部门核算	借				
福利费(660202)	部门核算	借				
办公费(660203)	部门核算	借				
差旅费(660204)	部门核算	借				
招待费(660205)	部门核算	借				
折旧费(660206)	部门核算	借				
其他(660207)	部门核算	借				
财务费用(6603)		借		8 000.00	8 000.00	
利息支出(660301)		借		8 000.00	8 000.00	

说明：
- 将“库存现金(1001)”科目指定为现金总账科目。
- 将“银行存款(1002)”科目指定为银行总账科目。
- 将“库存现金(1001)、工行存款(100201)、中行存款(100202)”指定为现金流量科目。

(3) 凭证类别：

凭证类别	限制类型	限制科目
收款凭证	借方必有	1001，100201，100202
付款凭证	贷方必有	1001，100201，100202
结转凭证	凭证必无	1001，100201，100202

(4) 结算方式：

结算方式编码	计算方式名称	票据管理
1	现金结算	否
2	支票结算	否
201	现金支票	是
202	转账支票	是
9	其他	否

(5) 项目目录：

项目设置步骤	设置内容
项目大类	生产成本
核算科目	生产成本(5001) 直接材料(500101) 直接人工(500102) 制造费用(500103) 折 旧 费(500104) 其　他(500105)
项目分类	自行开发项目 委托开发项目
项目名称	普通打印纸－A4 所属分类码 1 凭证套打纸－8X 所属分类码 1

(6) 数据权限分配：操作员“白丽”只具有应收账款、预付账款、应付账款、预收账款、其他应收款 5 个科目的明细账查询权限。具有所有部门的查询和录入权限。

3) 期初余额：

(1) 总账期初余额表，见“2010 年 8 月份会计科目及期初余额表”。

(2) 辅助账期初余额表：

会计科目：122102　　其他应收款——应收个人款　　余额：借 3 800 元

日　期	凭证号	部　门	个　人	摘　要	方　向	期初余额
2010-07-26	付-118	总经理办公室	肖剑	出差借款	借	2 000.00
2010-07-27	付-156	销售部	孙健	出差借款	借	1 800.00

会计科目：1122　　应收账款　　余额：借 157 600 元

日　期	凭证号	客　户	摘　要	方　向	金　额	业务员	票号	票据日期
2010-07-25	转-118	华宏公司	销售商品	借	99 600.00	孙健	P111	2010-07-25
2010-07-10	转-15	昌新贸易公司	销售商品	借	58 000.00	孙健	Z111	2010-07-10

会计科目：2202　　应付账款　　余额：贷 276 850 元

日期	凭证号	供应商	摘要	方向	金额	业务员	票号	票据日期
2010-05-20	转-45	兴华公司	购买原材料	贷	276 850.00	李平	C000	2010-05-20

会计科目：5001　　生产成本　　余额：借 17165.74 元

科目名称	普通打印纸-A4	凭证套打纸－8X	合　计
直接材料(500101)	4 000.00	6 000.00	10 000.00
直接人工(500102)	1 500.00	2 500.74	4 000.74
制造费用(500103)	800.00	1 200.00	2000.00
折旧费(500104)	500.00	665.00	1 165.00
合计	6 800.00	10 365.74	17 165.74

【实验要求】 以账套主管“陈明”的身份进行总账初始设置。

【操作指导】

1. 登录总账

(1) 单击“开始”按钮，执行“程序”|“用友 ERP-U872”|“企业应用平台”命令，打开“登录”对话框。

(2) 输入操作员 001；输入密码 1；选择账套“007 山东众人信息技术有限公司”；输入操作日期“2010-08-01”，单击“确定”按钮。

2. 设置总账控制参数

(1) 执行“基础设置”|“业务参数”|“财务会计”|“总账”命令，打开“选项”对话框。

(2) 单击“编辑”按钮，进入选项编辑状态。

(3) 分别打开“凭证”、“账簿”、“凭证打印”、“预算控制”、“权限”、“会计日历”、“其他”选项卡，按照实验资料的要求进行相应的设置。

(4) 设置完成后，单击“确定”按钮。

3. 设置基础数据

1) 设置外币及汇率：

(1) 在企业应用平台“基础设置”选项卡中，执行“基础档案”|“财务”|“外币设置”命令，打开“外币设置”对话框。

(2) 单击“增加”按钮，输入币符 USD、币名“美元”，单击“确认”按钮。

(3) 输入“2010-08”月份的记账汇率 8.275，单击“退出”按钮。

注意：

• 这里只能录入固定汇率与浮动汇率值，并不决定在制单时使用固定汇率还是浮动汇率，在总账“选项”对话框的“其他”选项卡的“外币核算”中，设置制单使用固定汇率还是浮动汇率。

• 如果使用固定汇率，则应在每月月初录入记账汇率(即期初汇率)，月末计算汇兑损益时录入调整汇率(即期末汇率)；如果使用浮动汇率，则应每天在此录入当日汇率。

2) 建立会计科目——增加明细会计科目：

(1) 在企业应用平台“基础设置”选项卡中，执行“基础档案”|“财务”|“会计科目”命令，进入“会计科目”窗口，显示所有“按新会计制度”预置的科目。

(2) 单击“增加”按钮，进入“会计科目—新增”窗口，输入实验资料中所给的明细科目。

(3) 输入明细科目相关内容。输入编码 100201、科目名称“工行存款”；选择“日记账”、“银行账”，单击“确定”按钮。

(4) 继续单击“增加”按钮，输入实验资料中其他明细科目的相关内容。

(5) 全部输入完成后，单击“关闭”按钮。

注意：增加的会计科目编码长度及每段位数要符合编码规则

3) 建立会计科目——修改会计科目：

(1) 在“会计科目”窗口中，单击要修改的会计科目 1001。

(2) 单击“修改”按钮或双击该科目，进入“会计科目—修改”窗口。

(3) 单击“修改”按钮，选中“日记账”复选框，单击“确定”按钮。

(4) 按实验资料内容修改其他科目的辅助核算属性，修改完成后，单击“返回”按钮。

注意：

• 已有数据的科目不能修改科目性质。

• 被封存的科目在制单时不可以使用。

• 只有处于修改状态才能设置汇总打印和封存

4) 建立会计科目——删除会计科目：

(1) 在“会计科目”窗口中，选择要删除的会计科目。

(2) 单击“删除”按钮，系统提示“记录删除后不能修复！真的删除此记录吗？”信息。

(3) 单击“确定”按钮，即可删除该科目。

注意：

• 如果科目已录入期初余额或已制单，则不能删除。

• 非末级会计科目不能删除。

• 被指定为“现金科目”、“银行科目”的会计科目不能删除；若想删除，必须先取消指定。

5) 建立会计科目——指定会计科目：

(1) 在“会计科目”窗口中，执行“编辑”|“指定科目”命令，进入“指定科目”窗口。

(2) 选择“现金科目”单选按钮，将“库存现金(1001)”由待选科目选入已选科目。

(3) 选择“银行科目”单选按钮，将“银行存款(1002)”由待选科目选入已选科目。

(4) 选择“现金流量科目”单选按钮，将“库存现金(1001)、工行存款(100201)、中行存款(100202)”由待选科目选入已选科目。

(5) 选择“确定”按钮。

注意：

• 指定会计科目是指定出纳的专管科目。只有指定科目后，才能执行出纳签字，从而实现现金、银行管理的保密性，才能查看现金、银行存款日记账。

• 在指定“现金科目”、“银行科目”之前，应在建立“现金”、“银行存款”会计科目时选中“日记账”复选框。

• 现金流量表的编制有两种方法：一种是利用总账中的现金流量辅助核算；另一种是利用专门的现金流量表软件编制现金流量表。本例拟采用第一种方法，因此，在此处明确与现金流量有关联的科目。

6) 设置凭证类别：

(1) 在企业应用平台“基础设置”选项卡中，执行“基础档案”|“财务”|“凭证类别”命令，打开“凭证类别预置”对话框。

(2) 选择“收款凭证、付款凭证、转账凭证”单选按钮。

(3) 单击“确定”按钮，进入“凭证类别”窗口。

(4) 单击工具栏上的“修改”按钮，单击收款凭证“限制类型”的下三角按钮，选择“借方必有”；在“限制科目”栏输入“1001，100201，100202”。

(5) 设置付款凭证的限制类型“贷方必有”、限制科目“1001，100201，100202”；转账凭证的限制类型“凭证必无”，限制科目“1001，100201，100202”。

(6) 设置完成后，单击“退出”按钮。

7) 设置结算方式：

(1) 在企业应用平台“基础设置”选项卡中，执行“基础档案”|“收付结算”|“结算方式”命令，进入“结算方式”窗口。

(2) 单击“增加”按钮，输入结算方式编码 1：结算方式名称“现金结算”，单击“保存”按钮。

(3) 依次输入其他结算方式。对于“现金支票”和“转账支票”要选中“票据管理标志”。

(4) 设置完成后，单击“退出”按钮。

注意：支票管理是系统为辅助银行出纳对银行结算票据的管理而设置的功能，类似于手工系统中的支票登记簿的管理方式。若需实施票据管理，则选中“是否票据管理”复选框。

8) 设置项目目录——定义项目大类：

(1) 在企业应用平台“基础设置”选项卡中，执行“基础档案”|“财务”|“项目目录”命令，进入“项目档案”窗口。

(2) 单击"增加"按钮，打开"项目大类定义——增加"对话框。

(3) 输入新项目大类名称"生产成本"。

(4) 单击"下一步"按钮，输入要定义的项目级次，假设本例采用系统默认值。

(5) 单击"下一步"按钮，输入要修改的项目栏目，假设本例采用系统默认值。

(6) 单击"完成"按钮，返回"项目档案"窗口。

注意：项目大类的名称是该类项目的总称，而不是会计科目名称。例如，在建工程按具体工程项目核算，其项目大类名称应为"工程项目"而不是"在建工程"。

9) 设置项目目录——指定核算科目：

(1) 在"项目档案"窗口中，打开"核算科目"选项卡。

(2) 选择项目大类"生产成本"。

(3) 单击">"按钮，将"生产成本(5001)"及其明细科目选为参加核算的科目，单击"确定"按钮。

注意：一个项目大类可指定多个科目，一个科目只能指定一个项目大类。

10) 设置项目目录——定义项目分类：

(1) 在"项目档案"窗口中，打开"项目分类定义"选项卡。

(2) 单击右下角的"增加"按钮，输入分类编码 1；输入分类名称"自行开发项目"，单击"确定"按钮。

(3) 同理，定义"2 委托开发项目"项目分类。

注意：

- 为了便于统计，可对同一项目大类下的项目进一步划分，即定义项目分类。
- 若无分类，也必须定义项目分类为"无分类"。

11) 设置项目目录——定义项目目录：

(1) 在"项目档案"窗口中，打开"项目目录"选项卡。

(2) 单击右下角的"维护"按钮，进入"项目目录维护"窗口。

(3) 单击"增加"按钮，输入项目编号 101；输入项目名称"普通打印纸-A4"：选择所属分类码 1。

(4) 同理，继续增加"102 凭证套打纸-8X"项目档案。

注意：标志结算后的项目将不能再使用。

4. 输入期初余额

(1) 在总账管理系统中，执行"设置"|"期初余额"命令，进入"期初余额录入"窗口。

(2) 直接输入末级科目(底色为白色)的累计发生额和期初余额，上级科目的累计发生额和期初余额自动填列。

(3) 设置了辅助核算的科目底色显示为浅黄色，其累计发生额可直接输入，但期初余额的录入要到相应的辅助账中进行。其操作方法是：双击设置了辅助核算属性的科目的期初余额栏，进入相应的辅助账窗口，按明细输入每笔业务的金额，完成后单击"退出"按钮，辅助账余额自动转到总账。

(4) 输完所有科目余额后，单击"试算"按钮，打开"期初余额试算平衡表"对话框。

(5) 若期初余额不平衡，则修改期初余额；若期初余额试算平衡，单击"退出"按钮。

注意：

- 期初余额试算不平衡，将不能记账，但可以填制凭证。

- 已经记过账，则不能再输入、修改期初余额，也不能执行“结转上年余额”功能。

★ 实验二 总账管理系统日常业务处理

【实验目的】

(1) 掌握用友 ERP-U872 管理软件中总账管理系统日常业务处理的相关内容。

(2) 熟悉总账管理系统日常业务处理的各种操作。

(3) 掌握凭证管理、出纳管理和账簿管理的具体内容和操作方法。

【实验内容】

(1) 凭证管理：填制凭证、审核凭证、凭证记账的操作方法。

(2) 出纳管理：出纳签字、现金、银行存款日记账和资金日报表的查询。

(3) 账簿管理：总账、科目余额表、明细账、辅助账的查询方法。

【实验准备】引入“实验一”账套数据。

【实验资料】

1) 凭证管理：2010 年 8 月份企业发生的经济业务如下：

(1) 8 月 2 日，采购部程旭购买了 200 元的办公用品，以现金支付，附单据一张。

借：销售费用(6601) 200

贷：库存现金(1001) 200

(2) 8 月 3 日，财务部王晶从工行提取现金 10 000 元，作为备用金，现金支票号 XJ001。

借：库存现金(1001) 10 000

贷：银行存款——工行存款(100201) 10 000

(3) 8 月 5 日，收到兴华集团投资资金 10 000 美元，汇率 1∶8.275，转账支票号 ZZW001。

借：银行存款——中行存款(100202) 82 750

贷：实收资本(4001) 82 750

(4) 8 月 8 日，采购部白丽采购原纸 10 吨，每吨 5 000 元，材料直接入库，货款以银行存款支付，转账支票号 ZZR001。

借：原材料——生产用原材料(140301) 50 000

贷：银行存款——工行存款(100201) 50 000

(5) 8 月 12 日，销售部程旭收到华宏公司转来一张转账支票，金额 99 600 元，用以偿还前欠货款，转账支票号 ZZR002。

借：银行存款——工行存款(100201) 99 600

贷：应收账款(1122) 99 600

(6) 8 月 14 日，采购部白丽从兴华公司购入“管理革命”光盘 100 张，单价 80 元，货税款暂欠，商品已验收入库，适用税率 17%。

借：库存商品(1405) 8 000

应交税费——应交增值税——进项税额(22210101) 1 360

贷：应付账款(2202) 9 360

(7) 8 月 16 日，总经理办公室支付业务招待费 1200 元，转账支票号 ZZR003。

借：管理费用——招待费(660205) 1 200

贷：银行存款——工行存款(100201) 1 200

(8) 8 月 18 日，总经理办公室肖剑出差归来，报销差旅费 2000 元，交回现金 200 元。

借：管理费用——差旅费(660204) 1 800

库存现金(1001)　　200

贷：其他应收款——个人(122102)　　2 000

(9) 8 月 20 日，一车间领用原纸 5 吨，单价 5000 元，用于生产普通打印纸-A4。

借：生产成本——直接材料(500101)　　25 000

贷：原材料——生产用原材料(140301)　　25 000

2) 出纳管理：8 月 25 日，采购部李平借转账支票一张，票号 155，预计金额 5 000 元。

【实验要求】

(1) 以“李伟”的身份进行填制凭证，凭证查询操作。

(2) 以“王晶”的身份进行出纳签字，现金、银行存款日记账和资金日报表的查询，支票登记操作。

(3) 以“陈明”的身份进行审核、记账、账簿查询操作。

【操作指导】以“003 李伟”的身份注册进入企业应用平台。

注意：操作日期输入“2010-08-02”。这样，可以只注册一次企业应用平台，输入不同日期的凭证。

1. 凭证管理

1) 填制凭证：

■ 增加凭证——输入凭证的辅助核算信息(业务 1～业务 9)。

业务 1：辅助核算——现金流量。

在凭证填制过程中，若某科目为“银行科目”、“外币科目”、“数量科目”、“辅助核算科目”、“现金流量科目”，输完科目名称后，则须继续输入该科目的辅助核算信息。

(1) 在业务工作界面，执行“财务会计”|“总账”|“凭证”|“填制凭证”命令，进入“填制凭证”窗口。

(2) 单击“增加”按钮，增加一张空白凭证。

(3) 选择凭证类型“付款凭证”：输入制单日期“2010-08-02”；输入附单据数 1。

(4) 输入摘要“购办公用品”；输入科目名称 6601，借方金额 200，按“Enter”键；摘要自动带到下一行，输入科目名称 1001，贷方金额 200，按“Enter”键，打开“现金流量表”对话框。

(5) 单击“增加”按钮，在“项目编码”参照中，依次选择“经营活动”|“现金流出”|“支付的与其他经营活动有关的现金”项目，输入金额 200，单击“确定”按钮返回。

(6) 单击“保存”按钮，系统弹出“凭证已成功保存!”信息提示框，单击“确定”按钮。

注意：

• 采用序时控制时，凭证日期应大于等于启用日期，不能超过业务日期。

• 凭证一旦保存，其凭证类别、凭证编号不能修改。

• 正文中不同行的摘要可以相同也可以不同，但不能为空。每行摘要将随相应的会计科目在明细账、日记账中出现。

• 科目编码必须是末级的科目编码。

• 金额不能为“零”；红字以“－”号表示。

• 可按“＝”键，取当前凭证借贷方金额的差额到当前光标位置。

业务 2：辅助核算——银行科目。

(1) 现金和银行存款科目均是现金流量辅助核算科目，因此，系统会弹出“现金流量表”提示信息框供用户确认选择，但本业务属于现金各项目之间的增减变动，不影响现金流量的净额，因此，在弹出的提示框中直接单击“退出”按钮，不做选择。

(2) 在填制凭证过程中，输完银行科目100201，弹出“辅助项”对话框。

(3) 输入结算方式201，票号XJ001，发生日期“2010-08-03”，单击“确定”按钮。

(4) 凭证输入完成后，若此张支票未登记，则系统弹出“此支票尚未登记，是否登记?”对话框。

(5) 单击“是”按钮，弹出“票号登记”对话框。

(6) 输入领用日期“2010-08-03”，领用部门“财务部”姓名“王晶”，限额10 000，用途“备用金”，单击“确定”按钮。

(7) 单击“保存”按钮，保存该凭证。

注意：选择支票控制，即该结算方式设为支票管理，银行账辅助信息不能为空，而且该方式的票号应在支票登记簿中有记录。

业务3：辅助核算——外币科目。

(1) 在填制凭证过程中，输完外币科目100202，输入外币金额10 000，根据自动显示的外币汇率8.275，自动算出并显示本币金额82 750。

(2) 全部输入完成后，单击“保存”按钮，保存凭证。

注意：

• 该笔业务的现金流量项目为“筹资活动”|“现金流入”|“吸收投资所收到的现金”。

• 汇率栏中内容是固定的，不能输入或修改。如使用浮动汇率，汇率栏中显示最近一次汇率，可以直接在汇率栏中修改。

业务4：辅助核算——数量科目。

(1) 在填制凭证过程中，输入完数量科目121101，弹出“辅助项”对话框。

(2) 输入数量10，单价5 000，单击“确认”按钮。

业务5：辅助核算——客户往来。

(1) 在填制凭证过程中，输入完客户往来科目1122，弹出“辅助项”对话框。

(2) 输入客户“华宏公司”，发生日期“2010-08-12”。

(3) 单击“确认”按钮。

注意：

• 该笔业务的现金流量项目为“经营活动”|“现金流入”|“销售商品、提供劳务收到的现金”。

• 如果往来单位不属于已定义的往来单位，则要正确输入新往来单位的辅助信息，系统会自动追加到往来单位目录中。

业务6：辅助核算——供应商往来。

(1) 在填制凭证过程中，输入完供应商往来科目2202，弹出“辅助项”对话框。

(2) 输入供应商“兴华公司”，发生日期“2010-08-14”。

(3) 单击“确认”按钮。

业务7：辅助核算——部门核算。

(1) 在填制凭证过程中，输入完部门核算科目660205，弹出“辅助项”对话框。

(2) 输入部门“总经理办公室”，单击“确认”按钮。

业务 8：辅助核算科目——个人往来。

(1) 在填制凭证过程中，输入完个人往来科目 122102，弹出“辅助项”对话框。

(2) 输入部门“总经理办公室”，个人“肖剑”，发生日期“2010-08-18”。

(3) 单击“确认”按钮。

注意：

• 该笔业务的现金流量项目为“经营活动”|“现金流入”|“收到的其他与经营活动的现金”。

• 在输入个人信息时，若不输入“部门名称”只输入“个人名称”时，系统将根据所输入个人名称自动输入其所属的部门。

业务 9：辅助核算科目——项目核算。

(1) 在填制凭证过程中，输入完项目核算科目 500101，弹出“辅助项”对话框。

(2) 输入项目名称“普通打印纸-A4”，单击“确认”按钮。

注意：系统根据数量×单价自动计算出金额，并将金额先放在借方，如果方向不符，可将光标移动到贷方后，按 Space(空格)键即可调整金额方向。

■ 查询凭证：

(1) 执行“凭证”|“查询凭证”命令，打开“凭证查询”对话框。

(2) 输入查询条件，单击“辅助条件”按钮，可输入更多查询条件。

(3) 单击“确认”按钮，进入“查询凭证”窗口。

(4) 双击某一凭证行，则屏幕可显示出此张凭证。

■ 修改凭证(可选做内容)：

(1) 执行“凭证”|“填制凭证”命令，进入“填制凭证”窗口。

(2) 单击“查询凭证”按钮，输入查询条件，找到要修改的凭证。

(3) 对于凭证的一般信息，将光标放在要修改的地方，直接修改；如果要修改凭证的辅助项信息，首先选中辅助核算科目行，然后将光标置于备注栏辅助项，待鼠标图形变为“笔形”时双击，弹出“辅助项”对话框，在对话框中修改相关信息。

(4) 单击“保存”按钮，保存相关信息。

注意：

• 未经审核的错误凭证可通过“填制凭证”功能直接修改；已审核的凭证应先取消审核后，再进行修改。

• 若已采用制单序时控制，则在修改制单日期时，不能在上一张凭证的制单日期之前。

• 若选择“不允许修改或作废他人填制的凭证”权限控制，则不能修改或作废他人填制的凭证。

• 如果涉及银行科目的分录已录入支票信息，并对该支票做过报销处理，修改操作将不影响“支票登记簿”中的内容。

• 外部系统传过来的凭证不能在总账管理系统中进行修改，只能在生成该凭证的系统中进行修改。

2. 冲销凭证(可选做内容)

(1) 在“填制凭证”窗口，执行“制单”|“冲销凭证”命令，打开“冲销凭证”对话框。

(2) 输入条件：选择“月份”、“凭证类别”；输入“凭证号”等信息。

(3) 单击“确定”按钮，系统自动生成一张红字冲销凭证。

注意：

• 通过红字冲销法增加的凭证，应视同正常凭证进行保存和管理。

• 红字冲销只能针对已记账凭证进行。

3. 删除凭证(可选做内容)

1) 作废凭证：

(1) 先查询到要作废的凭证。

(2) 在"填制凭证"窗口中，执行"制单"|"作废/恢复"命令。

(3) 凭证的左上角显示"作废"字样，表示该凭证已作废。

注意：

• 作废凭证仍保留凭证内容及编号，只显示"作废"字样。

• 作废凭证不能修改，不能审核。

• 在记账时，已作废的凭证应参与记账，否则月末无法结账，但不对作废凭证作数据处理，相当于一张空凭证。

• 账簿查询时，查不到作废凭证的数据。

• 若当前凭证已作废，可执行"编辑"|"作废/恢复"命令，取消作废标志，并将当前凭证恢复为有效凭证。

2) 整理凭证：

(1) 在"填制凭证"窗口中，执行"制单"|"整理凭证"命令，打开"选择凭证期间对话框"。

(2) 选择要整理的"月份"。

(3) 单击"确定"按钮，打开"作废凭证表"对话框。

(4) 选择真正要删除的作废凭证。

(5) 单击"确定"按钮，系统将这些凭证从数据库中删除并对剩下凭证重新排号。

注意：

• 如果作废凭证不想保留时，则可以通过"整理凭证"功能，将其彻底删除，并对未记账凭证重新编号。

• 只能对未记账凭证做凭证整理。

• 已记账凭证作凭证整理，应先恢复本月月初的记账前状态，再做凭证整理。

4. 出纳签字

1) 更换操作员：

(1) 在企业应用平台窗口，执行左上角"重注册"命令，打开"登录"对话框。

(2) 以"002 王晶"的身份注册进入企业应用平台，再进入总账管理系统。

注意：

• 凭证填制人和出纳签字人可以为不同的人，也可以为同一个人

• 按照会计制度规定，凭证的填制与审核不能是同一个人。

• 在进行出纳签字和审核之前，通常需先更换操作员。

2) 进行出纳签字：

(1) 执行"凭证"|"出纳签字"命令，打开"出纳签字"查询条件对话框。

(2) 输入查询条件：选择"全部"单选按钮。

(3) 单击"确认"按钮，进入"出纳签字"的凭证列表窗口。

(4) 双击某一要签字的凭证或者单击"确定"按钮，进入"出纳签字"的签字窗口。

(5) 单击“签字”按钮，凭证底部的“出纳”位置被自动签上出纳人姓名。

(6) 单击“下张”按钮，对其他凭证签字，最后单击“退出”按钮。

注意

• 涉及指定为现金科目和银行科目的凭证才需出纳签字。

• 凭证一经签字，就不能被修改、删除，只有取消签字后才可以修改或删除，取消签字只能由出纳自己进行。

• 凭证签字并非审核凭证的必要步骤。若在设置总账参数时，不选择“出纳凭证必须经由出纳签字”，则可以不执行“出纳签字”功能。

• 可以执行“出纳”|“成批出纳签字”功能对所有凭证进行出纳签字。

5. 审核凭证 以“001 陈明”的身份重新注册进入企业应用平台。

(1) 执行“凭证”|“审核凭证”命令，打开“凭证审核”查询条件对话框。

(2) 输入查询条件，单击“确认”按钮，进入“凭证审核”的凭证列表窗口。

(3) 双击要审核的凭证或单击“确定”按钮，进入“凭证审核”的审核凭证窗口。

(4) 检查要审核的凭证，无误后，单击“审核”按钮，凭证底部的“审核”处自动签上审核人姓名。

(5) 单击“下张”按钮，对其他凭证签字，最后单击“退出”按钮。

注意：

• 审核人必须具有审核权。如果在“选项”中设置了“凭证审核控制到操作员”时，审核人还需要有对制单人所制凭证的审核权。

• 作废凭证不能被审核，也不能被标错。

• 审核人和制单人不能是同一个人，凭证一经审核，不能被修改、删除，只有取消审核签字后才可修改或删除，已标志作废的凭证不能被审核，需先取消作废标志后才能审核。

6. 凭证记账 以“陈明”的身份进行记账。

1) 记账：

(1) 执行“凭证”|“记账”命令，进入“记账”窗口。

(2) 第一步选择要进行记账的凭证范围。例如，在付款凭证的“记账范围”栏中输入“1-4”，本例单击“全选”按钮，选择所有凭证，单击“下一步”按钮。

(3) 第二步显示记账报告，如果需要打印记账报告，可单击“打印”按钮。如果不打印记账报告，单击“下一步”按钮。

(4) 第三步记账，单击“记账”按钮，打开“期初试算平衡表”对话框，单击“确认”按钮，系统开始登录有关的总账和明细账、辅助账。登记完后，弹出“记账完毕”信息提示对话框。

(5) 单击“确定”按钮，记账完毕。

注意：

• 第一次记账时，若期初余额试算不平衡，不能记账。

• 上月未记账，本月不能记账。

• 未审核凭证不能记账，记账范围应小于等于已审核范围。

• 作废凭证不需审核可直接记账。

• 记账过程一旦断电或其他原因造成中断后，系统将自动调用“恢复记账前状态”功能恢复数据，然后再重新记账。

2) 取消记账：激活"恢复记账前状态"菜单。

(1) 在业务工作界面，执行“财务会计”|“总账”|“期末”|“对账”命令，进入“对账”窗口。

(2) 按“Ctrl+H”键，系统弹出“恢复记账前状态功能已被激活”。信息提示对话框，同时在“凭证”菜单下显示“恢复记账前状态功能”菜单项。

(3) 单击“确定”按钮，再单击工具栏上的“退出”按钮。

注意：如果退出系统后又重新进入系统，或在“对账”中按“Ctrl+H”键，将重新隐藏“恢复记账前状态”功能。

3) 恢复记账：

(1) 执行“凭证”|“恢复记账前状态”命令，打开“恢复记账前状态”对话框。

(2) 选择“最近一次记账前状态”单选按钮。

(3) 单击“确定”按钮，系统弹出“请输入主管口令”信息提示对话框。

(4) 输入口令 1，单击“确认”按钮，稍候，系统弹出“恢复记账完毕!”信息提示对话框，单击“确定”按钮。

注意：

- 已结账月份的数据不能取消记账。
- 取消记账后，一定要重新记账。

7. 出纳管理　以“王晶”的身份重新注册进入企业应用平台。

1) 现金日记账：

(1) 执行“出纳”|“现金日记账”命令，打开“现金日记账查询条件”对话框。

(2) 选择科目“库存现金(1001)”，默认月份“2010-08”，单击“确认”按钮，进入“现金日记账”窗口。

(3) 双击某行或将光标置于某行再单击“凭证”按钮，可查看相应的凭证。

(4) 单击“总账”按钮，可查看此科目的三栏式总账，单击“退出”按钮。

注意：如果在选项中设置于“明细账查询权限控制到科目”，那么账套主管应赋予出纳王晶“现金”和“银行存款”科目的查询权限。

2) 银行存款日记账：银行存款日记账查询与现金日记账查询操作基本相同，所不同的只是银行存款日记账设置了结算号栏，主要是对账时用。

3) 资金日报表：

(1) 执行“出纳”|“资金日报”命令，打开“资金日报表查询条件”对话框。

(2) 输入查询日期“2010-08-03”。选中“有余额无发生也显示”复选框。

(3) 单击“确认”按钮，进入“资金日报表”窗口，单击“退出”按钮。

4) 支票登记簿：

(1) 执行“出纳”|“支票登记簿”命令，打开“银行科目选择”对话框。

(2) 选择科目“工行存款(100201)”，单击“确认”按钮，进入支票登记窗口。

(3) 单击“增加”按钮。

(4) 输入领用日期“2010-08-25”，领用部门“采购部”，领用人“李平”，支票号 155 预计金额 5 000，用途“购材料”，单击“保存”按钮，再在工具栏上单击“退出”按钮。

注意：

- 只有在结算方式设置中选择“票据管理标志”功能才能在此选择登记。

- 领用日期和支票号必须输入，其他内容可输可不输。
- 报销日期不能在领用日期之前。
- 已报销的支票可成批删除。

8. 账簿管理　以“陈明”的身份重新注册进入企业应用平台。辅助账的查询只介绍部门账，其他账簿查询同此。

1) 查询基本会计核算账簿：

(1) 执行“账表”|“科目账”|“总账”命令，可以查询总账。

(2) 执行“账表”|“科目账”|“余额表”命令，可以查询发生额及余额表。

(3) 执行“账表”|“科目账”|“明细账”命令，可以查询月份综合明细账。

2) 部门账：

部门总账：

(1) 执行“账表”|“部门辅助账”|“部门总账”|“部门三栏总账”命令，进入“部门三栏总账条件”窗口。

(2) 输入查询条件：科目“招待费(660205)”，部门“总经理办公室”。

(3) 单击“确认”按钮，显示查询结果。

(4) 将光标置于总账的某笔业务上，单击“明细”按钮，可以联查部门明细账。

部门明细账：

(1) 执行“账表”|“部门辅助账”|“部门明细账”|“部门多栏式明细账”命令，进入“部门多栏明细账条件”窗口。

(2) 选择科目 6602，部门“总经理办公室”，月份范围“2010-08～2010-08”，分析方式“金额分析”，单击“确认”按钮，显示查询结果。

(3) 将光标置于多栏账的某笔业务上，单击“凭证”按钮，可以联查该笔业务的凭证。

部门收支分析：

(1) 执行“账表”|“部门辅助账”|“部门收支分析”，进入“部门收支分析条件”窗口。

(2) 第一步选择分析科目：选择所有的部门核算科目，单击“下一步”按钮。

(3) 第二步选择分析部门：选择所有的部门，单击“下一步”按钮。

(4) 第三步选择分析月份：起止月份“2010-08～2010-08”，单击“完成”按钮，显示查询结果。

★ 实验三　总账管理系统期末处理

【实验目的】

(1) 掌握用友 ERP-U872 管理软件中总账管理系统月末处理的相关内容。

(2) 熟悉总账管理系统月末处理业务的各种操作。

(3) 掌握银行对账、自动转账设置与生成、对账和月末结账的操作方法。

【实验内容】

(1) 银行对账。

(2) 自动转账。

(3) 对账。

(4) 结账。

【实验准备】 引入“实验二”账套数据。

【实验资料】

1) 银行对账：

(1) 银行对账期初。众人公司银行账的启用日期为2010-08-01，工行人民币户企业日记账调整前余额为511 057.16元，银行对账单调整前余额为533 829.16元，未达账项一笔，系银行已收企业未收款22 772元。

(2) 银行对账单。8月份银行对账单：

日　期	结算方式	票　号	借方金额	贷方金额
2010-08-03	201	XJ001		10 000
2010-08-06				60 000
2010-08-10	202	ZZR001		50 000
2010-08-14	202	ZZR002	99 600	

2) 自动转账定义及生成

(1) 自定义结转。

业务1：摊销本月应负担的报刊费。

借：管理费用——其他(660207)　　JG()

贷：待摊费用——报刊费(150401)　　QC(150401，月)/12

业务2：按短期借款期末余额的0.2%计提短期借款利息。

借：财务费用——利息支出(660301)　　QM(2001，月)*0.002

贷：应付利息——借款利息(223103)　　JG()

(2) 期间损益结转。依照本实验操作指导中相应步骤操作。

【实验要求】

(1) 以“王晶”的身份进行出纳操作。

(2) 以“李伟”的身份进行自动转账操作。

(3) 以“陈明”的身份进行审核、记账、对账、结账操作。

【操作指导】

1. 银行对账以“王晶”的身份注册进入企业应用平台

1) 输入银行对账期初数据：

(1) 在业务工作界面的总账系统中，执行“出纳”|“银行对账”|“银行对账期初录入”命令，打开“银行科目选择”对话框。

(2) 选择科目“工行存款(100201)”，单击“确定”按钮，进入“银行对账期初”窗口。

(3) 确定启用日期“2010-08-01”。

(4) 输入单位日记账的调整前余额 511 057.16；输入银行对账单的调整前余额 533 829.16。

(5) 单击“对账单期初未达项”按钮，进入“银行方期初”窗口。

(6) 单击“增加”按钮，输入日期“2010-07-30”，结算方式202，借方金额22 772.00。

(7) 单击“保存”按钮，再在工具栏上单击“退出”按钮。

注意：

• 第一次使用银行对账功能前，系统要求录入日记账及对账单未达账项，在开始使用银行对账之后不再使用。

• 在录入完单位日记账、银行对账单期初未达账项后，请不要随意调整启用日期，尤其是向前调，这样可能会造成启用日期后的期初数不能再参与对账。

2) 录入银行对账单：

(1) 执行“出纳”|“银行对账”|“银行对账单”命令，打开“银行科目选择”对话框。

(2) 选择科目“工行存款(100201)”，月份“2010-08—2010-08”，单击“确定”按钮，进入“银行对账单”窗口。

(3) 单击“增加”按钮，输入银行对账单数据，单击“保存”按钮。

3) 银行对账：

自动对账：

(1) 执行“出纳”|“银行对账”|“银行对账”命令，打开“银行科目选择”对话框。

(2) 选择科目“工行存款(100201)”，月份“2010-08—2010-08”，单击“确定”按钮进入“银行对账”窗口。

(3) 单击“对账”按钮，打开“自动对账”条件对话框。

(4) 输入截止日期“2010-08-31”，默认系统提供的其他对账条件。

(5) 单击“确定”按钮，显示自动对账结果。

注意：

- 对账条件中的方向、金额相同是必选条件，对账截止日期可以不输入。
- 对于已达账项，系统自动在银行存款日记账和银行对账单双方的“两清”栏打上圆圈标志。

手工对账：

(1) 在银行对账窗口，对于一些应勾对而未勾对上的账项，可分别双击“两清”栏，直接进行手工调整。手工对账的标志为 Y，以区别于自动对账标志。

(2) 对账完毕，单击“检查”按钮，检查结果平衡，单击“确认”按钮。

注意：在自动对账不能完全对上的情况下，可采用手工对账。

4) 输出余额调节表：

(1) 执行“出纳”|“银行对账”|“余额调节表查询”命令，进入“银行存款余额调节表”窗口。

(2) 选择科目“工行存款(100201)”。

(3) 单击“查看”按钮或双击该行，即显示该银行账户的银行存款余额调节表。

(4) 单击“打印”按钮，打印银行存款余额调节表。

2. 自动转账以“李伟”的身份重新注册进入企业应用平台

1) 转账定义：

自定义结转设置：

业务 1：

(1) 在业务工作界面的总账系统中，执行“期末”|“转账定义”|“自定义转账”命令，进入“自定义转账设置”窗口。

(2) 单击“增加”按钮，打开“转账目录”设置对话框。

(3) 输入转账序号 0001，转账说明“摊销报刊费”；选择凭证类别“转账凭证”。

(4) 单击“确定”按钮，继续定义转账凭证分录信息。

(5) 确定分录的借方信息。选择科目编码 660207，部门“总经理办公室”，方向“借”；输入金额公式 JG( )。

注意：

- 转账科目可以为非末级科目、部门可为空，表示所有部门。

• 如果使用应收款、应付款管理系统，则在总账管理系统中，不能按客户、供应商辅助项进行结转，只能按科目总数进行结转。

• 输入转账计算公式有两种方法：一是直接输入计算公式；二是引导方式录入公式。

• JG( )含义为“取对方科目计算结果”，其中的“( )”必须为英文符号，否则系统提示“金额公式不合法：未知函数名”。

(6) 单击“增行”按钮。

(7) 确定分录的贷方信息。选择科目编码 150401，方向“贷”；输入金额公式“QM(150401，月) / 12”。

(8) 单击“保存”按钮。

业务 2：

(1) 单击“增加”按钮；打开“转账目录”设置对话框。

(2) 输入转账序号 0002，转账说明“计提短期借款利息”；选择凭证类别“转账凭证”。

(3) 单击“确定”按钮，继续定义转账凭证分录信息。

(4) 选择科目编码 660301，方向“借”；双击金额公式栏，选择参照按钮，打开“公式向导”对话框。

(5) 选择“期末余额”函数，单击“下一步”按钮，继续公式定义。

(6) 选择科目 2001，其他默认，单击“完成”按钮，金额公式带回自定义转账设置窗口。将光标移至末尾，输入“*0.002”，按“Enter”键确认。

(7) 确定分录的贷方信息；选择科目编码 223103，方向“贷”，输入金额公式 JG( )。

(8) 单击“保存”按钮。

期间损益结转设置：

(1) 执行“期末”|“转账定义”|“期间损益”命令，进入“期间损益结转设置”窗口。

(2) 选择凭证类别“转账凭证”，选择本年利润科目 4103，单击“确定”按钮。

2) 转账生成：

自定义转账生成：

(1) 执行“期末”|“转账生成”命令，进入“转账生成”窗口。

(2) 选择“自定义转账”单选按钮，单击“全选”按钮。

(3) 再单击“确定”按钮，生成转账凭证。

(4) 单击“保存”按钮，凭证左上角显示“已生成”字样，系统自动将当前凭证追加到未记账凭证中。

注意：

• 转账生成之前，注意转账月份为当前会计月份。

• 进行转账生成之前，先将相关经济业务的记账凭证登记入账。

• 转账凭证每月只生成一次。

• 若使用应收款、应付款管理系统，则总账管理系统中，不能按客户、供应商进行结转。

• 生成的转账凭证，仍需审核才能记账。

特别注意：以“陈明”的身份将生成的自动转账凭证审核、记账。此操作若不进行，后面的期间损益结转的数据将会出错。

期间损益结转生成：

(1) 以“李伟”身份生成期间损益自动转账凭证。

(2) 执行“期末”|“转账生成”命令，进入“转账生成”窗口。

(3) 选择“期间损益结转”单选按钮。

(4) 单击“全选”按钮，再单击“确定”按钮，生成转账凭证。

(5) 单击“保存”按钮，系统自动将当前凭证追加到未记账凭证中。

注意：以“陈明”的身份将生成的自动转账凭证审核、记账。

3. 对账　以“陈明”的身份重新注册进入企业应用平台。

(1) 执行“期末”|“对账”命令，进入“对账”窗口。

(2) 将光标置于要进行对账的月份“2010-08”，单击“选择”按钮

(3) 单击“对账”按钮，开始自动对账，并显示对账结果。

(4) 单击“试算”按钮，可以对各科目类别余额进行试算平衡。

(5) 单击“确认”按钮。

4. 结账

1) 进行结账：

(1) 执行“期末”|“结账”命令，进入“结账”窗口。

(2) 单击要结账月份“2010-08”，单击“下一步”按钮。

(3) 单击“对账”按钮，系统对要结账的月份进行账账核对。

(4) 单击“下一步”按钮，系统显示“2010 年 08 月工作报告”。

(5) 查看工作报告后，单击“下一步”按钮，再单击“结账”按钮，若符合结账要求系统将进行结账，否则不予结账。

注意：

- 结账只能由有结账权限的人进行。
- 本月还有未记账凭证时，则本月不能结账。
- 结账必须按月连续进行，上月未结账，则本月不能结账。
- 若总账与明细账对账不符，则不能结账。
- 如果与其他系统联合使用，其他子系统未全部结账，则本月不能结账
- 结账前，要进行数据备份。

2) 取消结账：

(1) 执行“期末”|“结账”命令，进入“结账”窗口。

(2) 选择要取消结账的月份“2010-08”。

(3) 按“Ctrl+Shift+F6”键，激活“取消结账”功能。

(4) 输入口令 1，单击“确认”按钮，取消结账标志。

注意：若由于非法操作或计算机病毒或其他原因造成数据被破坏，这时可以在此使用“取消结账”功能。

第6章　报表管理

学习目标

- 了解UFO报表系统的功能和基本流程;
- 理解设置报表的格式和计算公式;
- 掌握会计报表的生成、审核和舍位及会计报表的管理。

第1节　报表系统概述

会计报表系统的目的是编制、输出会计报表和进行会计报表分析。企业实现电算化后并没有改变会计报表编制和分析的目的以及最终结果，但在会计报表的编制过程、报表数据输入形式、报表分析的手段、报表信息的传递方式及其使用管理等方面与手工会计系统有很大的区别。

用友ERP-U8管理软件中的UFO报表是报表事务处理的工具。它与用友账务管理软件等各系统有完善的接口，具有方便的自定义报表功能、数据处理功能，内置多个行业的常用会计报表；该系统也可以独立运行，用于处理日常办公事务。

一、会计报表的分类

会计报表是根据会计准则的基本要求，按照《企业会计准则第30号——财务报表列报》和《企业会计准则第31号——现金流量表》应用指南所规定的内容编制的。会计报表的种类很多，可以按其不同的标志进行分类。

（一）按经济内容分类

按会计报表所反映的经济内容的不同，分为财务状况报表和经营成果报表。财务状况报表是反映企业单位在一定时间财务状况的报表，主要有企业的资产负债表和现金流量表。经营成果报表是反映企业单位在某一时期内收入实现、成本消耗和利润形成及分配情况的报表，主要有企业的利润表。

（二）按资金运动的状态分类

按会计报表反映的企业资金状态不同，分为静态报表和动态报表。前者是综合反映企业单位一定时间资金的存在，以及资金的取得情况的报表，如资产负债表。后者是综合反映企业单位一定时期内资金的循环与周转情况的报表，如现金流量表。

（三）按编表时间分类

按会计报表编制的时期不同，分为月报表、季报表、半年报表和年报表。

（四）按编表单位分类

按会计报表编制单位的不同，分为基层报表、汇总报表和合并报表。基层报表是由独立核算的基层会计单位编制的报表，是对基层单位财务状况和经营成果的反映。汇总报表是由上级主管部门根据所属单位编制的基层报表加上本单位会计报表汇总编制的，用来反映某一部门或地区综合性指标。合并报表是一个企业对另一个企业的投资超过一定比例后，将被投资企业的财务状况、经营成果与本企业有关内容合并反映而编制的报表。

（五）按报送单位分类

按会计报表报送单位的不同，分为外送报表和内部报表。外送报表是为了满足企业外部投资、债权人、政府管理部门及其他相关利益者的需要而编制的报表。内部报表是企业为了加强会计核算和管理，满足管理部门对内管理的需要而编制的报表。

不同种类的会计报表反映的是同一会计主体的资金运动情况，只是反映的角度和侧重点不同，这就决定了反映各个方面的会计指标之间，以及不同会计报表的指标之间存在必然的联系。会计报表之间或会计报表内部存在的这种指标的相互联系，称为会计报表的相互关系或会计报表的勾稽关系。会计报表的相互关系表现为以下两种形式：

1. 各种会计报表之间的相互关系 它表现在为相同指标在不同报表中的运用和计算口径是一致的。如利润表中反应的未分配利润数，应当与资产负债表中的未分配利润数相吻合。

2. 表内各指标间的相互关系 在一张报表内，会计指标之间存在相互关系，这种关系变现为指标之间的计算关系或对应关系。如资产负债表中，全部资产类指标相加之和应当等于全部负债指标及权益类指标的相加之和。固定资产净值等于固定资产原值减去累计折旧；在利润表中利润总额应等于营业利润加上营业外收入减去营业外支出。

二、报表系统的功能结构

目前的报表系统是以 Excel 作为标准，运行于通用平台上的电子报表系统。除了与账务处理系统之间存在良好的数据接口外，报表系统还与其他子系统相辅相成。报表系统具有自定义报表功能、数据处理功能、报表分析、报表输出等功能。

报表系统的功能模块主要包括报表结构设置、报表的日常管理、报表其他管理功能。

（一）报表的结构设置

会计报表的主要目的是向企业的有关各方反映企业的财务状况和经营成果。报表结构设置主要包括报表登记、格式设置和公式定义等。

报表登记。每一张报表在计算机中都有一个登记项，登记项包括报表编号、表名、附注等信息。报表文件名是报表的唯一外部标识。登记后的报表，其表名在各功能模块中提示或供用户选择，表名通常与表标题取得一致。报表编号是报表的唯一内部标识，主要用于系统内部处理报表时的报表识别，附注是报表的附加说明信息，根据需要可有可无。

报表格式设计主要是对报表进行设置，以及利用公式定义报表内经济指标生成的公式。

（二）报表日常管理

报表编制。会计报表应当根据已登记完整、核对无误的账簿记录和其他有关资料编制。计算机环境下，当用户完成报表格式设置和报表公式定义后，会计报表的编制工作就可以由计算机系统自动完成了。由于会计报表的经济指标数据来源于账簿或其他有关资料，为了保证会计报表的准确性，编制报表之前应完成记账、账项调整和结转、结账等工作。

报表系统的输出主要有两种形式：屏幕查询输出和打印输出。

报表汇总通常是按隶属关系，采用逐级汇总的方式编制的。报表系统的报表汇总只能处理那些结构相同、数据不同的会计报表，而不能用于编制合并报表。

(三) 报表的其他功能

1. 报表图形分析 对于企业管理者而言，要想直接从报表上了解数据所能反映的财务状况，不是一件容易的事情。利用报表的图形分析功能，用户可以将财务指标数据以图形的方式显示出来，较之于简单的数字更直观，且更有说服力。

2. 报表文件管理 报表系统提供了各种文件管理功能，可以将报表系统生成数据文件转换成其他格式文件，以满足用户对数据共享的要求。

3. 报表维护功能 进行报表的删除、报表的引入、导出等操作管理。

三、UFO 电子表系统的主要功能

UFO 电子表系统是基于 Web 应用网络分布式表格处理软件，是用友软件公司开发研制的三维立体表，在此基础上提供丰富的实用功能，完全实现了三维立体表的四维处理能力。概括起来，UFO 报表的主要功能如下：

1. 文件管理功能 UFO 提供了各类文件管理功能，除能完成一般的文件管理外，UFO 的数据文件还能够转换为不同的文件格式，例如，文本文件、MDB 文件、XLS 文件等。此外，通过 UFO 提供的“导入”和“导出”功能，可以实现和同类软件之间的数据交换。

2. 格式设计功能 UFO 提供的格式设计功能，可以设置报表尺寸、组合单元、画表格线、调整行高列宽、设置字体和颜色、设置显示比例等。同时，UFO 还内置了 11 种套用格式和 19 个行业的标准财务报表模板，包括最新的现金流量表，方便了用户标准报表的制作，对于用户单位内部常用的管理报表，UFO 还提供了自定义模板功能。

3. 公式设计功能 UFO 提供了绝对单元公式和相对单元公式，可以方便、迅速地定义计算公式、审核公式、舍位平衡公式；UFO 还提供了种类丰富的函数，在系统向导的引导下轻松地从用友账务及其他子系统中提取数据，生成财务报表。

4. 数据处理功能 UFO 的数据处理功能可以固定的格式管理大量数据不同的表页，并在每张表页之间建立有机的联系。此外，还提供了表页的排序、查询、审核、舍位平衡、汇总功能。

5. 图表功能 UFO 可以很方便地对数据进行图形组织和分析，制作包括直方图、立体图、圆饼图、折线图等多种分析图表，并能编辑图表的位置、大小、标题、字体、颜色和打印输出。

6. 打印功能 UFO 提供“所见即所得”和“打印预览”的功能，可以随时观看报表或图形的打印效果。报表打印时，可以打印格式或数据，可以设置表头和表尾，可以在 0.3～3 倍之间缩放打印，可以横向或纵向打印等。

7. 二次开发功能 提供批命令和自定义菜单，自动记录命令窗口中输入的多个命令，可将有规律性的操作过程编织成批命令文件。提供了 Windows 风格的自定义菜单，综合利用批命令，可以在短时间内开发出本企业的专用系统。

四、UFO 电子报表系统的基本概念

UFO 报表系统虽然也是按人们在手工方式下进行报表处理的思路来处理报表数据，先编制报表的格式，然后进行数据的处理，最后生成报表。要使用 UFO 报表系统，首先就要了解 UFO 报表的基本概念，这些概念包括以下内容。

(一) 报表结构

就报表结构而言，报表可分为简单表和复合表。

1. 简单表　简单表由若干行和列组成，如资产负债表、利润表等，如图 6-1 所示。

利润表

会企02表

编制单位:　　　　年　　月　　　　单位:元

项　　目	行数	本月数	本年累计数
一、营业收入	1		
减：营业成本	2		
营业税金及附加	3		
销售费用	4		
管理费用	5		
财务费用（收益以"—"号填列）	6		
资产减值损失	7		
加：公允价值变动净收益（净损失以"—"号填列	8		
投资收益（净损失以"—"号填列）	9		
其中对联营企业与合营企业的投资收益	10		
二、营业利润（亏损以“-”号填列）	11		
营业外收入	12		
减：营业外支出	13		
其中：非流动资产处置净损失（净收益以"-"号填列）	14		
三、利润总额（亏损总额以“-”号填列）	15		
减：所得税	16		
四、净利润（净亏损以“-”号填列）	17		

五、每股收益：

基本每股收益

稀释每股收益

补充资料：

项目：	本年累计数	上年实际数
1、出售、处置部门或被投资单位所得收益		
2、自然灾害发生的损失		
3、会计政策变更增加（或减少）利润总额		
4、会计估计变更增加（或减少）利润总额		
5、债务重组损失		
6、其他		

图 6-1　利 润 表

2. 复合表　复合表是由多个简单表组合形成的，还可能出现表中套表的现象。复合表的结构较简单表要复杂得多，但是无论多么复杂，都可以看成是由简单表组成的，它也具有报表的特性。

（二）报表结构的基本要素

无论简单表还是复合表，其格式一般都由标题、表头、表体和表尾四个基本要素组成。不同报表之间的区别，必然体现在这四个基本要素上，也就是说，不同单位、不同企业、不同地区、不同时间的各种报表的区别就是上述四个基本要素的不同。

1. 标题　标题用来表示报表的名称。报表的表体可能不止一行，有时会有副标题、修饰线等内容。

2. 表头　表头主要用来描述报表的编制单位、编制时间、编制计量单位、报表栏目名称等内容。特别是报表的栏目名称，是表头的重要的内容。有时报表表头栏目比较简单，只有一层；而有的报表的表头栏目却比较复杂，分若干层次。也就是说大的表栏下分若干小栏目，小栏目下又分更小的栏目。在通用报表系统中，最小的栏目称为基本单元(表单元)，包含有小栏目的上层栏目称为组合单元。

3. 表体　表体是一张报表的核心，它是报表数据的主要的表现区域，是报表的主体。表体在纵向上由若干行组成，这些行称为表行；在横向上，每个表行又由若干个表栏目所构成，这些栏目称为表列；由表行和表列交叉组成最小区域，称为基本单元。表单元可以用坐标表示，即(X，Y)表示表体的第 X 行和第 Y 列交叉形成的表的单元，其表示名称为“YX”。

4. 表尾　表体以下进行辅助说明的部门以及编制人、审核人等内容都是表尾所包含的内容。

(三) 报表文件与报表

1. 报表(表页)　报表由若干行和列组成。如果一张表页是由若干行、列组成的，则这个表是二维表，通过行和列可以找到二维表中任何位置的数据。在一张二维表中，确定一个数据所在位置的要素为：＜列＞、＜行＞。

一个 UFO 报表最多可容纳 99999 张表页，每一张表页是由许多单元组成的。

表页在报表中的序号以标签的形式出现在表页的下方，称为“页标”。页标用“第一页”～“第 99999 页”表示。

2. 报表文件　在报表系统中，报表文件(有的报表系统称工作簿)是报表系统中存储数据的基本单位，它以文件的形式保存在磁介质中，报表系统的打开、关闭、保存等命令都是针对报表文件名进行处理的。每个报表文件都有一个名字，名字的结构是：名称.扩展名。名称可以根据需要设置，扩展名则根据不同报表系统自动添加。

如在 Excel 报表系统中，报表文件扩展名为“XLS”，在 UFO 报表系统中，文件扩展名为“REP”。

每个报表文件中又包含若干报表(表页)，如资产负债表文件中可以包含 1 月到 12 月 12 张资产负债表；每一张报表都有一个名字，如“第 1 页”、“第 2 页”等。把经济意义相近的报表放在一个报表文件中便于管理和操作。

如果将多个结构相同的二维表叠在一起，这一叠表即可称为一个三维表。所以报表文件实际上就是一个三维表。在报表文件中确定一个数据的要素为：＜表页名或表页号＞、＜列＞、＜行＞。

在 UFO 报表系统中，报表大小为：

行数：1～999，系统默认值 50 行；列数：1～255，系统默认值为 7 列；行高：0～160mm，系统默认值为 5mm；列宽：0～220mm，系统默认值为 26mm；表页数：1～99999 页，系统默认值为 1 页。

(四) 格式状态和数据状态

UFO 将含有数据的报表分为两大部分来处理，即报表格式设计工作与报表数据处理工作。报表格式设计工作和报表数据处理工作是在不同的状态下进行的。实现状态切换的是一个特别重要的按钮——“格式/数据”按钮，单击这个按钮可以在格式状态和数据状态之间切换。

在格式状态下设计报表的格式，如表尺寸、行高列宽、单元属性、单元风格、组合单元、关键字、可变区等。报表的三类公式：单元公式(计算公式)、审核公式、舍位平衡公式在格式状态下定义。

在格式状态下所做的操作对本报表所有的表页都发生作用。在格式状态下不能进行数据的录入、计算等操作。在格式状态下时，所能看到的是报表的格式，报表的数据则全部被隐藏了。

(五) 单元

单元是组成报表的最小单位，单元名称由所在行、列标识。行号用数字 1～99999 表示，列标用字母 A～IU 表示。如 D22 表示第 4 列第 22 行对应的单元。

(六) 单元类型

UFO 报表系统中的单元分为数值单元、字符单元和表样单元三种类型。

1. 数值单元　数值单元是报表的数据，在数据状态下(格式/数据按钮显示为“数据”时)输入。数值单元的内容可以是 1.7*(10E－308)～1.7*(10E＋308)之间的任何数(15 位有效数字)，数字可以直接输入或由单元中存放的单元公式运算生成。建立一个新表时，所有单元的类型默认为数值。

2. 字符单元　字符单元是报表的数据，在数据状态下(状态/格式按钮显示为“数据”时)输入。字符单元的内容可以使汉字、字母、数字及各种键盘可以输入的符号组成的一串字符，一个单元中最多可输入 63 个字符或 31 个汉字。字符单元也可由单元公式生成。

3. 表样单元　表样单元是报表的格式，是定义一个没有数据的空间所需的所有文字、符号或数字。一旦单元被定义为表样，则在其中输入的内容对所有表页都有效。表样在格式状态下(格式/数据按钮显示为“格式”时)输入和修改，在数据状态下(格式/数据按钮显示为“数据”时)不允许修改。一个单元中最多可输入 63 个字符或 31 个汉字。

(七) 组合单元

组合单元由相邻的两个或更多单元组成，这些单元必须是同一种单元类型(表样、数值、字符)，UFO 在处理报表时将组合单元视为一个单元。

可以组合同一行相邻的几个单元，可以组合同一列相邻的几个单元，也可以把一个多行多列的平面区域设为一个组合单元。组合单元的名称可以用区域的名称或区域中的单元的名称来表示。

例如把 B2 到 B3 定义为一个组合单元，这个组合单元可以用“B2”、“B3”或“B2:B3”表示。

(八) 区域

区域由一张表页上的一组单元组成，自起点单元至终点单元是一个完整的长方形矩阵。

在 UFO 中，区域是二维的，最大的区域是一个二维表的所有单元，即整个表页，最小的区域是一个单元。

(九) 固定区及可变区

固定区是指组成一个区域的行数和列数的数量是固定的数目。一旦设定好以后，在固定区域内其单元总数是不变的。

可变区是指屏幕显示一个区域的行数或列数是不固定的数字，可变区的最大行数或最大列数是在格式设计中设定的。

在一个报表中只能设置一个可变区，或是行可变区或是列可变区，行可变区是指可变区中的行数是可变的；列可变区是指可变区中列数是可变的。

设置可变区后，屏幕只显示可变区的第一行或第一列，其他可变行列隐藏在表体内。在以后的数据操作中，可变行列数随着数据处理的需要增减。

有可变区的报表名称可为可变表。没有可变区的表称为固定表。

(十) 关键字

关键字是游离于单元之外的特殊数据单位，可以唯一标识一个表页，用于在大量表页中快速选择表页。

UFO 共提供了以下六种关键字，关键字的显示位置在格式状态下设置，关键字的值则在数据状态下录入，每个报表可以定义多个关键字。

单位名称：字符型(最大 30 个字符)，为该报表表页编制单位的名称。

单位编号：字符型(最大 10 个字符)，为该报表表页编制单位的编号。

年：数字型(1904～2100)，该报表表页反映的年度。

季：数字型(1～4)，该报表表页反映的季度。

月：数字型(1～12)，该报表表页反映的月份。

日：数字型(1～31)，该报表表页反映的日期。

五、报表系统基本操作流程

进入报表系统之后，用户需要确定建立一张新表，还是利用系统提供的标准报表模板。如果选择新建报表，则需要定义完整的报表结构，包括报表的格式、报表数据来源公式等。如果是建立标准财务报表，则可选择报表模板，系统内置的报表模板提供了多个行业的各种标准财务报表格式，以方便用户使用。报表系统操作流程见图 6-2。

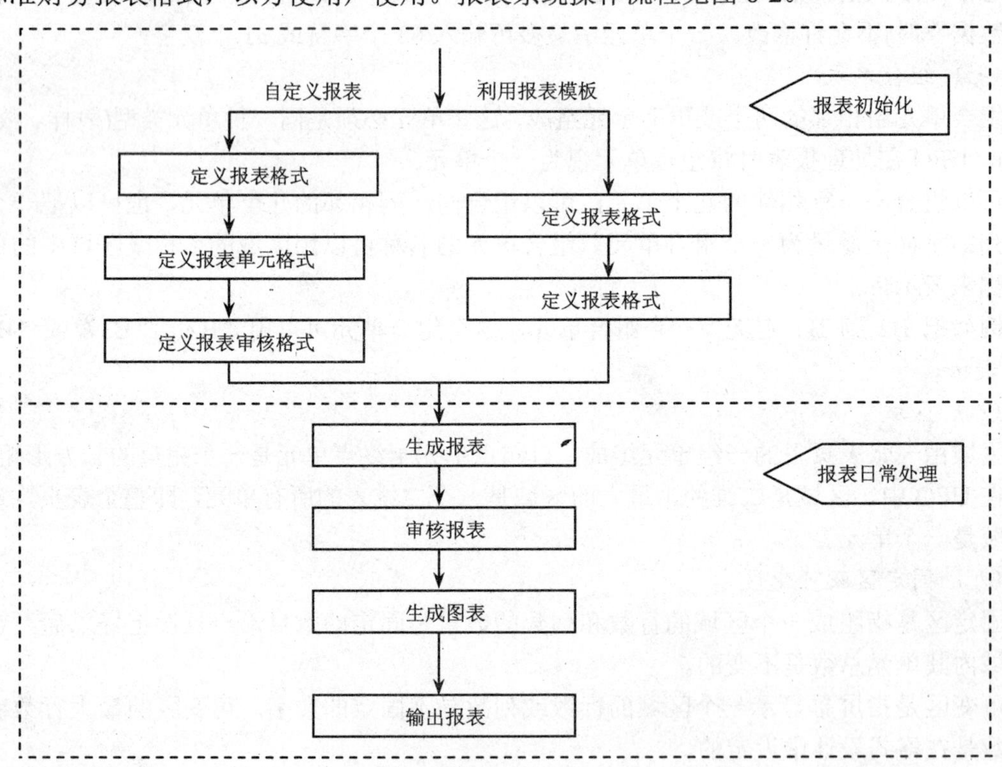

图 6-2 报表系统操作流程

要完成一般的报表处理，一定要有启动系统建立报表、设计格式、数据处理、退出系统这些基本过程。从新建报表的角度来看，其操作步骤大体分为七步，在具体应用时，具体涉及哪几步应视具体情况而定。

1. 启动UFO，建立报表　注册登录企业应用平台后，在UFIDA ERP-U8窗口选择“业务工作”|“财务会计”|“UFO报表”双击启动UFO。启动UFO后，首先要创建一个报表。通过单击“文件”菜单中的“新建”命令或单击工具栏上新建图标后，建立一个空的报表，并进入格式状态。这是可以在这张表上开始设计报表格式，在保存文件时用自己的文件名给这张报表命名。

2. 设计报表的格式　报表的格式在格式状态下设计，格式对整个报表都有效。报表格式设计主要包括以下内容：

(1) 设置表尺寸：即设定报表的行数和列数。

(2) 定义行高和列宽。

(3) 画表格线：即确定哪些区域在打印时显示表格线。

(4) 设置单元属性：即把固定内容的单元如“项目”、“行次”、“期初数”、“期末数”等定为表样单元；把需要输入数字的单元定位数值单元；把需要输入字符的单元定为字符单元。

(5) 设置单元风格：即设置单元的字型字体、字号、颜色、图案、折行显示等。

(6) 定义组合单元：即把几个单元作为一个单元使用。

(7) 设置可变区：即确定可变区在表页上的位置和大小。

(8) 确定关键字在表页上的位置，如单位名称、年、月等。

设计好报表的格式之后，就可以输入表样单元的内容，如“项目”、“行次”、“期初数”、“期末数”等。如果需要制作一个标准的财务报表如资产负债表等，可以利用UFO提供的财务报表模板自动生成一个标准的财务报表。UFO还提供了11种套用格式，可以选择与报表要求相近的套用格式，再进行一些必要的修改即可。

3. 定义各类公式　UFO有三类公式：计算公式(单元公式)、审核公式、舍位平衡公式，公式的定义在格式状态下进行。

计算公式定义了报表数据之间的运算关系，在报表数值单元中输入“＝”就可以直接定义计算公式，所以称为单元公式。

审核公式用于审核报表内或报表之间的勾稽关系是否正确，需要用“审核公式”菜单项定义。

舍位平衡公式用于报表数据进行进位或小数取整时调整数据，避免破坏原数据平衡，需要用“舍位平衡公式”菜单项定义。

4. 报表数据处理　报表格式和报表中的各类公式定义好之后，就可以录入数据并进行处理了。报表数据处理在数据状态下进行。数据处理主要包括以下内容。

(1) 追加表页：因为新建的报表只有一张表页，需要追加多个表页。

(2) 录入关键字：如果报表中定义了关键字，则录入每张表页上关键字的值。

例如录入关键字“单位名称”的值：给第一页录入“甲单位”，给第二页录入“乙单位”；给第三页录入“丙单位”等。

(3) 录入数据：在数值单元或字符单元中录入数据。

(4) 如果报表中有可变区，可变区初始只有一行或一列，需要追加可变行或可变列，并在可变行或可变列中录入数据。随着数据录入，当前表页的单元公式将自动运算并显示结果。如果报表由审核公式和舍位平衡公式，则执行审核和舍位。需要的话，做报表汇总和合并报表。

5. 报表图形处理　选取报表数据后可以制作各种图形，如直方图、圆饼图、折线图、面积图、立体图。图形可以随意移动；图形的标题、数据组可以按照需要进行设置。图形设置好之后可以打印输出。

6. 打印报表　可以通过报表打印功能将报表通过打印机向外输出。打印机可控制打印方向，横向或纵向打印；可控制行列打印顺序；不但可以设置页眉和页脚，还可设置财务报表的页首和页尾；可以缩放打印；利用打印机预览可观看打印效果。

7. 退出 UFO　所有操作进行完毕之后，对报表文件进行保存。保存后可以退出 UFO 系统。

在上述七步中，第 1、第 2、第 4、第 7 步是任何报表处理所必须。其他操作步骤视具体操作内容而定。

第 2 节　报表结构设置

报表结构设置实际上就是定义报表的基本格式、报表公式、设置关键字等。

一、报表系统启动

在使用报表系统处理报表之前，应首先启动报表系统，并建立一张空白的报表，然后在这张空白报表的基础上设计报表格式。

【例 6-1】 以操作员“王天逸”的身份登录 UFO 系统。

操作步骤如下：

(1) 以操作员“王天逸”的身份登录企业应用平台。

(2) 在 UFIDA ERP-U8 窗口选择“业务工作”|“财务会计”|“UFO 报表”双击，进入“UFO 报表”窗口。

(3) 单击“文件”菜单中“新建”菜单项，或单击工具栏上的新建命令图标，进入新建 UFO 报表窗口。

注意：

- 新建 UFO 报表名称系统默认为 Report1.rep。
- 空白报表建立后，系统默认状态为格式状态，所有单元的类型默认为数值单元。

二、报表格式

报表格式设计是数据录入、数据计算处理的基础。没有报表格式，报表数据毫无意义。只有将这些数据放入相应的报表中，才能用文字说明其意义所在。所以，报表格式设计工作是整个报表系统的重要组成部分，是报表数据录入和处理的依据，也是使用者操作使用报表系统的基础。

在正式定义报表前，应对报表的内容、样式做到心中有数。定义一张报表，首先，应确定报表的结构，即报表的项目及其相互结合的方式，如资产负债表建立的依据是会计等式“资产＝负债＋所有者权益”。所以，资产负债表的项目应包括资产、负债、所有者权益三方面的内容。其次进行报表格式的设计，包括报表表样、单元类型及单元属性等内容。

报表表样主要包括设计报表的表格、输入报表的表间项目及定义项目的显示风格、定义单元属性。通过设置报表表样可以确定整张报表的大小和外观。

报表格式设计总的来说，其设计内容主要包括：设置报表尺寸、表标题、表日期、表头、表尾和表体固定栏目、画表格线、设置单元属性、单元风格等。

(一) 设置报表表样

1. 设置报表表尺寸　设置报表表尺寸是指设置报表的行数和列数。

【例 6-2】 将报表设置为 32 行 4 列。

操作步骤如下：

(1) 在新建 UFO 报表窗口，单击“格式”菜单中的“表尺寸”菜单项，打开“表尺寸”对话框，见图 6-3。

(2) 直接输入或单击对话框中微调按钮输入行数“32”、列数“4”。

(3) 单击“确认”按钮完成表尺寸设置。

注意：报表的尺寸设计好后，还可以通过“表尺寸”来调整报表的大小。

2. 定义报表的行高或列宽　如果报表某些单元的行或列要求比较特殊，则需要调整该行的行高或列宽。

【例 6-3】 定义报表第 1 行的行高为 12mm，第 2～23 行的行高为 6mm。

操作步骤如下：

(1) 选定第 1 行中的任意单元。

(2) 单击“格式”菜单中的“行高”菜单项，系统弹出“行高”对话框，见图 6-4。

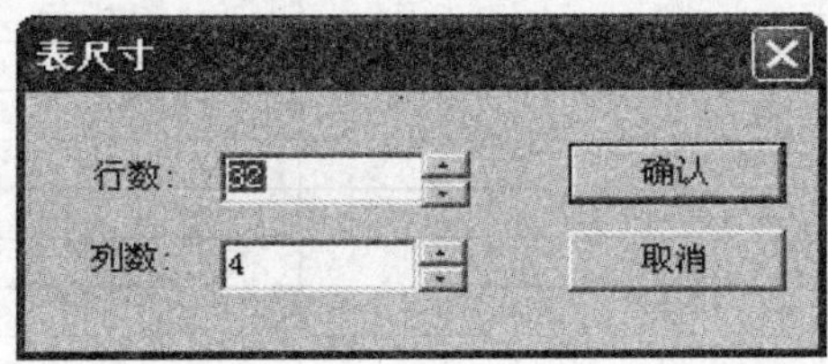

图 6-3　“表尺寸”对话框

图 6-4　“行高”对话框

(3) 输入行高值为“12”，单击“确认”按钮，完成第 1 行的行高设置。

(4) 将光标定为在 A2 单元上，按住鼠标左键不放，拖动鼠标选中 A2～A32 区域，单击“格式”菜单中的“行高”菜单项，弹出“行高”对话框，录入“6”，然后单击“确认”，完成报表行高的调整处理。

注意：行高与列宽值单位为 mm，列宽设置于行高设置相似。

3. 画表格线　报表尺寸设置完成后，在数据状态下，该报表没有任何表格线，为了满足报表查询与打印的需要，还应为报表画上表格线。

【例 6-4】 为报表 A4：D32 区域画上网格线。

操作步骤如下：

(1) 选定报表划线的区域“A4：D32”。

(2) 单击“格式”菜单中的“区域画线”菜单项，系统弹出“区域画线”对话框，见图 6-5。

(3) 选择“网线”，同时选择线条样式，然后单击“确认”按钮完成报表画线处理。

4. 定义组合单元　有些内容如标题、编制单位、日期及货币单位等信息可能一个单元容纳不下，为了实现这些内容的输入和显示，需要进行单元的组合。

【例 6-5】 将单元 A1：D1 组合成一个单元。

操作步骤如下：

(1) 选定欲组合的单元区域 A1：D1。

(2) 单击“格式”菜单中的“组合单元”菜单项，弹出“组合单元”对话框，见图 6-6。

图 6-5 “区域画线”对话框

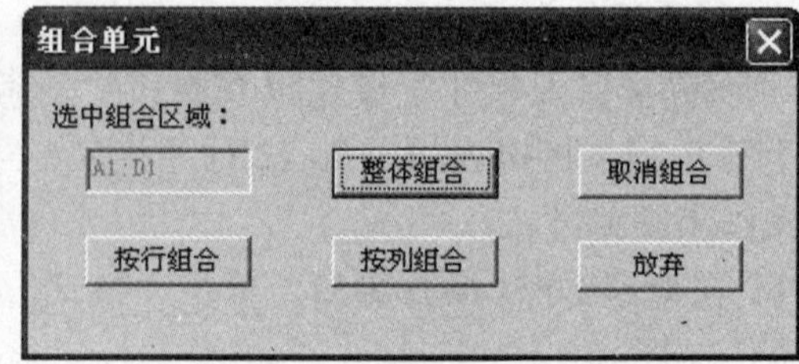

图 6-6 “组合单元”对话框

(3) 单击“整体组合”按钮，完成所选单元的组合操作。

组合单元实际上就是一个大的单元，所有对单元的操作对组合单元均有效。若要取消所定义的组合单元，可以在“组合单元”对话框中单击“取消组合”选项。

5. 输入表间项目 报表项目是指报表的文字内容，主要包括表头内容、表体项目和表尾项目等。

【例 6-6】 按表 6-1 完成报表项目的录入工作。

表 6-1 利 润 表

编 制 单 位	年	月	单位：元
项 目	行数	本月数	本年累计数
一、营业收入	1		
减：营业成本	2		
营业税金及附加	3		
销售费用	4		
管理费用	5		
财务费用(收益以"－"号填列)	6		
资产减值损失	7		
加：公允价值变动净收益(净损失以"－"号填列	8		
投资收益(净损失以"－"号填列)	8		
其中对联营企业与合营企业的投资收益	10		
二、营业利润(亏损以“－”号填列)	11		
营业外收入	12		
减：营业外支出	13		
其中：非流动资产处置净损失(净收益以“－”号填列)	14		
三、利润总额(亏损总额以“－”号填列)	15		
减：所得税	16		
四、净利润(净亏损以“－”号填列)	17		
五、每股收益：			
基本每股收益			
稀释每股收益			
补充资料：			
项目：	本年累计数		上年实际数
1. 出售、处置部门或被投资单位所得收益			
2. 自然灾害发生的损失			
3. 会计政策变更增加(或减少)利润总额			
4. 会计估计变更增加(或减少)利润总额			
5. 债务重组损失			
6. 其他			

操作步骤如下：

(1) 选择组合单元 A1：D1，录入“利润表”。

(2) 选择 D2 单元录入“单位：元”。

(3) 选择 A3 单元录入“项目”。

(4) 与上述操作一样，选择其他单元，录入单元项目内容。

在输入报表项目时，编制单位、日期一般不需要输入，UFO 报表系统中将其单独设置为关键字。项目输完后，默认的格式为普通字体 12 号，居左对齐，单元为表样单元。一个表样单元最多能输入 63 个字符或 31 个汉字，允许换行显示。

6. 设置单元风格　单元风格主要是指单元内容的字体、字号、字形、对齐方式、背景图案等，设置单元风格会使报表更符合阅读习惯，更加美观清晰。

【例 6-7】 将“利润表”设置字体为宋体 14 号、加粗、红色、水平方向和垂直方向居中。

操作步骤如下：

(1) 选择组合单元 A1：D1，即选择“利润表”所在单元。

(2) 单击“格式”菜单中的“单元格属性”菜单项，进入“单元格属性”对话框。

(3) 打开“字体图案”选项卡，选择“字体”下拉列表中的宋体、“字形”下拉列表中的加粗，在“字号”下拉列表中选择 14，选择“前景色”中的红色，见图 6-7。

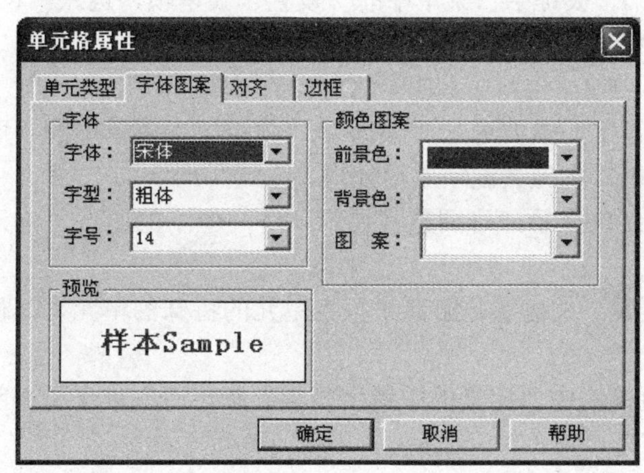

图 6-7　“单元格属性”对话框

(4) 打开“对齐”选项卡，水平方向选择“居中”、垂直方向选择“居中”。

(5) 单击“确定”，对设置进行保存。

(6) 同样方式完成对其他项目单元风格的设置。

(二) 关键字设置

在一个报表文件中，可能会有若干张表结构相同，而编制单位、编制时间不同的表页，只有依靠“关键字”，才能在若干张表页中准确地找到所需的表页及表格单元，进而对其进行相应操作。在 UFO 报表系统中关键字主要有六种：单位名称、单位编号、年、季、月、日，另外用户还可根据需要设置一个自定义关键字。

1. 设置关键字　设置关键字就是选择用于报表区分的标识有哪些。每张报表可以定义多个关键，在定义时要综合考虑编制报表打印的需要。

【例 6-8】 为利润表表设置关键字“单位名称”、“年”、“月”。

操作步骤如下：

(1) 将报表状态选定在“格式状态”。

(2) 选择欲设置关键字的单元 A2，单击“数据”|“关键字”菜单中的“设置”菜单项，进入“设置关键字”对话框。

(3) 选择“单位名称”，单击“确定”按钮，见图 6-8。

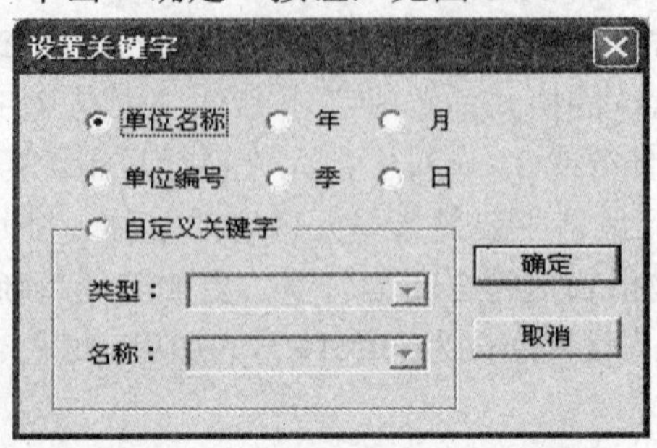

图 6-8 “设置关键字”对话框

(4) 选定 B2 单元，单击“数据”|“关键字”菜单中的“设置”菜单项，进入“设置关键字”对话框，选择“年”，单击“确定”。

(5) 单击“数据”|“关键字”菜单中的“设置”菜单项，进入“设置关键字”对话框，选择“月”，单击“确定”，完成关键字设置。

注意：

• 要取消设置关键字，需要通过“数据”|“关键字”菜单中的“取消”菜单项，进入“取消关键字”对话框，实施关键字取消处理。

• 设置关键字呈红色显示，可调整其显示风格，但不能通过“单元格属性”对话框来调整其位置。

2. 调整关键字位置　关键字是游离于报表单元的特殊的单元，其位置需要通过关键字偏移功能来完成。

【例 6-9】 在例 6-8 中所定义的关键字“年”和“月”处于重叠状态，通过关键字偏移调整其显示位置。

操作步骤如下：

(1) 将报表状态选定在“格式”状态。

(2) 单击“数据”菜单中的“关键字”|“偏移”菜单项，进入“定义关键字偏移”对话框。

(3) 输入月偏移量“40”，单击“确定”，完成关键字偏移处理，见图 6-9。

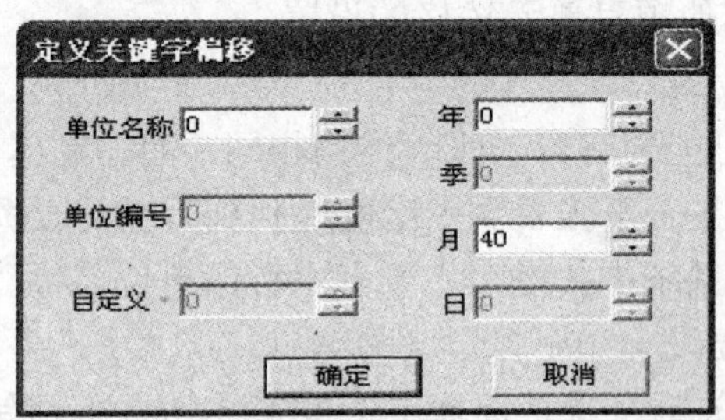

图 6-9 “定义关键字偏移”对话框

注意：偏移量值录入正数表示向右偏移，录入负数表示向左偏移，可录入区间为“—

300，300”的整数。

三、定义报表取数公式

在报表格式设计完成后，需要转换到数据状态填写报表数据，这样就得到包含格式和数据的完整报表。

在手工条件下，报表中的数据一部分是财会人员从账簿、其他报表上获取，然后手工填入报表；还有一部分数据是根据基本数据计算后，将结果填入报表。当报表中的一个数据出错，整张报表都需要重新计算，然后再填写。在手工条件下编制报表是一件费时、费工、费力的事情。

在计算机条件下，财会人员应用报表系统后，如果报表中的数据仅仅用手工来输入，从某种意义上讲就失去了利用高科技数据处理工具进行报表处理的意义。

使用报表系统后，报表中的数据获取方法发生了很大的变化：对于小部分最基本、最原始的报表数据，必须通过手工直接输入的方法获取；对于报表内小计、合计等数据，通过建立单元公式自动计算的方法获取；对于需要从其他报表中提取的数据，通过建立表与表之间数据连接公式的方法来获取；对于需要从账簿中提取的数据，通过建立账中取数函数公式，自动从账务处理系统或其他会计核算系统中采集数据。由于大部分报表的单元公式，以及获取数据的方法相对稳定，在以后各月中不再进行大的变动。当会计期发生变化时，系统自动根据定义的公式和获取数据的方法采集数据。因此，在报表系统中，合理地利用获取数据的方法，能够大大节省编制报表的时间，减少编制失误，省时又经济，把大量重复、复杂的劳动简单化，从而提高工作效率。

根据报表中数据的来源，报表取数公式主要分为四类：从报表内部取数、从账务处理系统取数、表表之间取数、从其他报表文件中取数。

(一) 表页内取数公式定义

在报表系统中，有些报表单元的数据不是直接录入的，而是根据报表内其他单元的数据通过设置报表内部运算公式计算而得到的，如报表中的小计、合计等单元的数据。在报表系统中，对于这类数据没有必要按照手工方式填入，应根据数据间的勾稽关系，通过建立单元公式，系统自动根据单元公式计算出这些数据填入相应的单元中。单元公式一次定义可多次使用，而且数据间的勾稽关系采用自动连接方式，当原数据发生变化时，目标数据将自动改变。不同报表系统单元公式的格式、定义方法不尽相同。一般而言，定义单元公式的方法主要有两种：一是直接输入，二是参照输入。

表页内取数公式可以用表单元名称的加、减、乘、除等运算方式定义，也可以通过函数方式定义，如 C6 单元的数据来源为 C4 单元的数据与 C5 单元的数据之和，则 C6 单元的取数公式可定义为：C6＝C4＋C5，也可定义为：C6＝PTOTAL(C4：C5)。

【例 6-10】　在例 6-6 的利润表中，单元 C15 是通过表内单元数据计算获取，定义这个单元公式。

操作步骤如下：

(1) 选择 C14 单元。

(2) 按键盘上的“＝”键或单击工具栏上 fx 按钮，弹出“定义公式”对话框，见图 6-10。

(3) 在“定义公式”对话框中输入公式“C4-C5-C6-C7-C8-C9-C10+C11+C12”。

图 6-10 “定义公式”对话框

(4) 单击“确认”，完成 C14 单元的公式定义，单击显示“单元公式”字样。

(5) 重复第(1)～第(4)步，定义类似单元的取数公式。

(二) 账务处理系统取数公式定义

在许多报表中，报表数据并不一定来自报表本身，更多的来源于账务处理系统、薪资管理系统等系统，如资产负债表、利润表中绝大多数的单元数据都来源于账务处理系统。在会计报表系统中一般都提供了账务函数，账务函数架起了报表系统与账务处理系统之间的数据传递桥梁。账务函数的使用可以实现账表一体化。利用账务函数定义单元连接公式，每期的会计数据无需过多的操作，系统自动的将会计数据传递到会计报表中。在 UFO 报表系统中提供了 12 种 170 个业务函数，可以实现从总账系统、薪资、固定资产、应收、应付等系统中获取数据。

1. 账务函数的基本格式

函数名(科目编码，会计期间，[方向]，[账套号]，[编码 1]，[编码 2])

注意：

- 科目编码也可以是科目名称，必须用双引号引起来。
- 会计期间可以使“年”、“季”、“月”等变量。
- 方向即“借”或“贷”，可以省略。
- 账套号为数字，默认为当前账套。
- 会计年度即数据取数年度，可以省略。
- 编码 1、编码 2 与科目编码的核算账类有关，可以取科目的辅助账，无则省略。

2. 账务取数函数　在 UFO 报表系统中提供了 24 种账务取数函数，其中应用最多也最重要的账务取数函数，如表 6-2 所示。

表 6-2　主要用友账务函数表

总账函数名称	公　式
期初余额函数	QC( )/SQC( )/WQC( )
期末余额函数	QM( )/SQM( )/WQM( )
发生额函数	FS( )/SFS( )/WFS( )
累计发生额函数	LFS( )/SLFS( )/WLFS( )
条件发生额函数	TFS( )/STFS( )/WTFS( )
对方科目发生额函数	DFS( )/SDFS( )/WDFS( )
净额函数	JE( )/SJE( )/WJE( )

注：“S”和“W”表示数量和外币核算。

3. 账务函数的应用

【例 6-11】 定义利润表中“本月数”C4 的取数公式。

公式设置可以直接录入，也可通过函数向导来定义，本例以函数向导方式介绍账务取数公式的定义。

操作步骤如下：

(1) 选择 C4 单元，按键盘上的“＝”键或单击工具栏上的 fx 按钮，进入“定义公式”对话框。

(2) 在“定义公式”对话框中，单击“函数向导”按钮，进入“函数向导”第一步：选择函数。

(3) 在“函数分类”中选择“用友账务函数”，在“函数名”中选择“发生(FS)”函数，单击“下一步”按钮，进入“函数向导”第二步“用友账务函数”对话框。

(4) 单击“参照”按钮，进入“账务函数”参数设置对话框，见图 6-11。

(5) 选择科目“6001”，期间“月”，方向“贷”，其他保持默认设置，单击“确定”返回“用友账务函数”对话框。

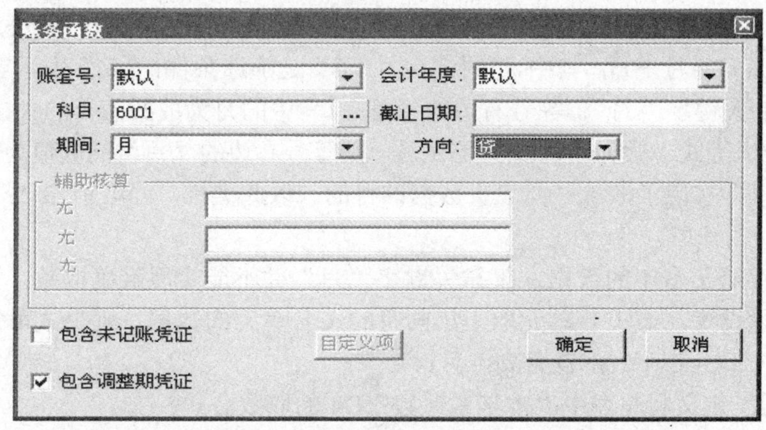

图 6-11　“账务函数”参数设置对话框

(6) 在“用友账务函数”对话框中，单击“确定”，返回“定义公式”对话框，见图 6-12。

(7) 在“定义公式”对话框中，继续录入符号“+”后点击函数向导，在“账务函数”对话框录入科目“6051”，期间“月”，方向“贷”，其他保持默认设置，单击“确定”返回“用友账务函数”对话框。

(8) 单击“确定”，返回“定义公式”，单击“确认”完成公式定义。

图 6-12　“定义公式”对话框

(9) 重复第(1)～(7)步，定义同类单元的取数公式。

注意：

• 用友账务取数函数参数较多，定义时一个也不能缺少，缺少默认值时用“，”(半角)分隔体现。

• 可通过“＋”、“—”、“*”、“/”运算符号连接账务函数形成较复杂的账务取数公式。

• 直接录入公式时，注意标点符号应为英文标点。

(三) 表页间取数公式定义

表页间取数也称为表表间取数，是指同一报表文件不同表表(表页)之间通过数据链接获取数据。在实际工作中，财会人员常常将经济意义相同但会计期间不同的表表存放在同一个报表文件中，有些新报表中的数据是从历史报表中获取的。如一个报表文件“利润表.rep”中有 12 张报表(表页)，存放着不同月份的利润表，表页 1 是 1 月份利润表，表页 2 是 2 月份利润表，……，表页 12 是 12 月份利润表。利润表中的上期金额＝上月报表的本期金额，则利润表的上期金额涉及从上月报表取数。

表页间取数可通过 SELECT( )函数来完成，SELECT( )基本格式为：SELECT(＜区域＞)，[＜筛选条件＞]，其中区域是用绝对地址表示的数据来源区域；筛选条件是用以确定数据源所在的表页，筛选条件基本格式为＜目标页关键字@－目标页单元@－常量＞＜关系运算＞＜数据源表页关键字－目标页单元－常量＞，该项如缺省表示与目标页在同一表页。

例如：C1 单元取自上个月的 C2 单元的数据，则 C1 单元的取数公式可定义为：C1＝SELECT(C2，月@＝月＋1)，其中，“月@＝月＋1”是筛选条件，“@”表示当前表页、“月@”为本表中的关键字“月”、等号右边的“月＋1”中的月为取数表页的关键字。“月@＝月＋1”是一个恒等式，假如当前表页是 3 月，则等号右边的“月”的取值为 2 时才能满足这种恒等关系，即实现了取上一月表页数据的目的。以此类推，当取前 3 个月的数据就可描述为“月@＝月＋3”。

当系统中存储了多年的数据，仅靠关键字“月”并不能实现准确取数，则可使用符合筛选条件来进行设置，如 C1 单元取上年同月的 C1 单元的数据，则公式可定义为：C1＝SELECT(C1，年@＝年＋1AND 月@＝月)。

【例 6-12】 定义利润表中“本年累计数”D4 的取数公式。

本例以直接录入方式介绍账务取数公式的定义。

操作步骤如下：

(1) 选择 C5 单元，按键盘上的“＝”键或单击工具栏上的 fx 按钮，进入“定义公式”对话框，见图 6-13。

(2) 在“定义公式”对话框中，录入“C4+SELECT(D4，月@=月+1)”后，单击“确定”完成公式定义。

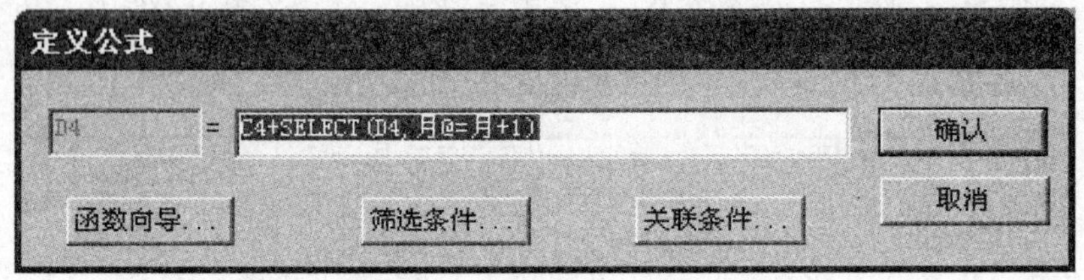

图 6-13 “定义公式”对话框

(3) 重复第(1)～(2)步，定义同类单元的取数公式。

(四) 其他报表取数公式定义

在报表编制过层中有时会涉及要从其他报表来获取数据，这种取数方式可通过建立报表文件之间的 RELATION 关联关系而获取或通过 SELECT( )函数来获取。

1. 通过 RELATION 关联条件取数 通过 RELATION 关联条件从其他报表获取数据公式的基本格式为：

目标单元＝"＜他表名＞"－＞ ＜单元＞ RELATION ＜关键字＞ WITH "＜他

表表名＞"－＞ ＜关键字＞。

根据数据源情况，取其数又分为两种情况：

第一，取他表确定页号表页的数据，该种方式公式基本格式为：

＜目标区域＞＝"＜他表表名＞"－＞ ＜数据源区域＞ [@＜页号＞]。

如：令当前表页 D5 的值等于表 Y 第四页 D5 的值，则取数公式定义为：D5＝" Y " －＞D5@4。

第二，用关联条件从他表取数，该种方式取数公式基本格式为：

RELATION＜单元－关键字＞ WITH "＜他表表名＞"－＞＜单元|关键字＞。

如：令本表各页 A 列取"LRB.REP"－＞月＋1。

2. 通过 SELECT( )函数取数　通过 SELECT( )函数从其他报表取数，其取数公式基本格式为：目标单元＝SELECT(" 他表表名 " －＞单元，目标页关键字@＝ " 他表表名 " －＞关键字)。

为准确获取数据，其他报表定为需要采用绝对路径，即格式中"他表表名"应按"盘符：\文件夹\报表名"方式进行定义。

四、审核公式与舍位平衡公式定义

(一) 审核公式定义

在财务报表中，每个数据都有特定而明确的经济意义，并且数据间往往存在着某种对应关系，称为勾稽关系。如果在资产负债表中的资产合计应等于负债与所有者权益之和，这种平衡关系就是勾稽关系。如果在资产负债表编制结束后，发现没有满足这种平衡的勾稽关系，即可以肯定在编制过程中出现了错误。所以，在实际工作中，利用勾稽关系对报表进行检查时保证报表正确性的重要手段。

为了满足财会人员编制报表时对数据审核的要求，报表系统同样提供了数据审核功能，通过将报表数据之间的勾稽关系用审核方式表示出来，计算机按所定义的审核公式对报表数据进行审核。如资产负债表中的"资产总计"期初数应等于"负债及所有者权益总计"期初数；"资产总计"期末数应等于"负债及所有者权益总计"期末数。则可以定义审核公式如下：

C42＝G42 MESS　"资产总计期初不等于负债及所有者权益总计期初"

D42＝H42 MESS　"资产总计期末不等于负债及所有者权益总计期末"

其中，C42 单元和 D42 单元分别表示"资产总计"的期初数和期末数；G42 和 H42 单元分别表示"负债及所有者权"的期初数和期末数；MESS 或 MESSEGE 后面的字符串是当其前面的条件不相等时应在屏幕上出现的提示信息。

整个公式的含义是：资产负债表中 C42 单元的值必须等于 G42 单元的值，否则屏幕上讲显示"资产总计期初不等于负债及所有者权益总计期初"；D42 单元的值必须等于 H42 单元的值，否则屏幕上将显示"资产总计期末不等于负债及所有者权益总计期末"。

【例 6-13】 为资产负债表定义审核公式

操作步骤如下：

(1) 登录 UFO 报表系统，创建或打开资产负债表文件。

(2) 在"格式"状态下，单击"数据"菜单中的"编辑公式"|"审核公式"菜单项，进入"审核公式"设置对话框。

(3) 在“审核公式”设置对话框的“审核关系”栏直接录入审核公式，或通过导入文件功能引入审核公式，可导入的文件类型为文本文件(.TXT)。

(4) 定义完毕后，单击“确定”，保存审核公式定义。

注意：

- 每一审核公式定义完成后，尾部不要添加任何标点符号。
- 上一审核公式与下一审核公式之间用回车体现。
- 审核公式需要在格式状态下定义。

(二) 舍位平衡公式

在实际工作中常常遇到这样的问题，有些会计报表数据非常大，看起来非常麻烦，常常希望将原报表中的单位“元”转换成“千元”或“万元”等，又能使得原来的数据平衡关系保持不变，这就是舍位平衡问题。

原始平衡关系被破坏，不能满足报表中应有的平衡要求，应当进行调整，使报表数据仍能满足平衡关系。在手工条件下，调整工作量非常大。因为既要将原报表中的元转变为千元、万元，又要使原来的数据平衡关系保持不变，财会人员就要反复计算、推算，最后才能得到满意结果。

在报表系统中提供了舍位平衡功能，财会人员只要将舍位平衡后的要求告诉计算机，即财会人员在报表系统中定义舍位平衡公式，并告诉计算机需要舍去几位后，计算机便可以按照舍位要求，自动、快捷地进行计算、推算，完成舍位和平衡处理，并按照财会人员的要求生成一张舍位后的报表。

【例 6-14】 定义利润表的舍位平衡公式，使其转换为千元报表。

操作步骤如下：

(1) 登录 UFO 报表系统，创建或打开利润表文件。

(2) 在“格式”状态下，单击“数据”菜单中的“编辑公式”|“舍位公式”菜单项，进入“舍位平衡公式”设置对话框，见图 6-14。

(3) 在“舍位平衡公式”设置对话框中，录入舍位表名“利润表舍位表”、录入范围“C4:D19”、录入舍位位数“3”。

图 6-14 “舍位平衡公式”设置对话框

(4) 在平衡公式栏录入舍位平衡公式：

C19=C17－C18　　　　D19=D17－D18

C17=C12＋C13＋C14＋C15－C16　　　　D17=D12＋D13＋D14＋D15－D16

C12=C7＋C8－C9－C10－C11　　D12=D7＋D8－D9－D10－D11

C7=C4－C5－C6　　D7=D4－D5－D6

(5) 录入完毕后，单击“确定”保存设置。

注意：

- 舍位表名：新表名，注意不要与取数表重名。
- 舍位范围：原表区域(数据区域)。
- 舍位位数：输 1 表示表数/10，输 2 表示数/100，即：输 N 表示取数为原表数据的 10N 分之一。
- 平衡公式设置的基本原则为：舍位平衡公式定义根据表内勾稽关系定义；公式定义采用倒序书写，即写最终运算结果，然后一步一步倒推；公式中只能使用“+”、“－”运算符，不能使用“*”、“/”等；等号左边只能有一个单元；一个单元只允许在等号右边出现一次；每个公式一行，各公式间用“，”隔开，最后一条公式不用写逗号。
- 公式编辑需要在英文状态下录入。

五、报表模板

自定义报表功能可以设计出个性化的报表，但对于一些会计实务上常用的、格式基本固定的财务报表，如果逐一自定义无疑费时、费力。针对这种情况，报表系统均提供了报表模板供用户选择。用友 UFO 电子报表系统为用户提供了多个行业的各种标准财务报表格式。用户可以套用系统提供的标准报表格式，并在标准报表格式基础上根据自己单位的具体情况加以局部修改，免去从头建立报表、定义公式的烦琐工作。

利用报表模板可以迅速建立一张符合需要的财务报表。另外，对于一些本企业经常使用但报表模板没有提供标准格式的报表，在定义完成这些报表后可以将其定制为报表模板，以后使用时可以直接调用这个模板。

【例 6-15】 调用报表模板建立所有者权益变动表。

操作步骤如下：

(1) 注册登录 UFO 报表系统。

(2) 单击“文件”菜单中“新建”菜单项，或单击工具栏上的新建命令图标，创建一张新报表。

(3) 单击“格式”菜单中“报表模板”菜单项，进入“报表模板”选择对话框。

(4) 通过单击下拉列表框按钮，选择所在行业为“2007 年新会计制度科目”，选择财务报表类型为“所有者权益变动表”，单击“确认”弹出报表覆盖信息提示对话框，见图 6-15。

(5) 单击“确定”，系统自动完成报表格式的设置。

(6) 在此基础上对报表进行修改，重点是定义取数公式或对已有公式进行修改，使之满足本企业的实际情况。

(7) 单击“文件”菜单中“保存”菜单项或单击工具栏上的保存命令图标，系统弹出“另存为”对话框。

(8) 选择报表存放位置录入报表文件名“所有者权益变动表”后，单击“另存为”完成报表定义。

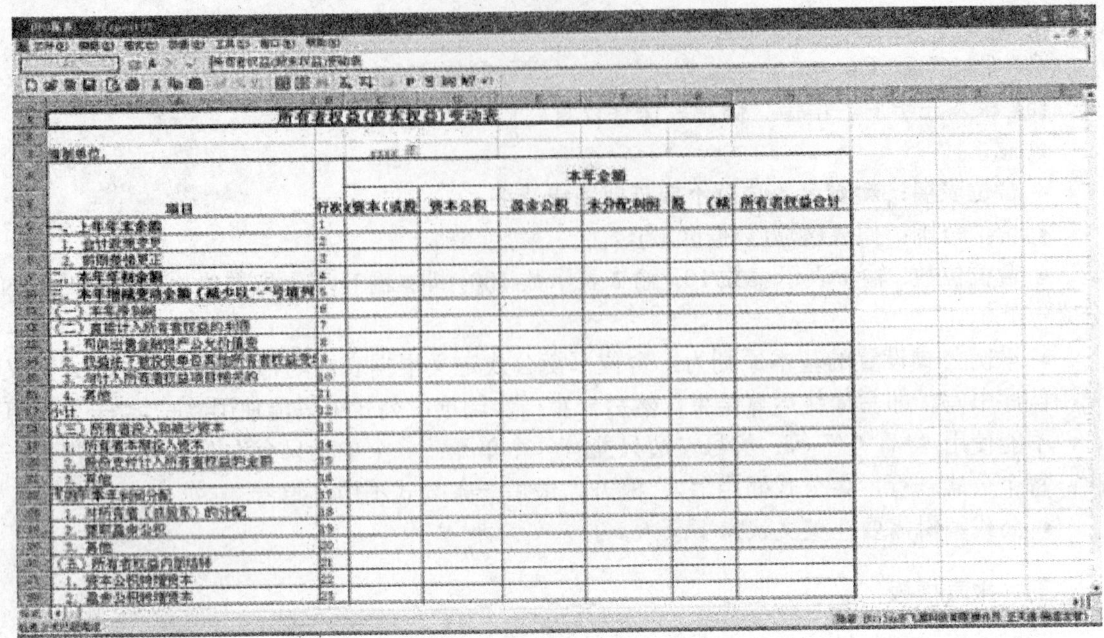

图 6-15 建立所有者权益变动表

第 3 节 报表子系统日常处理

在报表系统中完成报表格式设置后，就可以进入到数据状态进行数据处理、报表审核、舍位平衡计算、报表排序及图形分析等基本业务处理。

一、报表数据处理

在 UFO 系统中打开报表，系统自动进入数据状态，此时可以进行数据处理：录入关键字和报表数据。

(一) 录入关键字

关键字是表页定位的特定标识，在格式状态下设置完成关键字以后，只有在数据状态下对其实际赋值才能真正成为表页的鉴别标识。设置关键字的目的是能在大量表页中找到特定的表页。

【例 6-16】 为前例中的利润表录入关键字：飞鹰公司、2010 年、8 月。

操作步骤如下：

(1) 登录 UFO 报表系统，打开利润表文件。

(2) 在“数据”状态下，单击“数据”菜单中的“关键字”|“录入”菜单项，进入“录入关键字”设置对话框，见图 6-16。

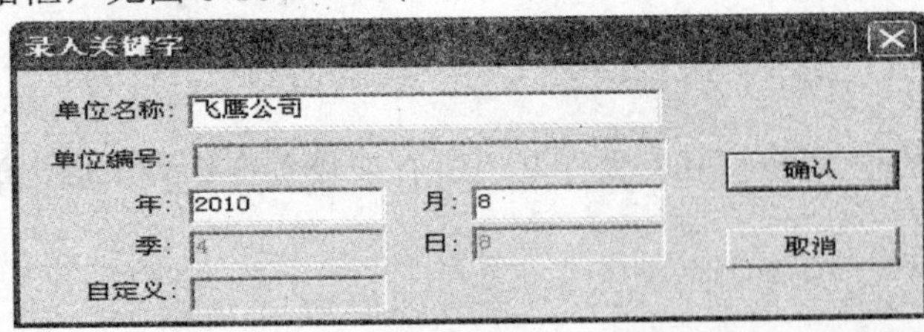

图 6-16 “录入关键字”设置对话框

(3) 录入关键字“单位名称”的值“飞鹰公司”，“年”的值“2010”，“月”的值“8”后单击“确认”按钮，系统提示“是否重算第一页”。

(4) 单击“是”按钮，系统自动计算完成数据填充。若单击“否”按钮，以后可通过“数据”菜单下的“表页重算”菜单项完成取数处理。

(二) 录入报表数据

在数据状态下，将光标移动到要录入或修改的单元，输入内容，按回车键或移动光标到编辑框录入或修改单元数据，在录入过程中，按 Esc 键则放弃录入的内容。

注意：

- 表样单元和公式单元不能录入新数据。
- 数字类型单元只能录入数字。
- 字符类型单元只能录入字符。

(三) 报表审核

通过审核可以找出可能存在的不符合勾稽关系要求的错误。选定要审核的报表，单击“数据”|“审核”菜单项，系统自动按照审核公式对报表进行审核，并显示结果。

(四) 报表舍位平衡

若之前对报表有定义舍位平衡公式，就可以根据需要进行舍位处理生成所需的报表。

【例 6-17】 对 2010 年 8 月份的利润表进行舍位处理，形成千元报表。

操作步骤如下：

(1) 登录 UFO 报表系统，打开利润表文件。

(2) 在“格式”状态下，定义或修改舍位公式。

(3) 在“数据”状态下，单击“数据”|“舍位平衡”菜单项，系统按之前设定生成舍位平衡表。

(4) 单击工具栏上的“保存”按钮对生成报表进行保存。

二、报表输出

报表的输出包括报表的屏幕输出和打印输出，输出时可以针对报表格式输出，也可以针对某一特定表页输出。输出报表格式须在格式状态下操作，而输出表页须在数据状态下操作，输出表页时，格式和报表数据一起输出。

输出表页数据时会涉及表页的相关操作，例如，表页排序、查找、透视等。屏幕输出时可以对报表的显示风格、显示比例加以设置。打印报表之前可以在预览窗口预览，打印时还可以进行页面设置和打印设置等操作。

三、图表处理

报表数据生成之后，为了对报表数据进行直观的分析和了解，方便对数据的对比、趋势和结构分析，可以利用图形对数据进行直观显示。UFO 图表格式提供了直方图、圆饼图、折线图、面积图 4 大类共 10 种格式的图表。

图表是利用报表文件中的数据生成的，图表与报表数据存在着密切的联系，报表数据发生变化时，图表也随之变化，报表数据删除后，图表也随之消失。

(一) 追加图形显示区域

在管理图表图像时，由于图标对象需要占用一定的报表区域，而报表在格式设计时没有为图形预留空间，因此，首先要增加一个区域用于存放所增加的图形。

操作步骤如下：

(1) 登录 UFO 报表系统，打开报表文件，切换到格式状态下。

(2) 单击“编辑”|“追加”|“行”菜单项，弹出“追加行”对话框，见图 6-17。

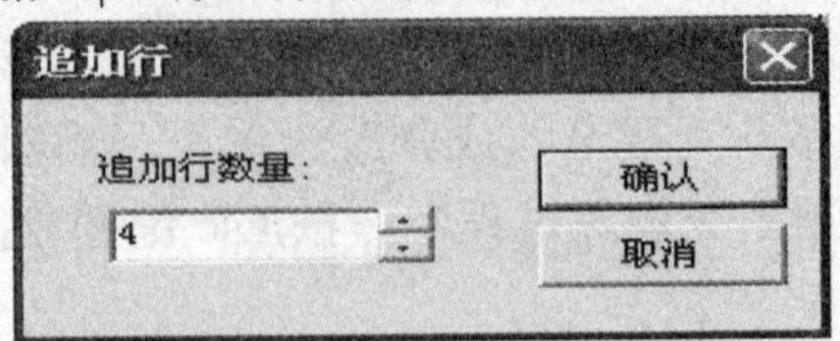

图 6-17 “追加行”对话框

(3) 录入要追加的行的数目，单击“确认”按钮，完成行的追加处理。

(二) 选取数据区域

在进行图形处理时，在数据状态下，用鼠标拖动的方式选定报表中的数据区域。

(三) 插入图表对象

操作步骤如下：

(1) 在选择数据区域后，单击“工具”|“插入图表对象”，进入“区域作图”对话框。

(2) 选择图表类型、数据组类型、录入图表名称、图表标题、X 和 Y 轴标题后单击“确认”按钮，插入图形，见图 6-18。

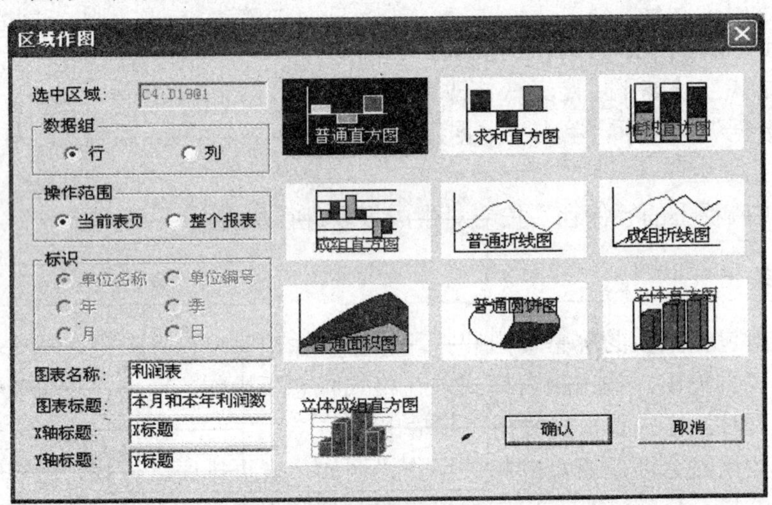

图 6-18 “区域作图”对话框

(3) 可以用鼠标拖动调整表的位置和尺寸。

(四) 编辑图表对象

操作步骤如下：

(1) 单击图表的任意部位，激活图表。

(2) 单击“编辑”中的菜单项，可进行编辑相应标题、字形、字体。

(3) 同理可通过单击“格式”下的菜单项，完成图表格式的转换。

本章小结

用友 U8 报表系统是一个开放式的报表编制系统，包括丰富的格式处理和数据管理功能，是财务人员一个很好的表格文件编制平台。本章介绍了 UFO 报表系统的基本功能和工作原理，主要包括报表系统的基本概念、报表的格式设置、公式设定以及数据处理的方法。通过这些基本理论和方法的学习，财务人员不仅可以在期末结账后作出资产负债表、利润表和现金流量表等基本财务报表，还能按照自己的需求制作出各种不同类型的表格、图表文件。

课后实验

【实验目的】

(1) 理解报表编制的原理及流程。

(2) 掌握报表格式定义、公式定义的操作方法；掌握报表单元公式的用法。

(3) 掌握报表数据处理、表页管理及图表功能等操作。

(4) 掌握如何利用报表模板生成一张报表。

【实验内容】

(1) 自定义一张报表。

(2) 利用报表模板生成报表。

【实验准备】 引入第 5 章“实验三”账套数据。

【实验资料】

1. 货币资金表

(1) 报表格式：

货币资金表

编制单位：　　　　年　月　日　　　　单位：元

项　目	行　次	期 初 数	期 末 数
现金	1		
银行存款	2		
合计	3		

制表人：

说明：

• 表头：标题“货币资金表”设置为黑体、14 号、居中；单位名称和年、月、日应设置为关键字。

• 表体：表体中文字设置为楷体、12 号、居中。

• 表尾：“制表人：”设置为宋体、10 号、右对齐第 4 栏。

(2) 报表公式：

现金期初数：C4＝QC(" 1001 " ，月)

现金期末数：D4＝QM(" 1001 " ，月)

银行存款期初数：C5＝QC(" 1002 " ，月)

银行存款期末数：D5＝QM(" 1002 " ，月)

期初数合计：C6＝C4＋C5

期末数合计：D6＝D4＋D5

2. 资产负债表和利润表　利用报表模板生成资产负债表、利润表。

【实验要求】 以账套主管“陈明”的身份进行 UFO 报表管理操作。

【操作指导】

1. 启用 UFO 报表管理系统

(1) 以“陈明”的身份进入企业应用平台，执行“财务会计”|“总账”|“UFO 报表”命令，进入报表管理系统。

(2) 执行“文件”|“新建”命令，建立一张空白报表，报表名默认为 report 1。

2. 自定义一张货币资金表

1) 报表定义：查看空白报表底部左下角的“格式/数据”按钮，使当前状态为格式状态。

设置报表尺寸：

(1) 执行“格式”|“表尺寸”命令，打开“表尺寸”对话框。

(2) 输入行数 7，列数 4，单击“确认”按钮。

定义组合单元：

(1) 选择需合并的单元区域 A1：D1。

(2) 执行“格式”|“组合单元”命令，打开“组合单元”对话框。

(3) 选择组合方式“整体组合”或“按行组合”，该单元即合并成一个单元格。

(4) 同理，定义 A2：D2 单元为组合单元。

画表格线：

(1) 选中报表需要画线的单元区域 A3：D6。

(2) 执行“格式”|“区域画线”命令，打开“区域画线”对话框。

(3) 选择“网线”单选按钮，单击“确认”按钮，将所选区域画上表格线。

输入报表项目：

(1) 选中需要输入内容的单元或组合单元。

(2) 在该单元或组合单元中输入相关文字内容，例如，在 A1 组合单元输入“货币资金表”字样；在 A2 组合单元中输入“编制单位：阳光公司”。

注意：

• 报表项目指报表的文字内容，主要包括表头内容、表体项目、表尾项目等。不包括关键字。

• 日期一般不作为文字内容输入，而需要设置为关键字。

定义报表行高和列宽：

(1) 选中需要调整的单元所在行 A1。

(2) 执行“格式”|“行高”命令，打开“行高”对话框。

(3) 输入行高 7，单击“确定”按钮。

(4) 选中需要调整的单元所在列，执行“格式”|“列宽”命令，可设置该列的宽度。

注意：行高、列宽的单位为毫米。

设置单元风格：

(1) 选中标题所在组合单元 A1。

(2) 执行“格式”|“单元属性”命令，打开“单元格属性”对话框。

(3) 打开“字体图案”选项卡，设置字体为“黑体”，字号为 14。

(4) 打开“对齐”选项卡，设置对齐方式为“居中”，单击“确定”按钮。

定义单元属性：

(1) 选定单元 D7。

(2) 执行“格式”|“单元属性”命令，打开“单元格属性”对话框。

(3) 打开“单元类型”选项卡，选择“字符”选项，单击“确定”按钮。

注意：

• 格式状态下输入内容的单元均默认为表样单元，未输入数据的单元均默认为数值单元，在数据状态下可输入数值。若希望在数据状态下输入字符，应将其定义为字符单元。

• 字符单元和数值单元输入后只对本表页有效，表样单元输入后对所有表页有效。

设置关键字：

(1) 选中需要输入关键字的组合单元 A2。

(2) 执行“数据”|“关键字”|“设置”命令，打开“设置关键字”对话框。

(3) 选择“年”单选按钮，单击“确定”按钮。

(4) 同理，设置“月”、“日”关键字。

注意：

• 每个报表可以同时定义多个关键字。

• 如果要取消关键字，须执行“数据”|“关键字”|“取消”命令。

调整关键字位置：

(1) 执行“数据”|“关键字”|“偏移”命令，打开“定义关键字偏移”对话框。

(2) 在需要调整位置的关键字后面输入偏移量。年“－120”，月“－90”，日“－60”。

(3) 单击“确定”按钮。

注意：

• 关键字的位置可以用偏移量来表示，负数值表示向左移，正数值表示向右移。在调整时，可以通过输入正或负的数值来调整。

• 关键字偏移量单位为像素。

定义单元公式——直接输入公式：

(1) 选定需要定义公式的单元 C4，即“现金”的期初数。

(2) 执行“数据”|“编辑公式”|“单元公式”命令，打开“定义公式”对话框。

(3) 在“定义公式”对话框中，直接输入总账期初函数公式：QC(" 1001 " ，月)，单击“确认”按钮。

注意：

• 单元公式中涉及的符号均为英文半角字符。

• 单击 fx 按钮或双击某公式单元或按“＝”键，都可以打开“定义公式”对话框。

定义单元公式——引导输入公式：

(1) 选定被定义单元 D5，即“银行存款”期末数。

(2) 单击 fx 按钮，打开“定义公式”对话框。

(3) 单击“函数向导”按钮，打开“函数向导”对话框。

(4) 在“函数分类”列表框中选择“用友账务函数”，在右侧的“函数名”列表框中选择“期末(QM)”，单击“下一步”按钮，打开“用友账务函数”对话框。

(5) 单击“参照”按钮，打开“账务函数”对话框。

(6) 选择科目 1002，其余各项均采用系统默认值，单击“确定”按钮，返回“用友账务函数”对话框。

(7) 单击“确定”按钮，返回“定义公式”对话框，单击“确认”按钮。

(8) 输入其他单元公式。

注意：如果未进行账套初始，那么账套号和会计年度需要直接输入。

定义审核公式：

审核公式用于审核报表内或报表之间勾稽关系是否正确。例如，“资产负债表”中的“资产合计＝负债合计+所有者权益合计”。本实验的“货币资金表”中不存在这种勾稽关系。若要定义审核公式，执行“数据”|“编辑公式”|“审核公式”命令即可。

定义舍位平衡公式：

(1) 执行“数据”|“编辑公式”|“舍位公式”命令，打开“舍位平衡公式”对话框。

(2) 确定信息：舍位表名 SWl，舍位范围 C4：D6，舍位位数 3，平衡公式“C6＝C4+C5，D6＝D4+D5”。

(3) 单击“完成”按钮。

注意：

- 舍位平衡公式是指用来重新调整报表数据进位后的小数位平衡关系的公式。
- 每个公式一行，各公式之间用逗号“，”(半角)隔开，最后一条公式不用写逗号，否则公式无法执行。
- 等号左边只能为一个单元(不带页号和表名)。
- 舍位公式中只能使用“＋”、“－”符号，不能使用其他运算符及函数。

保存报表格式：

(1) 执行“文件”|“保存”命令。如果是第一次保存，则打开“另存为”对话框。

(2) 选择保存文件夹的目录；输入报表文件名“货币资金表”；选择保存类型“*.REP”，单击“保存”按钮。

注意：

- 报表格式设置完以后切记要及时将这张报表格式保存下来，以便以后随时调用。
- 如果没有保存就退出，系统会提示“是否保存报表?”信息，以防止误操作。
- .REP 为用友报表文件专用扩展名。

2) 报表数据处理：

打开报表：

(1) 启动 UFO 系统，执行“文件”|“打开”命令。

(2) 选择存放报表格式的文件夹中的报表文件“货币资金表.REP”。单击“打开”按钮。

(3) 单击空白报表底部左下角的“格式/数据”按钮，使当前状态为“数据”状态。

注意：报表数据处理必须在数据状态下进行。

增加表页：

(1) 执行“编辑”|“追加”|“表页”命令，打开“追加表页”对话框。

(2) 输入需要增加的表页数 2，单击“确认”按钮。

注意：

- 追加表页是在最后一张表页后追加Ⅳ张空表页，插入表页是在当前表页后面插入一张空表页。
- 一张报表最多只能管理 99999 张表页，演示版软件系统最多只能管理 4 张表页。

输入关键字值：

(1) 执行“数据”|“关键字”|“录入”命令，打开“录入关键字”对话框。

(2) 输入年 2010，月 8，日 31。

(3) 单击“确认”按钮，系统弹出“是否重算第 1 页?”信息提示对话框。

(4) 单击“是”按钮，系统会自动根据单元公式计算 8 月份数据；单击“否”按钮，系统不计算 8 月份数据，以后可利用“表页重算”功能生成 12 月份数据。

注意：

- 每一张表页均对应不同的关键字值，输出时随同单元一起显示。
- 日期关键字可以确认报表数据取数的时间范围，即确定数据生成的具体日期

生成报表：

(1) 执行“数据”|“表页重算”命令，系统弹出“是否重算第 1 页?”信息提示对话框。

(2) 单击“是”按钮，系统会自动在初始的账套和会计年度范围内根据单元公式计算生成数据。

注意：可将生成的数据报表保存到指定位置。

报表舍位操作：

(1) 执行“数据”|“舍位平衡”命令。

(2) 系统会自动根据前面定义的舍位公式进行舍位操作，并将舍位后的报表保存在 SW1.REP 文件中。

注意：

- 舍位操作以后，可以将 SW1.REP 文件中打开查阅一下。
- 如果舍位公式有误，系统状态栏会提示“无效命令或错误参数！”信息。

3) 表页管理及报表输出：

表页排序：

(1) 执行“数据”|“排序”|“表页”命令，打开“表页排序”对话框。

(2) 确定信息：选择第一关键字“年”，排序方向“递增”；第二关键字“月”，排序方向“递增”。

(3) 单击“确认”按钮。系统将自动把表页按年份递增顺序重新排列，如果年份相同则按月份递增顺序排序。

表页查找：

(1) 执行“编辑”|“查找”命令，打开“查找”对话框。

(2) 确定查找内容“表页”，确定查找条件“月=8”。

(3) 单击“查找”按钮，查找到符合条件的表页作为当前表页

4) 图表功能：

追加图表显示区域：

(1) 在格式状态下，执行“编辑”|“追加”|“行”命令，打开“追加行”对话框。

(2) 输入追加行数 10，单击“确定”按钮。

注意：追加行或列须在格式状态下进行。

插入图表对象：

(1) 在数据状态下，选取数据区域 A3：D5。

(2) 执行“工具”|“插入图表对象”命令，打开“区域作图”对话框。

(3) 选择确定信息：数据组“行”，数据范围“当前表页”。

(4) 输入图表名称“资金分析图”，图表标题“资金对比”，X 轴标题“期间”，Y 轴标题“金额”。

(5) 选择图表格式“成组直方图”，单击“确认”按钮。

(6) 将图表中的对象调整到合适位置。

注意：

• 插入的图表对象实际上也属于报表的数据，因此有关图表对象的操作必须在数据状态下进行。

• 选择图表对象显示区域时，区域不能少于 2 行×2 列，否则会提示出现错误。

编辑图表主标题：

(1) 双击图表对象的任意位置，选中图表。

(2) 执行“编辑” |“主标题”命令，打开“编辑标题”对话框。

(3) 输入主标题“资金对比分析”，单击“确认”按钮。

编辑图表主标题字样：

(1) 单击选中主标题“资金对比分析”。

(2) 执行“编辑” |“标题字体”命令，打开“标题字体”对话框。

(3) 选择字体“隶书”，字体字型“粗体”，字号 12；效果“加下划线”，单击“确认”按钮。

注意：

• 将生成图表的报表保存到原位置。

• 在调用报表模板生成货币资金表之前，应将货币资金表关闭

3. 调用报表模板生成资产负债表

1) 调用资产负债表模板：

(1) 在格式状态下，执行“格式” |“报表模板”命令，打开“报表模板”对话框。

(2) 选择所在的行业“新会计制度科目”，财务报表“资产负债表”。

(3) 单击“确认”按钮，系统弹出“模板格式将覆盖本表格式！是否继续?”信息提示对话框。

(4) 单击“确定”按钮，即可打开“资产负债表”模板。

2) 调整报表模板：

(1) 单击“数据/格式”按钮，将“资产负债表”处于格式状态。

(2) 根据本单位的实际情况，调整报表格式，修改报表公式。

(3) 保存调整后的报表模板。

3) 生成资产负债表数据：

(1) 在数据状态下，执行“数据” |“关键字” |“录入”命令，打开“录入关键字”对话框。

(2) 输入关键字：年 2010，月 08，日 31。

(3) 单击“确认”按钮，系统弹出“是否重算第 1 页?”信息提示对话框。

(4) 单击“是”按钮，系统会自动根据单元公式计算 8 月份数据；单击“否”按钮，系统不计算 8 月份数据，以后可利用“表页重算”功能生成 8 月份数据。

(5) 单击工具栏上的“保存”按钮，将生成的报表数据保存。

注意：同样方法，生成 2010 年 8 月份利润表。

第7章 薪资管理系统

学习目标

- 了解薪资管理系统的功能及与其他管理系统的关系。
- 熟悉薪资管理系统的业务流程。
- 掌握薪资管理系统的具体操作，能够根据实际需要进行初始化设置，包括新建工资账套、基础信息的设置、工资计算公式定义等。
- 掌握并能熟练运用薪资管理系统对日常业务及期末业务的处理，以及工资编辑的程序和方法，学会利用系统自动转账功能结转工资费用。

第1节 薪资管理系统概述

用友ERP-U8薪资管理系统不仅可以完成工资的核算、发放、费用分摊以及个人所得税的核算等工作，还提供了强大的工资分析和管理功能，可以为不同的工资核算类型的企业提供不同的解决方案。

一、薪资管理系统功能概述

薪资管理系统是企业会计信息系统中的重要子系统，其主要任务是依据工资制度和职工劳动的数量和质量，正确及时地计算和发放职工的工资，反映和监督职工工资的结算情况，进行个人所得税计算；进行工资费用的分摊，并实现自动转账处理，提供多种方式的查询、打印各种工资账表。用友ERP-U8(8.72版)薪资管理系统主要功能模块见图7-1。

根据工资业务处理的需要，薪资管理系统的主要功能包括以下三方面：

(一) 系统初始设置功能

薪资管理系统初始化设置的内容主要包括新建工资账套、工资项目的设置、人员档案的设置；工资类别管理、人员档案管理；自定义工资项目和工资计算公式等。首次使用薪资管理系统时，需由财务人员将企业职工的工资原始资料输入计算机，形成薪资管理系统的基础数据库。

(二) 日常操作功能

薪资管理系统的日常业务处理主要包括工资变动、工资分钱清单、扣缴所得税、银行代发以及工资分摊等的处理。

(三) 特定业务处理功能

薪资管理系统可以提供多层次、多角度的工资数据查询，既可提供自定义报表查询功能，又可提供按月查询凭证的功能，包括各种工资表和各种工资分析表。

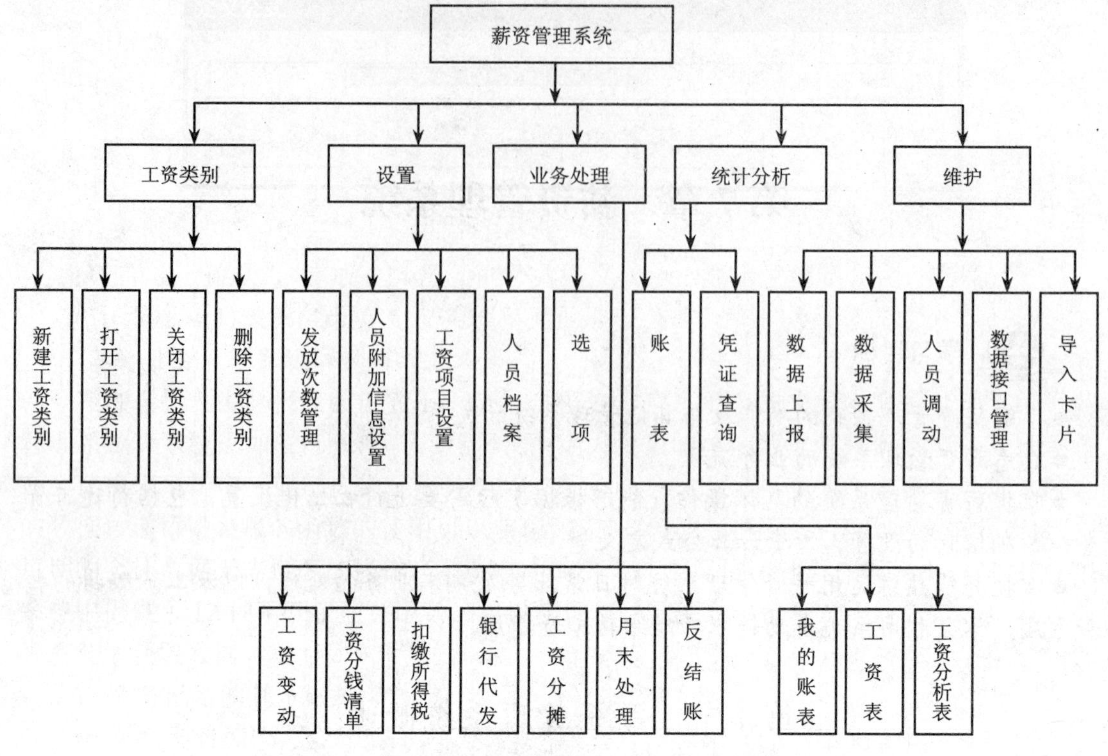

图 7-1　用友 ERP-U8 薪资管理系统功能模块

二、薪资管理系统与其他子系统的主要关系

薪资管理系统主要与总账系统、成本管理系统和 UFO 报表都存在数据传递关系。薪资管理系统将工资计提及分摊的结果生成转账凭证，传递到总账管系统进行账务处理；将工资费用分配表数据向成本管理系统传送，供计算成本时使用；将数据向 UFO 报表传输。薪资管理系统与其他子系统的关系见图 7-2。

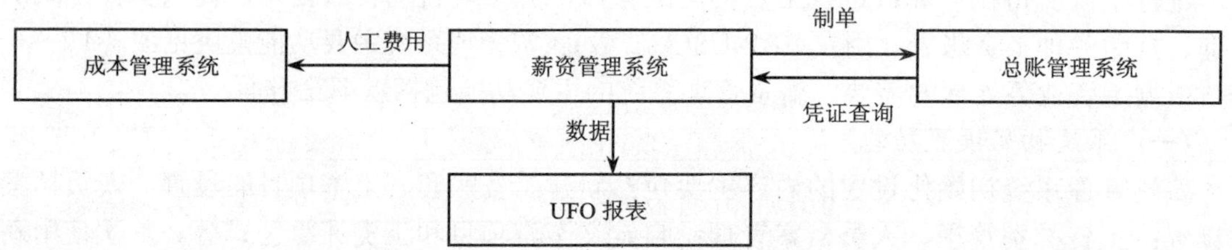

图 7-2　薪资管理系统与其他子系统的关系

三、薪资管理系统的业务处理流程

薪资管理系统的业务处理流程如图 7-3 所示。

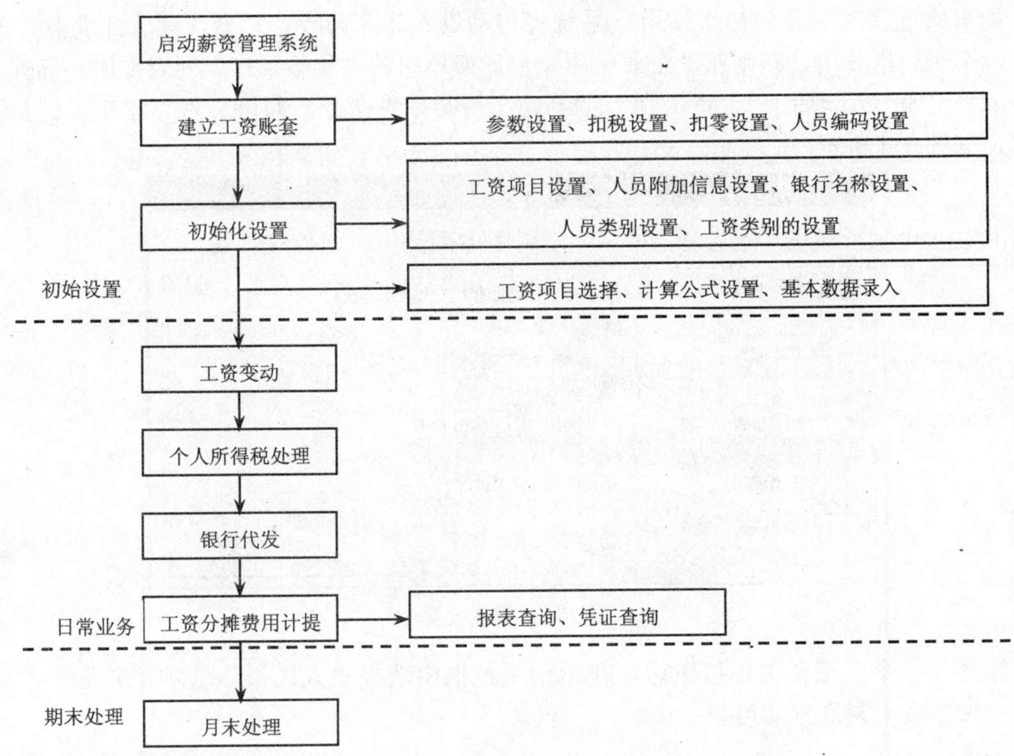

图 7-3　用友 ERP-U8 薪资管理系统业务处理流程图

第 2 节　薪资管理系统的初始化设置

薪资管理系统适用于各企事业单位，可以为多工资账套核算、每月多次发放工资、月末统一核算等不同工资核算类型的企事业单位提供工资问题的解决方案。在使用薪资管理系统前，应当先整理好需要设置各种基础信息，通过初始化设置将通用的薪资管理系统改造成适合本单位使用的专用系统。此后，每月只需对有变动的地方进行修改，系统将自动进行计算，汇总生成各种报表。

薪资管理系统的初始化设置包括新建工资账套、工资项目的设置、人员档案的设置、工资类别管理、人员档案管理；工资项目与自定义工资计算公式等内容。

一、新建工资账套

建立一个完整的工资账套，是系统正常运行的根本保证。工资账套和系统管理中的账套是两个不同的概念，系统管理中的账套是针对整个系统的，而工资账套是针对薪资管理系统的。它是第一次进入薪资管理系统时，根据工资账套向导逐步完成，主要分为四步：参数设置、扣税设置、扣零设置和人员编码。

具体操作步骤如下：

(1) 在“企业应用平台”|“基础设置”选项卡中，选择“基本信息”|“系统启用”命令，打开“系统启用”对话框，选择“薪资管理”选项，系统弹出“日历”对话框，

(2) 选择启用日期后，单击“确定”按钮，系统提示“确实要启用当前系统吗？”启用薪资管理系统。

如果所选择的账套为初次使用，系统将自动进入建账向导，打开“建立工资套”对话框。若不是初次使用，在则在“企业应用平台”窗口中的“业务工作”列表框中，选择“人力资源”|“薪资管理”|“工资类别”|“新建工资类别”命令，即可进入“建立工资套”对话框，如图 7-4 所示。

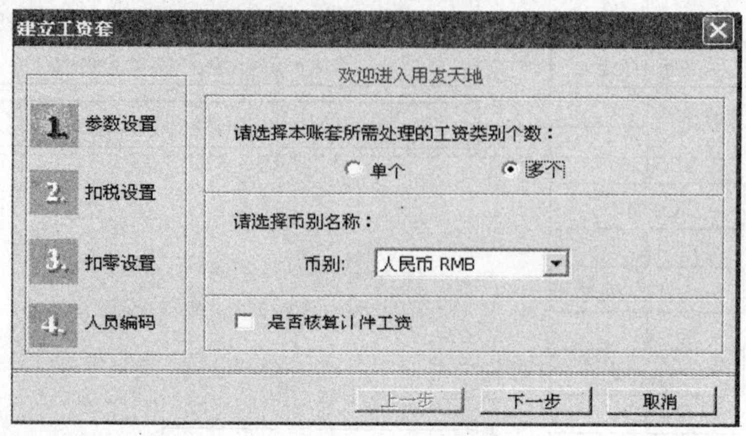

图 7-4　参数设置

选择“多个”工资类别按钮后，在币别下拉框中选择“人民币”选项，并选中“是否核算计件工资”复选框即可。

注意：

• 如企业按周或一月发多次工资，或者是企业中有多种不同类别(部门)的人员，工资发放项目不尽相同，计算公式亦不相同，但需进行统一工资核算管理，应选择“多个”工资类别。

• 如果企业中所有人员的工资统一管理，而人员的工资项目、工资计算公式全部相同，选择“单个”工资类别，可提高系统的运行效率。

(3) 参数设置完毕后，单击“下一步”按钮，进入“扣税设置”窗口，可选择是否从工资中代扣所得税。

(4) 单击“下一步”按钮，进入“扣零设置”窗口，选择是否进行扣零处理，所谓扣零处理是指每次发放工资时零头扣下，积累取整，于下次工资发放时补上，系统在计算工资时将依据此处设置的扣零类型进行扣零计算。

(5) 单击“下一步”按钮，进入“人员编码”设置窗口，选择人员编码长度应结合企业员工人数确定，但最长不超过 10 位。一旦设置了人员档案，则人员编码长度不能再做修改。

(6) 单击“完成”按钮，工资账套创建完成。创建完成后，账套中的部分参数可在“基础设置”选项的“选项”中进行修改。

二、基础信息设置

在建立工资账套以后，为了在日常操作中对工资进行有效管理，还必须进行基础信息设置，主要部门设置、人员类别设置、人员附加信息设置、工资项目设置、银行名称设置、账套选项修改等。

注意：在进行基础设置时，如果核算单位选择的是“多个”工资类别，则其中“部门设置”和“工资项目设置”的设置必须在“工资类别”处于关闭状态或者尚未建立工资类别的前提下进行，否则，这两个项目的设置无效；除这两项以外的其他基础设置可以在“工资类别”关闭状态下设置，也可以在打开的某个工资类别内设置，设置的内容对整个工资账套内的所有类别均有效。

(一) 人员附加信息设置

人员附加信息设置可用于设置人员的附加信息，丰富人员档案的内容，便于对人员进行更加有效的管理。本功能可用于增加设置人员的性别、民族、婚否、学历等。

注意：不能对人员的附加信息进行数据加工，如公式的设置等，对于已使用过的人员附加信息不可删除，但可以修改。

操作步骤如下：

(1) 在“企业应用平台”窗口的“业务工作”列表框中，选择“人力资源”|“薪资管理”|“设置”|“人员附加信息设置”命令，进入“人员附加信息设置”对话框。

(2) 单击“增加”按钮，在“信息名称”文本框中输入要增加的人员附加信息，或从参照栏中选择系统提供的信息名称，如图 7-5 所示。按照同样的方法，即可增加其他项目，人员附加信息最多允许增加到 100 个。

(3) 如果想要增加某一附加信息的参照值，比如性别，则选中“性别”选项，再选中“是否参照值”复选框，单击“参照档案”按钮，打开“工资人员附加信息”对话框，在“参照档案”文本框中输入相应内容(如“男”、“女”)，单击“增加”按钮，即可添加，如图 7-6 所示。用列表框右侧的上、下箭头可以调整项目的先后顺序，单击“确认”按钮，返回“人员附加信息设置”对话框。

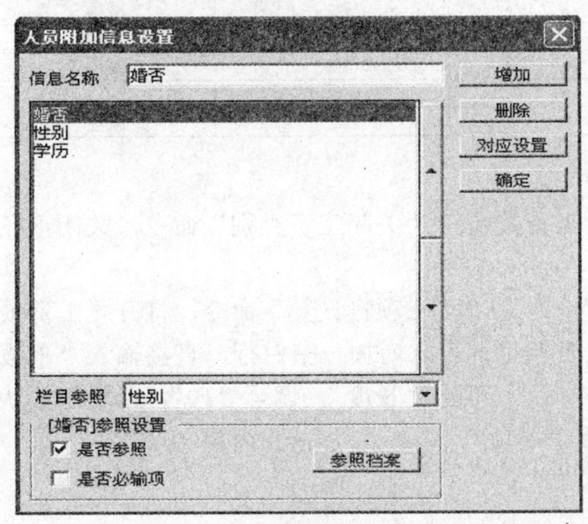

图 7-5　“人员附加信息设置”对话框

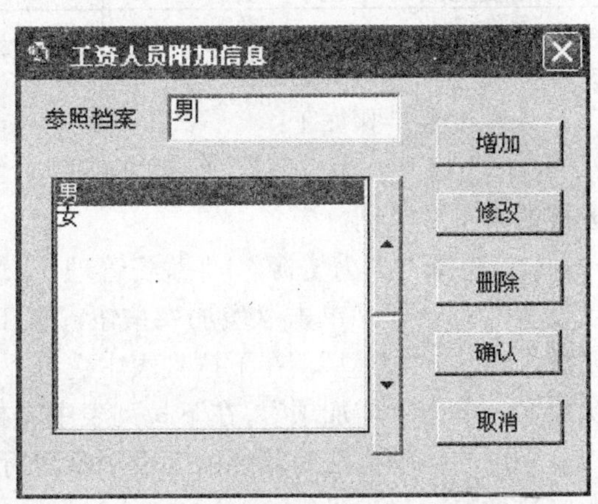

图 7-6　增加参照档案信息

(4) 单击“删除”按钮，可删除光标所在行的附加信息。已使用过的人员附加信息不可删除，但可以修改。

(5) 单击“确定”按钮，返回到薪资管理系统主界面。

(二) 工资项目设置

工资项目设置就是定义工资项目的名称、类型和宽度，可根据需要自由设置工资项目，如基本工资、岗位工资、副食补贴、扣款合计等。用户在增加工资项目时，可以根据系统提供的常用工资项目参照录入，未设置参照的工资项目，直接录入。具体操作步骤如下：

(1) 在“企业应用平台”窗口的“业务工作”列表框中，选择“人力资源”|“薪资管理”|“设置”|“工资项目设置”命令，进入“工资项目设置”对话框。

如果在“选项”设置中选择“是否核算计件工资”，则在此界面可以看到“计件工资”项目；如果选择的“代扣个人所得税”，则提供“代扣税”工资项目；如果选择“扣零”处理，则提供“本月扣零”和“上月扣零”两个工资项目。

(2) 单击“增加”，在工资项目列表末增加一空白行，直接输入工资项目名称或在“名称参照”中选择工资项目名称，并设置新建工资项目的类型、长度、小数位数和工资增减项。

增项直接计入应发合计，减项直接计入扣款合计；若工资项目类型为字符型，则小数位数不可用，增减项为其他。

单击界面上的向上、向下移动按钮可调整工资项目的排列顺序。

(3) 单击“确定”按钮保存设置，若放弃设置点击“取消”返回；单击“重命名”，可修改工资项目名称；

(4) 选择要删除的工资项目，点击“删除”按钮，确认后即可删除。

【例 7-1】 请参照表 7-1 工资项目信息表，设置飞鹰公司的工资项目。

表 7-1 工资项目信息表

项目名称	类型	长度	小数位数	增减项
基本工资	数字	10	2	增项
工龄工资	数字	10	2	增项
岗位工资	数字	10	2	增项
事假天数	数字	5	2	其他
事假扣款	数字	8	2	减项
病假天数	数字	5	2	其他
病假扣款	数字	8	2	减项
缺勤天数	数字	5	2	其他
缺勤扣款	数字	8	2	减项

具体设置步骤如下：

(1) 选择“人力资源”|“薪资管理”|“工资类别”|“关闭工资类别”命令，关闭正在运行的本工资类别。

(2) 选择“人力资源”|“薪资管理”|“设置”|“工资项目设置”命令，打开“工资项目设置”对话框，单击“增加”按钮，在工资项目列表末增加一空白行，直接输入“事假天数”，双击“类型”，在下拉列表中选择“数字”，双击“长度”，调至“10”，采用小数默认“2”，单击“增加项”，在下拉列表中选择“增项”。

采用同样的方法对其他的工资项目进行设置。

注意：

• 在多类别薪资管理时，关闭工资类别后，才能新增工资项目；

• 系统中提供的、在工资核算中必不可少的工资项目，不能删除和重命名，主要包括：“应发合计”、“扣款合计”、“实发合计”、“本月扣零”、“上月扣零”和“代扣税”项目。

• 项目名称必须唯一；

• 工资项目一经使用，数据类型不允许修改；

(三) 部门设置

部门档案是企业的共享信息，因此，可以在总账系统中设置，也可以在薪资系统中设置。

操作步骤如下：

在“企业应用平台”窗口的“基础设置”列表框中，选择“基础档案”|“机构人员”|“部门档案”，进入“部门档案”窗口，单击工具栏上的“增加”、“修改”和“删除”按钮，即可进行相应操作。

(四) 人员类别设置

人员类别设置功能用于设置人员类别的名称，可以便于核算单位按人员类别进行工资汇总计算，以满足同一个账套内不同部门人员的工资按人员类别进行综合汇总的需要。

具体操作步骤如下：

选择“企业应用平台”窗口的“基础设置”列表框中，选择“基础档案”|“机构人员”|“人员类别”，进入“人员类别”窗口，单击工具栏上的“增加”、“修改”和“删除”按钮，即可进行相应操作。

(五) 账套选项修改

系统在建立新的工资账套以后，由于业务的变更，一些工资数据可能需要进行调整，此时就需要对账套的选项进行一些修改。修改前，必须先建立并打开工资类别。

操作步骤：

(1) 在“企业应用平台”窗口的“业务工作”列表框中，选择“人力资源”|“薪资管理”|“设置”|“选项”命令，进入“选项”对话框，如图 7-7 所示。

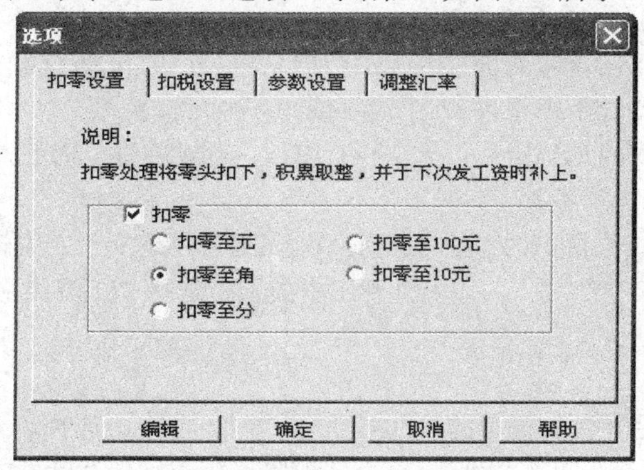

图 7-7　“选项”对话框

(2) 系统提供了“扣零设置”、“扣税设置”、“参数设置”和“汇率调整”4 个选项卡，单击“编辑”按钮，即可对系统允许修改的内容进行修改。

(3) 在完成修改之后，单击“确定”按钮，进行保存。

三、工资类别的设置

工资类别是指在一套工资账中，根据不同情况而设置的工资数据管理类别，如企业中将正式职工和临时职工分设为两个工资类别，两个类别同时对应一套账务。系统提供了对工资类别的新建、打开、关闭和删除的操作。

(一) 新建工资类别

具体操作步骤如下：

(1) 在“企业应用平台”窗口的“业务工作”列表框中，选择“人力资源”|“薪资管理”|“工资类别”|“新建工资类别”，打开“新建工资类别”对话框，如图 7-8 所示。

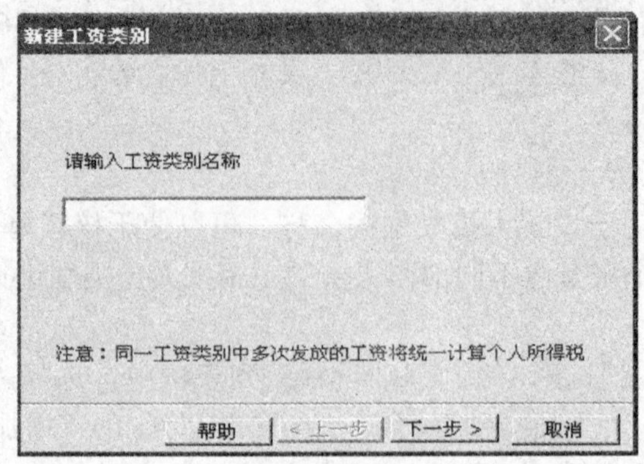

图 7-8 “新建工资类别”对话框

(2) 在“请输入工资类别名称”中，输入新建工资类别的名称后，单击“下一步”按钮，打开选择部门对话框，选择该类别工资核算所需的部门。选定部门时，先选定上级部门，再选定下级部门。

(3) 单击“完成”按钮，弹出启用日期对话框，单击“是”按钮，确认工资类别的启用日期后，系统将自动打开新建的工资类别。

注意：

- 必须选中末级部门，才能进行人员的数据录入。已经使用的部门不能取消选择；
- 工资类别名称最长不得超过 15 个汉字或 30 个字符；
- 工资类别的启用日期确定后，无法再行修改，因此在建立时必须特别注意业务日期。

(二) 打开、关闭工资类别

在“企业应用平台”窗口的“业务工作”列表框中，选择“人力资源”|“薪资管理”|“工资类别”|“打开工资类别”，即可打开工资类别；选择“工资类别”|“关闭工资类别”命令，关闭工资类别。

(三) 删除工资类别

(1) 在“企业应用平台”窗口的“业务工作”列表框中，选择“人力资源”|“薪资管理”|“工资类别”|“删除工资类别”，打开“删除工资类别”对话框。

(2) 选择要删除的工资类别后，单击“确定”，系统弹出“是否删除工资类别？”信息提示框。

(3) 单击“是”按钮，即可删除。

注意：只有账套主管才有删除工资类别的权力，且工资类别删除后数据不可再恢复，使用时需慎重。

四、人员档案的设置

人员档案用于设置工资发放人员的姓名、职工编号、所在部门、人员类别等信息，处理员工的增减变动等。人员档案必须在部门档案和人员类别录入以后才能进行录入。人员档案设置包括人员档案的增加、修改、删除、替换、定位等内容。

(一) 增加人员档案

(1) 在“企业应用平台”窗口的“业务工作”列表框中，选择“人力资源”|“薪资管理”|“设置”|“人员档案”命令，即可打开“人员档案”对话框。

(2) 单击“增加”按钮，弹出“人员档案明细”对话框，单击“人员姓名”后面的选入按钮，即可打开“人员选入”对话框，选择相应人员，单击“确定”按钮，即可将人员选入。

(3) 在“人员档案明细”对话框中切换到“附加信息”选项卡，将显示用户在“人员附加信息设置”中增加的项目，输入人员附加信息，单击“上一个”、“下一个”按钮，可以继续增加其他人员的附加信息。

(4) 设置完毕，单击“确定”按钮，完成档案设置。

注意：

- 人员编码按工资账套建立时定义的编码长度录入，且不能重复
- 设置部门编码时，只能选择末级部门编码
- 人员类别是按部门、按人员类别正确核算工资的基础，必须选择
- 进入日期是指新增人员进入本单位的日期，该日期不能大于当前系统注册日期。

(二) 修改人员档案

(1) 打开“人力资源”|“薪资管理”|“设置”|“人员档案”窗口，单击工具栏上的“修改”按钮，即可弹出“人员档案明细”对话框，修改完毕，单击“确定”按钮即可。在修改状态下，“停发工资”和“调出”两复选框为可编辑状态。

(2) 如果需要直接输入职工工资，单击“人员档案明细”对话框中的“数据档案”按钮，打开“工资录入—页编辑”对话框，如图7-9所示。双击要录入或修改的工资项目数据输入相关内容后，单击“保存”按钮进行保存。

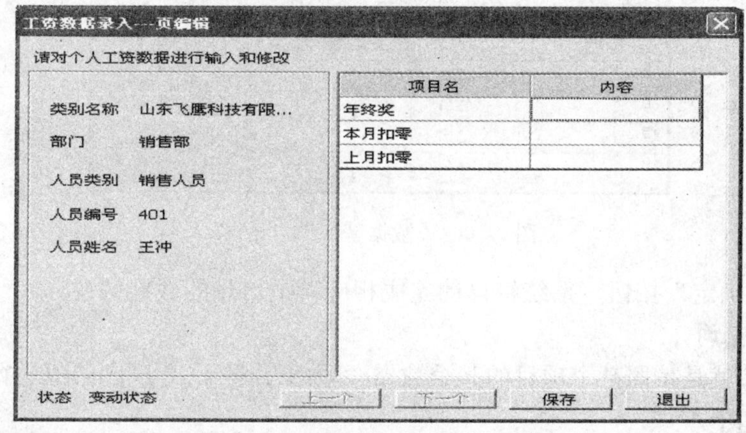

图7-9 “工资录入---页编辑”对话框

注意：

- 调出人员的所有档案信息不可修改，其编码可再次使用
- 停发工资人员保留其人员档案，以后可恢复使用
- 标志为停发或调出的人员，将不再参与工资的发放和汇总。

(三) 删除人员档案

在“人力资源”|“薪资管理”|“设置”|“人员档案”窗口中，选择要删除的人员信息，单击工具栏上的“删除”按钮，即可弹出提示信息对话框，单击“是”按钮，即可删除。

注意：

- 已有工资数据的人员，其档案不能删除
- 已删除人员的所有档案信息均不能再恢复

• 年度中间调出的人员，其档案不能在调出时删除，可在调出时打上“调出”标志，年末处理完毕后，下一个年度开始时，才能删除该人员档案。

(四) 导入、导出人员档案

此功能可导入或导出一套.txt文件格式保存的人员档案信息，在减少录入工作量时，既可以保存人员档案信息，以防遭到破坏时数据的丢失，又可为其他账套提供档案资源。

单击工具栏上的“导入”、“导出”按钮，可导入或导出相应的档案资料，导入前，用户必须做好目标数据的部门档案、人员类别设置，并且需要与源数据一致。导入时，人员编号的长度必须相等，源数据和目标数据必须来自同一月份。

(五) 数据替换

为提高人员档案修改的速度，可以利用数据替换功能，将一批人员的某个工资项目同时修改为另一个数据。

(1) 在“人力资源”|“薪资管理”|“设置”|“人员档案”窗口中，单击工具栏上的“替换”按钮，即可弹出“数据替换”对话框。

(2) 在“将项目”栏内选择被替换项目的名称，在“替换成”栏内录入替换内容；在“条件”栏内录入要替换项目的条件，将财务部员工的工资发放方式改为现金发放，见图7-10。

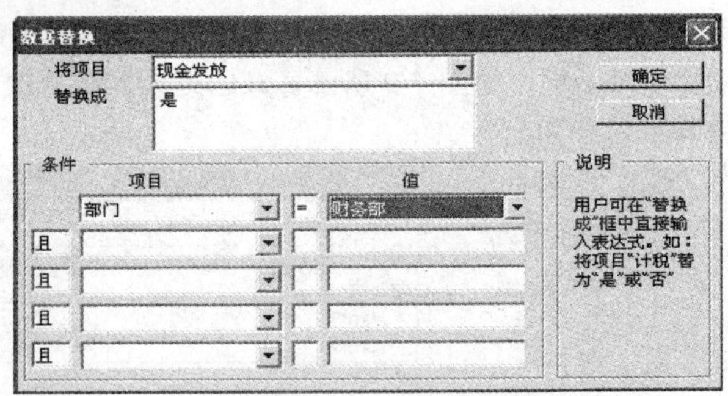

图7-10 “数据替换”对话框

(3) 单击“确定”按钮，系统将自动完成相应人员信息的数据替换。

(六) 筛选查询

数据筛选，就是按照某个项目的某个数据(可大于、等于或小于)的值进行数据查询。

具体操作如下：

(1) 在“人力资源”|“薪资管理”|“设置”|“人员档案”窗口中，单击工具栏上的“筛选”按钮，即可弹出“数据筛选”对话框，如图7-11所示。

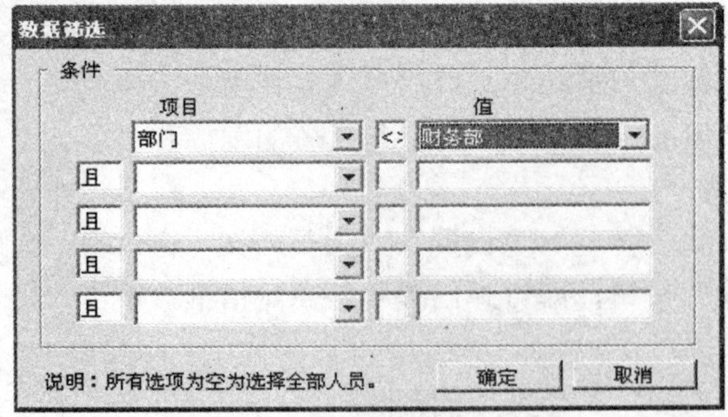

图7-11 “数据筛选”对话框

(2) 输入筛选条件，在“项目”中选择所要查询的工资项目，在中间的中方框中录入逻辑符号，在“值”栏目中录入对应的工资项目，单击“且”或“或者”选择条件之间的关系，继续增加下一个筛选条件。

(3) 单击“确定”按钮，系统根据设置将符合条件的数据筛选出来。

(七) 定位查询

数据筛选与定位，都可以缩小人员档案信息的范围，将某个人或某一批人的数据从人员档案中提取出来，加快查找速度。定位查询可以按人员、部门两种方式进行。

(1) 在“人力资源”|“薪资管理”|“设置”|“人员档案”窗口中，单击工具栏上的“定位”按钮，即可打开“部门/人员定位”对话框。

(2) 选择“按部门定位”、“按人员定位”或模糊定位，选择相应的“部门名称”、“人员姓名”或“人员编号”等工资项目，单击“确定”按钮，即可进行定位查询，光标显示在符合条件的记录上。

(3) 当所要定位的人员有不确定条件时，用户可以选择模糊定位方式查询。例如要查询单位所有姓“王”的员工时，可以选择“按人员定位+模糊定位”方式查询，在“人员姓名”下拉框中输入“王”，如图 7-12 所示。单击“确定”按钮，系统弹出对话框，提示表格有满足条件的 3 条记录，单击“确定”按钮，“部门/人员定位”对话框出现“第一”、“上一”、“下一”和“末一”按钮，点击按钮，调节光标的位置，找到符合条件的记录。

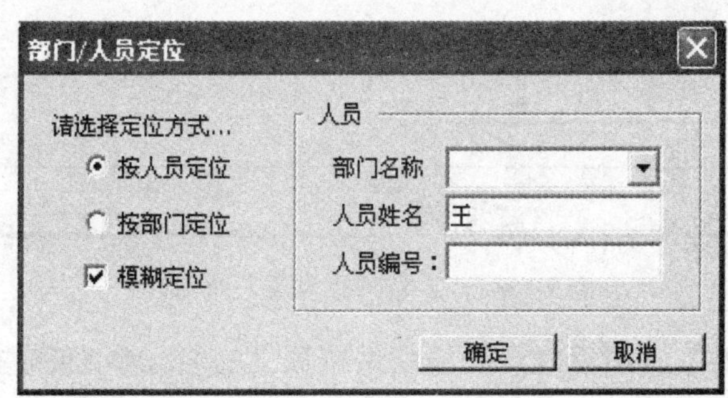

图 7-12　“部门/人员定位”对话框

注意：在使用模糊定义查询时，系统对档案内容按从左到右进行匹配。如果要查询名叫“武艺”的员工，使用模糊查询时，如果查询“武”，可以得到结果，如果查询“艺”，系统就会提示“表格无满足条件的记录”。

五、设置计算公式

进行工资项目设置时，设置为数值型的工资项目中，部分项目的数据是利用其他工资项目的数据运算得来的。如：“实发合计”项目的金额等于“应发合计”项目的金额减去“扣款合计”项目的金额。所以，需要根据各项目的数值关系定义工资项目间的计算公式。

由于工资类别不同，工资发放项目不一定相同，计算公式也不一定相同。因此，进行工资计算公式设置时，须先打开某个工资类别，选择本工资类别所需的工资项目，然后，设置本工资类别适用的计算公式。

增加工资项目的具体操作步骤如下：

(1) 选择“人力资源”|“薪资管理”|“工资类别”|“打开工资类别”命令，即可打开

“打开工资类别”对话框。选择相应的类别之后，单击“确定”按钮，即可返回企业应用平台窗口。

(2) 选择“人力资源”|“薪资管理”|“设置”|“工资项目设置”命令，打开“工资项目设置”对话框。

(3) 单击“增加”按钮，在工资项目列表末增加一空白行，再点击“名称参照”下拉按钮，选择要增加的工资项目即可，依据表 7-1 所示的信息，点击“岗位工资”，增加成功，按照同样的方法，增加其他工资项目，如图 7-13 所示。

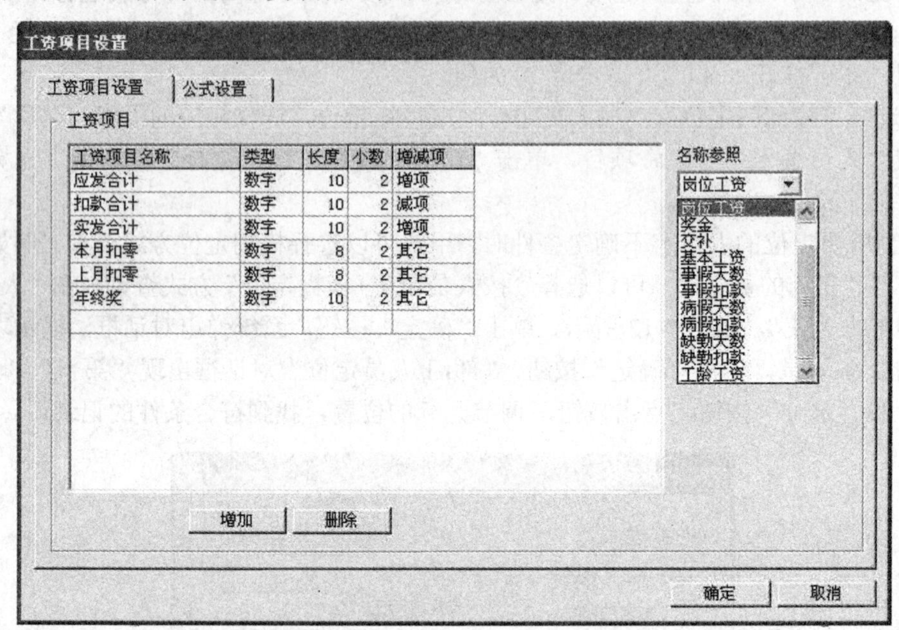

图 7-13 “工资项目设置”对话框

增加工资类别下的工资项目时，只能从系统提供的名称参照中进行选择，且不能修改工资项目的任何属性；名称参照中列出了事先建立的所有工资类别的工资项目。如果所需要的工资项目不存在，则需要关闭本工资类别并新增工资项目后，再打开该工资类别进行选择，请参照本节基础设置中的工资项目设置。

注意：

- 新建工资类别中必须要有人员档案，否则“工资项目设置”中的“公式设置”选项卡无法打开。
- 增加工资类别下的工资项目时，只能从系统提供的名称参照中进行选择，且不能修改工资项目的任何属性。
- 名称参照中列出了事先建立的所有工资类别的工资项目。如果所需要的工资项目不存在，则需要关闭本工资类别并新增工资项目后，再打开该工资类别进行选择。

公式设置的具体操作步骤如下：

(1) 选择“人力资源”|“薪资管理”|“设置”|“工资项目设置”命令，打开“工资项目设置”对话框的“公式设置”选项卡，对于固定工资项目的“应发合计”、“扣款合计”、“实发合计”等几项，系统将根据工资项目中设置的“增减项”，自动给出计算公式。如图 7-14 所示。

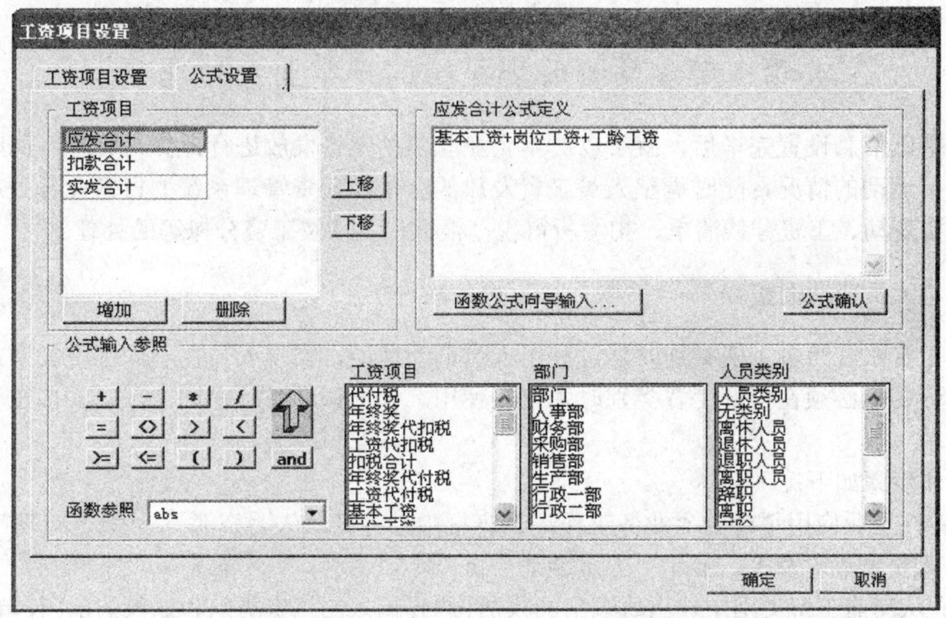

图 7-14 “工资项目设置”对话框中“公式设置”选项卡

(2) 单击“增加”按钮，新增一个工资项目设置计算公式，或选择一个已有工资项目修改公式之后，单击公式定义区，即可出现编辑光标，选择相应工资项目，并在公式定义区，可以使用“函数公式向导”、“公式输入参照”、“工资项目参照”、“部门参照”和“人员类别参照”编辑输入该工资项目的计算公式。

(3) 公式定义完成后，单击“公式确认”按钮，完成自定义公式的设置。

【例 7-2】 请参照表 7-2，完成各工资项目的公式定义。

表 7-2 正式职工工资计算公式

工 资 项 目	事 假 扣 款	病 假 扣 款	缺 勤 扣 款
定义公式	事假天数×40	病假天数×20	缺勤天数×80

具体操作如下：

如增加表 7-2 中的“事假扣款”工资项目的定义公式，单击“工资项目”下拉列表，选择“事假扣款”，然后点击“事假扣款公式定义”区，即可出现编辑光标，点击“工资项目”中的“事假天数”，在点击“公式输入参照”中的“*”号，最后在“事假扣款公式定义”区中输入“40”，点击“公式确认”即可。“病假扣款”与“缺勤扣款”公式设置与之类似。

根据已设置的项目设置公式，相同的工资项目可以重复定义公式，多次计算，以最后的运行结果为准。

注意：

- 定义工资项目计算公式要符合逻辑，系统将对公式进行合法性检查。
- 函数公式向导只支持系统提供的函数。
- 定义公式时要注意先后顺序，先得到的数应先设置公式。应发合计、扣款合计和实发合计公式不用设置，系统自动给出，是公式定义框的最后三个公式，且实发合计的公式要在应发合计和扣款合计公式之后。

第 3 节　薪资管理系统的日常业务处理

在基础信息设置完毕后，就可以对本企业职工的工资发放进行计算与管理，同时可以根据人员调动的情况，随时调整人员工资发放的金额。薪资管理系统的日常业务处理主要包括工资变动、工资分钱清单、扣缴所得税、银行代发以及工资分摊等的处理。

一、人员变动调整

当工资账套为多工资类别时，可利用人员调动功能，实现人员在不同工资类别之间的转换。该功能必须在打开工资类别时才可以使用。人员调动必须在同一账套的多工资类别间进行。

操作步骤如下：

(1) 在企业应用平台的“业务工作”列表框中，打开“人力资源”|“薪资管理”|“维护”|“人员调动”命令，显示“人员调动”窗口。

(2) 从当前工资类别中选出要调出的人员，选择调入的工资类别和调入的部门，单击“确定”按钮即可。

【例 7-3】 将飞鹰公司“002 正式职工”工资类别中的财务员工宋柯调至“001 山东飞鹰科技有限公司”工资类别的“销售部”。具体操作如图 7-15 所示。

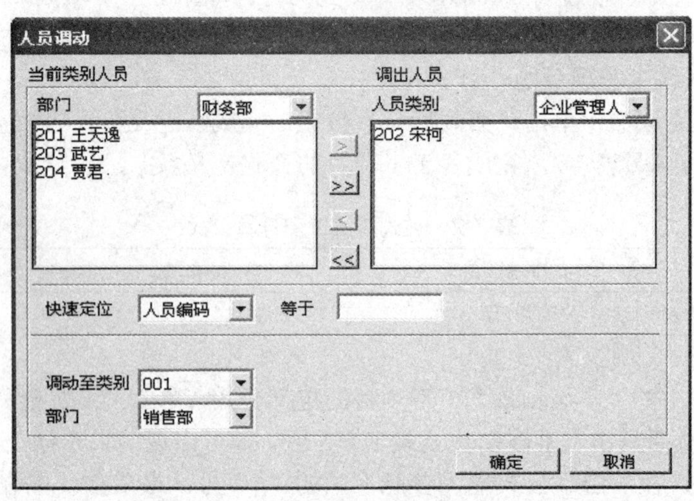

图 7-15　“人员调动”窗口

注意：

- 已做调出标志的人员，所有档案信息不可修改。
- 调出人员的编号可以再次使用。
- 调出人员调出当月即不再参与工资发放计算。
- 调出人员可在当月未做月末结算前，可以取消调出标志，但编号已被其他人员使用时，不可取消。
- 做完月(年)结算处理后，调出标志不可取消。
- 为保证数据的完整性和一致性，调出人员当年不可删除，如要删除，可在进行年末处理后，在新的一年开始时，将此人删除。

二、工资变动处理

设置工作完成后，初次使用系统时，需要先将所有人员的工资基本数据录入系统，在以后的正常使用过程中，对个别变动性的工资项目进行调整，生成当月工资数据。表 7-3 是飞鹰公司的员工工资基本数据。

【例 7-4】 参照表 7-3，录入飞鹰公司员工工资基本数据。

表 7-3　飞鹰公司的员工工资基本数据

姓 名	所属部门	基本工资	工龄工资	岗位工资
王 荟	人事部	5 002.96	800	1 500
王天逸	财务部	3 996.71	500	800
宋 柯	财务部	2 800.19	200	500
武 艺	财务部	3 000.01	100	500
贾 君	财务部	2 001.08	50	500
孙 博	采购部	3 600.03	400	800
王 冲	销售部	3 600.20	300	800
肖 川	生产部	3 800.59	600	800

(一) 基本数据录入

(1) 在企业应用平台的“业务工作”列表框中，打开“人力资源”|“薪资管理”|“业务处理”|“工资变动”命令，显示“工资变动”窗口。

(2) 可以根据表 7-3 中的数据，直接录入，也可以点击“工资变动”窗口中工具栏上的“编辑”按钮，打开“工资数据录入——页编辑”对话框，录完一个员工，单击“保存”按钮就行保存后，自动切换到下一员工，录入完毕保存后，关闭本对话框即可。

(3) 在修改任何一个工资项目的工资数据之后，单击工具栏上的“计算”按钮，可对工资数据重新计算。在录入完成后，单击工具栏上的“汇总”按钮，就可对本月发放的工资数据进行汇总。

(二) 过滤器

如果只输入或修改工资项目中的一项或几项，就可以通过“过滤器”实现。

【例 7-5】 参照表 7-4，将飞鹰公司 2010 年 8 月考勤情况录入系统。

表 7-4　2010 年 8 月考勤统计表

姓 名	所属部门	事假天数	病假天数	缺勤天数
王 荟	人事部		1	
王天逸	财务部	1		
武 艺	财务部		2	
孙 博	采购部	0.5		0.5
合 计		1.5	3	0.5

具体操作如下：

(1) 在“工资变动”窗口中的“过滤器”下拉列表中选择“过滤设置”选项，打开“项目过滤”对话框，在“工资项目”中选择“病假天数”、“事假天数”和“缺勤天数”三项之后，单击 > 按钮，选入“已选项目”中，如图 7-16 所示。

(2) 单击“确定”按钮返回“工资变动”窗口，只显示已选工资项目，依次输入即可。

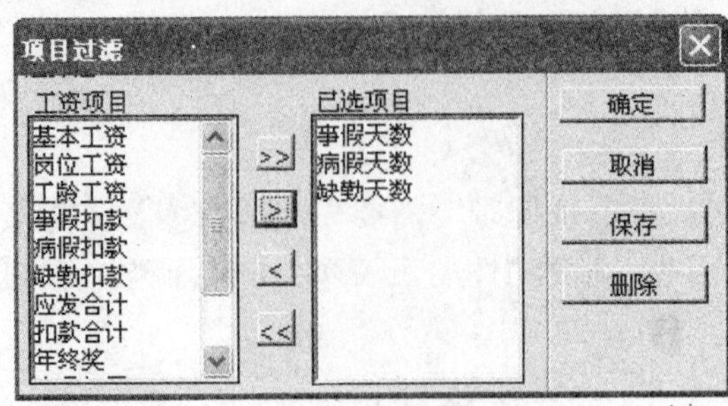

图 7-16　“项目过滤”对话框

(三) 定位器查询

如果需要定向查询，可以使用“定位器”功能来实现，

【例 7-6】 请查找“工龄工资=50”的员工。具体操作如下：

(1) 选中“工资变动”窗口中的“定位器”复选框，单击窗口中的某一项目，则“定位器”文本框中显示所击列的名称，如单击“工龄工资”列，就可以按工龄工资进行查询。

(2) 在“定位器”后面的文本框内删除列名，输入具体的查询条件，删除“工龄工资”，输入“50”，按“Enter”键后，查询到满足条件的员工，光标将定位在满足查询条件的第 1 条记录上。如图 7-17 所示。

图 7-17　定位器查询结果

(四) 数据筛选

数据筛选是指照某个项目的某个数据(可等于，大于，小于等)的值进行数据处理。单击“工资变动”窗口中工具栏上的“筛选”按钮，进入“数据筛选”界面，如图 7-18 所示。

【例 7-7】 筛选“人员类别=企业管理人员，应发合计>5000”的人员。

具体操作为：

(1) 输入筛选条件，从“工资项目”栏中选择部门、人员编号、人员类别、人员姓名。

(2) 选择逻辑符号“=”等于或“<>”不等于。

(3) 从“值”栏目中选择对应的部门、人员编号、人员类别和人员姓名。

(4) 单击“且”或“或”选择条件之间的关系，继续增加下一条筛选条件。

(5) 确认后，系统将根据设置将符合条件的数据筛选出来。如筛选“人员类别=企业管理人员，应发合计>5000 的人员”，按回车键即可。

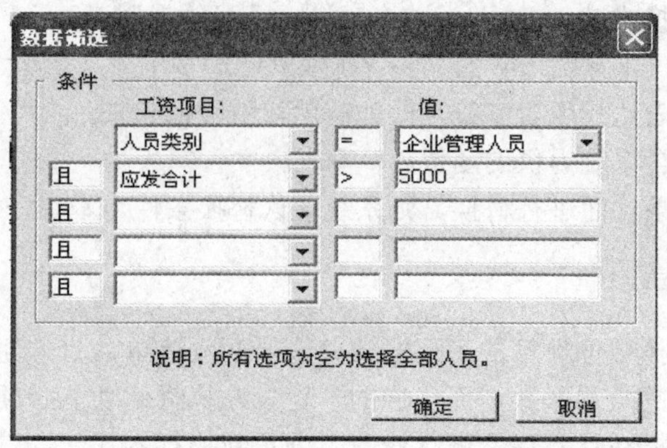

图 7-18　“数据筛选”对话框

（五）数据替换

数据替换是指将符合条件的人员的某个工资项目的数据，统一替换成某个数据。单击“工资变动”窗口中工具栏上的“替换”按钮，即可进入该功能界面。

具体操作步骤为：

(1) 在“将工资项目”栏内选择被替换项目名称，在“替换成”栏内输入替换表达式；

(2) 输入替换条件：① 界面左边“下拉框”提供部门、人员类别、工资项目的参照。② 界面右边选项窗，可输入选中的项目对应的数据内容即条件。部门、人员类别可参照输入过滤条件。③ 系统提供逻辑运算符的选择使用(=，＜，＞，>=，<=，<>)。④ 单击最左边的逻辑选择框，可进行“且”、“或”的选择。

(3) 点击“确认”按钮，系统将符合条件人员的相应工资项目内容替换。

【例 7-8】由于物价上涨，每个员工的岗位工资增加 50 元。

具体操作如下：

(1) 单击“工资变动”窗口中工具栏上的“全选”按钮，“工资变动”窗口中最左边“选择”列，出现“Y”符号。

(2) 单击“工资变动”窗口中工具栏上的“替换”按钮，打开“工资数据替换”窗口，输入替换条件，如图 7-19 所示。

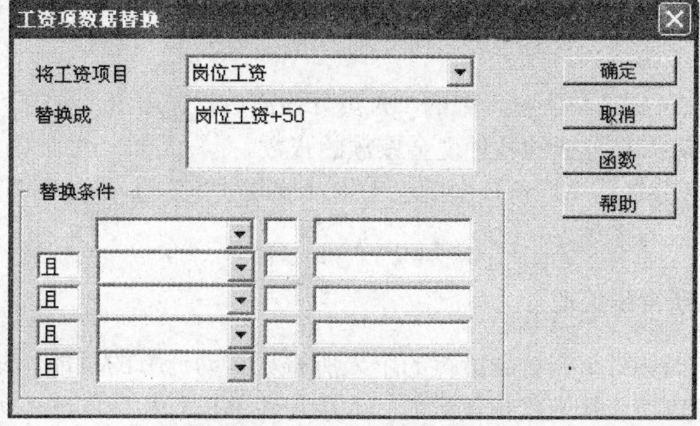

图 7-19　“工资数据替换”窗口

(3) 单击“确定”按钮，弹出信息提示框，提示“数据替换后将不可恢复，是否继续？”单击“是”按钮，替换成功。

注意：

- 所输入的替换表达式所含字符，此处需用双引号括起来。
- 表达式中可包含系统提供的函数。
- 如未输入替换条件而进行替换，则系统默认替换条件为本工资类别的全部人员。

三、工资分钱清单

工资分钱清单是按单位计算的工资发放分钱票面额清单，为方便会计人员从银行提取适合分发的不同面值的货币张数，而生成的一览表。执行此功能必须在个人数据输入调整完之后，如果个人数据在计算后又做了修改，须重新执行本功能，以保证数据正确。主要包括部门分钱清单、人员分钱清单、工资发放取款单三部分。

具体操作步骤如下：

(1) 在企业应用平台的“业务工作”列表框中，双击“人力资源”|“薪资管理”|“业务处理”|“工资分钱清单”命令，显示“工资分钱清单”窗口，如果是第一次进入会自动弹出“票面额设置”对话框，如果不是第一次进入，可以通过点击工具栏上的“设置”按钮实现，可设置工资分钱清单的票面组合，设置完毕，点击“确定”按钮完成。

(2) 单击“工资分钱清单”窗口中的“部门分钱清单”选项卡，可以查看各个部门需要发放各种现金票额的张数，如图 7-20 所示。

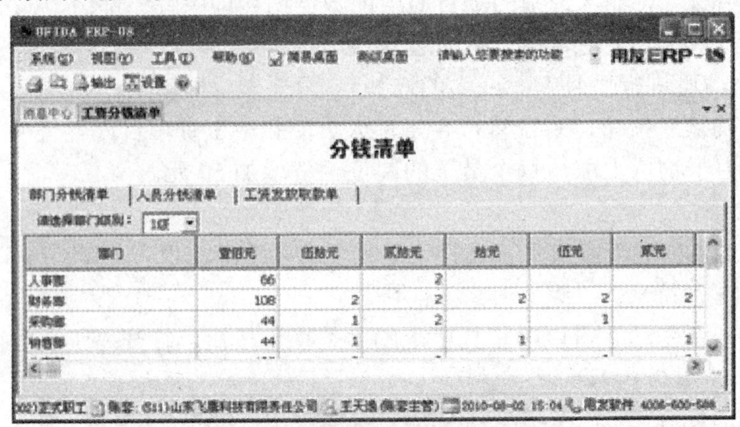

图 7-20 “部门分钱清单”选项卡

(3) 单击“工资分钱清单”窗口中的“人员分钱清单”选项卡，单击“部门”后的按钮，可以查看某部门所有人员分钱的各种现金票额的张数。

(4) 单击“工资分钱清单”窗口中的“工资发放取款单”选项卡，可以查看从银行取款时需要各种现金票额的张数。

四、扣缴个人所得税处理

薪资管理系统提供对工资薪金所得的个人所得税自动计算的功能，核算单位只需定义所得税率，系统将自动计算应代扣代缴的个人所得税并进行相应的账务处理，这样既减轻了用户的工作负担，又提高了工作效率。

(一) 个人所得税计算

系统默认的扣税基数是“实发合计”，如果以其他工资项目作为扣税标准，则需要进行重新设置，具体操作如下：

在企业应用平台的“业务工作”列表框中，双击“人力资源”|“薪资管理”|“设置”|“选项”命令，选择“扣税设置”选项卡，如图 7-21 所示。单击“编辑”按钮，在“税率设置”按钮左边的下拉框中进行选择“应发合计”，单击“确定”即可。

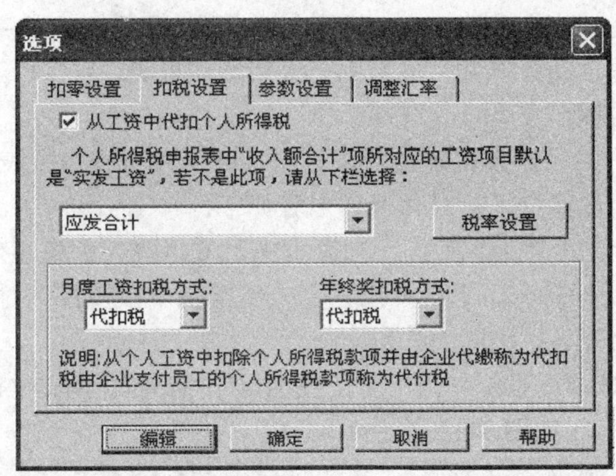

图 7-21　“选项”选项对话框中的“扣税设置”界面

若“人力资源”|“薪资管理”|“设置”|“选项”|“扣税设置”中没有合适的工资项目，那就需要在定义工资项目时，单独为应税所得设置一个工资项目，并定义其计算公式。

【例 7-9】 设置“应交住房公积金”和“应税所得”两个工资项目，其中，应交住房公积金=(基本工资+岗位工资+工龄工资)×6/100；应税所得=基本工资+岗位工资+工龄工资—应交住房公积金。

具体操作如下：

(1) 在企业应用平台的“业务工作”列表框中，双击“人力资源”|“薪资管理”|“工资类别”|“关闭工资类别”命令，单击“确定”按钮，关闭工资类别。

(2) 双击“人力资源”|“薪资管理”|“设置”|“工资项目设置”命令，单击“增加”按钮，输入“应交住房公积金”，期增减项选择“减项”，单击“增加”按钮，输入“应税所得”，选择其增减项为“其他”，单击“确定”按钮。

(3) 在企业应用平台的“业务工作”列表框中，双击“人力资源”|“薪资管理”|“工资类别”|“打开工资类别”命令，选择“001 正式职工”工资类别，单击“确定”按钮。

(4) 双击“人力资源”|“薪资管理”|“设置”|“工资项目设置”，打开“工资项目设置”对话框，单击“增加”按钮，在“名称参照”下拉框中选择“应税所得”；同样的方法，增加“应交住房公积金”工资项目。

(5) 在“工资项目设置”对话框中选择“公式设置”选项卡，单击“增加”按钮，选择“应交住房公积金”工资项目，同时在“应交住房公积金公式定义”编辑区内，输入公式“(基本工资+岗位工资+工龄工资)*6/100”，点击“公式确认”，再单击“增加”按钮，同样的方法，增加“应税所得”的计算公式。

(6) 双击“人力资源”|“薪资管理”|“设置”|“选项”命令，选择“扣税设置”选项

卡，单击“编辑”按钮，在“税率设置”按钮左边的下拉框中选择“应税所得”，单击“确定”即可。

（二）定义个人所得税率表

如果核算单位的扣除费用以及税率与国家规定的不一致，用户可以修改，具体操作如下：

双击“薪资管理”|“设置”|“选项”命令，选择“扣税设置”选项卡，单击“编辑”按钮后，点击“税率设置”按钮，弹出“个人所得税申报表—税率表”对话框，可对“基数”、“附加费用”、“税率”进行调整，也可以增加或删除级数，调整完毕后，单击“确定”，系统会根据用户的设置自动计算并生成新的个人所得税报表。

（三）个人所得税报表

所得税率定义完毕，计算方式确定后，可以打开个人所得税报表，系统提供了四种报表，用户可以根据需要选择打开。具体操作步骤如下：

(1) 在企业应用平台的“业务工作”列表框中，双击“人力资源”|“薪资管理”|“业务处理”|“扣缴所得税”命令，系统弹出“个人所得税申报模板”对话框，根据用户的选择，系统会打开相应的报表。

(2) 点击“打开”按钮，系统弹出“所得税申报”对话框，单击“确定”，就可进入“系统扣缴个人所得税报表”，如图 7-22 所示。

图 7-22　系统扣缴个人所得税报表

如果要查询某一定时期内的所得税扣缴情况，则在下拉框中选择“全部发放次数”，并设置相应的起始、结束时间即可；若只查看本次的所得扣缴情况，则在下拉框中选择“本次发放”，最后单击“确定”，就可进入到使用该税率的员工的个人所得税报表。

勾选“按税率”按钮前的复选框，并在下拉框中选择相应税率，单击“确定”按钮，就可进入到适用该税率的员工的个人所得税报表。

如果在“过滤方式”中勾选“按部门”，并在下拉框中选择要查看的部门，单击确定，就可查询到该部门员工的个人所得税报表。

(3) 在“所得税申报”中，点击工具栏中的“定位”按钮，打开“定位”对话框，输入相应的条件，可以实现定向查询功能。

五、银行代发

银行代发工资业务就是将职工的工资数据发放数据按银行要求的文件格式设置后，通过磁盘输出，提交给用户的开户银行，由银行将工资发放企业职工。目前，大多数企业都由银行代发。

银行代发工资业务一般需要完成三个方面的设置：银行文件格式、文件输出格式和磁盘输出。

(一) 银行文件格式设置

银行文件格式设置就是根据银行的要求，对应提供的数据中所包含的项目及其数据类型、长度和取值范围进行设置。具体操作步骤如下：

(1) 在企业应用平台的“业务工作”列表框中，双击“人力资源”|“薪资管理”|“业务处理”|“银行代发”命令，弹出“请选择部门范围”对话框。

(2) 选择部门范围并设置“过滤掉实发合计不大于零的员工”复选框之后，单击“确定”按钮。第一次进入银行代发功能时，将自动打开“银行文件格式设置”对话框。以后再进入此功能，可以单击工具栏中的“格式”按钮，或者按鼠标右键选择“格式”即可。

(3) 设置完毕，单击“确定”按钮，生成“银行代发一览表”。

(二) 银行代发输出格式设置

银行代发输出格式设置根据银行的要求，设置须向银行提供的工资数据的文件格式。具体操作步骤如下：

(1) 单击“银行代发”窗口工具栏上的“方式”按钮，或在页面中按鼠标右键选择“方式”，打开“文件方式设置”对话框，如图 7-23 所示。

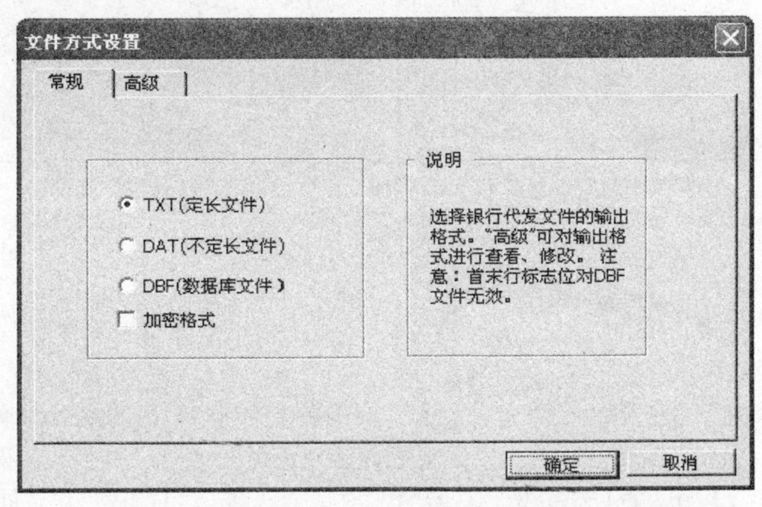

图 7-23　“文件方式设置”对话框

(2) 在“常规”选项卡中，可以选择文件的类型，切换到“高级”选项卡，可进入到高级设置状态。

“银行账号补位方向”有“左补位”和“右补位”两种选择。所谓“左补位”表示当银行账号位数不足设置的输出长度时，系统输出将自动补位方向在银行账号的左侧。“右补位”的补位方向在右侧。

(3) 设置完成后，单击“确定”按钮，点击“是”按钮，返回“银行代发”界面。

(三) 磁盘输出

磁盘输出就是按照用户已经设置好的文件输出格式和文件名称，将指定的数据输出到指定的磁盘。具体操作如下：

(1) 单击“银行代发”窗口工具栏上的“传输”按钮，或在页面中按鼠标右键选择“传输”，设置输出文件的名称与保存路径。

(2) 设置完毕后，单击“保存”，即可将银行代发文件输出到磁盘上。

六、工资分摊及费用计提

工资分摊是指对当月发生的工资费用进行工资总额的计算、分配及各种费用的计提，并制作自动转账凭证，传递到总账系统供登账使用。

(一) 设置工资分摊类型

【例 7-10】 请按照 14%的比例计提职工福利费。

具体操作步骤如下：

(1) 在企业应用平台的“业务工作”列表框中，双击“人力资源”|“薪资管理”|“业务处理”|“工资分摊”命令，弹出“工资分摊”对话框。

(2) 单击“工资分摊设置”按钮，弹出“分摊类型设置”对话框，如图 7-24 所示。

(3) 单击“增加”按钮，弹出“分摊计提比例设置”对话框，如图 7-25 所示。

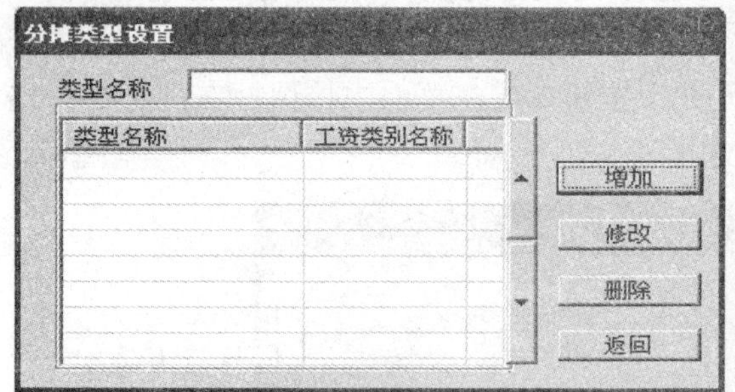

图 7-24 “分摊类型设置”对话框

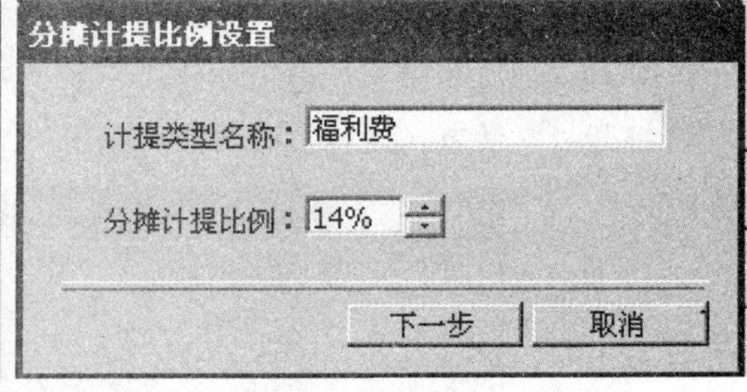

图 7-25 “分摊计提比例设置”对话框

(4) 单击“下一步”按钮，可以弹出“分摊构成设置”对话框，在其中输入要分摊的构成设置，所有的构成项目都可以参照系统提供的内容进行选择。

双击“部门名称”下的空格，出现 按钮，点击出现“部门名称参照”对话框，选择“人事部、财务部”。

在“人员类别”中选择“企业管理人员”，双击“借方科目”下的空格，弹出…按钮，点击，弹出“科目参照”对话框，选择“损益”|“管理费用”|“管理费用——福利费”科目。

点击“确定”按钮，返回“分摊构成设置”对话框，点击“贷方科目”，同样，弹出“科目参照”对话框，选择“负债|应付职工薪酬|应付职工薪酬—应付职工福利费”科目，所示。单击“确定”按钮，这两个部门的福利费设置完成。

注意：若在“科目参照”中尚未设置二级科目，则需要在“科目参照”对话框中点击“编辑”按钮，进入“会计科目”对话框，进行增加即可。

同样的方法，在“部门名称”中选择“销售部”，在“人员类别”中选择“销售人员”，借方科目“销售费用”，贷方科目“应付职工薪酬—应付职工福利费”；在“部门名称”中选择“生产部”，在“人员类别”中选择“生产人员”，借方科目“生产成本—职工薪酬”，贷方科目“应付职工薪酬—应付职工福利费”，同样的方法来设置“采购部”，福利费的计提设置完成。

(5) 单击“完成”按钮，回到“分摊类型设置”对话框，在其中已经保存了所增加的内容(可点击“修改”按钮，对所设置的内容进行修改)，单击“返回”按钮，打开“工资分摊”对话框，在“计提费用类型”中选择“福利费”，单击“确定”按钮，打开“福利费一览表”。

同样的方法，分别按 100%、2%、1.5%的计提比例完成“应付工资”、“工会经费”、“职工教育经费”等计提类型的设置。

(二) 工资分摊转账凭证

工资分摊和费用计提的结果，均可通过凭证转账的形式传递到总账系统中。具体操作如下：

(1) 在企业应用平台的“业务工作”列表框中，双击“人力资源”|“薪资管理”|“业务处理”|“工资分摊”命令，弹出“工资分摊”对话框，选中参与本次费用分摊计提的类型、部门、月份及分配方式，如图 7-26 所示。

(2) 单击“确定”按钮，打开“福利费一览表”，从“类型”下拉列表中选择不同的分摊类型，可以生成对应的一览表。

(3) 单击工具栏上的“制单”按钮，打开“填制凭证”窗口，生成与当前所选择“分摊类型”对应的一张凭证。

(4) 在左上角“字”中选择相应的类型，并确认“凭证日期”后，单击“保存”按钮，凭证左上角显示“已生成”字样，即可将凭证传递到总账系统中。

(5) 若单击“批制”按钮，则可将所有参与分配的“分摊类型”所对应的凭证全部生成。

(三) 凭证查询

在薪资管理系统中生成的凭证，在总账系统中，用户可以对其进行查询、审核和记账等操作，如果要进行修改、删除和冲销，只能在薪资系统中通过“凭证查询”命令来实现。具体操作步骤如下：

(1) 双击“薪资管理”|“统计分析”|“凭证查询”命令，弹出“凭证查询”对话框，如图 7-27 所示。

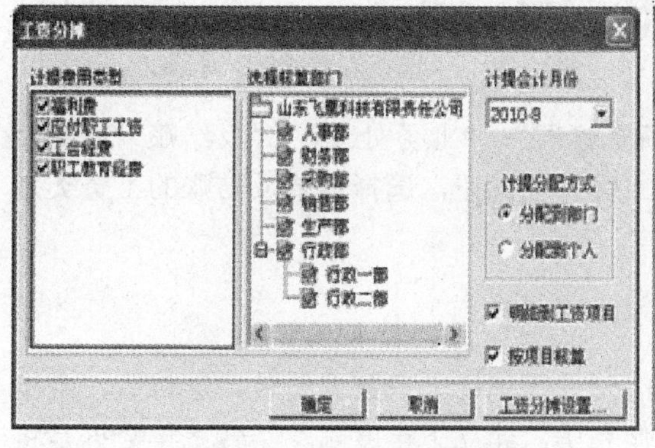

图 7-26　“工资分摊”对话框

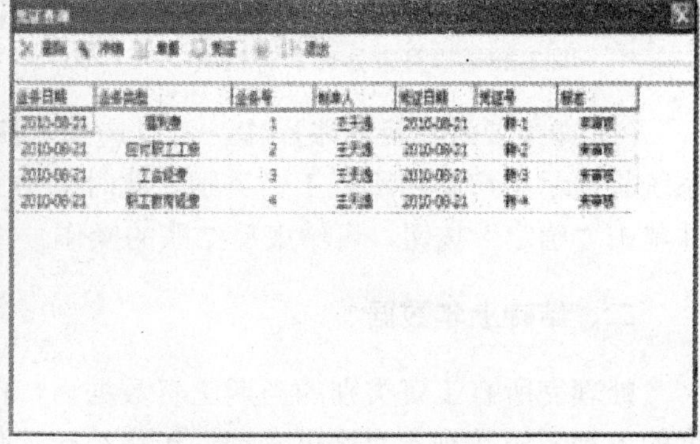

图 7-27　“凭证查询”对话框

(2) 选中凭证后，单击工具栏中的“删除”按钮，系统弹出信息提示框，提示“是否要删除当前凭证？”，单击“是”按钮，即可删除。此项操作只是在总账中将凭证做上“作废”标记，在总账中执行凭证整理是才能将此凭证从系统中删除。单击“冲销”按钮，系统提示“是否要对当前凭证作红字冲销？”。

(3) 单击“单据”按钮，可显示原始凭证，单击“凭证”按钮，可显示单张凭证窗口。

第4节 薪资管理系统的期末处理

薪资管理系统期末处理主要包括月末结账、结转上年数据，以及账表的查询、修改等内容。

一、结账

结账就是将当月工资数据经过处理后结转至下期，并自动生成下期新的工资明细表。由于工资项目中变动项目的数据每期均不相同，因此，每期工资数据处理完毕后，均需将其数据清为零，再录入当期的数据。

具体操作步骤如下：

(1) 双击“薪资管理”|“业务处理”|“月末处理”命令，弹出“月末处理”对话框，如图7-28所示。

(2) 单击“确定”按钮，系统提示“月末处理之后，本月工资将不许变动！继续月末处理吗？”。单击“否”按钮，放弃此操作；单击“是”按钮，弹出“是否选择清零项？”信息提示框。

(3) 单击“否”按钮，系统不进行清零，下期的工资数据与本期一致；单击“是”按钮，弹出“选择清零项目”对话框，如图7-29所示，根据参照选择清零项目后，单击“确认”按钮，系统弹出信息库，提示完成期末结账，单击“确定”按钮即可。

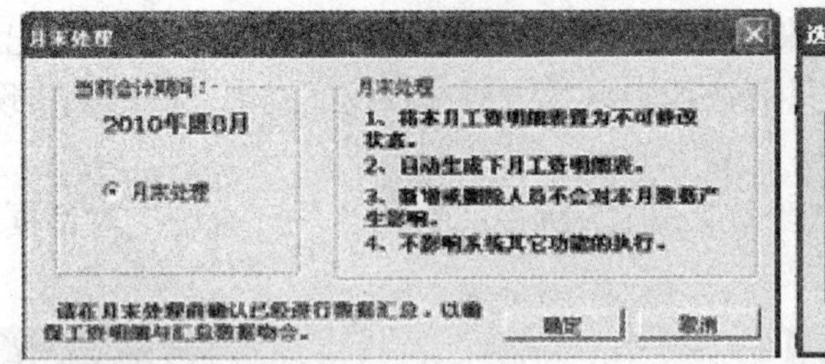

图7-28 “月末处理”对话框

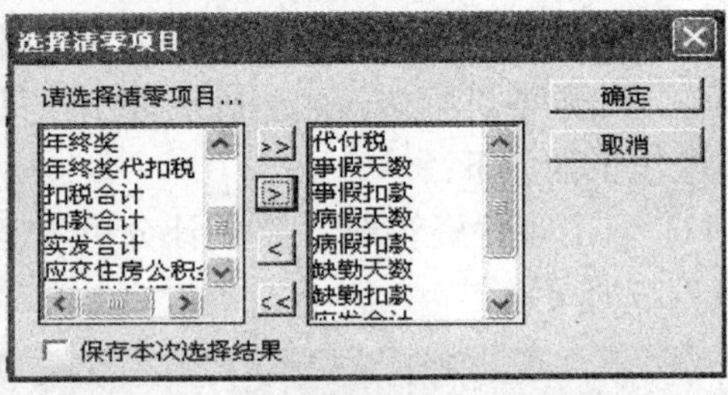

图7-29 “选择清零项目”对话框

(4) 如果要进行反结账操作，可以选择“薪资管理”|“业务处理”|“反结账”命令，系统将提示用户关闭所有工资类别。此时单击“确定”按钮，选择需要反结账的工资类别并单击“确定”按钮，可结束反结账的操作。

二、结转上年数据

处理完所有工资类别的当期工资数据后，需要进行年终工资数据结转，结转后，本年度的各期工资数据不允许再变动。年终结转工作完毕，建立下年度账。结转上年数据是将上年的工资数据经过处理后结转至下年。在进行数据结转前，先创建新的年度账(在系统管理中选择“年度账”|“建立”菜单，建立新年度账)，然后，在系统管理中选择“年度账”|“结转上年数据”，选择“薪资管理”，即可将完成上年数据结转工作。

三、工资账表

工资账表是薪资管理系统根据用户录入和计算的工资数据，自动编制的、反映工资核算结果的表格。用友 RP-U8 系统为用户提供了多种形式的报表来反映工资核算的结果，如果系统默认报表提供的固定格式无法满足用户要求，可以对其进行修改和新建。

系统对工资报表管理提供统一管理和分类管理两种方式：利用“账表”下的“我的账表”账夹，管理系统中所有工资类别的工资表和工资分析表，对不区分类别的、全部工资数据的查询和统计，通过此账夹实现；利用“工资表”和“工资分析表”两个报表账夹，分别管理不同工资类别的工资表和工资分析表，对给每个工资类别中的工资数据的查询和统计通过这两个账夹来实现。

(一) 我的账表

“我的账表”功能主要用于对薪资管理系统中所有的报表进行管理，包括工资表和工资分析表两种报表类型。具体操作步骤如下：

(1) 选择“薪资管理”|“统计分析”|“账表”|“我的账表”命令，弹出“我的账表”窗口。

(2) 选中需要修改的账表，单击工具栏中的“修改表”按钮，打开“新建表”窗口，可以进行修改。

(3) 单击工具栏中的“重建表”按钮，打开“重新生成工资表”对话框，选择需要重新生成的系统原始表之后，单击“确定”按钮，可重新生成系统原始表。

(4) 在“我的账表”窗口中，右击“账簿”栏的空白处，选择“新建专用账夹”选项或“新建公用账夹”选项，可以新增专用或公用账夹，选择“删除账夹”，可以对账夹进行删除，选择“设置账夹口令”，可以为账夹设置密码，限定某些报表使用者的权限。

(二) 工资表

工资表包括一些由系统提供的原始表，主要用于本月工资的发放和统计，完成查询和打印各种工资表工作。具体操作步骤如下：

(1) 选择“薪资管理”|“统计分析”|“账表”|“工资表”命令，弹出“工资表”对话框。

(2) 选择要查看的表，单击“查看”按钮，弹出“工资发放签名表—部门选择”对话框。

(3) 选择相应的部门，单击“确定”按钮，即可得到相应的查询结果，。

(三) 工资分析表

工资分析表是薪资管理系统在工资数据的基础上，通过对部门、人员类别的工资数据进行分析和比较后自动生成的各种分析表格，主要供决策人员参考和使用。

(1) 选择“薪资管理”|“统计分析”|“账表”|“工资分析表”命令，弹出“工资分析表”对话框。

(2) 在“请选择分析表”中选择相应的分析表后，单击“确定”按钮，在弹出的对话框中输入查询条件，即可的到相应的查询结果。如选择“员工工资汇总表”后，单击“确定”按钮，打开“员工工资汇总表选项”对话框。

(3) 选择相应的查询条件后，单击“确定”按钮，即可显示查询结果。

本章小结

薪资管理是企业管理中重要的组成部分，准确核算和发放工资不仅有利于正确反映企业成本费用，而且可以大大提高财务工作的效率。本章介绍了薪资管理系统的功能及特点，薪资核算的业务处理流程以及该系统的详细操作方法。系统操作过程中，首先要进行初始化工作，包括建立工资账套、基础设置、建立工资类别、设置人员档案、工资项目和计算公式；日常业务处理包括：工资数据管理、工资分钱清单、个人所得税的计算申报和银行代发；数据查询包括工资表及工资分析表的查询；期末处理主要进行工资分摊、生成凭证、期末处理等。

课后实验

【实验目的】 熟悉薪资管理系统的初始化操作，练习薪资管理系统的日常业务处理和期末处理。

【实验内容】

(1) 建立工资账套、基础信息设置、定义工资类别、工资项目设置、设置工资计算公式

(2) 工资结算、工资分摊及费用计提

(3) 月末处理、对账结账

【实验准备】 已经完成第 5 章“实验一”的操作，将系统日期修改为 2010 年 8 月 1 日，以账套主管“陈明”的身份注册进入薪资管理系统。

【实验资料】

(1) 薪资管理系统账套参数：工资类别有两个，工资核算本位币为人民币，不核算计件工资，自动代扣所得税，不进行扣零设置，人员编码长度同公共平台的人员编码保持一致。工资类别为“基本人员”和“编外人员”，并且基本人员分布在各个部门，而编外人员只属于行政部。

(2) 人员附加信息：人员的附加信息为“学历”和 “技术职称”。

(3) 人员类别：企业的人员类别包括“企业管理人员”、“经营人员”、“车间管理人员”和“生产人员”。

(4) 工资项目：

工资项目	类型	长度	小数	增加项
基本工资	数字	8	2	增项
岗位工资	数字	8	2	增项
工龄工资	数字	8	2	增项
交通补贴	数字	8	2	增项
加班费	数字	8	2	增项
奖金	数字	8	2	增项
应发合计	数字	10	2	增项
缺勤天数	数字	8	2	其他
缺勤扣款	数字	8	2	减项
公积金	数字	8	2	减项
养老金	数字	8	2	减项
医保	数字	8	2	减项
纳税基数	数字	8	2	其他
代扣税	数字	8	2	减项
扣款合计	数字	8	2	减项
实发合计	数字	8	2	增项

要求按上表信息设置好工资项目并对　　顺序进行相应调整。

其中：公积金和养老金均为基本工资的 8%；医保为基本工资的 2%；纳税基数公式=基本工资＋岗位工资＋工龄工资＋加班费－公积金－养老金－医保；缺勤扣款=基本工资÷22×缺勤天数

(5) 银行名称：银行名称为招商银行。

(6) 工资类别：工资类别为基本人员和编外人员。

(7) 基本人员档案：

人员编号	人员姓名	学历	职称	所属部门	人员类别	银行代发账号
101	肖剑	大学	高级	总经理办公室	企业管理人员	8899889901
102	陈明	大专	会计师	财务部	企业管理人员	8899889902
103	王晶	大学	经济师	财务部	企业管理人员	8899889903
104	李伟	大学	经济师	财务部	企业管理人员	8899889904
201	程旭	大学	经济师	销售部	经营人员	8899889905
202	孙健	大学	经济师	销售部	经营人员	8899889906
211	白丽	大学	经济师	采购部	经营人员	8899889907

(8) 个人所得税：个人所得税起征点为 2000 元。

(9) 2010 年 8 月份有关的工资数据：

人员编号	人员姓名	基本工资	岗位工资	工龄工资	交通补贴	加班费	奖金	缺勤天数
101	肖剑	4000	2000	500	200	300	1000	
102	陈明	3400	1200	300	100	400	900	
103	王晶	2500	1000	300	100	200	700	2
104	李伟	2800	900	200	100	350	700	
201	程旭	3200	1200	400	150	200	900	
202	孙健	2900	800	200	100	0	700	1
211	白丽	3300	1200	400	200	0	900	

(10) 工资分摊：工资分摊类型为“应付工资”、“应付职工福利费”、“工会经费”，其分摊计提比例分别为 100%、14%和 2%。

【实验要求】 根据以上资料，对该企业的工资账套进行初始化设置，并对本月的工资业务进行处理，制单并进行月末处理。

【实验步骤】

1) 建立工资账套：

(1) 在“企业应用平台”|“基础设置”选项卡中，选择“基本信息”|“系统启用”命令，选中“薪资管理”，在弹出的“系统启用”对话框中选择日期为“2010 年 8 月 1 日”。

(2) 在“企业应用平台”窗口中的“业务工作”列表框中，选择“薪资管理”|“工资类别”|“新建工资类别”命令，打开“建立工资套”对话框，在“参数设置”中，选择工资类别个数为“多个”。

(3) 在“扣税设置”中，勾选“是否从工资中代扣所得税”，在“扣零设置”中，不做选择；在“人员编码”中，人员编码长度同公共平台的人员编码保持一致。

2) 人员附加信息设置：

选择“人力资源”|“薪资管理”|“设置”|“人员附加信息设置”命令，单击“增加”按钮，在“信息名称”文本框中输入“学历”，单击“确定”，勾选“是否参照”，单击“参照档案”，输入“本科”，单击“增加”即可继续添加内容。

人员附加信息“技术职称”的设置方法与之类似。

3) 人员类别设置：

选择“企业应用平台”窗口的“基础设置”列表框中，选择“基础档案”|“机构人员”|“人员类别”，进入“人员类别”窗口，单击工具栏上的“增加”按钮，“档案编码”中输入“101”，“档案名称”中输入“企业管理人员”，单击“确定”，可继续增加其他人员类别。

4) 工资项目设置：

(1) 在“企业应用平台”窗口的“业务工作”列表框中，选择“人力资源”|“薪资管理”|“设置”|“工资项目设置”命令，进入“工资项目设置”对话框。

(2) 单击“增加”按钮，在“名称参照”中选择“基本工资”，双击“类型”，在下拉列表中选择“数字”，双击“长度”，微调至“8”，采用“小数”默认值“2”，采用“增加项”默认值“增项”。

在“名称参照”中若没有该工资项目，单击“增加”按钮，在工资项目列表中增加一空白行，输入“纳税基数”即可。可参照以上两个工资项目的来对其他工资项目的进行设置，使其与案例中要求的一致。

(3) 增加完毕，可通过“上移”、“下移”对工资项目的位置进行调整。

5) 计算公式设置：

选择“薪资管理”|“设置”|“工资项目设置”|“公式设置”，单击“增加”按钮，从下拉列表中选择“公积金”，然后点击“公积金公式定义”输入框，点击“工资项目”中的“基本工资”，选择“公式输入参照运算符”中的乘号，然后输入“8”，再单击“公式输入参照运算符”中的除号，输入“100”，点击“公式确认”，完成公积金的自定义公式设置。

其他工资项目的公式设置可参照“公积金”工资项目进行。

6) 新建工资类别：

(1) 在“企业应用平台”窗口的“业务工作”列表框中，选择“人力资源”|“薪资管理”|“工资类别”|“新建工资类别”，打开“新建工资类别”对话框。

(2) 在“请输入工资类别名称”中，输入“基本人员”，单击“下一步”，选择所有的部门，单击“完成”按钮，单击“是”按钮，即可。

(3) 在“请输入工资类别名称”中，输入“编外人员”，单击“下一步”，只选择行政部，单击“完成”按钮，单击“是”按钮，完成。

7) 人员档案设置：

(1) 在“企业应用平台”窗口的“业务工作”列表框中，选择“人力资源”|“薪资管理”|“工资类别”|“打开工资类别”命令，选择“基本人员”工资类别，单击“确定”按钮。

(2) “薪资管理”|“设置”|“人员档案”命令，打开“人员档案”对话框，单击“增加”，在“人员档案明细”对话框中，“人员编号”、“人员姓名”等资料参照案例资料逐个输入，“银行名称”选择“中国工商银行”，并输入相应的账号。

8) 个人所得税：

在“企业应用平台”窗口的“业务工作”列表框中，选择“人力资源”|“薪资管理”|“设置”|“选项”命令，单击“编辑”按钮，在“扣税设置”选项卡，在“税率设置”按钮左边的下拉框中进行选择“扣税基数”工资项目，单击“税率设置”后，将“基数”调整为“2000”。

9) 工资变动处理：

(1) 在企业应用平台的“业务工作”列表框中，打开“人力资源”|“薪资管理”|“业务处理”|“工资变动”命令，显示“工资变动”窗口。

(2) 根据表3中的数据，直接录入，也可以点击“工资变动”窗口中工具栏上的“编辑”按钮，打开“工资数据录入——页编辑”对话框，录完一个员工，单击“保存”按钮就行保存后，自动切换到下一员工，录入完毕保存后，关闭本对话框即可。

(3) 录入完成后，单击工具栏上的“汇总”按钮，就可对本月发放的工资数据进行汇总。

10) 工资分摊及费用计提：

(1) 在企业应用平台的“业务工作”列表框中，双击“人力资源”|“薪资管理”|“业

务处理”|“工资分摊”命令，在“工资分摊”对话框中，单击“工资分摊设置”按钮，单击“增加”按钮，在“分摊计提比例设置”对话框中输入“应付工资”，分摊计提比例为“100%”。

(2) 单击“下一步”后，进行“分摊构成设置”，其中“企业管理人员、采购人员”借方科目为“管理费用—职工薪酬”，“销售人员”借方科目为“销售费用—职工薪酬”，贷方科目均为“应付职工薪酬—应付职工工资”。

(3) 按照同样的步骤，设置“应付职工福利费”、“工会经费”的计提类型，计提比例分别为 14%和 2%，贷方科目分别为“应付职工薪酬—应付职工福利费”和“应付职工薪酬—工会经费”。

(4) 选择“薪资管理”|“业务处理”|“工资分摊”，选中全部“计提费用类型”和全部“选择核算部门”，选择一种“计提分配方式”，选择“明细到工资项目”，单击“确定”后，得到工资分摊明细表。

(5)单击“制单”按钮，系统提示设置凭证类别，选择“转账凭证”，单击“保存”按钮，凭证左上角显示“已生成”字样，即可将凭证传递到总账系统中。

同样的操作，可生成应付福利费、工会经费得转账凭证。

11) 月末处理：

在企业应用平台的“业务工作”列表框中，双击“人力资源”|“薪资管理”|“业务处理”|“月末处理”命令，在系统弹出的信息提示框中，单击“是”按钮，在弹出的“是否选择清零项”的对话框中选择“是”，将“加班费、奖金、缺勤天数、缺勤扣款”选入，单击“确定”按钮后，处理完毕。

第 8 章　固定资产管理系统

学习目标

- 理解固定资产管理系统的功能和处理流程；
- 了解固定资产管理系统的基本操作过程；
- 掌握固定资产账套参数的内容和设置方法、固定资产的增减变动的操作方法，以及固定资产月末转账、对账和月末结账。

第 1 节　固定资产管理系统概述

固定资产管理是企业管理的一个重要组成部分，是开展正常业务的物质基础，但由于固定资产具有价值高、数量大、种类多、保管和使用地点分散等特点，所以在手工条件下，对固定资产的核算与管理工作难度大。使用固定资产管理系统对固定资产核算与管理，可以细化固定资产管理，提高固定资产的使用水平。

一、固定资产管理系统含义

固定资产管理系统是会计信息系统的一个重要组成部分，主要用于对固定资产制作固定资产卡片，对其新增、减少、变动、计提折旧等业务进行处理和记录。

固定资产管理系统的功能主要包括：系统初始化设置；固定资产增减变动核算；固定资产折旧核算；固定资产评估；固定资产账表查询等。固定资产管理系统提供了灵活的证、表、卡片定义功能，并且具有较强的查询及分类统计功能，从而有助于提高企业对固定资产管理的水平。

二、固定资产管理系统与其他业务系统的数据传递与共享

固定资产管理系统与总账系统、成本核算系统和报表系统都有数据传递，其具体关系如图 8-1 所示。

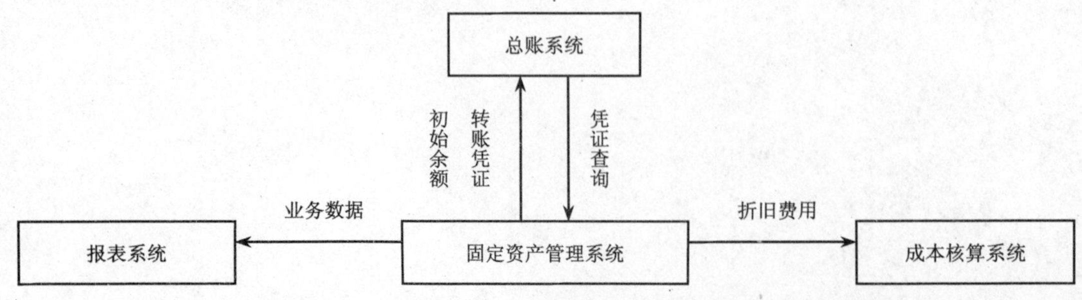

图 8-1　固定资产管理系统与其他业务系统关系图

与总账系统联用时，固定资产管理系统录入的初始余额可以直接传递到总账系统，作为固定资产相关科目的初始余额；固定资产管理系统中资产的增加、减少以及原值和累计折旧的调整、折旧计提等业务处理可自动生成记账凭证将有关数据传输到总账系统，同时通过对账保持固定资产账目与总账的平衡。

与成本系统联用时，固定资产管理系统的折旧费用数据可以直接引入成本核算系统，形成成本对象的折旧要素费用。

与报表系统联用时，报表通过相应的取数函数从固定资产管理系统中提取分析数据，编制用户需要的固定资产统计分析报表。

三、固定资产管理系统业务处理流程

固定资产管理系统的基本业务流程主要包括系统初始化、日常业务处理和期末处理三部分，如图 8-2 所示。

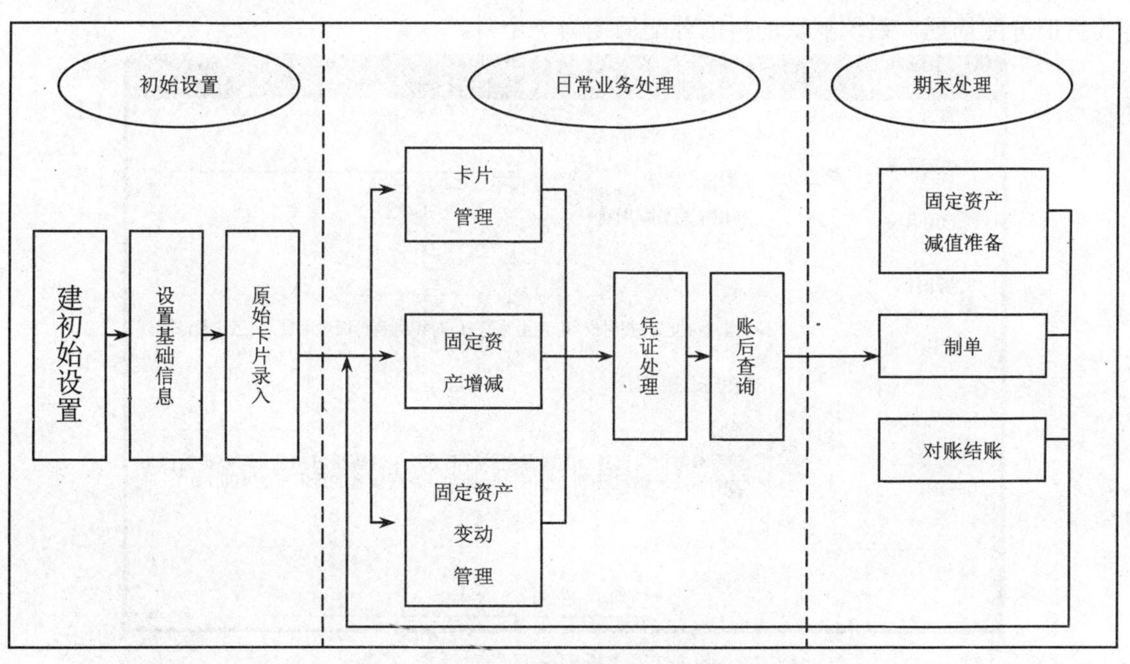

图 8-2　固定资产管理系统业务处理流程

第 2 节　固定资产管理系统的初始化设置

系统的初始化就是建立一个适合本企业的固定资产账套的过程，是使用固定资产管 理系统的首要操作，选择确定本系统核算和管理的基本原则和方法以及录入初始信息，主要包括固定资产账套的建立、基础信息设置、卡片项目的设置、原始卡片录入等。

一、建立固定资产账套

首次使用固定资产管理系统时，应首先启用固定资产管理系统，再进行初始化设置。具体操作步骤如下：

(1) 启用系统。在“企业应用平台”窗口的“基础设置”列表框中，选择“基本信息”|

“系统启用”命令，打开“系统启用”对话框，选择“固定资产”，弹出启用日期对话框，选择启用日期，单击“确定”，弹出提示信息，单击“是”按钮，完成系统的启用。

(2) 在“企业应用平台”窗口的“业务工作”列表框中，选择“财务会计”|“固定资产”命令，系统弹出“这是第一次打开此账套，还未进行过初始化，是否进行初始化？”提示信息。

(3) 单击“是”按钮，进入“固定资产初始化向导”对话框。

(4) 阅读完毕，单击“我同意”按钮，点击“下一步”，打开“启用月份”界面。

注意：在正式使用本系统前，必须将截止到该日期前的所有固定资产资料录入本系统，并且账套的启用月份不得超过“系统管理”中账套的创建时间，否则系统将不能正确进行固定资产的各项管理及核算工作。

(5) 设置完成后，单击“下一步”按钮，进入“折旧信息”设置窗口，如图8-3所示。根据企业的实际情况选择主要折旧方法，计提折旧的企业可以根据自己的需要来确定资产的折旧分配周期，系统默认的折旧分配周期为一个月。

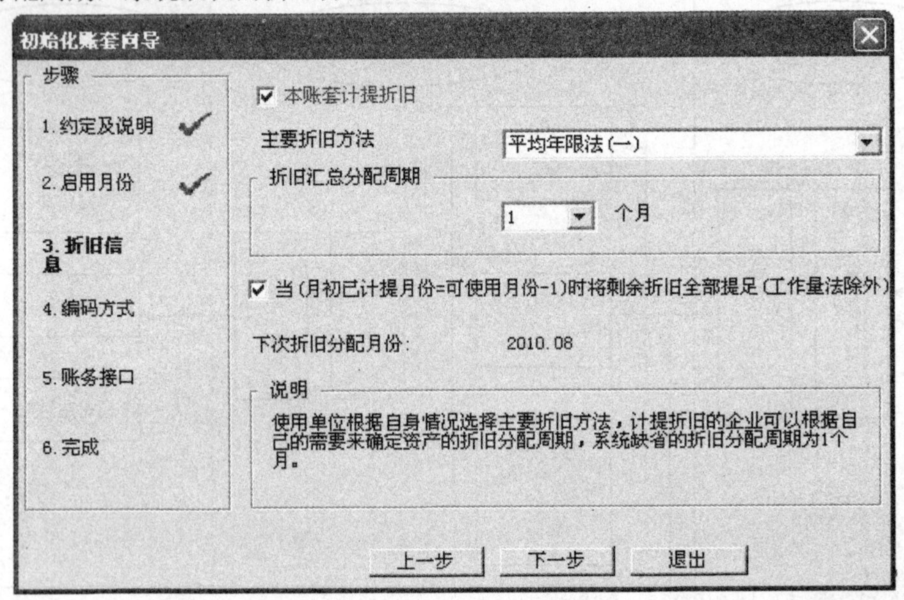

图8-3 “折旧信息”对话框

(6) 设置完成之后，单击“下一步”按钮，打开“编码方式”对话框。

注意：资产类别编码方式设定以后，一旦某一级设置了类别，则该级的长度不能修改，未使用过的各级的长度可修改。每一个账套的资产的自动编码方式只能选择一种，一经设定，该自动编码方式不得修改。

(7) 设置完成之后，单击“下一步”按钮，进入“财务接口”设置窗口，单击“固定资产对账科目”后面的…按钮，在“科目对照”对话框中选择“1601 固定资产”选项，如图8-4所示。

(8) 单击“下一步”按钮，打开“初始化账套向导”对话框，单击“完成”按钮，系统弹出信息框提示“已经完成了新账套的所有设置工作，是否确定所设置的信息完全正确并保存对新账套的所有设置?”，单击“是”按钮，系统提示“已成功初始化本固定资产账套”，单击“是”按钮，完成初始化设置。

建账完成后，当需要对账套中的某些参数进行修改时，可在固定资产管理系统主界面中通过“固定资产”|“设置”|“选项”命令进行重新设置，如果选项为灰色，说明该项内容不能修改。如果在初始化设置完成后发现，某些设置错误不允许修改但必须纠正，只能通过“财务会计”|“固定资产”|“维护”|“重新初始化账套”命令实现，但重新初始化将清空对该固定资产账套所做的一切工作。

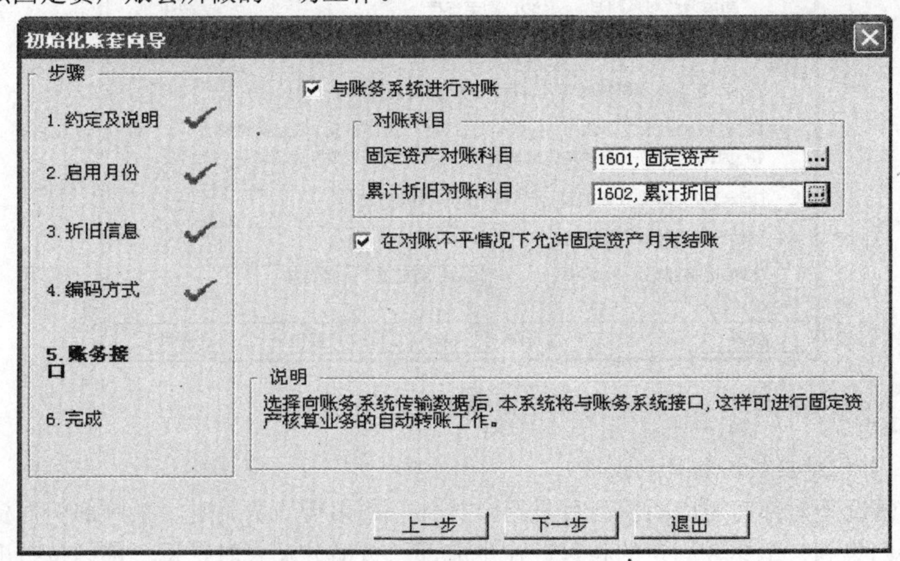

图 8-4　“财务接口“对话框

二、基础信息设置

基础信息设置主要包括选项设置、部门对应折旧科目、资产类别、增减方式、使用状况、折旧方法、卡片项目等内容的设置。

(一) 选项设置

选项中包括在账套初始化中设置的参数和其他一些在账套运行中的参数或判断，在初始化中没有设置的参数进行设置，账套初始化中设置的某些参数也可以在此修改。

【例 8-1】 设置固定资产管理系统的选项，相关资料如下：业务发生后不要求立即制单，月末结账前一定要完成制单登账业务；固定资产缺省入账科目：1601 固定资产，累计折旧缺省入账科目：1602 累计折旧，减值准备缺省入账科目：1603 固定资产减值准备；当月初已计提月份=可使用月份-1 时，要求将剩余折旧全部提足。

(1) 在“企业应用平台”窗口的“业务工作”列表框中，选择“财务会计”|“固定资产”|“设置”|“选项”命令，进入“选项”界面。

该界面上有 4 个选项卡，可以对其中的一些选项进行修改，但“基本信息”是不能修改的。

(2) 单击“折旧信息”选项卡，单击“编辑”按钮，可以对其中的复选框项目进行选择，其中折旧方法是系统自带的，折旧的分配周期可以进行改动。

(3) 单击“与财务系统接口”选项卡，出现如图 8-5 所示的窗口，单击“编辑”按钮，可以对其中的复选框项目进行选择。

(4) 单击“编码方式”标签，可以对其中的复选框项目进行选择。修改完毕后，单击“确定”按钮，选项设置完成。

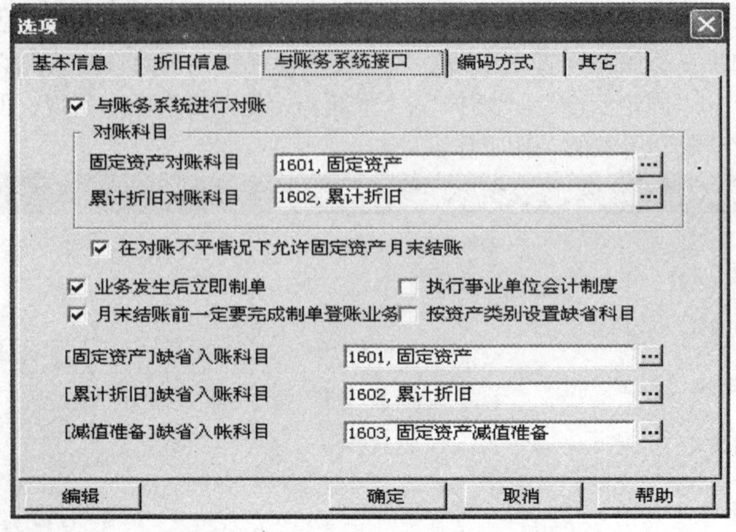

图 8-5 “与财务系统接口”选项卡

(二) 部门对应折旧科目的设置

通常情况下，部门对应折旧科目是指当按部门归集折旧费用时，某一部门内资产的折旧费用将归集到一个比较固定的科目，在生成部门折旧分配表时，每一部门按折旧科目汇总，从而制作记账凭证，方便操作。在使用本功能前，必须已建立好部门档案。

具体操作步骤如下：

(1) 在“企业应用平台”窗口的“业务工作”列表框中，选择“财务会计”|“固定资产”|“设置”|“部门对应折旧科目”命令，弹出如图 8-6 所示窗口。

(2) 选择左边列表框中相应部门，单击工具栏上的“修改”按钮，自动切换到“单张视图”选项卡，单击“折旧科目”后面的…按钮，弹出“科目参照”对话框并选择相应的折旧科目，如图 8-7 所示。

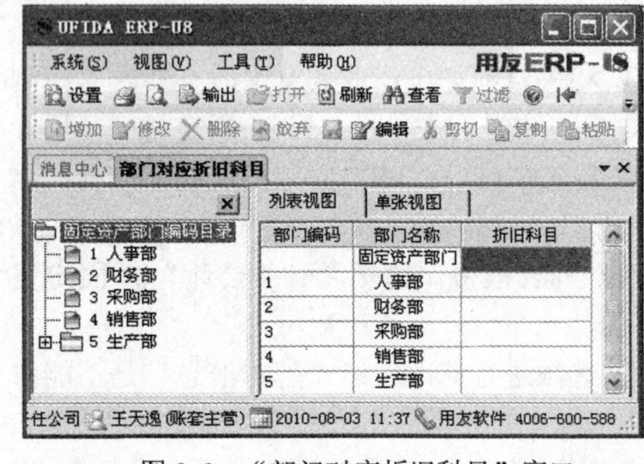

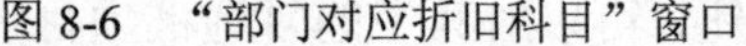

图 8-6 “部门对应折旧科目”窗口　　图 8-7 “单张视图”选项卡

(3) 单击工具栏上的“保存”按钮，保存设置。单击“刷新”按钮，即可自动将上述科目所有下级部门的折旧科目，替换为同样的折旧科目。

【例 8-2】 生产部下设 3 个二级部门，设置生产部折旧科目后，单击“保存”按钮后，系统弹出对话框，单击“是”按钮，点击工具栏上的“刷新”按钮，3 个二级部门的折旧科目都为“510101”。

(三) 资产类别的设置

固定资产的种类很多，规格也不一样，要强化固定资产的管理，就应该及时、准确地做好固定资产的核算，必须建立科学的固定资产分类体系，为统计和管理固定资产提供依据。企业可以根据自身的特点和管理要求确立一个比较合理的资产分类方案，根据设定好的分类方案，可以直接录入固定资产管理系统中，方便以后操作。

【例 8-3】 请参照表 8-1 所提供的信息，录入固定资产类别。

表 8-1　固定资产类别及折旧信息

类别编码	类别名称	计提属性	净残值率
01	机器设备	正常计提	3%
02	运输设备	正常计提	3%
03	房屋及建筑物	正常计提	5%
04	办公设备	正常计提	3%

具体操作步骤如下：

(1) 在“企业应用平台”窗口的“业务工作”列表框中，选择“财务会计”|“固定资产”|“设置”|“资产类别”命令，打开“资产类别”窗口，单击工具栏上的“增加”按钮，录入表 8-1 中的“机器设备”类固定资产。

(2) 单击“保存”按钮，对录入内容进行保存。如果要对已经保存的资产类别进行修改，可以通过点击工具栏中的“修改”按钮实现。

注意：

- 资产类别编码不能重复，同级的类别名称不能相同，类别编码、名称、计提属性、卡片样式不能为空。
- 对资产类别进行修改时，非明细级类别编码不能修改或删除。
- 系统已经使用过的类别不允许删除。

(四) 增减方式的设置

增减方式包括两种类型：一种是增加的方式，一种是减少的方式。增加的方式主要有：直接购入、投资者投入、捐赠、盘盈、在建工程转入、融资租入。减少的方式主要有：出售、盘亏、投资转出、捐赠转出、报废、毁损、融资租出等。一般性的项目已经在系统中设置好，也可根据需要增加和修改。为简化操作，系统还提供了对应入账科目设置，这样在填制凭证时，系统会自动调整对应的入账科目。

具体操作步骤如下：

(1) 选择“财务会计”|“固定资产”|“设置”|“增减方式”命令，打开“增减方式设置”窗口。

(2) 点击工具栏中的“增加”按钮，可以增加固定资产增减方式。

【例 8-4】 增加一种直接购入方式：现金购入，其对应入账科目为“库存现金”。

具体操作如下：

选择“101 直接购入”，单击工具栏中的“增加”按钮，显示“增减方式”的“单张视图”选项卡，在“增减方式名称”中输入“现金购入”，在“对应入账科目”中选择或输入“1001”，单击“保存”按钮，进行保存，如图 8-8 所示。

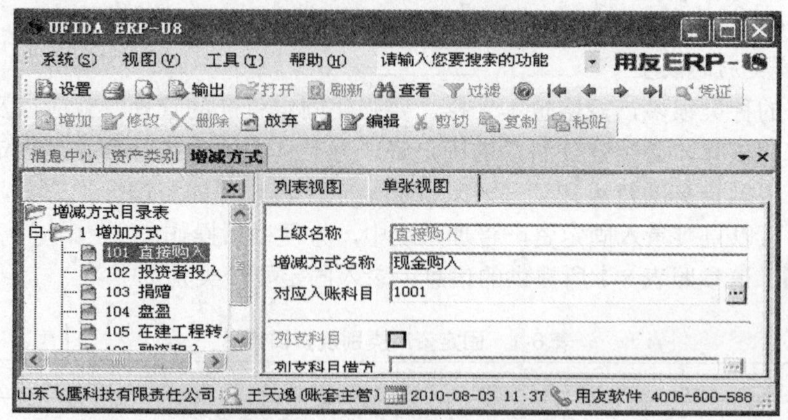

图 8-8 增加“增减方式”设置

(3) 同样，单击工具栏中的“修改”、“删除”按钮可以删除或修改固定资产的增减方式。

注意：

- 已使用过的增加方式不能删除；
- 非明细级增减方式不能删除；
- 系统的增减方式“盘亏、盘盈、毁损”不能删除

（五）使用状况设置

明确固定资产使用状况，既可以准确地计提折旧，也便于掌握固定资产的使用情况，提高资产的利用效率。

具体操作步骤如下：

(1) 选择“财务会计”|“固定资产”|“设置”|“使用状况”命令，打开“使用状况”窗口。

用友 ERP-U8 系统提供了“使用中”、“未使用”和“不需用”等 3 种一级使用状况，用户不能对其进行增加、修改和删除。

(2) 单击工具栏中的“增加”按钮，系统自动转换到“单张视图”窗口，输入相应的内容，单击“保存”按钮，即可完成增加操作。

(3) 选中某一使用状况后，单击工具栏上的“修改”或“删除”按钮可完成修改或删除使用状况目录。

注意：在修改某一资产的使用状况后，对折旧计算的影响从当期开始，不调整以前的折旧计算。

（六）折旧方法设置

折旧方法设置是系统自动计算折旧的基础。系统提供了 7 种常用的折旧方法，对系统提供的折旧方法只能选用，不能修改和删除，如果不能满足需要，可使用折旧方法的自定义功能，定义适合企业的折旧方法的名称和计算公式。

具体操作步骤如下：

(1) 在“企业应用平台”窗口的“业务工作”列表框中，选择“财务会计”|“固定资产”|“设置”|“折旧方法”命令，打开“折旧方法”窗口。

(2) 单击工具栏中的“增加”按钮，打开“折旧方法定义”对话框，在“名称”对话框内输入新的折旧方法的名称，双击右边“折旧项目”列表框中的月折旧率和月折旧额，单

击符号和数据按钮，定义折旧率和折旧额。

(3) 完成后单击“确定”按钮，新的折旧方法即添加到折旧列表中。当发现自定义的公式有误时，可以单击“定义折旧”窗口中工具栏上的“修改”按钮，进行修改。

注意：定义月折旧额和月折旧率公式时必须有单向包含关系，即：或者月折旧额公式中包含月折旧率项目，或者月折旧率公式中包含月折旧额项目，但不能同时互相包含。

(七) 卡片项目的设置

卡片项目是固定资产卡片上显示的用来记录资产资料的栏目，如原值、资产名称、使用年限、折旧方法等卡片最基本的项目。用友 ERP-U872 固定资产管理系统提供了一些常用卡片必需的项目，称为系统项目，如果这些项目不能满足对固定资产管理的需要，可以自定义卡片项目。同时，企业可以根据自己的需要，进行卡片项目的增加、修改和删除操作。

具体操作步骤如下：

(1) 在“企业应用平台”窗口的“业务工作”列表框中，选择“财务会计”|“固定资产”|“卡片”|“卡片项目”命令，打开“卡片项目”窗口。

(2) 单击工具栏上的“增加”按钮，进入“自定义项目”，录入新增项目的名称、数据类型等信息。

【例 8-5】 为飞鹰公司新增一个“负责人”的自定义项目。具体操作如下：

在“名称”中输入“负责人”，如图 8-9 所示。如果定义的是数值型项目，在“数据类型”中选择“数字型”后，系统弹出“定义项目公式“按钮，单击，打开”定义公式“对话框，自定义公式。

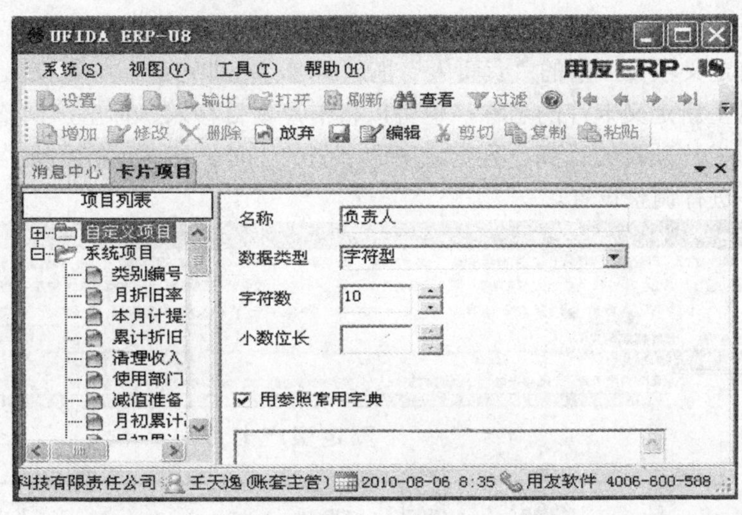

图 8-9　增加卡片项目

(3) 单击工具栏中的“保存”按钮，系统弹出“数据成功保存”提示框，单击“确定”返回“卡片项目”窗口。

(4) 单击工具栏上的“修改”或“删除”按钮，即可对自定义项目进行修改或删除。

注意：系统项目不能修改和删除，已经确定的自定义项目可以修改，使用中的自定义项目不能删除。

(5) 完毕后，单击“保存”按钮，退出该窗口。

(八) 卡片样式的设置

卡片样式指卡片的显示格式，包括格式(表格线、对齐形式、字体大小、字型等)、所包含的项目和项目的位置等。每一个卡片样式包括七个选项卡，主要包括：固定资产卡片、附属设备、大修理记录、资产转移记录、停启用记录、原值变动、拆分/减少信息。不同的企业使用的卡片样式可能不同，即使是同一企业内部， 对不同的资产也会由于管理的内容和侧重点不同而使用不同样式的卡片，故系统提供了卡片样式自定义功能。企业可以根据自己的需要，进行查看、定义、修改和删除操作。

为了便于操作，用户可以在已定义好的卡片样式中选择比较类似的卡片样式，修改后另存为新建样式。新建卡片样式有两种途径：

(1) 在卡片通用样式预览界面中选中一个卡片样式，单击“增加”按钮，如果要以当前卡片样式为基础建立新样式，确认后显示通用卡片样式，则在通用卡片样式上修改，另外保存为新的卡片样式。

(2) 如果不以当前样式为基础，可在卡片样式中选择其他最相近的卡片样式修改后另存。

具体操作如下：

(1) 选择“财务会计”|“固定资产”|“卡片”|“卡片样式”命令，打开“卡片样式”窗口。

(2) 单击“修改”按钮，可以对固定资产通用样式进行修改，修改完毕，单击“保存”按钮，系统弹出提示信息框，单击“确定”即可保存。

(3) 单击“增加”按钮，系统弹出“是否以当前卡片样式为基础建立新样式？”对话框。

(4) 单击“是”按钮，进入“卡片模板定义”界面，如图 8-10 所示。如要在卡片项目中增加一项“负责人”：在该界面选中要添行处，单击工具栏中的“插入行”按钮，新增一空白行，将“自定义项目”中的“负责人”拖入新增行处即可。

同样，可以重新定义卡片的名称，也可以将卡片项目移入、移出，调整固定资产卡片的内容，可以对卡片项目的行高、列宽、字的字型、字体、格式、在单元格中的位置、各单元格的边框等进行调整设置。

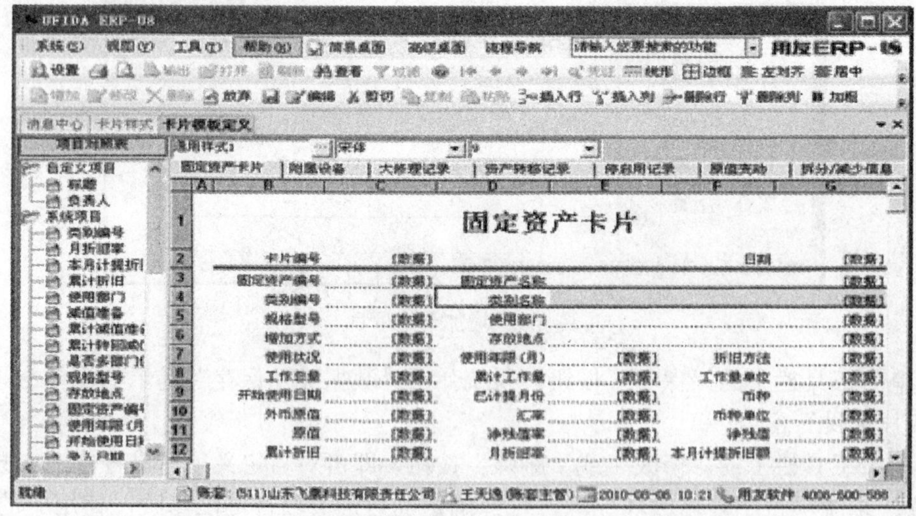

图 8-10 通用卡片样式

(5) 添加完毕后，单击“保存”按钮，并退出。

注意：

• 外币原值、汇率和货币单位 3 个项目若要移动位置，必须同时移动。工作总量、累计工作量和工作量单位 3 个项目若要移动位置，也必须同时移动。

• 卡片样式上必须同时有或同时没有“项目”和“对应折旧科目”。

三、录入原始卡片

原始卡片是指卡片记录的资产开始使用日期的月份大于其录入系统的月份，即已使用过并已计提折旧的固定资产卡片。在使用固定资产系统进行核算前，必须将原始卡片资料录入系统，保持历史资料的连续性。原始卡片的录入不限制必须在第一个期间结账前，任何时候都可以录入原始卡片。

【例 8-6】 飞鹰公司 2010 年 8 月的固定资产信息见表 8-2。其中所有固定资产的使用状况均为“在用”；房屋与建筑物和运输设备采用平均年限法(一)计提折旧，其余固定资产采用“双倍余额递减法(一)”计提折旧，请将固定资产原始卡片录入系统。

表 8-2 固定资产原始卡片信息

卡片编号	固定资产编号	名称	使用部门	增加方式	启用日期	原值	累计折旧	折旧年限
0001	01001	电脑生产线	一车间	直接购入	2010.04.08	240000	12000	10
0002	01002	主板生产线	二车间	直接购入	2010.04.08	180000	9000	10
0003	01003	检测设备 1	一车间	直接购入	2010.04.10	90000	4500	10
0004	01004	检测设备 2	二车间	直接购入	2010.04.20	90000	4500	10
0005	02001	卡车	采购部	直接购入	2009.12.10	120000	6790	10
0006	02002	轿车 1	人事部	直接购入	2009.12.10	150000	8487.5	10
0007	02003	轿车 2	销售部	直接购入	2009.12.10	90000	5092.5	10
0008	03001	厂房	生产部	在建工程转入	2009. 11.08	240000	7600	20
0009	03002	办公楼	厂部	在建工程转入	2009.11.08	180000	5700	20
0010	04001	计算机 1	人事部	直接购入	2010.4.10	7200	720	5
0011	04002	计算机 2	财务部	直接购入	2010.4.10	7150	715	5
0012	04003	计算机 3	采购部	直接购入	2010.06.10	7200	240	5
0013	04004	计算机 4	销售部	直接购入	2010.06.10	7200	240	5
0014	04005	计算机 5	生产管理科	直接购入	2010.06.10	7050	235	5
0015	04006	打、复印设备	人事部	直接购入	2010.4.10	4200	420	5

具体操作步骤如下：

(1) 选择“财务会计”|“固定资产”|“卡片”|“录入原始卡片”命令，弹出“固定资产类别档案”对话框。

(2) 选择相应的资产类别后，单击工具栏中的“确定”按钮，打开“固定资产卡片”窗口，用户可在此录入或参照选择各项目的内容。

(3) 单击卡片项目，出现选择按钮，单击该按钮，显示参照界面，选择相应的内容。如单击“使用部门”，出现 使用部门 按钮，单击打开如图 8-11 所示的对话框。

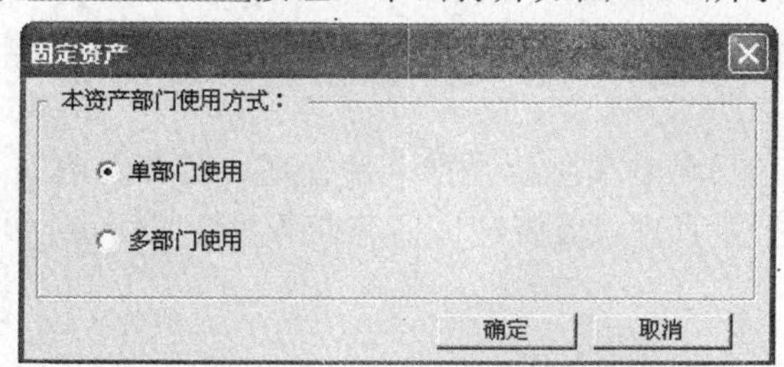

图 8-11 “固定资产”对话框

如果该资产为单部门使用，则选中“单部门使用”后，单击“确定”按钮，系统弹出

“部门基本参照”对话框，选中要使用的部门后，单击“确定”按钮，返回“固定资产卡片”窗口。

如果资产为多部门使用时，原值、累计折旧等数据可以在部门间按设置的比例进行分摊。

【例 8-7】 表 8-2 中的固定资产“03001 厂房”，为生产部门的一车间、二车间和生产管理科共同使用，其使用比例分别为 40%、40%和 20%。

具体操作如下：

(1) 选择“多部门使用”后，单击“确定”按钮，打开“使用部门”窗口。

(2) 单击“增加”按钮，窗口中出现一行空记录，双击“使用部门”栏下的空格，出现光标和选择按钮，可以直接输入或选入“501 生产管理科”；双击“使用比例”栏下的空格，输入“20”后，单击其他空格后，“增加”按钮有灰色变为可用。

(3) 单击“增加”按钮，继续输入，操作方法类似，不再赘述。如图 8-12 所示。

(4) 设置完毕，单击“确定”按钮，返回固定资产卡片录入窗口，继续录入其他信息。

单个资产对应多个使用部门时，卡片上的对应折旧科目不允许输入，只能按使用部门选择时的设置确定。

(5) 资产的主卡录入后，单击其他选项卡，输入附属设备和录入以前卡片发生的各种变动。“附属”选项卡中的信息只供参考，不参与计算。

(6) 单击“保存”按钮后，录入的卡片已经存入系统。

(7) 为确保固定资产管理系统与账务处理系统中的固定资产及累计折旧科目总额相等，录入固定资产原始卡片信息后，需进行期初对账。在关闭固定资产原始卡片录入界面后，选择“固定资产”|“处理”|“对账”命令，固定资产管理系统与账务处理系统进行对账后，弹出“与账务对账结果”窗口，如图 8-13 所示。

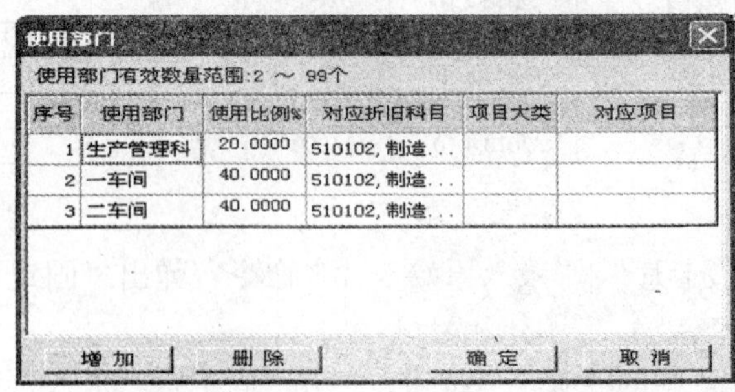

图 8-12　设置多部门使用单个资产窗口

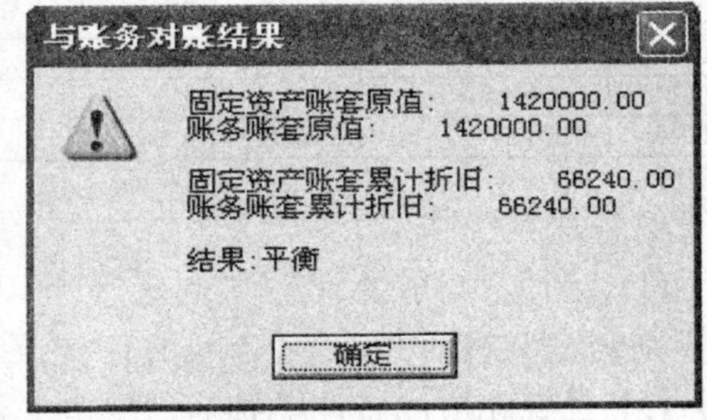

图 8-13　“与账务对账结果”窗口

(8) 单击“确定”按钮，完成固定资产管理系统的初始设置。

第 3 节　固定资产管理系统日常业务的处理

固定资产管理系统的日常处理主要是指卡片管理、资产的增加、减少、资产在使用过程中发生的变动处理、批量管理以及资产评估等业务发生时所进行的操作。

一、卡片管理

卡片管理是对固定资产系统中所有卡片进行综合管理的功能操作，通过卡片管理可完成卡片查询、卡片修改、卡片删除、卡片打印等功能。

(一) 卡片查询

系统提供了 3 种卡片查询方式：按部门查询、按类别查询和自定义查询。具体操作步骤如下：

(1) 选择“财务会计”|“固定资产”|“卡片”|“卡片管理”命令，打开“卡片管理”界面，显示已经录入的全部固定资产，如图 8-14 所示。

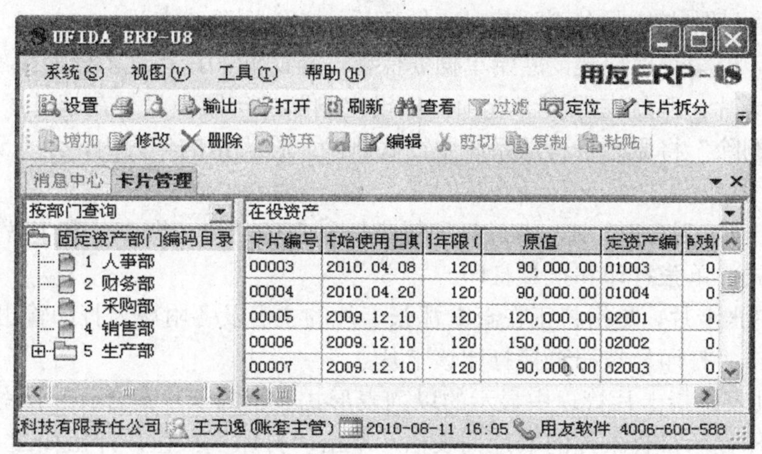

图 8-14　“卡片管理”界面

(2) 查看单张卡片。在“卡片管理”界面，可以查看该资产的简要信息，如需详细查看，选择相应的资产后，双击可显示出单张卡片的详细信息。

系统提供了按部门查询、按类别查询、自定义查询功能。

(二) 卡片修改

当发现卡片录入错误，或资产在使用过程中需要修改卡片的一些内容时，可通过卡片修改功能实现。这种修改为无痕迹修改，即在变动清单和查看历史状态时不体现，无痕迹修改前的内容在任何查看状态都不能再看到。

选择“固定资产”|“卡片”|“卡片管理”命令，打开“卡片管理”界面，双击选择要修改的卡片，在“固定资产卡片”窗口中，单击“修改”按钮可进行修改。

注意：

- 卡片上的原值、使用部门、工作总量、使用状况、累计折旧、净残值(率)、折旧方法、使用年限、资产类别在没有做变动单或评估单情况下，在录入当月可无痕迹修改；如果做过变动单，只有删除变动单才能无痕迹修改；若以上各项目在做过一次月末结账后，只能通过变动单或评估单调整，不能通过卡片修改功能改变。
- 通过资产增加录入系统的卡片在没有制作凭证和变动单、评估单情况下，录入当月可无痕迹修改。如果做过变动单，只有删除变动单才能无痕迹修改。如果已制作凭证，要修改原值或累计折旧必须删除凭证后，才能无痕迹修改。
- 卡片上的其他项目，任何时候均可无痕迹修改。

(三) 卡片删除

本系统提供的卡片删除功能，是指把卡片资料彻底从系统内清除，不是资产清理或减少。

打开“卡片管理”界面，选择要删除的固定资产卡片，单击工具栏中的“删除”按钮，即可实现对卡片的删除。

注意：

- 卡片做过结账后不能删除。
- 本月录入的卡片，不能删除。
- 做过变动单或评估单的卡片删除时，在删除相关的变动单或评估单后，才能删除该卡片。
- 制作过凭证的卡片，在删除其对应凭证后，才能删除该卡片。
- 根据会计档案管理规定，原始单据要保留一定时间，只有过了该期限的才可以销毁。对减少资产的卡片，系统在账套“选项”中设定删除的年限，只有在超过了该年限后，才能通过“卡片删除”将原始资料从系统中彻底删除。在设定的年限内，不允许删除。

(四) 卡片打印

固定资产卡片可打印输出，卡片打印提供两种打印结果，即卡片和卡片列表。卡片打印分为两种形式：单张打印和批量打印。

(1) 打印单张卡片，是指将正在查看那张卡片的主卡及各附属表打印输出，在单张卡片查看窗口，单击“打印”按钮直接打印该卡片。

(2) 卡片列表是指卡片管理中显示的以列表形式显示的卡片集合。在卡片管理窗口中根据查询条件选择显示符合条件的卡片列表框，单击“打印”按钮，弹出如图 8-15 所示的信息提示。选择“打印列表”按钮，单击“确定”按钮，即可打印卡片列表。

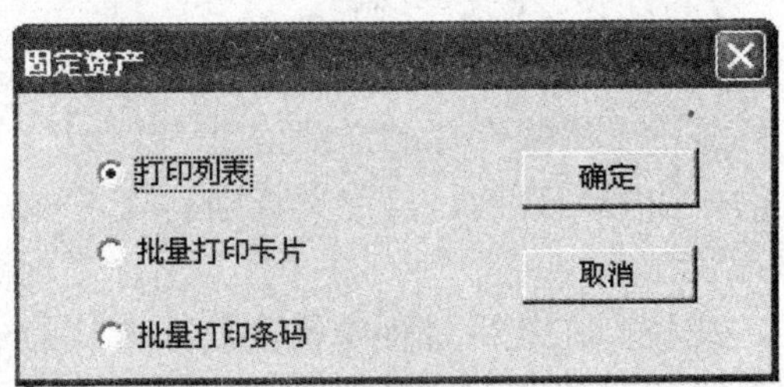

图 8-15 系统提示信息框

(3) 批量打印卡片实际上是前两种打印的结合，批量打印输出的卡片是打印列表集合中列示的卡片，打印输出是一张一张的卡片。若选择“批量打印卡片”按钮，单击“确定”按钮，即可实现该功能。

二、固定资产增加

资产增加，也称“新卡片录入”，即新增加固定资产卡片。只有当固定资产开始使用日期等于录入日期时，才能通过“资产增加”录入，否则，应通过“录入原始卡片”录入操作系统。具体操作如下：

(1) 选择“固定资产”|“卡片”|“资产增加”命令，打开“固定资产类别档案”窗口。

(2) 选择要增加固定资产的类别，单击“确定”按钮，打开“固定资产卡片”窗口，直接录入或选择录入各项目内容。

(3) 资产的主卡录入后，选择其他选项卡，输入附属设备及其他信息。附属选项卡上的信息只供参考，不参与计算。

(4) 各选项卡内容录入完毕，单击“保存”按钮，录入的卡片存入系统。

注意：

• 如果录入累计折旧或累计工作量不为零，说明是旧资产，该累计折旧或累计工作量是该资产在进入本企业前的值。

• 新增固定资产从下月开始计提折旧，所以新卡片第一个月不提折旧，折旧额为空或零。录入的原值一定是卡片录入月月初的价值，否则将会出现计算错误。

三、固定资产减少

资产在使用过程中，总会由于各种原因，如毁损、出售、盘亏等退出企业，该部分操作称为“资产减少”。本系统提供资产减少的批量操作，为同时清理一批资产提供方便。“资产减少”只有当账套已计提折旧后方可使用，否则减少资产只能通过删除卡片来完成。资产减少管理的操作步骤如下：

具体操作如下：

(1) 选择“固定资产”|“卡片”|“资产减少”命令，打开“资产减少”窗口，如图 8-16 所示。

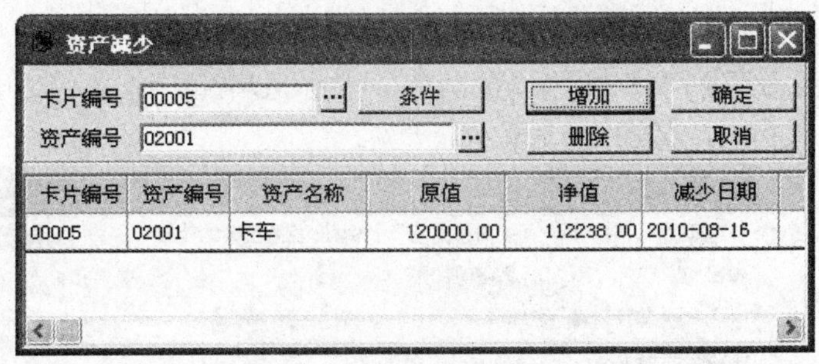

图 8-16　“资产减少”窗口

(2) 在“卡片编号”文本框中输入相应的资产卡片编号或在“资产编号”中输入相应的资产编号，单击“增加”按钮，可将其添加到减少资产的列表中。

(3) 如果要减少的资产较多并且有共同点，则通过单击“条件”按钮，显示“查询定义”对话框，输入查询条件，将符合该条件集合的资产挑选出来进行减少操作。

(4) 在“资产减少”对话框中输入减少日期、减少方式、清理收入、清理费用和清理原因等内容后，单击“确定”按钮，系统弹出“所选卡片已经能够减少成功” 提示信息，单击“确定”按钮，减少成功。

(5) 选择“固定资产”|“卡片”|“卡片管理”命令，打开“卡片管理”窗口，在卡片列表框中选择“已减少资产”，可查看已减少的资产。选中要查看的卡片后，双击或单击“打开”按钮，可查看该卡片的详细信息。

对于误减少的资产，可以使用“撤销减少”功能进行恢复，撤销已减少资产，是系统提供的一个纠错的功能，具体操作步骤为：

(1) 选择“固定资产”|“卡片”|“卡片管理”命令，进入卡片管理界面，在下拉列表中选择“已减少的资产”选项，窗口中显示所有已减少资产，选中要恢复的资产。

(2) 选择“卡片”|“恢复减少”命令，系统弹出对话框，提示“确实要恢复该资产吗?”，单击“是”按钮，即恢复被减少的资产。

注意：

• 只有当月减少的资产才可以通过本功能恢复使用。如果资产减少操作已制作凭证，必须删除凭证后才能恢复。

- 只要卡片未被删除，就可以通过卡片管理中的“已减少资产”来查看减少的资产。

四、固定资产变动管理

资产在使用过程中，可能会调整卡片上的一些项目，此类变动必须留下原始凭证，因此，制作的原始凭证称为变动单。固定资产的变动管理主要包括原值变动、部门转移、使用状况变动、折旧方法调整、累计折旧调整、使用年限改变、工作总量调整、净残值(率)调整、资产所属类别的调整、计提减值准备及转回减值准备等。其他项目，如名称、编号、自定义项目等的变动等可直接在卡片上进行修改。

系统约定本月录入的卡片和本月新增的资产，不允许进行变动处理，因此，要进行资产变动必须先计提折旧并制单、结账后才能进行有关变动的处理。

(一) 原值变动

原值变动包括原值增加和原值减少两种情况，其操作过程相似，原值增加的具体操作步骤如下：

(1) 选择“固定资产”|“卡片”|“变动单”|“原值增加”命令，打开“固定资产变动单—原值增加”设置窗口，如图 8-17 所示。

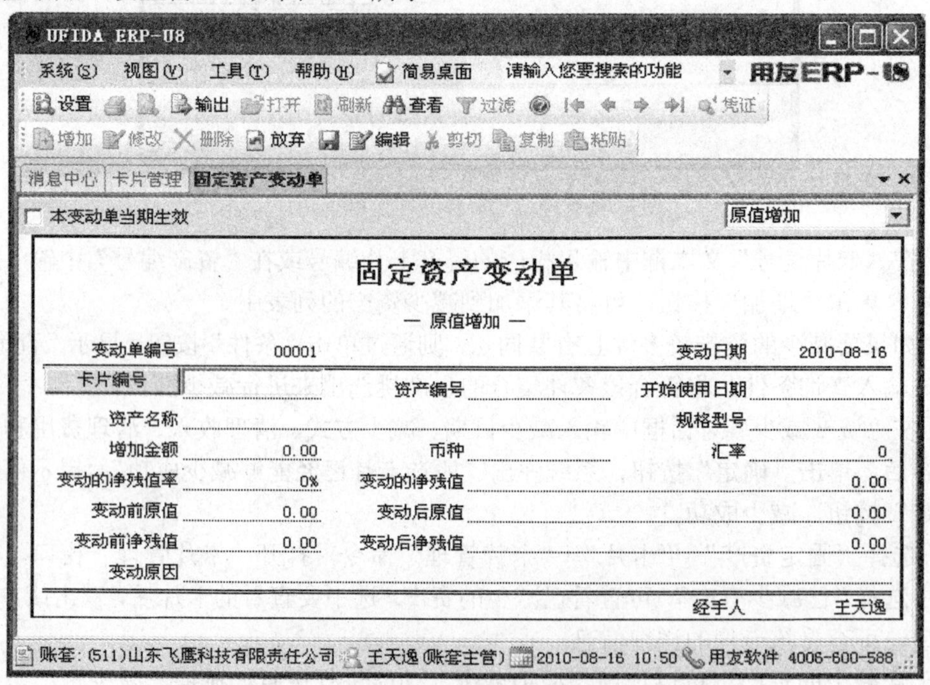

图 8-17 “固定资产变动单—原值增加”窗口

(2) 直接输入卡片编号或单击“卡片编号”按钮，弹出“固定资产卡片档案”窗口，从中选择需要进行变动的资产。

(3) 输入“增加金额”后，系统自动计算出变动的净残值、变动后原值、变动后净残值。如果“变动的净残值率”或“变动的净残值”不正确，可手工修改其中的一项，另一项自动计算。

(4) 输入“变动原因”内容后，单击“保存”按钮，完成原值变动的操作。

(二) 部门转移

资产在使用过程中，因内部调配而发生的部门变动，如果不处理，将影响到部门的折旧计算。具体操作如下：

(1) 选择“固定资产”|“卡片”|“变动单”|“部门转移”命令，打开“固定资产变动单—部门转移”设置窗口。

(2) 选择或输入卡片编号，系统自动列出资产的名称、开始使用日期、规格型号、变动前部门、存放地点。

(3) 参照选择或输入变动后的使用部门。

(4) 输入变动原因。

(5) 单击“保存”按钮，卡片上相应的项目根据变动单而改变。

(三) 变动单管理

变动单管理是对系统制作的变动单进行综合管理。

具体操作步骤如下：

(1) 选择“固定资产”|“卡片”|“变动单”|“变动单管理”命令，屏幕显示“变动单管理”窗口，如图 8-18 所示。

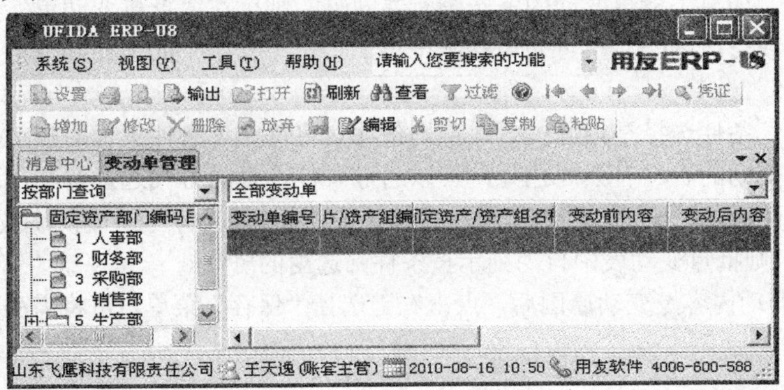

图 8-18 “变动单管理”窗口

(2) 在变动单管理窗口可对系统制作的变动单进行查看、修改、删除等操作。操作方式与卡片管理基本相同，请参阅卡片管理的内容。

注意：

- 本月录入的原始卡片和本月增加的固定资产不允许进行变动处理。
- 变动单不能修改，只有当月可删除重做，所以请仔细检查后再保存。
- 变动单保存后不能修改，只能在当月删除后重新填制。
- 进行使用年限调整的资产，在调整的当月就按调整后的使用年限计提折旧。
- 进行折旧方法调整的资产，在调整的当月就按调整后的折旧方法计提折旧。
- 如果进行累计折旧调整，则应保证调整后的累计折旧大于净残值。

五、批量变动管理

为提高工作效率，用友 ERP-U872 还提供了批量处理固定资产变动的功能。具体操作步骤为：

(1) 选择“固定资产”|“卡片”|“批量变动”命令，进入“批量变动单”界面，在“变

动类型”下拉列框中选择需变动的类型，如图 8-19 所示。

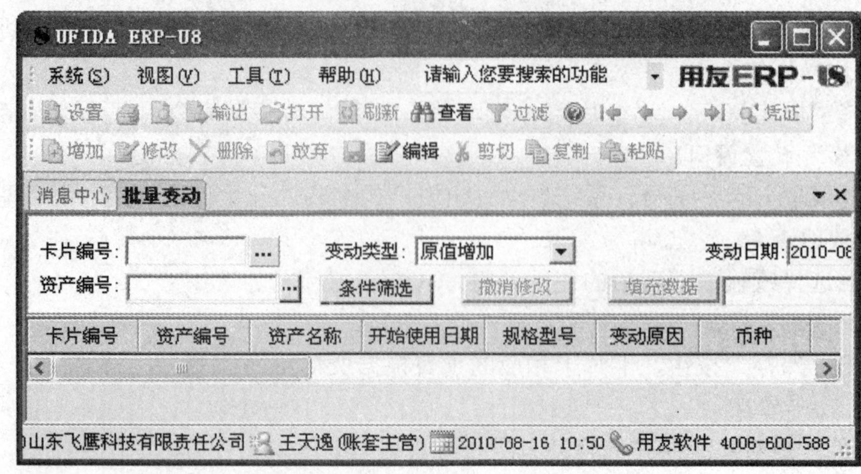

图 8-19 “变动类型”窗口

(2) 选择批量变动的资产，有两种方法：手工选择和条件选择。

手工选择。如果需批量变动的资产没有共同点，则可在“批量变动单”界面内，直接输入卡片编号或资产编号，也可使用参照按钮，将资产一个个的增加到批量变动表内进行变动。

条件选择。条件选择是指通过一些查询条件，将符合该条件集合的资产挑选出来进行变动。如果要变动的资产有共同之处，可以通过条件选择的方式选择资产，而不用一一增加。点击“条件筛选”按钮，则屏幕显示条件筛选界面。在该界面中输入筛选条件集合后，单击“确定”，则批量变动表中自动列示按条件筛选出的资产。

(3) 输入变动内容及变动原因后，点击右键选择“保存”菜单，可将需变动的资产生成变动单。

六、资产评估

资产评估主要完成的功能是将评估机构的评估数据手工录入或定义公式录入到系统，生成评估结果，对评估单进行管理。资产评估功能提供的可评估资产内容包括原值、累计折旧、净值、使用年限、工作总量、净残值率，用户可以根据需要选择。

无论是资产评估还是评估单管理，都要在资产评估管理界面中进行操作。执行“固定资产”|“卡片”|“资产评估”命令，可进入资产评估管理界面。

【例 8-8】 资产编号为 03002 的办公楼，其评估后原值为 200 000 元，评估后净值为 180 000 元，请制作其评估单。

进行资产评估时包括以下三个步骤：

(1) 选择要评估的项目。进行资产评估时，每次要评估的内容可能不一样，根据需要从系统给定的可评估项目中选择。选择“固定资产”|“卡片”|“资产评估”命令，在资产评估管理界面工具栏中，单击“增加”按钮，进入“评估资产选择”窗口，在左侧的“可评估项目”列表中选择要评估的项目：原值、净值，如图 8-20 所示。

注意：原值、累计折旧和净值三个中只能选两个，并且必须选择两个，另一个通过公式“原值-累计折旧=净值”推算得到。

(2) 选择要评估的资产。每次要评估的资产也可能不同，可以选择以手工选择方式，或以条件选择方式，挑选出要评估的资产。选择“手工选择”按钮，单击“确定”按钮，进入资产评估管理界面，单击…按钮，选入资产编号“03002”资产，“计算公式”和“撤消修改”按钮变为可用。

(3) 双击“评估后原值”下的空白处，直接输入“200000”，同理，输入评估后净值为“180000”，如图 8-21 所示。也可以单击“计算公式”按钮，在“评估计算公式”窗口中直接输入。

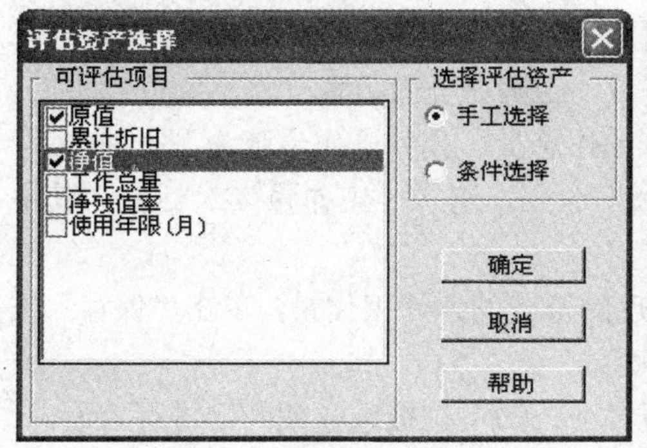

图 8-20　“评估项目选择”界面

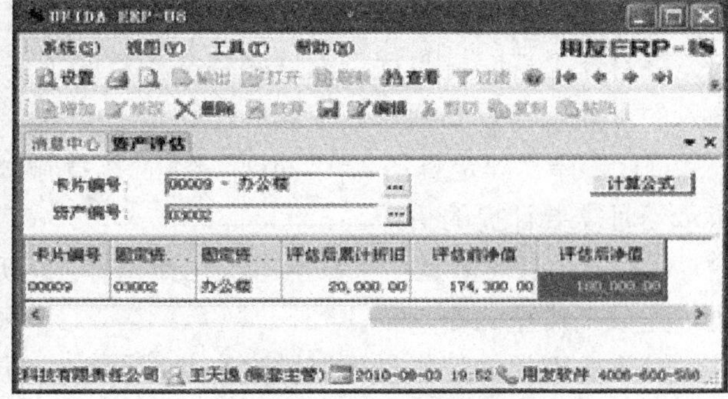

图 8-21　资产评估界面

选择评估项目和评估资产后，必须录入评估后数据或通过自定义公式生成评估后数据，系统才能生成评估单，评估单显示评估资产所评估的项目在评估前和评估后的数据。

(4) 单击工具栏上的“保存”按钮，卡片上的数据根据评估单而改变。

当评估变动表中评估后的原值和累计折旧的合计数与评估前的数据不同时，点击“制单”按钮，通过记账凭证将变动数据传输到总账系统。

注意：评估后的数据必须满足以下公式：原值-净值=累计折旧≥0；净值≥净残值率×原值；工作总量≥累计工作量。

第 4 节　固定资产管理系统的期末处理

在所有业务期末处理过程中，固定资产的期末处理是最简单的，其内容比较少，主要包括：减值准备、计提折旧、制单、对账和结账等内容。

一、减值准备业务的处理

企业在会计期末对各项固定资产逐项进行检查，如果固定资产可回收金额低于账面价值，应当将可回收金额低于账面价值的差额作为固定资产减值准备。固定资产减值准备必须按单项资产计提。具体操作步骤如下：

(1) 选择“固定资产”|“卡片”|“变动单”|“计提减值准备”命令，打开“固定资产变动单—计提减值准备”窗口。

(2) 直接或参照输入卡片编号，并输入固定资产减值的各项信息。

(3) 单击工具栏中的“保存”按钮，完成该变动单的操作。

(4) 如果已经计提的固定资产价值又恢复了，则需要在原本已计提的减值准备范围内将其转回。选择“固定资产”|“卡片”|“变动单”|“转回减值准备”命令，打开“固定资产变动单—转回减值准备”窗口，进行设置，其操作步骤可参照计提减值准备变动单的处理进行。

二、计提折旧

自动计提折旧是固定资产管理系统的主要功能之一。系统每期计提折旧一次，根据录入系统的资料自动计算每项资产的折旧，自动生成折旧分配表，然后制作记账凭证，将本期的折旧费用自动登记入账。

(一) 工作量输入

当账套内有一项或几项固定资产选择采用工作量法计提折旧时，为了准确计算本月折旧，每月计提折旧前必须录入这些资产当月的工资量，否则该类固定资产将不能计提折旧。输入的本期工作量必须保证使累计工作量小于等于工作总量。具体操作步骤为：

(1) 选择“固定资产”|“处理”|“工作量输入”命令，进入“工作量”对话框，其中显示当月需要计提的折旧。

(2) 累计工作量显示了截至本次工作量输入之后的资产的累计工作量，单击“保存”按钮，完成工作量的输入。

查询各期间的工作量可以通过在此界面单击窗口下方的下拉框选取期间，进行查看。

(二) 计提折旧

系统将自动计提各个资产当期的折旧额，并将当期的折旧额自动累加到累计折旧项目中。在计提工作完成后，还需要进行折旧分配，以形成折旧费用。系统除了自动生成折旧清单外，还生成折旧分配表，以完成当期折旧费用登账工作。

具体操作步骤如下：

(1) 选择“固定资产”|“处理”|“计提本月折旧”命令，系统提示“是否要查看折旧清单？”。

(2) 单击“否”按钮，弹出“本操作将计提本月折旧，并花费一定时间，是否继续？”。

(3) 单击“是”按钮，屏幕出现计提折旧过程界面，折旧计提完毕，弹出折旧分配表，如图 8-22 所示。折旧计提完毕，弹出折旧完成信息提示框，单击“确定”按钮，完成。

部门编号	部门名称	项目编号	项目名称	科目编号	科目名称	折 旧 额
1	人事部			660204	管理费用-扌	1,774.62
2	财务部			660204	管理费用-扌	418.10
3	采购部			660204	管理费用-扌	1,391.76
4	销售部			660102	销售费用-扌	1,148.76
501	生产管理科			510101	制造费用-扌	522.77
502	一车间			510101	制造费用-扌	5,847.00
503	二车间			510101	制造费用-扌	4,845.00
合计						15,948.01

图 8-22 “折旧分配表”界面

(三) 折旧清单

折旧清单显示的是所有应提折旧的资产所计提折旧数额的数据。单期的折旧清单中列示了资产名称、计提原值、月折旧率、单位折旧、月工作量、月折旧额等信息；全年的折旧清单中同时列示了各固定资产在 12 个计提期间中月折旧额、本年累计折旧额等信息。

(1) 选择“固定资产”|“处理”|“折旧清单”命令，弹出“折旧清单表”，如图 8-23 所示。

图 8-23　“折旧分配表”

(2) 单击窗口右上角的下拉列表，选择“全年”，可以查看全年的折旧清单。

(3) 单击窗口左上角的下拉列表，可以选择“按部门查询”或“按类别查询”折旧清单。

(四) 折旧分配表

(1) 选择“固定资产”|“处理”|“折旧分配表”命令，弹出“折旧分配表”窗口，如图 8-24 所示。在其中只能选择一种折旧分配表来制作记账凭证。

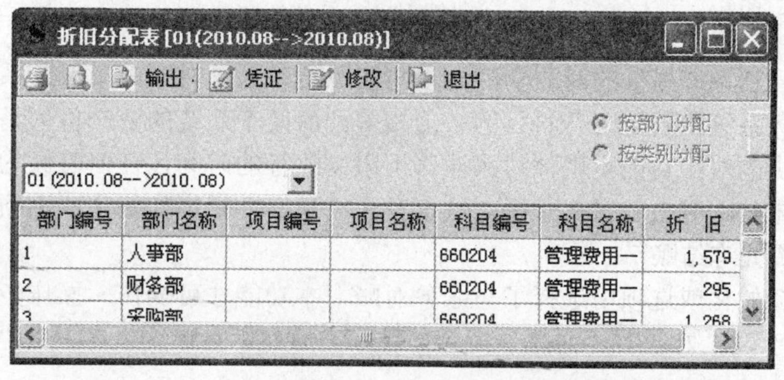

图 8-24　“折旧分配表”界面

(2) 单击“修改”按钮，则“按部门分配”、“按类别分配”、“部门分配条件”选项处于可用状态。

(3) 单击“部门分配条件”按钮，可打开“折旧部门汇总”对话框。

注意：

- 本系统在一个期间内可以多次计提折旧，每次计提折旧后，只是将计提的折旧累加到月初的累计折旧，不会重复累计。
- 如果上次计提折旧已制单并传递到账务处理系统，则必须删除该凭证才能重新计提折旧。
- 计提折旧后又对账套进行了影响折旧计算或分配的操作，必须重新计提折旧，否则系统不允许结账。

三、制单

如果在“选项”中选取了“业务发生后立即制单”，则在上述变动单完成后，自动调出内容不完整的凭证供修改制单；若没有选取，则可在以后进行批量制单。

批量制单功能可同时将一批需制单业务连续制作凭证传输到账务系统，避免了多次制单的繁琐。

(1) 选择选择“固定资产”|“处理”|“批量制单”命令，打开“批量制单”对话框。窗口批量制单表中列示的内容是截至本次制单为止，所有本系统应制而没有制单的业务。

(2) 在“制单选择”选项卡中将每个业务行的“选择”栏选中，添加制单标志“Y”，如要选择所有业务则可单击工具栏中的“全选”按钮。

(3) 切换到“制单设置”选项卡，在此可以根据自己的实际情况和需要选择“科目”和“部门核算”。

(4) 单击“制单”按钮，可根据用户的设置进行批量制单，单击“保存”凭证左上角显示“已制单”字样，所有凭证保存完毕退出。

(5) 选择“处理”|“凭证查询”命令，打开“凭证查询”对话框，可以查看、修改和删除凭证。

注意：将数据传输到账务系统后，需在账务处理系统中对生成的凭证进行审核、记账，否则固定资产管理系统与账务处理系统中固定资产的数据将不相符。

四、对账和结账

(一) 对账

固定资产管理系统提供的对账功能是指与账务处理系统对账，以保证系统账套的固定资产数值和账务系统中固定资产科目的数值相等。而两个系统的资产价值是否相等，通过执行本系统提供的对账功能实现，对账操作不限制执行的时间，任何时候均可进行对账。系统在执行月末结账时自动对账一次，给出对账结果，并根据初始化或选项中的判断确定不平情况下是否允许结账。

只有系统初始化或选项中选择了与账务对账，本功能才可操作。操作步骤如下：单击选择“固定资产”|“处理”|“对账”命令，对账完后显示对账结果。单击“确定”按钮，完成对账。

(二) 结账

当固定资产系统完成了本月全部制单业务后，可以进行月末结账。月末结账每月进行一次，结账后当期数据不能修改，如果必须修改结账前的数据，只能使用恢复结账前状态。结账，将不能处理下期的数据；结账前一定要进行数据备份，否则数据一旦丢失，将造成无法挽回的后果。

(1) 选择选择“固定资产”|“处理”|“月末结账”命令，认真阅读系统提示，见图 8-25。

(2) 单击“开始结账”按钮开始结账。稍候，系统提示与账务对账结果。

(3) 单击“确定”按钮，系统提示“结账成功完成”。

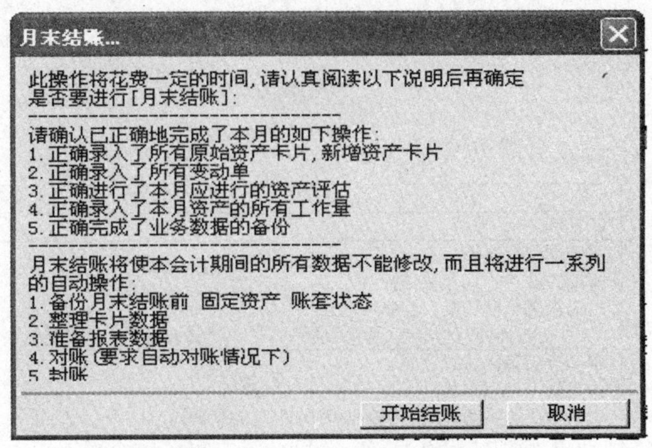

图 8-25　“月末结账”界面

（三）反结账

恢复月末结账前状态，又称“反结账”，是固定资产管理系统提供的一个纠错功能。如果由于某种原因，在结账后发现结账前的操作有误，而结账后不能修改结账前的数据，因此可使用此功能恢复到结账前状态去修改错误。

操作步骤为：选择“固定资产”|“处理”|“恢复月末结账前状态”命令，屏幕显示提示信息，提醒要恢复到的日期，单击“是”按钮，系统即执行本操作，完成后自动以登录日期打开，并提示该日期是否是可操作日期。

注意：

- 不能跨年度恢复数据，即本系统年末结转后，不能利用本功能恢复年末结转前状态。
- 因为成本管理系统每月从本系统提取折旧费用数据，因此，一旦成本管理系统提取了某期的数据，该期不能反结账。
- 恢复到某个月月末结账前状态后，本账套内对该结账后所做的所有工作都无痕迹删除。

本章小结

固定资产在企业的总资产中占有较大的比重，能否对固定资产进行妥善保管对于企业生产经营来说非常重要。固定资产管理系统可以帮管理者全面掌握固定资产的数量与价值以及使用状况，从而提高其利用效率。本章介绍了固定资产管理系统的基本功能，详细介绍了系统的操作过程，包括系统的初始设置、固定资产增减变动的核算、折旧的处理过程、期末的会计核算等等，以帮助读者系统掌握固定资产系统的具体操作过程和方法。

课后实验

【实验目的】

(1) 掌握用友 ERP-U8 管理软件中固定资产管理系统的相关内容。

(2) 掌握固定资产管理系统初始化、日常业务处理、月末处理的操作。

【实验准备】 引入第 5 章“实验一”账套数据。

【实验内容】

(1) 固定资产管理系统参数设置、原始卡片录入。

(2) 日常业务：资产增减、资产变动、资产评估、生成凭证、账表查询。

(3) 月末处理：计提减值准备、计提折旧、对账和结账。

【实验资料】

1) 初始设置。

(1) 控制参数：

控制参数	参数设置
启用月份	2010.08
折旧信息	本账套计提折旧 折旧方法：平均年限法(一) 折旧汇总分配周期：1个月 当(月初已计提月份＝可使用月份－1)时，将剩余折旧全部提足
编码方式	资产类别编码方式：2112 固定资产编码方式： 按“类别编码+部门编码+序号”自动编码 卡片序号长度为3
财务接口	与账务系统进行对账 对账科目： 固定资产对账科目：固定资产(1601) 累计折旧对账科目：累计折旧(1602)
补充参数	业务发生后立即制单 月末结账前一定要完成制单登账业务 固定资产缺省入账科目：1601，固定资产 累计折旧缺省入账科目：1602，累计折旧 减值准备缺省入账科目：1603，固定资产减值准备

(2) 资产类别：

编码	类别名称	净残值率	单位	计提属性
01	交通运输设备	4%		正常计提
011	经营用设备	4%		正常计提
012	非经营用设备	4%		正常计提
02	电子设备及其他通信设备	4%		正常计提
021	经营用设备	4%	台	正常计提
022	非经营用设备	4%	台	正常计提

(3) 部门及对应折旧科目：

部门	对应折旧科目
管理中心、采购部	管理费用/折旧费
销售部	销售费用
制造中心	制造费用/折旧费

(4) 增减方式的对应入账科目：

增加方式目录	对应入账科目	减少方式目录	对应入账科目
直接购入	工行存款(100201)	毁损	固定资产清理(1701)
捐赠	实收资本	盘亏	待处理固定资产损溢
投资者投入	营业外收入	报废	固定资产清理(1701)
盘盈	以前年度损益调整	投资转出	长期股权投资
在建工程转入	在建工程	捐赠转出、出售	固定资产清理(1701)

(5) 原始卡片：

卡片编号	固定资产名称	类别编号	固定资产编号	使用部门	增加方式	可使用年限	启用日期	原值	累计折旧
001	轿车	012	01201	总经理办公室	直接购入	6	2009-06-1	215 470.00	37254.75
002	笔记本电脑	022	02201	总经理办公室	直接购入	5	2009-07-1	28 900.00	5 548.80
003	传真机	022	02202	总经理办公室	直接购入	5	2009-06-1	3 510.00	1 825.20
004	计算机	021	02101	一车间	直接购入	5	2009-07-1	6 490.00	1 246.08
005	计算机	021	02102	一车间	直接购入	5	2009-07-1	6490.00	1 246.08
合计								260 860.00	47 120.91

注：净残值率均为4%，使用状况均为“在用”，折旧方法均采用平均年限法(一)。

2) 日常及期末业务。2010年8月份发生的业务如下：

(1) 8月5日，一车间新购入一台生产用设备，购入价格为180 000元，预计使用年限为 5 年，预计净残值率为 5%，采用年限平均法(一)计提折旧，2009 年 12 月 10 日开始使用，录入固定资产卡片。

(2) 8 月 11 日，销售部获得外界捐赠的新型计算机一台，价值 8 000 元，预计使用 5 年，采用双倍余额递减法(一)计提折旧。

(3) 8 月 20 日，发现 002 卡片原值误录入为“2980”。

(4) 8 月 21 日，总经理办公室的传真机转移到采购部。

(5) 8 月 23 日，对轿车进行资产评估，评估结果为原值 200 000 元，累计折旧 45 000 元。

(6) 8 月 30 日，经核查对“003 传真机”计提 1 000 元的减值准备。

(7) 8 月 30 日，计提本月折旧费用。

(8) 8 月 30 日，对资产进行盘点，总经理办公室的盘点情况为：只有一辆编号为 01201 的轿车；一车间毁损计算机一台。

(9) 8 月 31 日，总经理办公室的传真机找到。

【实验要求】以账套主管“陈明”的身份进入企业应用平台，启用固定资产管理系统，建立固定资产账套，并进行初始设置，对本月发生的固定资产业务进行处理，期末结账。

【实验步骤】

1) 建立固定资产账套：

(1) 启用系统。以账套主管“陈明”的身份登录“企业应用平台”，在“基础设置”选项卡中，选择“基本信息”|“系统启用”命令，选择“固定资产”，在弹出的“系统启用”对话框中选择日期为“2010-08-01”，单击工具栏上的“退出”按钮，退出系统启用对话框。

(2) 启用月份设置。在“企业应用平台”窗口中的“业务工作”列表框中，选择“财务会计”|“固定资产”命令，在弹出的信息提示框中，单击“是”按钮，进入“固定资产初始化向导”对话框，选择“我同意”按钮，单击“下一步”按钮，打开“启用月份”界面。

(3) 折旧信息设置。单击“下一步”按钮，打开“折旧信息”设置，选中“本账套计提折旧”，在“主要折旧方法”中选择“平均年限法(一)”，“折旧汇总分配周期”为“1”个月，选中“当(月初已计提月份=可使用月份－1)时将剩余折旧全部提足”。

(4) 编码方式设置。单击“下一步”按钮，打开“编码方式”对话框，将资产类别编码设置为 2-1-1-2，在“固定资产编码方式”中选择“自动编码”，并在下拉列表中选择“类别编码＋部门编码＋序号”。

(5) 财务接口设置。单击“下一步”按钮，进入“财务接口”设置，选中“与账务系统进行对账”复选框，单击“固定资产对账科目”后面的“…”按钮，在“科目对照”对话框中选择“1601 固定资产”选项，单击“累计折旧对账科目”后面的“…”按钮，在“科目对照”对话框中选择“1602 累计折旧”，选中“在对账不平情况下允许月末结账”。

(6) 单击“下一步”按钮，弹出“初始化账套向导”对话框，单击“完成”，在弹出的信息提示框中单击“是”按钮，最后单击“确定”按钮返回。

(7) 补充参数设置。选择“财务会计”|“固定资产”|“设置”|“选项”命令，进入“选项”窗口，打开“与财务系统接口”选项卡，单击“编辑”按钮，选中“业务发生后要立即制单”、“月末结账前一定要完成制单登账业务”，选择缺省入账科目分别为“1601 固定资产”、“1602 累计折旧”、“1603 固定资产减值准备”，单击“确定”按钮。

2) 基础信息设置：

(1) 部门信息。部门信息在第 5 章实验一中已经设置，这里可以直接引用。

(2) 部门对应折旧科目的设置。

① 选择“财务会计”|“固定资产”|“设置”|“部门对应折旧科目”命令，在弹出的窗口中选择左边列表框中的“财务部”。

② 单击工具栏中的“修改”按钮，自动切换到单张视图选项卡，单击“折旧科目”后面的…按钮，弹出“科目参照”对话框，选择折旧科目为“660204 管理费用—折旧费”，单击“保存”按钮，完成采购部对应折旧科目的设置。

③ 同样的方法，完成其他部门的折旧科目设置。

(3) 资产类别的设置。

① 选择“固定资产”|“设置”|“资产类别”命令，打开“资产类别”窗口，单击“增加”按钮，自动切换到“单张视图”选项卡，在“类别名称”中输入“交通运输设备”，“经残值率”中输入“4”，“计提属性”选择“正常计提”，单击“保存”按钮，即可完成对“01”资产类别的设置。

② 在资产类别编码表中，选择“01 交通运输设备”，单击工具栏上的“增加”按钮，自动切换到“单张视图”选项卡，录入 011 资产类别的详细信息，单击保存按钮，完成 011 资产类别的设置。

③ “02”资产类别参照“01 交通运输设备”操作方法设置。“012、021、022”资产类别参照“011 经营用设备”操作方法设置。

(4) 增减方式对应科目的设置。

① 选择“固定资产”|“设置”|“增减方式”命令，打开“增减方式”窗口，在增减方式目录表中，选中“直接购入”增加方式。

② 单击“修改”按钮，自动切换到“单张视图”选项卡，单击“对应入账科目”后面的…按钮，弹出“科目参照”对话框，选择对应入账科目为“100201 工行存款”，单击“保存”按钮。

③ 其他增减方式的对应入账科目的设置方法类似。

3) 固定资产原始卡片录入：

(1) 选择“财务会计”|“固定资产”|“卡片”|“录入原始卡片”命令，弹出“固定资产类别档案”对话框。

(2) 选择“012 非经营用设备”，单击“确定”按钮，进入“固定资产卡片录入”窗口，在“固定资产编号”中输入“01201”，在使用部门中选择或输入“总经理办公室”，增加方式为“直接购入”，可使用年限为“72”，启用日期为“2009-06-1”，折旧方法为“平均年限法(一)”，净残值率均为 4%，使用状况均为“在用”，原值为“215470.00”，累计折旧为“37254.75”，单击“保存”按钮，卡片 0001 输入完毕。

(3) 其他固定资产卡片的录入操作方法类似。

4) 2010 年 8 月份发生的业务处理：

(1) 属于固定资产增加业务。

① 录入卡片。选择“固定资产”|“卡片”|“资产增加”命令，弹出“固定资产类别档案”对话框，选择“021 经营用设备”，单击“确定”按钮，进入“固定资产卡片录入”窗口，输入“固定资产编号”为“02103”、“固定资产名称”为“生产用设备”，“使用部门”为“一车间”，“增加方式”为“直接购入”、“原值”为“180000”等各项信息，并保存。

② 生成凭证。由于在初始设置时，在“与账务系统接口”选项选择了“业务发生后立

即制单”，保存新增固定资产卡片后，系统弹出“填制凭证”窗口，选择凭证类别为“转账凭证”，修改附单数据，保存。

③ 凭证处理。固定资产系统生成的凭证自动传递到总账系统中，进入总账系统，对传递过来的凭证进行审核和记账。

(2) 12 月 11 日销售部获赠的新型计算机，本业务亦属于固定资产增加业务，其处理方法同第 5 章“实验一”中的业务(1)。的处理方法类似。

(3) 本业务采用“卡片修改”功能实现。

选择“固定资产”|“卡片”|“卡片管理”命令，打开“卡片管理”界面，双击选择 002 卡片，打开“固定资产卡片”窗口，单击“修改”按钮，将原值改为“28900”即可。

(4) 本业务属于“固定资产变动管理—部门转移”业务。

选择“固定资产”|“卡片”|“变动单”|“部门转移”命令，打开“固定资产变动单—部门转移”窗口，在卡片编号中选择或直接输入“003”，单击“变动后部门”按钮，选择“采购部”，单击工具栏中的“保存”按钮，弹出信息提示框，单击“确定”按钮，完成。

(5) 本业务属于固定资产变动评估业务。

① 选择“固定资产”|“卡片”|“资产评估”命令，进入资产评估管理界面。

② 在工具栏中单击“增加”按钮，进入“评估资产选择”窗口，在左侧的“可评估项目”列表中选择要评估的项目：原值、累计折旧，选择“手工选择”按钮，单击“确定”按钮，进入资产评估管理界面，单击“资产编号”后面的“…”按钮，选入资产编号“01201 轿车”资产，“计算公式”和“撤消修改”按钮变为可用。

③ 双击“评估后原值”下的空白处，直接输入“200000”，双击“评估后累计折旧”下的空白处，直接输入“45000”。

④ 单击工具栏上的“保存”按钮，系统弹出“填制凭证”窗口，选择凭证类别为“转账凭证”，修改附单数据，保存。

⑤ 凭证处理。固定资产系统生成的凭证自动传递到总账系统中，进入总账系统，对传递过来的凭证进行审核和记账。

(6) 固定资产减值处理。

① 填制固定资产变动单。选择“固定资产”|“卡片”|“变动单”|“计提减值准备”命令，打开“固定资产变动单—计提减值准备”设置窗口，选择卡片编号“003”，输入减值准备金额“1000”，单击“保存”。

② 生成凭证。保存固定资产变动单后，弹出“填制凭证”窗口，选择凭证类型为转账凭证，其中借记“营业外支出—计提的固定资产减值准备”，贷记“固定资产减值准备”，并保存。

③ 凭证处理。固定资产系统生成的凭证自动传递到总账系统中，进入总账系统，对传递过来的凭证进行审核和记账。

(7) 计提本月折旧。

① 计提折旧。选择“固定资产”|“处理”|“计提本月折旧”命令，弹出“是否查看折旧清单？”信息提示框，单击“否”按钮，系统继续弹出“本操作将计提本月折旧，并花费一定时间，是否要继续”信息提示框，选择“是”，系统自动计提本月折旧。

② 生成凭证。保存固定资产变动单后，弹出“填制凭证”窗口，选择凭证类型为转账凭证，并保存。

③ 凭证处理。固定资产系统生成的凭证自动传递到总账系统中，进入总账系统，对传递过来的凭证进行审核和记账。

(8) 固定资产减少。总经理办公室盘亏笔记本电脑一台。具体操作如下：

① 选择“固定资产”|“卡片”|“资产减少”命令，打开“资产减少”窗口，在“卡片编号”文本框中输入“002”，单击“增加”按钮，将其添加到减少资产的列表中，双击“减少方式”下的空白处，弹出“…”按钮，单击，打开“固定资产减少方式”选择框，选择“盘亏”，单击工具栏中给的“确定”按钮，返回“资产减少”窗口。

② 单击工具栏中给的“保存”按钮，弹出“填制凭证”窗口，选择凭证类型为转账凭证，并保存。

一车间毁损计算机一台，具体操作与总经理办公室盘亏笔记本电脑类似，其固定资产减少方式为“毁损”。

(9) 撤销减少固定资产处理。

① 由于已制单，需要先将对应的凭证删除。选择“固定资产”|“处理”|“凭证查询”命令，打开“凭证查询”窗口，选择相应的凭证，单击工具栏中的“删除”按钮，系统提示“确实要删除吗？删除后不可恢复!”，单击“是”按钮，删除成功。

② 选择“固定资产”|“卡片”|“卡片管理”命令，进入卡片管理界面，在下拉列表中选择“已减少的资产”选项，窗口中显示所有已减少资产，选中“传真机”。

③ 执行“卡片”|“恢复减少”命令，系统提示“确实要恢复该资产吗?”，单击“是”按钮，即恢复被减少的资产。

5) 月末对账、结账：

(1) 对账。选择“固定资产”|“处理”|“对账”命令，系统弹出“与账务系统对账”信息提示对话框，单击“确定”按钮。

(2) 结账。选择“固定资产”|“处理”|“月末结账”命令，打开“月末结账”对话框，单击“开始结账”按钮，系统弹出“月末结账成功!”提示对话框，单击“确定”按钮。

第 9 章　往来账款管理软件模块的应用

学习目标

- 了解往来账款核算管理的含义、任务及管理方式，以及往来款项账表分析的内容；
- 掌握往来账款核算初始化的内容和往来账款业务处理的内容和方法；
- 熟悉往来科目的管理方式。

第 1 节　往来账款核算管理概述

往来账款核算管理是指对因赊销、赊购商品或提供、接受劳务而发生的将要在一定时期内收回或支付的款项的核算管理，它包括应收账款和应付账款两部分，其中，应收账款核算管理主要用于核算和管理客户往来的款项；应付账款核算管理主要用于核算和管理供应商往来的款项。

一、往来账款核算与管理的含义

在财务管理软件系统中提到的“往来”与手工核算系统中的“往来”的概念是两个不同的概念。在财务管理软件系统中，也引用了往来的概念，但它并不是指所有与资金有关的往来科目，而是指根据企业会计核算与财务管理的具体要求，在会计科目初始设置时，设置为往来辅助核算的会计科目的“往来管理”。

往来辅助核算包括个人往来核算、单位往来核算。由于个人往来核算与单位往来核算的处理基本相同，所以本章主要介绍单位往来核算与管理模块。

二、往来账款核算与管理的任务

往来账款的核算管理是以发票、费用单、其他应收应付单等原始单据为依据，记录采购与销售业务以及其他业务形成的往来款项，可以正确地反映往来账款的形成、收回或偿还以及坏账处理等情况。

三、往来账款核算管理的方式

在财务管理软件系统中，对往来科目的核算管理主要有两种方式：常规方式和往来方式。各往来科目只能选择其中一种方式进行管理。

1. 常规方式　常规方式是指在账务处理系统的建立会计科目功能模块中，将往来科目设置为一级科目并开设总账账户，通过二级或三级明细科目以往来单位名开设各类明细账户。这种方式比较简单，与手工核算方式基本一致，适用于往来账款业务量较少的单位，但这种方式不灵活而且往来单位的数量会受到一定限制。

2. 往来方式　往来方式是指对往来科目进行深入核算与管理而设置的一种方式。这种方式比较复杂，其具体的核算与管理是通过在账务处理系统中设置辅助核算管理模块或独立的核算管理系统来实现。根据企业对往来账款核算管理的精细程度和往来业务的多少，这种方式又分为了两种应用方案。

(1) 通过总账往来辅助核算功能实现对往来账款的核算管理。这种方案适应于业务量较少或不需要进一步核算与管理的企业。这种方式通过在会计科目设置中将相关会计科目设置为往来辅助核算科目，并将这种会计科目设置为可供总账系统填制凭证使用，并在账务处理系统中设置往来客户和供应商档案。业务发生时，在账务处理系统中进行凭证填制，录入辅助核算信息。

(2) 通过往来账款核算管理系统实现对往来账款的核算管理。这种方案适用于业务量较多且需要进行精细化管理的企业。当销售业务以及应收账款核算与管理业务比较复杂，需要追踪每一笔业务赊销和收款情况，或将应收账款核算到产品一级时，应选择在应收账款管理系统核算客户往来款项。

四、往来账款核算管理系统的功能结构

往来账款管理系统应提供系统设置、日常处理、单据查询、账表管理等功能。其功能结构如图 9-1 所示。

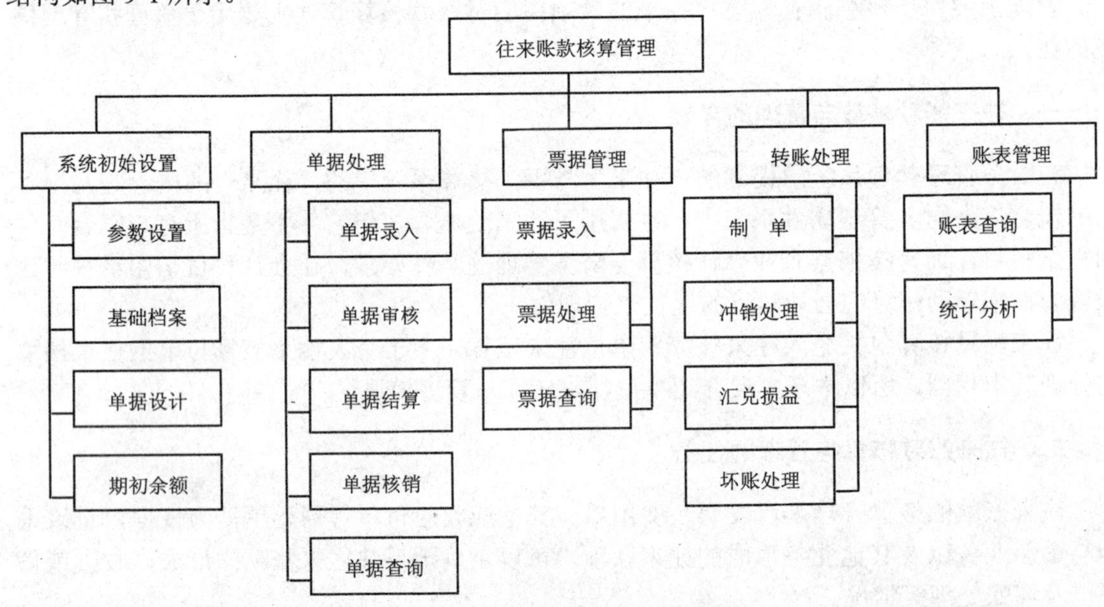

图 9-1　往来账款核算管理结构图

1. 系统设置　提供系统参数的定义，用户结合企业管理要求进行参数设置，使通用管理系统转化为适合企业核算管理要求的专用系统，包括单据类型设置、账龄区间设置、期初余额的录入等。

2. 日常处理　提供各种原始单据的录入、处理、核销、转账、汇兑损益、制单等处理。提供票据的跟踪管理功能，可以随时对票据的计息、背书、贴现、转出等操作进行监控。提供收款单的批量审核、自动核销功能，并能与网上银行进行数据的交互。

3. 单据查询　提供查阅各类单据的功能，满足核算管理的要求。

4. 账表管理　提供总账表、余额表、明细账等多种账表查询功能。提供各种分析统计

功能，提供全面的账龄分析功能，支持多种分析模式，帮助企业强化对往来款项的管理和控制，满足企业决策分析的要求。

5. 其他处理　提供用户进行远程数据传递的功能；提供用户对核销、转账等处理进行恢复的功能；提供月末结账等处理功能；提供总公司和分销处之间数据的导入、导出及其服务功能，为企业提供完整的远程数据通信方案；提供各种预警，及时进行到期账款的催收，以防止发生坏账；提供信用额度的控制，有助于随时了解客户的信用情况。

五、系统接口

应收账款管理系统主要与账务处理系统、销售管理系统、应付账款管理系统、财务分析等有数据接口关系。应收账款管理系统能接收销售管理系统录入的发票，由此生成凭证，并对发票进行收款结算处理，销售中的现结业务不在应收账款管理系统中处理，而是在销售管理系统处理。

应收账款管理系统、应付账款管理系统、账务处理系统、采购管理系统、销售管理系统、财务分析系统之间的数据传递关系，如图 9-2 所示。

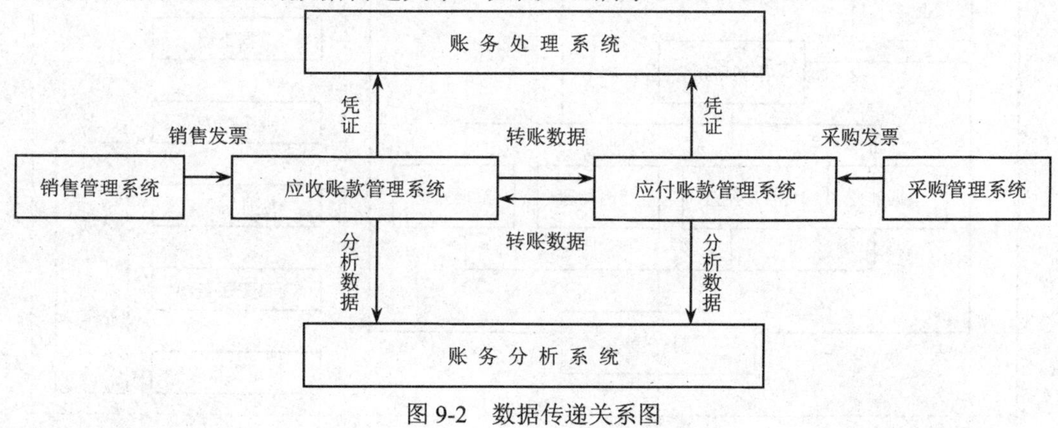

图 9-2　数据传递关系图

六、应用准备工作

在应收账款/应付账款管理系统使用之前，应首先对现有的数据资料进行整理，以便能够及时、顺利、准确地运用该系统。

1. 期初数据的准备　为便于系统初始化，应该准备如下数据和资料：

(1) 和企业有业务往来的所有供应商/客户的详细资料。

(2) 用于采购和销售的所有存货的详细资料。

(3) 上一期期末、本期期初所有供应商的应付账款、预付账款、应付票据等数据及所有客户的应收账款、预收账款、应收票据等数据。

2. 日常处理的准备　为便于日常的处理业务，应准备好如下数据和资料：

(1) 除销售业务之外，还应准备能够经常形成应收款的业务。

(2) 除采购业务之外，还应准备能够经常形成应付款的业务。

(3) 发票、应收单、应付单的格式，系统提供了一系列基本的票据格式，如客户收款单、客户付款单、供应商付款单、供应商收款单，这些格式中已经包含了绝大多数的必要的项目，基本上能够满足用户的需求，但如果用户有特殊要求，可以增加新的自定义项目，自行调整或定义自己的专用单据格式。

(4) 核算销售/采购、收款/付款等业务的科目，往来核算管理系统中使用的会计科目要与账务处理系统的会计科目相一致，系统根据预先设置的各种科目生成记账凭证。

七、往来账款核算管理的业务处理流程

往来账款信息管理的业务流程如图 9-3 所示。

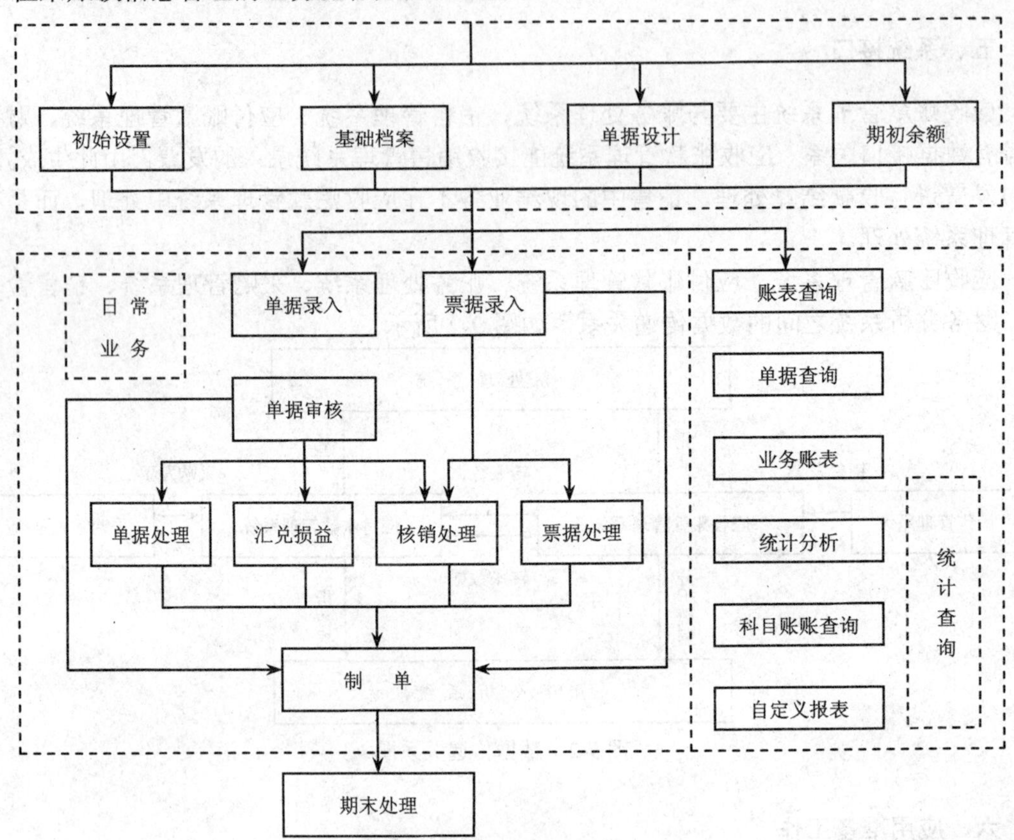

图 9-3 往来账款核算管理业务流程图

由于应收款管理系统与应付款管理系统在业务处理上非常相似，因此，本章将以应收款管理系统为例来阐述系统的具体应用。

第 2 节 应收款管理系统初始化

系统初始化设置工作，就是根据企业的实际情况，将一个通用的系统转化为一个专用的系统，以适合企业核算管理的要求。

一、业务处理控制参数设置

参数设置的内容主要包括：应收账款核销方式、控制科目的依据、存货销售科目、制单方式、坏账处理方式、汇兑损益计算方式、预收款核销方式和现金折扣显示等内容。

1. 常规参数设置 常规参数设置包括：应收账款核算模型、汇兑损益方式、坏账处理

方式、代垫费用类型、核算管理类型、是否自动计算现金折扣等。

执行“应收款管理”|“设置”|“选项”命令，打开“账套参数设置”对话框，如图 9-4 所示。

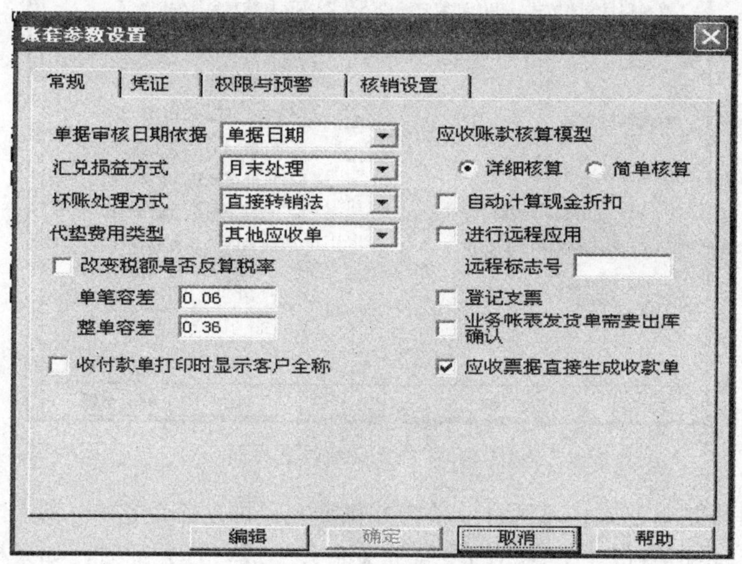

图 9-4　常规参数设置对话框

(1) 单据审核日期依据。系统提供了两种确认单据审核日期的依据，即单据日期和业务日期。

(2) 汇兑损益方式。系统提供了两种汇兑损益的方式，即外币余额结清时计算和月末处理两种方式。

外币余额结清时计算是指仅当某种外币余额结清时才计算汇兑损益，在计算汇兑损益时，界面中仅显示外币余额为 0，且本币余额不为 0 的外币单据；月末计算是指每个月末计算汇兑损益，在计算汇兑损益时，界面中显示所有外币余额不为 0，或者本币余额不为 0 的外币单据。

汇兑损益方式在账套使用过程中可以随时进行修改。

(3) 坏账处理方式。坏账处理的方式有两种：备抵法和直接转销法。企业会计制度规定，企业只能采用备抵法核算坏账损失。备抵法核算坏账损失有三种方法，即应收余额百分比法、销售余额百分比法、账龄分析法。在账套使用过程中，如果当年已经计提过坏账准备，则此参数不可以修改，只能下一年度修改。

(4) 代垫费用类型。代垫费用类型解决从销售系统传递的代垫费用单在应收系统用何种单据类型进行接收的功能。系统默认为其他应收单，用户也可在单据类型设置中自行定义单据类型，然后在系统选项中进行选择。该选项随时可以更改。

(5) 应收账款核算模型。 系统提供了两种应收系统的应用模型，用户可以选择：简单核算、详细核算。用户必须选择其中一种方式，系统默认选择详细核算方式。

(6) 是否自动计算现金折扣。可以选择自动计算现金折扣和不自动计算现金折扣两种方式。在账套使用过程中，该参数可以修改。

2. 凭证参数设置　凭证参数设置包括：受控科目制单方式、非控科目制单方式、控制科目依据、销售科目依据、制单选项等，如图 9-5 所示。

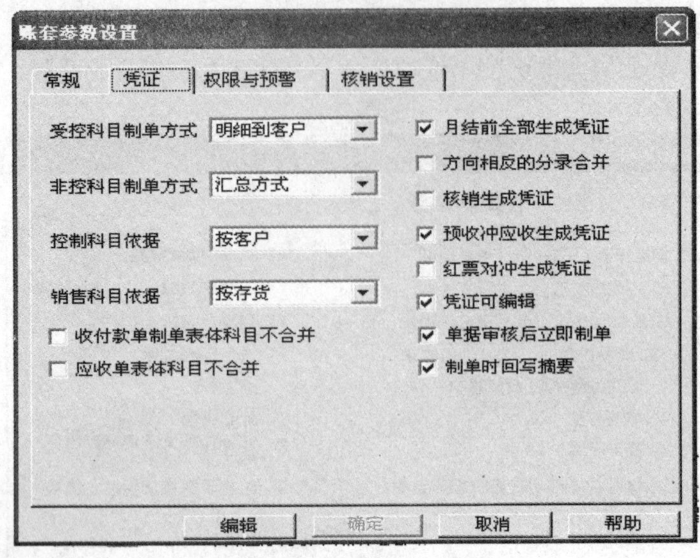

图 9-5 凭证参数设置界面

(1) 受控科目制单方式。有两种制单方式供选择，即明细到客户、明细到单据的方式。

明细到客户是指当将一个客户的多笔业务合并生成一张凭证时，如果核算这多笔业务的控制科目相同，系统自动将其合并成一条分录。明细到单据是指当将一个客户的多笔业务合并生成一张凭证时，系统会将每一笔业务形成一条分录。

(2) 非控科目制单方式。有三种制单方式供选择，即明细到客户、明细到单据、汇总制单的方式。

(3) 控制科目依据。控制科目在应收款管理系统中是指所有带有客户往来辅助核算的科目。系统提供了三种设置控制科目的依据，即按客户分类、按客户、按地区分类。

(4) 销售科目依据。系统提供了两种设置存货销售科目的依据，即按存货分类和按存货设置存货销售科目。在此设置的销售科目，是系统自动制单科目取值的依据。

按存货分类设置是指存货分类是根据存货的属性对存货所划分的大类，可以针对这些存货分类设置不同的科目。

账套使用过程中，可以随时修改该参数的设置。

(5) 制单选项。凭证生成有多种选项：月前是否全部生成凭证、方向相反的分录是否合并、核销是否生成凭证、预收冲应收是否生成凭证、红票对冲是否生成凭证等。①方向相反的分录是否合并。方向相反的分录是否合并是指科目相同、辅助项相同、方向相反的凭证分录是否合并。需要注意的是，即使选择合并分录，在坏账处理制单时也不合并应收账款科目，即该选、项对坏账处理制单无效。②核销是否生成凭证。如果选择不生成凭证时，不管核销双方单据的入账科目是否相同均不需要对这些记录进行制单；如果选择生成凭证时，则需要判断核销双方的单据其当时的入账科目是否相同，不相同时，需要生成一张调整凭证。③预收冲应收是否生成凭证。如果选择需要生成凭证，则对于预收冲应收业务，当预收、应收科目不相同时，需要生成一张转账凭证，月末结账时需要对预收冲应收进行分别检查有无制单的记录。④红票对冲是否生成凭证。如果选择需要生成凭证，则对于红票对冲处理，当对冲单据所对应的受控科目不相同时，需要生成一张转账凭证，月末结账时需要对红票对冲处理分别检查有无需要制单的记录；月末结账时需要检查红票对冲处理制单情况。

凭证控制科目设置的作用在于为系统自动生成凭预置会计科目，具体来说体现在以下几方面：①对销售发票制单时，贷方取“产品科目设置”中对应的销售收入科目和应交增值税科目、销售退回科目，借方取“控制科目设置”中的应收科目。②对现结/部分现结的销售发票制单时，借方取“产品科目设置”中对应的销售科目和应交增值税科目，贷方取“结算方式科目”中的结算方式对应的科目，未结算部分依旧取“控制设置”中的应付科目。③对款项类型为预收款的收款单制单时，借方取“结算方式科目设置”中对应的结算方式，贷方取“控制科目”中的预收科目。④对款项类型为应收款的收款单制单时，借方取“结算方式科目设置”中对应的结算方式，贷方取“控制科目”中的应收科目。⑤若在“控制科目设置”中未设置控制科目，则系统将取“设置科目”|“基本科目设置”中设置的应收科目；若在“基本科目设置”中未设置科目，则需要手工输入凭证科目。

3. 权限与预警设置　权限与预警设置包括：权限启用、自动报警设置、信用额度控制设置等，如图 9-6 所示。

(1) 权限启用。包括是否启用客户权限、是否启用部门权限两个方面。

(2) 报警设置。包括是否根据单据自动报警、是否根据信用额度自动报警两个方面。

(3) 信用额度控制。如果选择了进行信用控制，则在应收款管理系统中保存录入的发票和应收单时，当票面金额＋应收借方余额－应收贷方余额>信用额度，系统会提示用户本张单据不予保存处理；如果选择了不进行信用额度的控制，则在保存发票和应收单时不会出现控制信息。

该参数的作用范围仅限于在应收款管理系统中增加发票和应收单时才有效。信用额度控制值选自客户档案的信用额度。

4. 核销设置　核销设置主要包括应收款核销方式、核销规则及控制方式等，如图 9-7 所示。

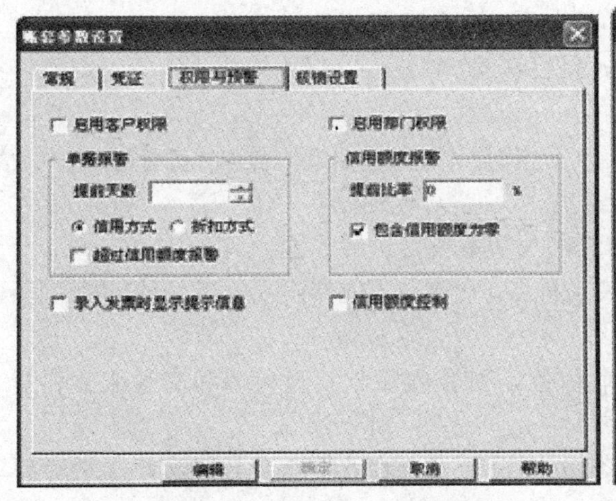

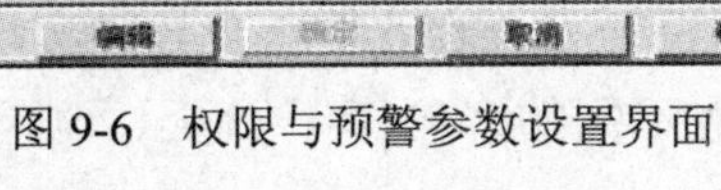
图 9-6　权限与预警参数设置界面

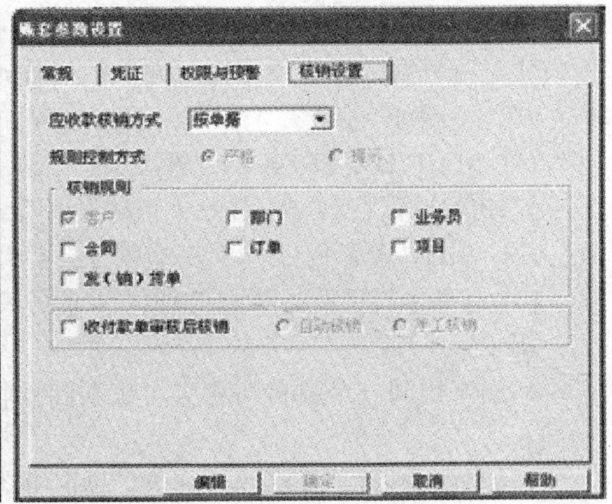

图 9-7　核销设置参数对话框

(1) 应收款核销方式。系统提供了两种应收款的核销方式，即按单据、按产品两种方式。如果企业收款时，没有指定具体是收取哪种存货的款项，则可以采用按单据核销。对于单位价值较高的存货，企业可以采用按产品核销，即收款指定到具体存货上。一般情况下按单据核销即可。

(2) 规则控制方式。规则控制方式分严格和提示两种情况，系统默认为严格控制。

(3) 核销规则。系统提供了多种核销处理机制，其中按客户核销是系统默认的核销规则。在具体使用时，需要根据企业控制的特点，在按客户核销规则基础上，添加其他核销方式，构成以客户核销为主的组合式核销规则，即：按客户＋其他项进行组合设置。

(4) 收付款单审核后核销。此项参数主要用于控制收付款单据在进行审核时，是否立即进行核销处理。

【例 9-1】 山东飞鹰科技有限公司应收款管理系统的账套控制参数为：按应收账款余额百分比进行坏账处理，其他采取默以设置。

操作步骤如下：

(1) 注册登录企业应用平台。

(2) 在 UFIDA ERP-U872 窗口选择“业务工作”|“财务会计”|“应收款管理”|“设置”|“选项”双击，进入“账套参数设置”对话框。

(3) 在“常规”选项卡中，单击“编辑”按钮，然后将“坏账处理方式”选为“应收余额百分比”、选择完毕后，然后单击“确定”按钮。

二、凭证科目设置

由于应收业务类型较固定，生成的凭证类型也较固定，因此，为简化凭证生成操作，可以预先设置各业务类型凭证中常用的会计科目。凭证科目设置包括基本科目设置、控制科目、产品科目、结算方式科目等。

1. 基本科目设置 基本科目是在核算应收款项时经常用到的科目，可以作为常用科目设置，科目必须是最末级科目。“应收账款”和“预收账款”是最常用的核算本位币赊销欠款和预收款的科目，可以作为应收款管理系统基本科目进行设置。

销售收入科目、应交税金(应交增值税销项税额)科目、销售退回科目是最常用的核算销售业务的科目，可以作为核算销售收入、销项税额及销售退回的基本科目，在应收款管理系统中进行设置，销售退回也可并入销售收入科目核算。

操作步骤如下：

(1) 在 UFIDA ERP-U872 窗口选择“业务工作”|“财务会计”|“应收款管理”|“设置”|“初始设置”双击，进入“初始设置”窗口。

(2) 单击“设置科目”|“基本科目设置”，进入基本科目设置界面。

(3) 在基本科目设置界面，根据企业业务要求特点，直接录入或参照录入相关科目的编码。

提示：

• 如果用同一个科目核算应收账款和预收账款，则预收账款科目可以和应收账款科目相同。

• 如果为不同的客户(客户分类、地区分类)分别设置了应收款核算科目和预收款核算科目，则可以在此处不输入这些科目。系统提供了针对不同的客户(客户分类、地区分类)分别设置科目的功能。

• 应收和预收科目必须是已经在科目档案中指定为应收系统的受控科目。如果为不同的存货(存货分类)分别设置了销售收入核算科目，则可以在此处不输入这些科目，系统提供了针对不同的存货(存货分类)分别设置科目的功能。

• 应收票据科目必须是已经在科目档案中指定为应收系统的受控科目，其他科目必须是非应收/应付的受控科目。

- 币种兑换差异科目用来记录币种核销时产生的本币差异账。
- 所设置的科目必须是最明细科目。

2. 控制科目设置　在核算客户的赊销欠款时，如果针对不同的往来单位分别设置了不同的应收账款科目和预收账款科目，则应先根据账套参数设置选项，即选择是针对不同的客户设置，还是针对不同的客户分类设置，还是按不同地区分类设置，然后依次进行往来单位按客户分类或地区分类的编码、名称、应收科目、预收科目等内容的设置。

操作步骤如下：

(1) 在“初始设置”窗口中，单击“设置科目”|“控制科目设置”进入控制科目设置界面。

(2) 为每个客户设置“应收科目”和“预收科目”。

提示：

- 如果某个客户(客户分类、地区分类)的核算应收账款或预收账款的科目与常用科目设置中的一样，则可以不输入；否则，应在此设置。
- 应收和预收科目必须是已经在科目档案中指定为应收系统的受控科目。

3. 产品科目设置　如果针对不同的存货或存货分类分别设置不同的销售收入科目、应交销项税额科目和销售退回科目，则应先在账套参数中选择设置依据。

如果某个存货(存货分类)的科目与常用科目设置中的一样，则可以不输入；否则，应在此设置。

存货销售科目不能是已经在科目档案中指定为应收系统或者应付系统的受控科目。

销售收入科目和销售退回科目可以相同。

4. 结算方式科目设置　不仅可以设置常用科目，还可以为每种结算方式设置一个默认的科目，以便在应收账款核销时，直接按不同的结算方式生成相应的账务处理中所对应的会计科目。

【例 9-2】 山东飞鹰科技有限公司科结算方式科目设置如下：

现金结算方式：库存现金 1001。

现金支票结算方式：工行存款 100201。

转账支票结算方式：工行存款 100201。

操作步骤如下：

(1) 在“初始设置”窗口中，单击“设置科目”|“结算方式科目设置”进入结算方式科目设置界面。

(2) 为每种结算方式、每种币种设置对应的入账科目。

提示：

- 科目所核算的币种必须与所输入的币种一致。
- 科目必须是最明细科目。
- 结算科目不能是已经在科目档案中指定为应收系统或者应付系统的受控科目。

三、坏账准备设置

坏账准备设置是指对坏账准备期初余额、坏账准备科目、对方科目及提取比例等进行设置。在第一年使用时，应直接输入期初余额，在以后年度使用时，坏账准备的期初余额由系统自动生成，不能进行修改。坏账提取比率可分别按销售收入百分比法和应收账款余额百分比法，直接输入计提比例；按账龄百分比提取，可直接输入各账龄期间计提的比率。根据坏账准备在账套参数中的选项不同其设置内容也有所不同。

四、账龄区间设置

账龄区间设置指用户定义应收账款或收款时间间隔的功能，在进行账龄区间的设置时，账龄区间总天数直接输入，系统根据输入的总天数自动生成相应的区间。账龄区间设置分账期内账龄区间设置和逾期账龄区间设置两种，其设置方法相同，在此以账期内账龄区间设置为例进行说明。

【例 9-3】 山东飞鹰科技有限责任公司账期内账龄分析区间设置如表 9-1 所示。

表 9-1　期内账龄分析区间设置

序　号	起 至 天 数	总 天 数
1	0～30	30
2	31～60	60
3	61～90	90
4	90～120	120
5	121 以上	

操作步骤如下：

(1) 在“初始设置”窗口中，单击“账期内账龄区间设置”，进入“账龄区间设置”界面。

(2) 录入总天数“30”，然后回车，系统设置起止天数，并且自动追加一行。

(3) 同样的方式录入其他区间的总天数。

提示：

- 系统根据输入的总天数自动生成相应的区间。序号由系统生成，从 01 开始，不能修改。
- 区间可以删除和修改，删除或修改后，系统自动调整各区间值。最后一个区间由系统自动生成，不能修改和删除。序号为 01 的区间由系统自动生成，不能修改、删除。

五、报警级别设置

可以通过对报警级别的设置。将客户按照客户欠款余额与其授信额度的比例分为不同的类型，以便于掌握各个客户的信用情况。如果企业要对应收账款的还款期限做出一定规定，则可使用超期报警功能。在进行报警级别设置时，直接输入级别名称和各区间比率。其中，级别名称可以采用编号或其他形式，但名称最好能上下对应。

【例 9-4】 山东飞鹰科技有限责任公司实施报警设置，报警级别设置方案如表 9-2 所示。

表 9-2　报警级别设置方案

序　号	总 比 率 (%)	级 别 名 称
01	10	A
02	20	B
03	20 以上	C

操作步骤如下：

(1) 在“初始设置”窗口中，单击“报警级别设置”，进入报警级别设置界面。

(2) 录入总比率“10”和级别名称“A”，然后回车，系统设置起止比率，并且自动追加一行。

(3) 同样的方式录入其他级别的总比率和级别名称。

提示：

- 序号由系统生成，从 01 开始。
- 区间可以删除和修改，删除或修改后，系统自动调整各区间值。序号为 01 的区间由系统 自动生成不能修改、删除。最后一个区间由系统自动生成，不能修改和删除。

六、单据

类型设置单据指用户将应收、应付、收付款及收款单据与各自的单据模板建立对应关系的工作。

系统提供了发票和应收单两大类型的单据。

操作步骤如下：

(1) 在“初始设置”窗口中，单击“单据类型设置”进入单据类型设置界面。

(2) 在“单据名称”栏直接录入单据名称，然后按回车键保存。

七、付款优惠条件

企业在销售商品的同时，还要面临资金能否及时、安全回笼，资金周转率是否变化等问题。企业通过在赊销过程中制定相应的现金折扣政策(即付款条件)，以向客户提供购买商品价格上扣减，鼓励客户为享受优惠而提前付款，进而缩短平均收款期。

付款条件的表达式为：扣除百分点/货款回笼期。

八、期初余额录入

1. 期初新增单据业务规则　在应收款管理系统中，录入期初余额应遵循以下规则：

(1) 期初发票是指还未核销的应收账款，在系统中以单据的形式列示，已核销部分金额不显示。

(2) 期初应付单是指还未结算的其他应付单，在系统中以单据的形式列示，已核销部分金额不显示。

(3) 期初预收单是指提前收取的客户款项。

(4) 期初票据是指还未结算的票据。

(5) 年结时，系统将所有单据的原始单据编码结转到下年，使用系统内置的 ID 号来作为单据的唯一标识，新增的期初单据其单据编码根据编码方案自动生成。

(6) 期初余额与总账对账。根据客户＋受控科目进行一一对账，即一个客户＋一个科目显示一条记录。

(7) 数据权限。当系统选项中设置了启用数据权限，则在查询、编辑期初余额数据时均需要根据登录用户的对应数据权限进行相应的限制。单据中的部门为空时，相当于该单据的部门权限不受控制。如：一张单据中出现的客户是该用户可以查看的，而部门是该用户禁止查看的，则该张单据禁止该用户查看。

(8) 当系统中设置了不允许修改、删除其他人填制的单据，则在编辑期初单据时需要查看当前单据的制单人是否当前登录的用户，若不相同则不允许编辑当前单据。

2. 增加期初余额　系统通过录入期初单据的形式建立期初数据。在启用应收系统之前，将账套启用会计期间以前的未处理完的应收、收款、预收单据录入到系统中，系统对其可进行后续处理。目的是详细记录每一笔往来业务，加强往来款项的处理。

【例 9-5】 山东飞鹰科技有限责任公司应收账款期初余额的资料如表 9-3 所示。

表 9-3 山东飞鹰科技有限责任公司应收账款期初余额的资料

单据名称	方向	开票日期	客户名字	销售部门	科目编码	合计
其他应收款	正	2010-9-1	兴旺公司	销售部	1131	600000

操作步骤如下：

(1) 在 UFIDA ERP-U872 窗口选择“业务工作”|“财务会计”|“应收款管理”|“设置”|“期初余额”双击，进入“期初余额—查询”对话框。

(2) 采取默认设置，单击“确定”按钮，进入“期初余额”窗口。

(3) 单击工具栏上的“增加”按钮，弹出“单据类别”选择对话框，如图 9-8 所示。

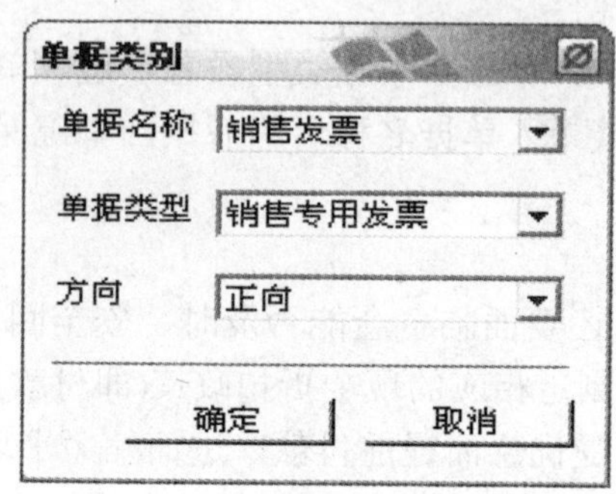

图 9-8 “单据类别”选择对话框

提示：

• 方向为正向表示是蓝字单据，为负向表示红字单据。

• 销售发票分普通发票和专用发票两种。

(4) 选择“单据名称”如“销售发票”、“单据类型”(如“销售专用发票”)和“方向”(如“正向”)后，单击“确定”按钮，弹出“期初销售发票”窗口。

(5) 单击工具栏上的“增加”按钮，录入发票有关信息，如开票日期、客户名称、付款条件、税率、销售部门、业务员等基本信息后，在“货物编号”栏双击，然后输入货物名称、数量、价税合计金额等销货信息，系统自动根据所设税率进行价税分离处理，输入完毕后，单击按钮，系统自动检测信息是否完整，如果完整，则自动对输入信息进行保存；不完整将提示相关信息。

(6) 同样的方式，完成其他期初单据余额信息的录入。

提示：

• 单据日期必须小于该账套启用期间(第一年使用)或者该年度会计期初(以后年度用)。

• 单据中的科目栏目，用于输入该笔业务的入账科目，该科目可以为空。建议在录入期初单据时，最好录入科目信息，这样不仅可以执行与总账对账功能，而且可以查询正确的科目明细账、总账。

• 发票和应收单据的方向包括正向和负向，类型包括系统预置的各类型以及用户定义的类型。

• 如果是预收款和应收票据，则不用选择方向，系统均默认为正向。

• 增加预收款时，可以通过选择单据类型(收款单、付款单)来达到增加预收款、预付款的目的。

第 3 节　应收款管理系统日常业务处理

日常业务处理是应收款管理系统的重要组成部分，是经常性的应收业务处理工作。日常业务主要完成企业日常的应收/收款业务录入、应收/收款业务核销、应收转账、汇兑损益及坏账的处理，及时记录应收、收款业务的发生，为查询和分析往来业务提供完整、正确的资料，加强对往来款项的监督管理，提高工作效率。

一、单据处理

单据处理是应收款管理系统业务处理的起点，可以录入销售业务中各类发票以及销售业务之外的应收单据。

1. 应收单据处理

1) 应收单据录入。是对未收款项的单据进行录入，录入时首先用代码录入客户名称，与客户相关的内容由系统自动填列。

【例 9-6】 2010 年 8 月 1 日，向兴旺公司销售产品形成应收账款共计 58500 元，使用应收单填制。

操作步骤如下：

(1) 在 UFIDA ERP-U872 窗口再次选择“业务工作”|“财务会计”|“应收款管理”|“应收单据处理”|“应收单据录入”双击，在弹出的“单据类别”对话框中选择单据名称“应收单”、单据类型“其他应收单”，然后单击“确定”按钮，进入“应收单”录入窗口。

(2) 单击“增加”按钮，录入相关信息资料后，单击该按钮，对录入的单据进行保存。

提示：科目只能参照选择在会计科目设置中设置为客户往来辅助核算的科目。

2) 应收单据审核。是在单据保存后对单据正确性进一步审核确认。审核人和制单人可以是同一操作员。单据审核后，将从单据处理功能中消失，但可以通过单据查询功能查看。系统提供了手工审核、自动批量审核两种审核方式，其中手工审核又分为单张审核与批量审核两种方式。

操作步骤如下：

(1) 在 UFIDA ERP-U872 窗口中选择“业务工作”|“财务会计”|“应收款管理”|“应收单据处理”|“应收单据审核”双击，弹出“应收单过滤条件”设置对话框。

提示：单击对话框中的“批审”按钮，系统根据当前的过滤条件将所有符合条件的未审核单据自动进行一次性审核处理。如果未设定条件，将对所有未审核单据进行审核。

(2) 设置过滤条件或保持默认，然后单击“确定”按钮，进入“单据处理”窗口。

提示：

- 在“单据处理”窗口可以通过“过滤”、“定位”等按钮查找未审核单据；可以通过“弃审”按钮实现对已审核单据的取消审核处理；可以在“选择”栏选择多张单据，然后进行批量审核；可以通过“全选”按钮选择所有单据，然后进行全部单据的审核或弃审处理。
- 当选项中设置审核日期的依据为单据日期时，该单据的入账日期选用自己的单据日期。审核时若发现该单据日期所在会计月已经结账，则系统将提示不能审核该单据，除非修改审核方式为业务日期。
- 当选项中设置审核日期的依据为业务日期时，该单据的入账日期选用当前的登录日期。

• 在销售系统中增加的发票也在应收系统中审核入账。

• 在销售系统中录入的发票若未经其复核，则不能在应收系统中审核。

• 不能在已结账月份中进行审核处理；不能在已结账月份中进行弃审处理。

• 已经审核过的单据不能进行重复审核；未经审核的单据不能进行弃审处理。已经做过后续处理(如核销，转账、坏账、汇兑损益等)的单据不能进行弃审处理。

• 当审核的发票已经做过现结处理，则系统在审核记账的同时，将自动进行相应的核销处理。对于收款单有剩余的部分，自动作预收款处理；对于发票有剩余的部分，再作应收账款处理。

2. 收款单据处理　收款单据处理主要是对收款单据(收款单、红字收款单)进行管理，包括收款单、红字收款单的录入、审核。

应收款管理系统付款单用来记录发生销售退货时，企业开具的退付给客户的款项，该付款单可与应收、预收性质的收款单、红字应收单、红字发票进行核销。当发生销售退货时，支付客户的款项时，同样需要指明红字收款单是应收款项退回、预收款退回，还是其他费用退回。

1) 收款单据录入。是将已收回的款项作为收款单录入到应收款管理系统中。

【例 9-7】 收兴旺公司前欠货款 280000 元，以工商银行转账支票 22865648 号。

操作步骤如下：

(1) 在 UFIDA ERP-U872 窗口选择“业务工作”|“财务会计”|“应收款管理”|“收款单据处理”|“收款单据录入”双击，进入“收付款单录入”窗口。

(2) 单击“增加”按钮，然后选择客户“兴旺公司”、结算方式“转账支票”、结算科目“100201 工行存款”、输入结算金额“280000”、输入票据号“22865648”、输入其他信息，选择输入完毕后，单击工具栏上的保存按钮进行保存。

(3) 单击工具栏上的“审核”按钮，将弹出“是否制单”信息对话框，单击“是”按钮，将在完成审核的同时生成凭证；单击“否”按钮，将只完成审核处理。用户也可不在该界面立即对录入的收款单进行审核，而通过收款单审核功能来进行。

2) 收款单据审核。主要完成收款单的自动审核、批量审核。它是对收款单信息的再确认，目的是保证录入信息的准确性。

操作步骤如下：

(1) 在 UFIDA ERP-U872 窗口选择“业务工作”|“财务会计”|“应收款管理”|“收款单据处理”|“收款单据审核”双击，弹出“收款单过滤条件”设置对话框。

(2) 设置过滤条件或保持默认，然后单击“确定”按钮，进入“收付款单列表”窗口。

(3) 在“选择”栏双击添加审核标志“Y”，选中此张单据，然后单击工具栏上的“审核”按钮，系统开始审核，并弹出审核结果信息对话框，单击“确定”按钮，完成该收款单的审核处理。

提示：

• 单据录入状态下不允许进行审核、弃审处理。

• 收款单的审核日期一单据日期，审核人一当前用户。

• 收款单记录按单据表体的明细记录显示，但是选择标志框是一张单据一个选择标志框。在销售、采购系统中录入的收款单不在该列表中显示。

• 已审核、已制单、已核销的单据不能修改、删除。

• 删除单据受单据数据权限控制。

二、票据管理

应收票据是指企业因销售商品、产品、提供劳务等而收到的商业汇票，包括银行承兑汇票和商业承兑汇票。票据管理主要包括对票据进行计息、贴现、转出、结算、背书转让等处理。

1. 票据录入　当企业销售商品、产品或提供劳务而收到客户开出、承兑的商业汇票时，应根据票据所记载的信息将该汇票录入到应收款管理系统的票据管理中。

【例 9-8】 收到兴旺公司签发承兑的商业承兑汇票一张，票据号 2141，面值 550000 元。

操作步骤如下：

(1) 在 UFIDA ERP-U872 窗口选择“业务工作”|“财务会计”|“应收款管理”|“票据管理”双击，弹出“过滤条件选择”设置对话框。

(2) 点击“增加”，进入“商业汇票”界面进行录入，如图 9-9 所示。

显示模版组：30656 商业汇票显示模版

商业汇票

银行名称		票据类型 商业承兑汇票
方向 收款	票据编号 2141	结算方式 现金支票
收到日期 2010-08-01	出票日期 2010-08-01	到期日
出票人 兴旺公司	出票人账号 050220100120	付款人银行 工商济南分行
收款人 山东飞鹰科技有限责任公司	收款人账号	收款人开户银行
币种 人民币	金额 550000.00	票面利率
汇率 1.000000	付款行行号	付款行地址
背书人	背书金额	备注
业务员 王冲	部门 销售部	票据摘要
交易合同号码	制单人	

	处理方式	处理日期	贴现银行	被背书人	贴现率	利息	费用	处理金额
1								
2								
3								
4								
5								
6								
7								
8								
9								
10								
合计								

图 9-9　商业汇票

提示：

• 票据种类：票据的种类包括银行承兑汇票和商业承兑江票，可直接输入或者在系统提供的下拉框中选择。

• 票据面值：票据的面值即票据的票面价值，可以直接在此输入票据的面值。

• 利率：如果票据为带息票据，应该在此输入票据的票面利率；如果票据为不带息票据，可以保持此栏为空。

• 背书单位：如果增加的票据是经过背书转让的，应该输入背书单位。背书单位的输入也可以通过直接输入或参照输入的方法。

• 背书金额：背书金额即经过背书转让的金额，背书的金额不一定等于票据的面值。

• 签发日期：签发日期即实际签发票据的日期。签发日期可直接输入或根据日历参照输入。

• 只显示即将到期票据：可以直接用打钩方式选择该选项。系统默认为不选。用户选择该选项，则票据列表中只显示符合当前输入的条件信息，且票据到期日符合输入的提前期范围的所有票据信息。显示的票据其到期日必须满足如下条件：票据到期日－报警提前日=当前注册日期。

• 报警提前期：可以直接在输入框中输入报警提前天数，也可以通过单击按钮一个一个增加数值。只能输入大于等于 0 的整数。如果查询报警票据时，需要用户输入报警提前期，系统将依此判断显示票据。只有当选择了“只显示即将到期票据”选项时，才允许输入报警提前期。

2. 票据贴现　在票据管理模块中提供了票据贴现功能以满足用户票据贴现处理的要求。

提示：

• 贴现净额：系统会根据输入的贴现率、贴现日期自动计算出贴现净额以供参考输入，可以在此基础上进行修改。

• 费用：如果贴现净额小于票据余额，系统自动将其差额作为费用，用户不能修改。

• 结算科目：结算科目即发生贴现业务时所对应的科目。可以直接输入或者参照输入科目，结算科目一般为银行存款科目，此栏目可以为空。

三、坏账处理

坏账处理的内容包括：坏账计提、坏账发生、坏账收回、坏账业务查询等。

1. 坏账计提　应收款管理系统提供的计提坏账的方法主要有销售收入百分比法、应收账款百分比法和账龄分析法。

提示：

• 初次计提时，如果没有进行预先的设置，用户首先应在初始设置进行设置。设置的内容包括提取比率、坏账准备期初余额。

• 应收账款的余额默认值为本会计年度最后一天的所有未结算完的发票和应收单余额之和减去预收款数额。外币账户用其本位币余额，可以根据实际情况进行修改。

• 计提比率在此不能修改，只能在初始设置中改变计提比率。

• 采用销售收入百分比法计提坏账准备时，销售总额默认值为本会计年度发票总额，可以根据实际情况进行修改。

• 采用账龄分析法计提坏账准备时，各区间余额由系统生成(本会计年度最后一天的所有未结算完的发票和应收单余额之和减去预收款数额)，可以根据实际情况进行修改。

2. 坏账发生　坏账发生指用户确定某些应收款为坏账的工作。通过坏账发生功能用户可选定发生坏账的应收业务单据，确定一定期间内应收款发生的坏账，便于及时用坏账准备进行冲销，避免应收款长期呆滞的现象。

【例 9-9】经确认认为无法收回向兴旺公司一部分的应收账款余额 8 000 元转为坏账处理。

操作步骤如下：

(1) 在 UFIDA ERP-U872 窗口选择“业务工作”|“财务会计”|“应收款管理”|“坏账处理”|“坏账发生”双击，弹出“坏账发生”对话框。

(2) 在“坏账发生”对话框中选择“兴旺公司”，然后单击“确定”按钮，进入“发生坏账损失”窗口。

(3) 在“本次发生坏账金额”栏单击，并修改其金额，然后选定单据类型，单击工具栏上的“确认”按钮，系统弹出“是否立即制单”信息提示对话框，单击“是”按钮，立即生成凭证；单击“否”按钮，可在系统集中制单模块进行凭证的生成。

3. 坏账收回　坏账收回指系统提供的对应收款已确定为坏账后又被收回的业务处理功能。

提示：

• 在录入一笔坏账收回的款项时，应该注意不要把该客户的其他的收款业务与该笔坏账收回业务录入到同一张收款单中。如客户付给了一笔货款，同时还付了一笔以前的坏账款项，此时应录入两张收款单，分别记录收到的贷款和收到的坏账款项。

• 客户：直接输入客户的名称或者用鼠标单击右边的参照框或者按 F2 键参照输入客户的名称。

• 日期：可直接输入或参照输入。如果不进行输入，系统默认为当前业务日期。输入的日期应大于已经记账日期，小于当前业务日期。

• 业务员：可以直接输入业务员编号或业务员名称，也可单击右边的参照框或者按 F2 键参照输入。

• 部门：可以直接输入部门编号或部门名称，也可单击右边的参照框或者按 F2 键参照输入。

• 收款单号：单击右边的按钮，系统将调出该客户所有未经过处理的，并且金额等于收回金额的收款单，可以用鼠标选择该次收回业务所形成的收款单。

四、汇兑损益

汇兑损益是在持有外币货币性资产或负债期间，由于外币汇率变动而引起的外币货币资产或负债的价值发生变动而产生的损益。应收账款管理系统提供了两种汇兑损益的处理方法：月末计算汇兑损益和单据结清时计算汇兑损益，企业可以根据实际需要作出选择。

在此以月末计算汇兑损益处理方法为例，说明汇兑损益处理的基本过程。

操作步骤如下：

(1) 在 UFIDA ERP-U872 窗口选择“业务工作”|“财务会计”|“应收款管理”|“汇兑损益”双击，弹出“汇兑损益”对话框，如图 9-10 所示。

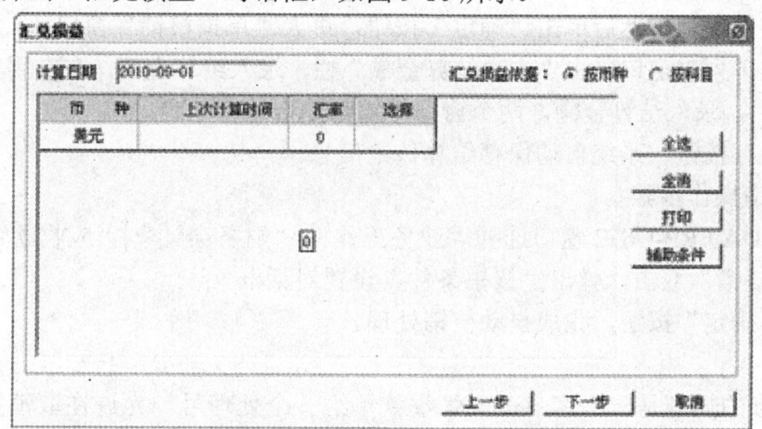

图 9-10　“汇兑损益”对话框

提示：

• 直接输入或者用鼠标单击右边的日期参照框参照输入日期，输入日期应该小于/等于第一个来结账月月末并且小于/等于当前业务日期，大于已结账月。

• 可以选择按币种或按科目计算汇兑损益。默认选择根据币种进行汇兑损益。

• 选择按科目时，右边的列表显示科目、币种、上次计算时间、月末汇率、选择标志四栏。科目显示应收(付)所有的末级外币受控科目记录，币种根据该条记录的科目自动带出，月末汇率自动将外币表中的对应调整汇率带出，允许修改，但必须输入大于 0 的数字，对于已经有选择标志的记录其汇率不能为空，科目不相同、币种相同的记录其月末汇率允许修改成不相同。

• 屏幕列示了所有的外币币种和本月内该币种上次计算汇兑损益的时间。如果要选择某种币种，可以在该币种的选择标志一栏内双击鼠标，系统会自动在此处添加标志“Y”，如果想取消该次选择，可以在有标志的栏目内再双击鼠标，系统会取消选择。也可以单击“全选”或“全消”进行选择或取消选择。

(2) 根据要求进行选择，然后点击“下一步”进入“汇兑损益”界面。

提示：

• 屏幕显示所选择的所有的币种的汇兑损益的计算情况，包括币种的外币余额、本币余额、调整后的本币金额及两者的差额。

• 可以通过单击左下角的下拉列表框，实现按单据、客户、币种的查看。

(3) 选择进行汇兑损益处理的单据后，单击“完成”按钮，系统弹出“是否立即制单”信息提示对话框，单击“是”按钮，立即生成凭证；单击“否”按钮，可在系统集中制单模块进行凭证的生成。

五、核销处理

单据结算指用户日常进行的核销应收款的工作。应收款管理系统提供了两种核销处理方式：手工核销与自动核销。

1. 手工核销操作步骤

(1) 在 UFIDA ERP-U872 窗口选择“业务工作”|“财务会计”|“应收款管理”|“核销处理”|“手工核销”双击，弹出“核销条件”设置对话框。

(2) 设置核销条件，然后单击“确定”按钮，进人“单据核销”窗口。

(3) 在收款单列表窗口单击“本次结算金额”栏，录入结算金额，在专用发票窗口单击“本次结算”栏，录入结算金额。两个窗口结算金额合计应相等。

(4) 单击保存按钮，系统自动保存结算核销信息。

2. 自动核销操作步骤

(1) 在 UFIDA ERP-U872 窗口选择“业务工作”|“财务会计”|“应收款管理”|“核销处理”|“自动核销”双击，弹出“核销条件”设置对话框。

(2) 单击“确定”按钮，完成自动核销处理。

提示：

• 核销记账的规则是一个客户＋一张收款单给一个处理号。允许在取消操作中可以按客户进行分别取消处理。

• 自动核销完成后系统显示一份核销报告，内容有：客户编码、客户名称、核销币种、原币金额、对冲本币金额。

• 自动核销按下列顺序进行核销处理：

第一步：用收款单核销蓝字应收单和发票，此时的发票需要先进行单据内部冲销。

第二步：用收款单核销红字预收款。

第三步：预收款冲销蓝字应收单和发票，此时的发票也需要先进行单据内部冲销(该种情况是在过滤条件中包含了预收款时进行的)。

• 最后核销的是单据中的预收/付款记录。

六、转账处理

应收款管理系统的转账处理包括预收款冲抵应收款、应收款冲抵应付款、应收款冲抵应收款、红字单据冲抵正向单据等方式。

1. 预收款冲抵应收款　预收款冲抵应收款是指用客户的预收款核销该客户的应收欠款，预收冲应收业务处理应遵循如下规则：

(1) 系统自动对冲的原则是对有预收款和应收款的客户进行挨个对冲。

(2) 蓝字预收款冲销蓝字应收款，红字预收款冲销红字应收款，两者只能分开处理，不能同时进行。要想进行红字预收款冲销红字应收款时，则选择类型为付款单即可。

(3) 当该客户的预收款大于等于应收款时，则该客户最终自动冲销的金额以应收款总额为准。

(4) 当该客户的预收款小于应收款时，则该客户最终自动冲销的金额以预收款总额为准。

(5) 进行红字预收款冲销红字应收款时，则上述比较应该加上绝对值进行。

(6) 自动进行预收冲应收后可以即对生成凭证，此时若选择生成凭证，系统会将本次涉及的所有对冲记录合并生成一张凭证；若不想生成一张凭证或者不想即时生成凭证，则可以在制单功能中进行该工作，在制单功能中系统允许合并生成一张凭证或者按客户生成多张凭证。

(7) 若输入了客户、部门、业务员的范围，然后单击“自动转账”按钮，则系统针对所输入的范围之内的客户、部门、业务员款项进行自动对冲。

(8) 成批进行自动对冲时，每次只对应一种币种。

提示：

• 每一笔应收款的转账金额不能大于其余额。

• 应收款的转账金额合计应该等于预收款的转账金额合计。

• 可手工录入转账金额，也可以使用“分摊”按钮对当前各单据的转账金额根据输入的转账总金额进行分摊和取消分摊处理。

• 无论是手工输入的单据转账金额还是自动分摊添入的转账金额，均不能大于该单据的余额。

• 最终确认的转账金额以单据上输入的转账金额为准。

2. 应收款冲抵应付款　应收款冲抵应付款是指用某客户的应收账款冲抵某供应商的应付款项。应收款冲抵应付款业务应遵循如下规则。

(1) 应收款的转账金额合计应该等于应付款的转账金额合计。

(2) 如果应付账款系统采用的是总账控制方式，则该功能不能执行。

(3) 应收冲应付功能可以进行不等额对冲。如果应收金额大于应付金额，则多余金额作为预付处理，即将多余金额生成一张该供应商的预付款凭证。如果应付款金额大于应收款金额，则多余金额作为预收处理，即将多余金额生成一张该客户的预收款凭证。

3. 应收款冲抵应收款　应收款冲抵应收款是指将一家客户的应收款转到另一家客户中，通过该功能将应收款业务在客户之间进行转入、转出，实现应收业务的调整，解决应收款业务在不同客户间错户或合并户问题。

提示：

• 每一笔应收款的转账金额不能大于其金额。

• 每次只能选择一个转入单位。

• 可手工输入或双击选择并账金额，金额大于 0，小于/等于余额，双击本行则并账金额自动填充余额。

• 如果核算已经精确到了个人，需要在此输入业务员。直接输入业务员的编号和名称，也可以单击右边的参照框或者按 F2 键参照输入。如果不输入业务员，系统会将所选客户的所有业务员的单据列出。

• 如果进行了部门核算，在此输入部门。直接输入部门的编号和名称，也可以单击右边的参照框或者按 F2 键参照输入。如果不输入部门，系统会将所选客户的所有部门的单据列出。

4. 红票对冲　红票对冲是指用某客户的红字发票与其蓝字发票进行冲抵，该功能可以进行红字单据冲销正向单据的处理。系统提供了两种处理方式：系统自动冲销和手工冲销。

1) 自动对冲。在进行自动红票对冲业务处理时应遵循如下规则。①自动对冲的过滤条件只可以输入客户的范围。②币种、汇率根据自动对冲时输入的内容确认记账，记账日期为当前处理的注册日期。③自动对冲的顺序如下：第一步，当单据本身存在有红蓝字体记录的情况时，先进行单据的内部对冲；第二步，红字单据中有对应蓝字单据编码的红票；第三步，根据当前查询出来的红蓝单据顺序对冲。上述三步的实现过程，其前提条件均是根据选择的客户编码顺序进行。④在每一步实现过程中均根据单据的到期日从前往后顺序进行对冲。⑤在自动对冲记账时，一个客户记一个处理号，在取消操作中可以根据客户来取消相应的红票对冲处理。⑥自动对冲完成后应显示一份对冲报告：客户编码、客户名称、对冲原币金额、对冲本币金额。⑦根据当前输入的对冲总金额自动分摊到当前列示的红蓝单据列表中，对冲总金额只能输入正数。⑧自动根据单据当前显示的顺序进行分摊。

操作步骤如下：

(1) 在 UFIDA ERP-U872 窗口选择“业务工作”|“财务会计”|“应收款管理”|“转账”|“红票对冲”|“自动对冲”双击，进入“红票对冲条件”设置对话框，如图 9-11 所示。

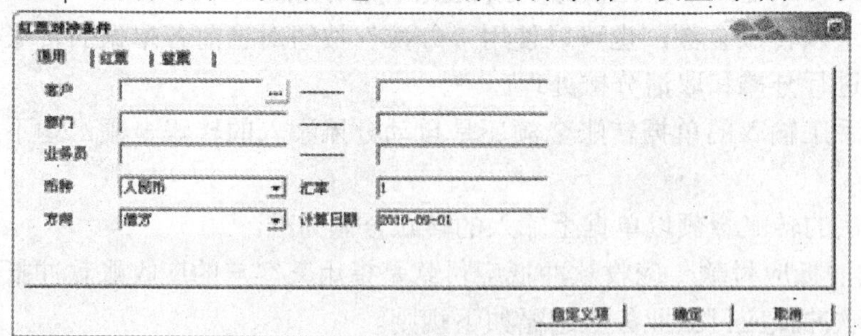

图 9-11　“红票对冲条件”设置对话框

(2) 设置对冲条件后，单击“确定”按钮，系统弹出“是否进行自动红票对冲”信息提示框，单击“确定”按钮，系统自动对符合条件的红字单据与蓝字单据进行对冲，并显示自动对冲进程，对冲完成后，弹出“自动红冲报告”信息框。

(3) 关闭“自动红冲报告”信息框，然后再退出“红票对冲条件”设置对话框。

提示：自动对冲时提供两条进度条。上面显示自动对冲保存的客户(供应商)进程，即把本次自动对冲的单位个数作为 100%来处理；下面显示当前处理单位的数据保存进程。即对应一个单位的对冲数据作为 100%处理，每处理完一个单位的数据即从 0 开始。

2) 手工红票对冲在进行手工红票对冲业务处理时应遵循如下规则：①保存之前，用户可以任意输入各单据的对冲金额，输入的原则是对冲金额不能大于该单据的余额。②对冲的顺序如下：第一步，当单据本身存在有红蓝字体记录的情况时，先进行单据的内部对冲；第二步，红字单据中有对应蓝字单据编码的红票；第三步，根据当前红蓝单据排列顺序对冲。③当输入的红蓝票对冲金额不相等时，只能按两者中的绝对值小值进行确认记账。④保存对冲记录时一次处理给一个处理号，允许在取消操作中按红冲次数进行反向处理。⑤红票对冲的记账日期为当前处理的注册日期，记账汇率使用当前输入的汇率。⑥根据当前输入的对冲总金额自动分摊到当前列示的红蓝单据列表中，对冲总金额只能输入正数。⑦自动根据单据当前显示的顺序进行分摊。⑧可以对分摊好的对冲金额进行手工修改，修改的原则是对冲金额不能大于该单据的余额。

第 4 节　应收款管理系统月末处理

期末处理指用户进行的期末结账工作。如果当月业务已全部处理完毕，就需要执行月末结账功能，只有月末结账后，才可以开始下月工作。如果已经确认本月的各项处理已经结束，则可以选择执行月末结账功能。当执行了月末结账功能后，该月将不能再进行任何处理。

在进行月末结账前，应先登录账务处理系统，凭证进行审核记账后，才能在应收款管理系统中执行月末结账处理，否则，系统结账时检查若到有未记账凭证，将不允许结账。

1. 月末结账　操作过程如下：

(1) 在 UFIDA ERP-U8 窗口选择“业务工作”|“财务会计”|“应收款管理”|“期末处理”|“月末结账”双击，进入“月末处理”对话框，如图 9-12 所示。

(2) 在要结账的月份“结账标志”栏双击，添加结账标志“Y”。然后单击“下一步”按钮，系统进行结账检查，并显示检查结果，如图 9-13 所示。

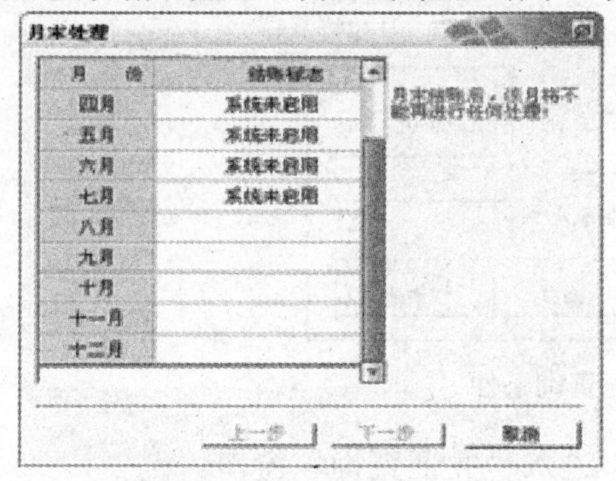

图 9-12　“月末处理”对话框

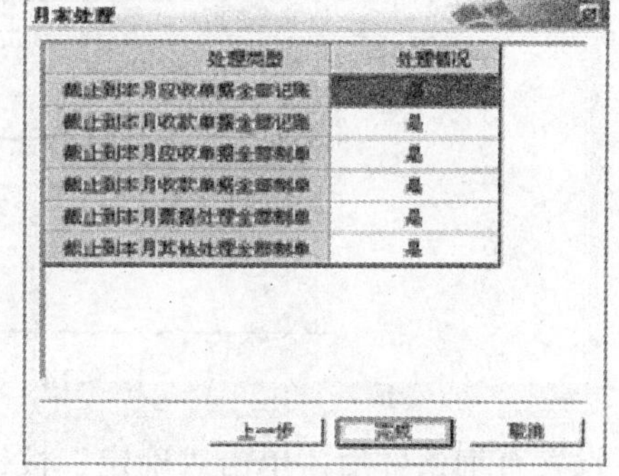

图 9-13　月末检查结果

(3) 单击“完成”按钮，系统开始结账，并弹出“×月份结账成功”信息框，单击“确定”按钮，结束本次结账处理。

2. 取消结账　系统提供了取消结账的处理功能，以避免误操作而引起业务处理中断。

操作步骤如下：

(1) 在 UFIDA ERP-U872 窗口选择“业务工作”|“财务会计”|“应收款管理”|“期末处理”|“取消月结”双击，进入“取消结账”对话框。

(2) 选择要取消结账的月份，然后单击“确定”按钮，系统弹出“取消结账成功”信息框单击“确定”按钮，完成取消结账处理。

提示：取消结账必须按倒序取消。

第 5 节 应收款管理系统其他业务处理

一、单据查询

系统提供对应收单、收款单、凭证等的查询，可以查询已审核的各类应收单据的收款情况、结余情况。系统提供了多条件查询功能，用户可以根据自己查询的要求任意设置查询条件，系统将根据用户所设置的查询条件生成查询结果。

1. 应收单据/收款单据查询 单据查询包括发票查询、应收单查询、收款单查询、单据报警查询、信用报警查询。这些查询处理方式过程基本相似，这里以发票查询为例说明单据查询的操作步骤。

(1) 在 UFIDA ERP-U872 窗口选择“业务工作”|“财务会计”|“应收款管理”|“单据查询”|“发票查询”双击，弹出“发票查询”条件设置对话框。

(2) 设置查询条件后，单击“确定”按钮，进入“单据查询结果列表”窗口。

(3) 将鼠标移到相关单据记录上双击，可以显示该记录的原始单据。

2. 凭证查询 通过凭证查询可以查看、修改、删除、冲销应收账款系统传到账务系统中的凭证。

操作步骤如下：

(1) 在 UFIDA ERP-U872 窗口选择“业务工作”|“财务会计”|“应收款管理”|“单据查询”|“凭证查询”双击，打开“凭证查询条件”设置对话框，如图 9-14 所示。

图 9-14 凭证查询条件

(2) 设置查询条件后，单击“确定”按钮，进入“凭证查询”窗口。

(3) 在“凭证查询”窗口，选择一条凭证记录，单击“修改”按钮，可进入凭证界面对凭证信息进行修改处理；单击“删除”按钮，可以将选择的凭证删除掉；单击“单据”按钮，可以查看与该凭证相关的单据信息；单击“冲销”按钮，可以制作红字冲销凭证；单击“凭证”按钮，可以查看凭证信息。

提示：

- 如果要对一张凭证进行删除操作，该凭证的凭证日期不能在本系统的已结账月内。如，本系统生成一张 7 月 27 日的凭证后，7 月份执行了月末结账；则在查询该张凭证时，就不能删除该张凭证。
- 一张凭证被删除后，它所对应的原始单据及操作可以重新制单。如，一张发票所生成的凭证被删除后，可以重新对发票生成凭证。
- 只有未审核、未经出纳签字的凭证才能删除。
- 只有已记账凭证才能制作红字冲销凭证。

二、账表查询

为帮助用户及时了解应收账款信息和客户信用等级信息，系统提供了账表查询分析功能。用户可以通过账表查询功能及时了解应收款的动态，及时发现问题，及时处理，以提高对往来款项的监督管理。系统提供了业务账表、统计分析、科目账查询三种查询处理方式。

1. 业务账表查询　通过账表查询，可以及时地了解一定期间内期初应收款结存汇总情况、应收款发生、收款发生的汇总情况、累计情况及期末应收款结存汇总情况。账表查询分为业务总账、业务明细账、业务余额表、对账单等内容。

上述四种账表查询处理在操作处理方式上基本相同，在此以业务余额表为例说明其操作处理步骤。

(1) 在 UFIDA ERP-U872 窗口选择“业务工作”|“财务会计”|“应收款管理”|“账表管理”|“业务账表”|“业务余额表”双击，进入“过滤条件选择—应收余额表”对话框。

(2) 选择或录入过滤条件，然后单击“过滤”按钮，进入“应收余额表”窗口。

2. 统计分析　通过统计分析，可以按用户定义的账龄区间，进行一定期间内应收款账龄分析、收款账龄分析、往来账龄分析，了解各个客户应收款周转天数、周转率，加强对往来款项动态的监督管理。统计分析分为应收账龄分析、收款账龄分析、欠款分析、收款预测等内容。

应收账龄分析、收款账龄分析、欠款分析、收款预测在处理方式上基本相似，在此以应收账龄分析为例说明其查询操作步骤。

(1) 在 UFIDA ERP-U872 窗口选择“业务工作”|“财务会计”|“应收款管理”|“账表管理”|“统计分析”|“应收账龄分析”双击，进入“过滤条件选择-应收账龄分析”对话框。

(2) 设置查询过滤条件后，单击“过滤”按钮，进入“应收账龄分析”窗口。

3. 科目账表查询　可以查询科目明细账、科目余额表，可以根据查询结果查到凭证等。

三、取消操作

在系统业务处理过程中为防止因误操作而影响后续业务的处理，系统提供了误操作的恢复机制。当对原始单据进行了审核、对收款单进行了核销等操作后，发现操作失误，可通过误操作恢复功能将其恢复到操作前的状态，以便进行修改处理。系统提供的恢复功能包括：恢复应收单据(发票和应收单)的未审核状态、恢复收款单的核销前状态、恢复票据的处理前状态、恢复坏账处理前状态、恢复转账处理前状态、恢复计算汇兑损益前状态。

各种恢复处理在操作方式上是相同的，在此以坏账处理为例说明其操作步骤：

(1) 在 UFIDA ERP-U872 窗口选择“业务工作”|“财务会计”|“应收款管理”|“其他

处理”|“取消操作”双击，打开“取消操作条件”设置对话框，如图9-15所示。

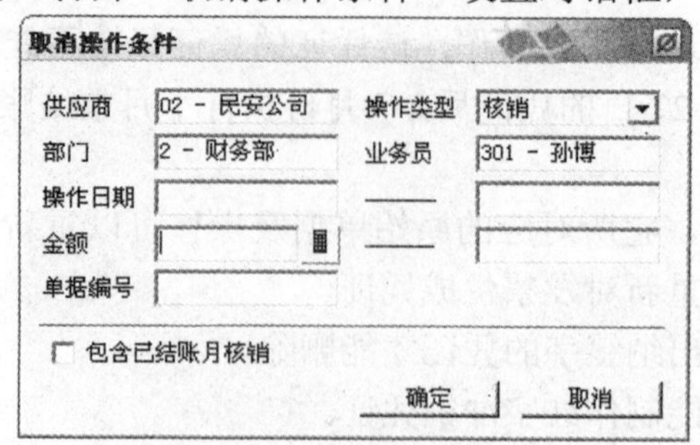

图9-15 “取消操作条件”设置对话

(2) 在“取消操作条件”设置对话框中，选择操作类型下拉列表中核销、坏账处理、汇兑损益、票据处理、应收冲应收、应收冲应付、预收冲应收、红票对冲八种类型中的一种，这里选择“坏账处理”，然后单击“确定”按钮，进入“取消操作”窗口。

(3) 在“取消操作”窗口中，选择要取消操作的记录，并在“选择标志”栏双击添加选择标志“Y”，然后单击“确认”按钮，系统自动进行取消处理。

应付款管理子系统主要实现企业与供应商之间业务款的核算与管理，企业除了对应付账款进行核算处，还要加强对自身偿债能力的管理。往来账款管理系统主要用于核算和管理企业和客户以及供应商之间的往来款项，一方面，对销售业务及其他应收业务产生的应收款项以及这些款项的收回进行处理，还对采购业务及其他应付业务产生的应付款项以及这些款项的支付进行处理，可以做到及时准确地为客户及供应商提供往来余额资料，另一方面，应收款管理系统还提供各种分析报表，还可以涉及各个产品，各地区和各业务员，可随时从各种角度对往来款项进行分析决策，使购售业务和财务系统有机地联系起来。

本章小结

在用友管理软件中，往来账款管理是其中重要的一部分。包括应收账款和应付账款的核算管理两部分，其中，应收账款核算管理主要用于核算和管理客户往来的款项；应付账款核算管理主要用于核算和管理供应商往来的款项。本章主要介绍往来账款核算管理的含义、任务及管理方式、往来账款核算初始化和日常业务处理和期末会计处理的方法，最后叙述往来账款账表分析的内容等。以帮助读者系统掌握该模块的具体操作，提高财务工作的效率、准确性、科学性。

课后实验

【实验目的】

(1) 掌握用友ERP-U872管理软件中应收(应付)管理系统的相关内容。

(2) 掌握应收款管理系统初始化、日常业务处理及月末处理的操作。

(3) 理解应收款在结账核算与应收款管理系统核算的区别。

【实验内容】(以应收为主)

(1) 初始化：设置账套参数、初始设置。

(2) 日常处理：形成应收、应付款结算、转账处理、坏账处理、制单、查询统计。

(3) 期末处理：月末结账。

【实验准备】　引入第 5 章“实验一”账套数据。

【试验资料】

1. 初始设置

(1) 控制参数：

控制参数	参数设置
坏账处理方式	应收余额百分比
是否自动计算现金折扣	√

(2) 设置科目：

科目类别	设置方式
基本科目设置	应收科目(本币)：1122 预收科目(本币)：2131 销售收入科目：6601 应交增值税科目：222101
控制科目设置	所有客户的控制科目： 应收科目：1122 预收科目：2131
结算方式科目设置	结算方式：现金支票；币种：人民币；科目：100201 结算方式：转账支票；币种：人民币；科目：100201

(3) 坏账准备设置：

控制参数	参数设置
提取比例	0.5%
坏账准备期初余额	800
坏账准备科目	1141
对方科目	550207

(4) 账龄区间：

序号	起止天数	总天数
01	1—30	30
02	31—60	60
03	61—90	90
04	91—120	120
05	121 以上	

(5) 存货分类：

存货类别编码	存货类别名称
1	原材料
101	主机
10101	芯片
10102	硬盘
102	显示器
103	键盘
104	鼠标
2	产成品
201	计算机
3	配套用品
301	配套材料
302	配套硬件
30201	打印机
30202	传真机
303	配套软件
9	应税劳务

(6) 剂量组单位：

计算单位组编号	计算单位组名称	计算单位组类别
01	无换算关系	无换算

(7) 计量单位：

计算单位编号	计算单位名称	所属计量单位组名称
01	盒	无换算关系
02	台	无换算关系
03	只	无换算关系
04	千米	无换算关系

(8) 存货档案：

存货编码	存货名称	所属类别	主计量单位	税率	存货属性
001	PIII 芯片	芯片	盒	17%	外购，生产耗用，销售
002	40G 硬盘	硬盘	盒	17%	外购，生产耗用，销售
003	17 英寸显示器	显示器	台	17%	外购，生产耗用，销售
004	键盘	键盘	只	17%	外购，生产耗用，销售
005	鼠标	鼠标	只	17%	外购，生产耗用，销售
006	计算机	计算机	台	17%	自制，销售
007	1600K 打印机	打印机	台	17%	外购，销售
008	运输费	应税劳务	千米	7%	外购，销售，应税劳务

(9) 期初余额：

会计科目：应收账款(1122)　　　　　　余额：借方 157 600 元

(10) 普通发票：

开票日期	客户	推销部门	科目	货物名称	数量	单价	金额
2010-8-25	华宏公司	销售部	1131	键盘	1 992	50	99 600

(11) 增值税发票：

开票日期	客户	销售部门	科目	货物名称	数量	单价	税率	金额
2010-07-10	昌新贸易公司	销售部	1131	17 英寸显示器	18	2500	17%	52 650

(12) 其他业务：

单据日期	科目编号	客户	销售部门	金额	摘要
2010-07-10	1131	昌新贸易公司	销售部	5350.00	代垫运费

2. 2010 年 8 月份发生如下经济业务：

(1) 8 月 2 日，销售部售给华宏公司计算机 10 台，单价 6 500 元，开出普通发票，货已发出。

(2) 8 月 4 日，销售部出售精益公司 17 英寸显示器 20 台，单价 2 500 元，开出增值税发票。货已发出，同时代垫运费 5 000 元。

(3) 8 月 5 日，收到华宏公司交来转账支票一张，金额 65 000 元，支票号 ZZ001，用以归还前欠货款。

(4) 8 月 7 日，收到常新贸易公司交来转账支票一张，金额 100 000 元，支票号 ZZ002，用以归还前欠贷款及代垫运费，剩余款转为预售账款。

(5) 8 月 9 日，华宏公司交来转账支票一张，金额 10 000 元，支票号 ZZ003，作为预购 PIII 芯片的定金。

(6) 8 月 10 日，将精益公司购买 17 寸显示器的应收款 58 500 元转给昌新贸易公司。

(7) 8 月 11 日，用华宏公司交来的 10 000 元定金冲抵其期初应收款项。

(8) 8 月 17 日，确认本月 4 日为精益公司代垫运费 5 000 元，作为坏账处理。

(9) 8 月 31 日，计提坏账准备。

【实验要求】 以账套主管“陈明”的身份进行应收款业务的处理。

【操作指导】

1. 启动与注册应收款管理系统

(1) 以账套主管“陈明”的身份登录企业应用平台，在“基础设置”窗口中选择“基本信息”|“系统启用”命令，弹出“系统启用”对话框，选择“应收款管理”系统，启用日期为“2010-8-01”，单击“确定”按钮，系统启用成功。

(2) 在“业务工作”窗口中，执行“财务会计”|“应收款管理”命令，启动应收管理系统。

2. 设置控制参数

执行“设置”|“选项”命令，打开“账套参数设置”对话框。

单击“编辑”按钮，根据实验资料进行控制参数设置。

1) 初始设置：

(1) 执行“财务会计”|“应收款管理”|“设置”|“初始设置”，进入“初始设置”窗口。

(2) 按实验资料进行基本科目设置、控制科目设置、结算方式设置、坏账准备设置、账龄区间设置。

2) 设置计算单位组和计量单位：

(1) 在“企业应用平台”中，执行“基础信息”|“基本信息”命令，然后进入“基础档案”窗口。

(2) 点击“存货”后，双击“计算单位”项目，进入“计量单位——计量单位组别”窗口。

(3) 单击“分组”按钮，再单击“增加”按钮，根据实验资料输入单位组信息并保存。

(4) 选择“无换算单位”计量单位组别，单机“单位”按钮，按实验操作输入单位信息。

3) 设置存货分类和存货档案：

(1) 执行“基础设置”|“存货”|“存货分类”命令，进入增加“存货分类”窗口。

(2) 按实验资料进行存货分类设置。

(3) 执行“基础设置”|“基础档案”，然后点“存货”|“存货档案”命令，进入存货档案窗口。

(4) 选择存货分类“10101 芯片”，单击“增加”按钮，进入“存货档案卡片”窗口。

(5) 按实验资料输入存货档案。

4) 输入期初余额：

输入期初销售发票：

(1) 在“业务工作”窗口中，选择“应收款管理”|“设置”|“期初余额”命令，打开“期初余额——查询”对话框。

(2) 单击“确认”按钮，进入“期初余额明细表”窗口。

(3) 单击“增加”按钮，打开“单据类别”对话框，在“单据名称”中选择“销售发票”，

“单据类型”为“销售普通发票”。

(4) 单击“确定”按钮，进入“销售普通发票” 初期录入窗口。

(5) 在“开票日期”中输入“2010-08-25”，发票号F001，客户名称“华宏公司”，销售部门“销售部”，科目1131。

(6) 选择货物名称“键盘”；输入数量1992，金额自动算出，单击“保存”按钮。

(7) 同理，录入增值税发票。

输入期初其他应收账：

(1) 在“期初余额明细表”窗口中，单击“增加”按钮，打开“单据类别”对话框。

(2) 选择单据名称“应收单”，单据类型“其他应收单”，单击“确认”按钮，进入“期初录入——其他应收单”窗口。

(3) 输入单据日期“2010-07-10”，科目编号1131，客户“昌新贸易公司”，销售部门“销售部”，金额5 350元，摘要“代垫费用”，单击“保存”按钮。

3. 日常处理

1) 增加应收款：

业务1：输入并审核普通发票。

(1) 执行“应收款管理”|“应收单据处理”命令，打开“单据类别”对话框。

(2) 选择单据名称“销售发票”，单据类型“普通发票”。

(3) 单击“确认”按钮，进入“销售普通发票”窗口。

(4) 单击“增加”按钮，输入开票日期“2010-08-02”，客户名称“华宏公司”销售部门“销售部”。

(5) 选择货物名称“计算机”；输入数量10，单价6 500元，金额自动算出，单击“保存”按钮。

(6) 单击“审核”按钮，系统弹出“是否生成凭证？”信息提示对话框。

(7) 单击“否”按钮，咱不生成凭证，单击“退出”按钮。

业务2：输入并审核专用发票。

(1) 执行“应收款管理”|“应收单据处理”命令，打开“单据类别”对话框。

(2) 选择单据发票名称“销售发票”，单据类型“专用发票”，单据“确认”按钮，进入“销售专用发票”窗口。

(3) 输入开票日期“2010-08-04”，客户名称“精益公司”，销售部门“销售部”。

(4) 选择货物名称“17英寸显示器”；输入数量20，单价2 500元，金额自动计算出，单击“保存”按钮。

(5) 单击“审核”按钮，信息弹出“是否生成凭证？”信息提示对话框。

(6) 单击“否”按钮，暂不生成凭证，单击“退出”按钮。

业务3：输入并审核应收单据。

(1) 执行“应收款管理”|“应收单据处理”命令，打开“单据类别”对话框。

(2) 选择单据名称“应收单”，单据类型“其他应收单据”，单击“确认”按钮，进入“其他应收单据”窗口。

(3) 输入单据日期“2010-08-04”，客户“精益公司”，金额5 000元，部门“销售部”，摘要“代垫运费”。

(4) 选择对应科目100201，单击“保存”按钮。

(5) 单击“审核”按钮，系统弹出“是否生成凭证？”信息提示对话框。

(6) 单据“否”按钮，暂不生成凭证，单击“退出”按钮。

业务 4：输入一张收款单据并完全核销应收款。

(1) 执行“应收款管理”|“收款单据处理”|“收款单据录入”命令，进入“结算单录入”窗口。

(2) 单击“添加”按钮，输入日期“2010-08-05”，选择客户“华宏公司”，结算方式“转账支票”，金额 65 000 元，支票号 ZZ001，单击“保存”按钮。

(3) 单击“审核”按钮，系统弹出“是否生成凭证？”信息提示对话框。

(4) 单击“否”按钮，暂不生成凭证。

(5) 单击“核销”按钮，在 8 月 2 日的发票中输入本次结算金额 65 000 元。

(6) 单击“保存”按钮。

业务 5：输入一张收款单据，部分核销应收款，部分形成预收账款。

(1) 在“收付款单录入”窗口，选择客户“新昌贸易公司”，单击“增加”按钮。

(2) 输入日期“2010-08-07”，结算方式“转账支票”，金额 100 000 元，支票号 ZZ002。单击“保存”按钮。

(3) 单击“审核”按钮，系统弹出“是否生成凭证？”信息提示对话框，单击“否”按钮，暂不生成凭证。

(4) 单击“核销”按钮，在结算单据中，输入专用发票本次结算金额 52 650 元，其他应收单据本次结算金额 5 350 元，收款单据本次结算金额 58 000 元，单击“保存”按钮。

业务 6：输入一张收款单据全部生成预收款。

(1) 在“收付款单录入”窗口，单击“增加”按钮。

(2) 收入表头项目：选择客户“华宏公司”，输入日期“2010-8-09”，结算方式“转账支票”，金额 10 000 元，票据号 ZZ003。输入表题项目：款项类型“预收款”。

(3) 单击“保存”按钮，系统弹出“是否生成凭证？”系统提示对话框。单击“否”按钮，暂不生成凭证，单击“退出”按钮。

2) 转账处理：

业务 7：应收冲应收。

(1) 执行“应收款管理”|“转账”|“应收冲应收”命令，进入“应收冲应收”窗口。

(2) 输入日期“2010-08-10”；选择转出客户“精益公司”，转入客户“新昌贸易公司”。

(3) 单击“过滤”按钮。系统列出转出户“精益公司”的为核销的应收款。

(4) 双击专用发票单据行，单击“确认”按钮，系统弹出“是否立即制单？”信息提示对话框。

(5) 单击“否”按钮，暂不生成凭证。

业务 8：预收冲应收。

(1) 执行“应收款管理”|“转账”|“预收冲应收”命令，进入“预收冲应收”窗口，输入日期“2010-08-11”。

(2) 打开“预收款”选项卡，选择客户“华宏公司”。单击“过滤”按钮。系统列出该客户的预收款，输入转账金额 10 000 元。

(3) 打开“应收款”选项卡，单击“过滤”按钮。系统列出该客户的应收款，输入转账金额 10 000 元。

(4) 单击“确认”按钮，系统弹出“是否立即制单？”信息提示对话框。

(5) 单击“否”按钮，暂不生成凭证。

3) 坏账处理：

业务 9：发生坏账。

(1) 执行“应收款管理”|“坏账处理”|“坏账发生”命令，打开“坏账发生”对话框。

(2) 选择客户“精益公司”；输入日期“2010-08-17”；选择币种“人民币”。

(3) 单击“确认”按钮，进入“坏账发生单据明细”窗口，系统列出该客户所有未核销的应收单据。

(4) 双击其他应收单据的选择标志栏，单击“确认”按钮。

(5) 系统弹出“是否立即制单？”信息提示对话框，单击“否”按钮，暂不生成凭证，单击“退出”按钮。

业务 10：计提坏账准备。

(1) 执行“应收款管理”|“坏账处理”|“计提坏账准备”命令，进入“应收款项百分比法”窗口。

(2) 系统根据收款余额、坏账准备余额、坏账准备初始情况自动算出本次计提金额。

(3) 单击“确认”按钮，系统弹出“是否立即制单？”信息提示对话框。

(4) 单击“否”按钮，暂不生成凭证。

4) 制单：

立即制单：在单据进行完相应的操作后，系统弹出“是否立即制单？”系统提示对话框。单击“是”按钮，便可立即生成一张凭证，修改后，单击“保存”按钮，此凭证可传递到总账管理系统。

批量制单：

(1) 执行“应收款管理”|“制单处理”命令，打开“制单查询”对话框。

(2) 选中“发票制单”复选框，单击“确认”按钮，进入“销售发票制单”窗口。

(3) 选择凭证类别为“转账凭证”，单击“全选”按钮。

(4) 单击“制单”按钮，进入“填制凭证”窗口。

(5) 单击“保存”按钮，凭证左上方出项“已生成”字样，表明此凭证已传递至总账。

(6) 单击“上张”、“下张”按钮，保存其他需保存的凭证。

(7) 完成应收单据制单、核销制单、转账制单、并账制单、坏账处理制单。

5) 查询系统：查询系统的内容主要包括单据查询、业务账表查询、科目账表查询和账龄分析。具体操作比较简单，在此不再赘述。

4. 期末处理

1) 结账：

(1) 执行“应收款管理”|“期末处理”|“月末结账”命令，打开“月末处理”对话框，双击 8 月份的结账标志栏。

(2) 单击“下一步”按钮，屏幕显示各类型的处理情况。

(3) 在处理显示都是“是”的情况下，单击“确认”按钮，结账后，系统弹出“月末结账成功！”信息提示对话框。

(4) 单击“确认”按钮。系统自动在对应的结账月份的“结账标志”栏中标记“已结账”字样。

2) 取消结账：

(1) 执行“应收款管理”|“期末处理”|“取消结账”命令，打开“取消结账”对话框。

(2) 选择“8 月 已结账”月份。

(3) 单击“确认”按钮，系统弹出“取消结账成功！”信息提示对话框。

(4) 单击“确认”按钮，当月结账标志即被取消。

第 10 章　购销存管理系统模块的应用

学习目标

- 了解购销存管理系统的功能特点；
- 掌握购销存管理系统的应用方法；
- 理解购销存管理系统各模块间的数据传递关系。

第 1 节　购销存管理系统概述

一、购销存管理系统的任务

会计信息系统随着时代的进步发生了巨大的变化。由过去单纯的记账、算账、报账，发展成为以管理为核心、面向企业生产经营全过程的企业级会计信息系统；由过去单纯的只对资金流进行管理，发展成为对资金流与物流的全面管理；由过去单纯的财务管理，发展成为具有总账、报表、应收应付、薪资、固定资产、购销存等一系列有联系的模块的集成化的会计信息系统，从而实现财务与业务的一体化管理。财务与业务的一体化管理不仅可以减轻财务人员的劳动强度、提高劳动效率，更重要的是可以降低库存、加速资金周转、减少坏账，进而提高企业的综合竞争能力。

站在财务核算的角度，数据流程可划分为应付款管理、存货核算、应收款管理、总账管理、固定资产管理、薪资管理、UFO 报表等模块。基于财务业务一体化的会计信息系统的数据流程如图 10-1 所示。

在用友 ERP-U872 财务管理软件中，除共用的基础设置集中在基础设置模块中进行外，还要进行一些适合于本系统的初始化工作。主要包括业务控制选项设置、系统基础设置、期初数据处理等。购销存系统主要包括采购管理、库存管理与存货核算、销售管理等子系统。

1. 采购管理的任务　采购管理是企业物资供应部门按照企业的物资供应计划，通过市场采购、加工订制等渠道，取得企业生产经营活动所需要的各种物资。

采购管理的主要任务是在采购管理系统中处理采购入库单和采购发票，并根据采购发票确认采购入库成本。采购管理系统与应付款管理系统联合使用可以掌握采购业务的付款情况；与库存管理系统联合使用可以随时掌握存货数量信息，减少盲目采购，避免库存积压；与存货核算系统联合使用可以为存货核算提供采购入库成本，便于财务部门及时掌握存货采购成本。

2. 库存管理的任务　存货是指企业在生产经营过程中为销售或耗用而存储的各种资产，包括商品、产成品、半成品、在产品，以及各种材料、燃料、包装物、低值易耗品等。库存管理的主要任务是通过对企业存货进行管理，正确计算存货购入成本，反映和监督存货的收发、领退和保管情况；反映和监督存货资金的占用情况，促进企业提高资金的使用效果。

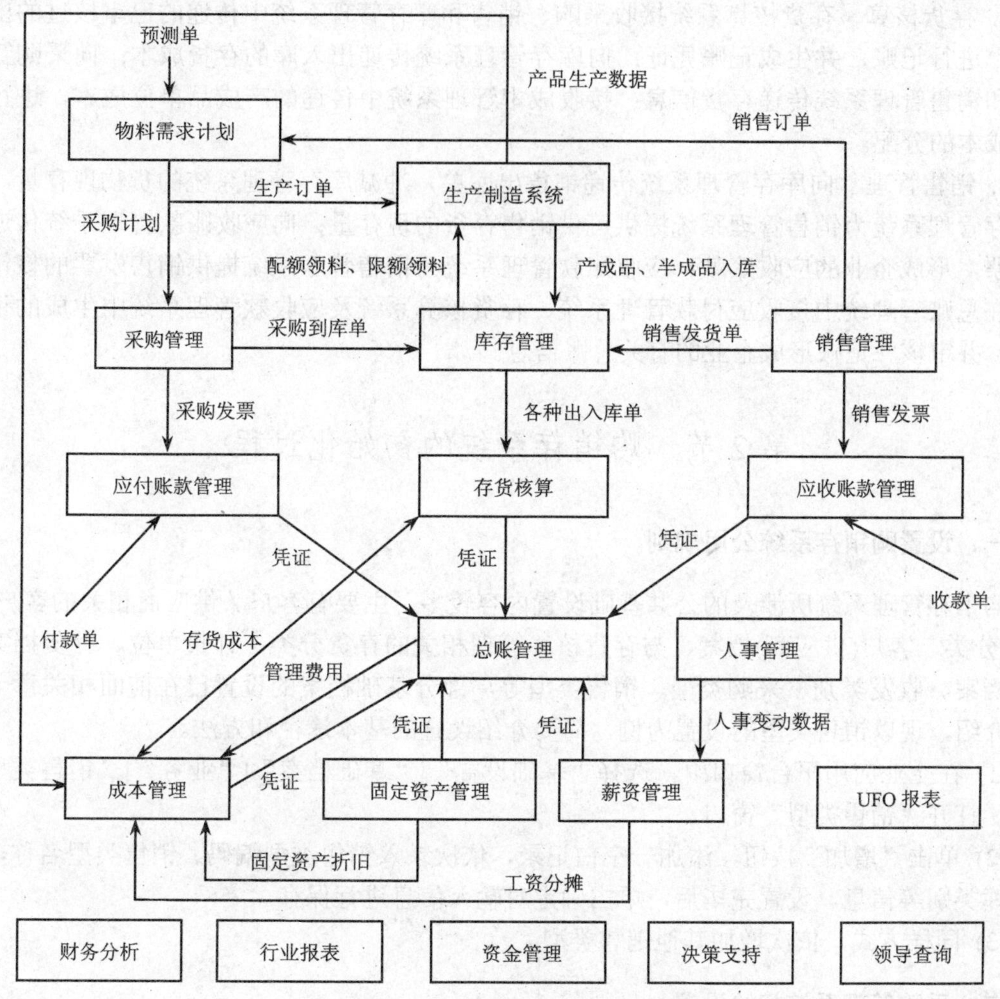

图 10-1　会计信息系统数据流程图

3. 存货核算的任务　存货核算主要是通过对存货增加、减少与结存的核算，计算存货成本，为企业管理者提供存货的资金占用及周转情况。存货核算的工作量大，利用计算机技术来加强对存货的核算和管理不仅能提高核算的精度，还能提高及时性、可靠性和准确性。

4. 销售管理的任务　销售是企业生产经营成果的实现过程，是企业经营活动的中心。通过销售订货、发货、开票，处理销售发货和销售退货业务，同时在发货处理时可以对客户信用额度、存货现存量、最低售价等进行检查和控制。

二、购销存各模块间的数据传递关系

1. 采购管理　采购管理系统向库存管理系统传递采购入库单，追踪存货的入库情况，把握存货的畅滞信息，减少盲目采购避免库存积压；向应付账款管理系统传递采购发票，形成企业的应付账款；应付账款系统为采购系统提供采购发票的核销情况。

2. 库存管理　库存管理系统接收在采购和销售管理系统中填制的各种出入库单；向存货核算系统传递经审核后的出入库单和盘点数据；接收存货核算系统传递过来的出入库存货的成本。

3. 存货核算　存货核算系统接收采购、销售和库存管理系统中传递的已审核过的出入库单，进行记账，并生成记账凭证；向库存管理系统传递出入库的存货成本；向采购管理系统和销售管理系统传递存货信息；接收成本管理系统中传递的产成品单位成本，进行产成品成本的分配。

4. 销售管理　向库存管理系统传递销售出库单，冲减库存管理系统的货物现存量，同时库存管理系统为销售管理系统提供可供销售存货的现存量；向应收账款管理系统传递销售发票，形成企业的应收账款；应收账款管理系统为销售管理系统提供销售发票的核销情况。在总账管理统中接收应付款管理系统、存货核算系统及应收款管理系统中生成的记账凭证，并审核、记账形成企业的有关总账信息。

第2节　购销存系统的初始化过程

一、设置购销存系统公用规则

购销存管理系统所涉及的公共基础设置内容较多。主要有客户/供应商相关的客户(供应商)分类、客户(供应商)档案、与存货核算管理相关的存货分类、计量单位、存货档案、仓库档案、收发类别、采购类型、销售类型等，部分基础档案的设置已在前面相关章节进行了介绍，现以销售类型的设置为例，简要介绍设置的基本途径和方法。

(1) 在企业应用平台窗口中，选择“基础设置”|“基础档案”|“业务”|“销售类型”双击，打开“销售类型”窗口。

(2) 单击“增加”按钮，添加一空白记录，依次录入销售类型编码、销售类型名称，选择出库类别等信息。设置完毕后，单击确定对输入信息进行保存。

(3) 同样方式，依次增加其他销售类型。

二、采购管理系统初始设置

采购管理系统初始化主要包括定义采购管理系统启用参数、设置各种档案、录入期初业务数据及期初记账等。

1. 业务处理控制参数　为使通用软件能适应业务内容不同的用户，在初始化时可以对购销存业务处理范围进行限定。业务控制参数就是用来规定在购销存业务处理时，对哪些业务能处理、哪些业务不能处理所设置的基础参数。例如，不处理委托代销业务，可以零出库，也可以先发货后开票等。业务控制参数在业务处理过程中一旦使用，就不能随意更改。

具体操作步骤如下：

(1) 在 UFIDA ERP-U872 窗口选择“基础设置”|“业务参数”|“供应链”|“采购管理”双击，或者在 UFIDA ERP-U872 窗口选择“业务工作”|“供应链”|“采购管理”|“设置”|“采购选项”双击，打开业务工作对话框，如图 10-2 所示。

(2) 根据企业管理具体情况，设置采购业务控制参数。

(3) 所有选项参数设置完毕后，单击“确定”按钮，对设置信息进行保存。

2. 期初业务数据的录入　采购管理系统的期初业务数据，主要指在启用采购管理系统前没有取得供货单位采购发票，不能进行采购结算的入库单的数据资料，即暂估入库的存货余额。这些数据需要在期初前，以采购入库单形式录入系统，形成采购管理系统的期初数据，以便取得发票后进行采购结算。

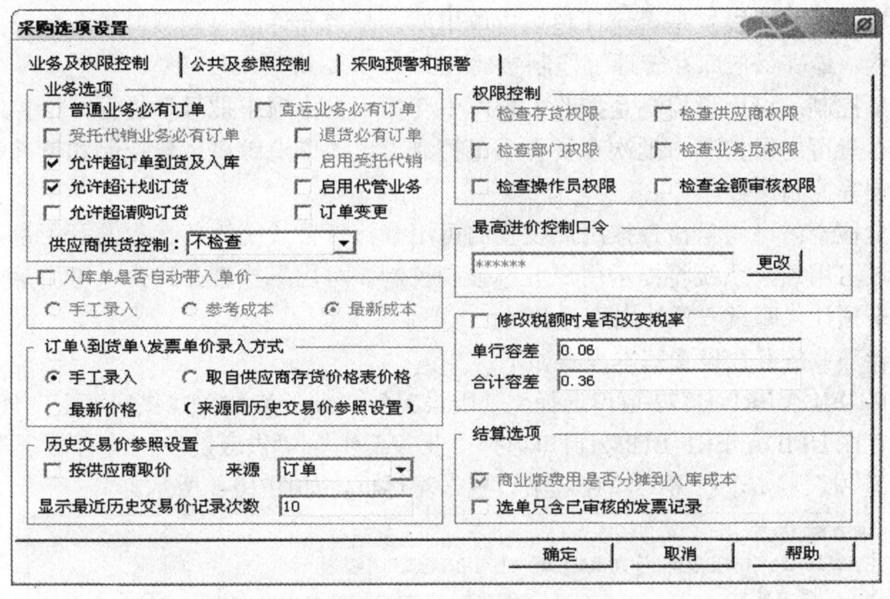

图 10-2　“采购选项设置”界面

3. 期初记账　在确认采购系统初始化完成后可以进行期初记账，只有进行期初记账后，才能进行日常业务的处理，对完成采购管理系统的期初记账的操作介绍如下：

(1) 在 UFIDA ERP-U872 窗口选择“业务工作”|“供应链”|“采购管理”|“设置”|“采购期初记账”双击，打开“期初记账”对话框，如图 10-3 所示。

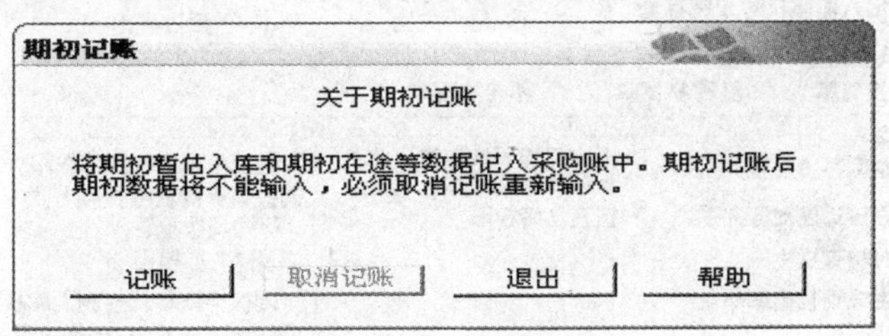

图 10-3　“期初记账”对话框

(2) 单击“记账”按钮，系统开始自动记账。记账完毕，系统弹出“期初记账完毕” 提示信息。

(3) 单击“确定”按钮，完成期初记账。

三、库存管理与存货核算系统初始设置

库存管理及存货核算系统初始化主要包括定义系统启用参数、录入期初业务数据及期初记账等。

第一次进入库存管理及存货核算系统时，需要先完成库存管理及存货核算系统启用的参数设置。

1. 库存管理业务参数设置　库存管理系统的业务设置主要包括如下参数：

通用设置：主要设置有无组装拆卸业务、有无形态转换业务、有无委托代销业务、有无成套件管理、有无批次管理、有无保质期管理等业务控制参数；库存生成销售出库单、

记账后允许取消审核等业务校验参数以及修改现存量时点、权限控制等参数。

专用设置：主要设置是否允许超发货单出库、是否允许超限额领料等业务开关参数以及预警设置、最高最低库存管理等控制参数。

可用量控制：可用量控制是按照“仓库＋存货＋自由项＋批号”进行严格控制，主要包括普通存货可用量控制、批次存货可用量控制、出入库追踪可用量控制和倒冲领料出库可用量控制等控制参数。

可用量检查：可用量检查按用户设置的可用量检查公式统计各存货的可用量，如果出库数量超过可用量，系统将提示用户但不强制控制。可用量检查公式为：可用量－现存量－冻结量＋预计入库量－预计出库量。

库存管理业务参数设置基本步骤如下：

(1) 在 UFIDA ERP-U872 窗口选择“基础设置”|“业务参数”|“供应链”|“库存管理”双击，或者在 UFIDA ERP-LT872 窗口选择“业务工作”|“供应链”|“库存管理”|“初始设置”|“选项”双击，打开“库存选项设置”对话框，如图 10-4 所示。

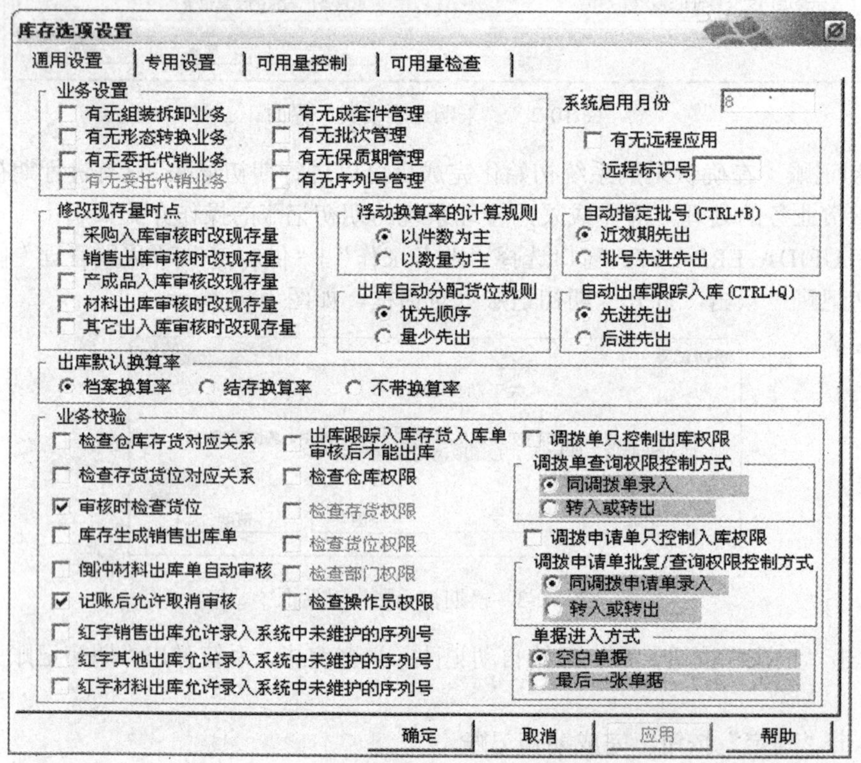

图 10-4　“库存选项设置”对话框

(2) 根据企业管理需求设置各种控制参数。

(3) 所有选项参数设置完毕后，单击“确定”按钮，对设置信息进行保存。

2. 存货核算业务参数设置

(1) 存货核算系统的业务主要包括核算方式、控制方式、最高最低控制等参数的设置。

(2) 录入期初数据。初次使用库存管理/存货核算系统时应先输入全部存货的期初余额，以保证其数据的连贯性。如果系统中已有上年的数据，在进行上年结转后，上年各存货结存将自动结转本年。存货期初数据录入一般包括：存货编码或名称、计量单位、数量、单价、入库日期、供货单位和失效日期等内容。

【例 10-1】 录入库存管理及存货核算系统的期初余额时具体操作。

具体操作步骤如下：

(1) 在 UFIDA ERP-U872 窗口选择“业务工作”|“供应链”|“库存管理”|“初始设置”|“期初结存”双击，打开“库存期初数据录入”界面。

(2) 在“期初结存”对话框中，单击“仓库”栏下三角按钮，选择“原料仓库”。

(3) 单击“修改”按钮，激活窗口，追加空记录。

库存管理系统与存货核算系统的期初余额是共用的，只要在其中的一个系统中录入存货的期初余额即可。系统要求库存管理系统必须与存货核算系统同时启动。库存管理系统的期初余额记账工作，必须在采购管理系统完成期初记账并且确认无误后进行。

3. 设置存货科目和对方科目　存货核算系统根据所给资料自动生成相应的记账凭证，因此,可以在系统初始化时预先设置记账凭证中所使用的会计科目，以便系统根据不同的经济业务直接生成记账凭证。用户可以根据企业的实际情况对存货科目和对方科目进行相应的设置。

具体操作步骤如下：

(1) 在 UFLDA ERP-U872 窗口选择“业务工作”|“供应链”|“存货核算”|“初始设置”|“科目设置”|“存货科目”双击，打开“存货科目”界面。

(2) 单击“增加”按钮，选择存货分类编码或存货编码，录入存货科目编码。

(3) 设置完毕，单击确定进行保存。

4. 期初记账　期初记账就是将录入的各存货的期初数据计入库存台账、批次台账等账簿中，只有在期初数据记账后才能开始处理日常业务。需要注意的是，期初数据记账是针对所有仓库的期初数据进行记账操作。因此,在进行期初数据记账前，必须确认各仓库的所有期初数据已经全部录入完毕，并且正确无误时，再进行期初记账。

【例 10-2】 对期初余额进行记账处理。

具体操作步骤如下：

(1) 在 UFIDA ERP-U872 窗口选择“业务工作”|“供应链”|“存货核算”|“初始设置”|“期初数据”|“期初余额”双击，打开“期初余额”界面。

(2) 单击工具栏上的“记账”按钮，系统自动进行期初记账处理，记账完毕弹出“期初记账成功”信息提示框，单击“确定”按钮结束期初记账处理。

提示：存货核算系统期初记账必须在采购管理系统期初记账之后进行。

四、销售管理系统初始设置

销售管理系统初始化主要是定义销售管理系统启用参数。如果有委托代销业务，则需要进行期初委托代销业务数据的初始设置；如没有，则直接进行日常业务处理。

1. 业务处理控制参数　业务处理控制参数是指在企业业务处理过程中所使用的各种控制参数，系统参数的设置将决定用户使用系统的业务流程、业务模式、数据流向。

操作步骤如下：

(1) 在 UFIDA ERP-U872 窗口选择“基础设置”|“业务参数”|“供应链”|“销售管理”双击，或者在 UFIDA ERP-U872 窗口选择“业务工作”|“供应链”|“销售管理”|“设置”|“销售选项”双击，打开“销售选项”对话框，如图 10-5 所示。

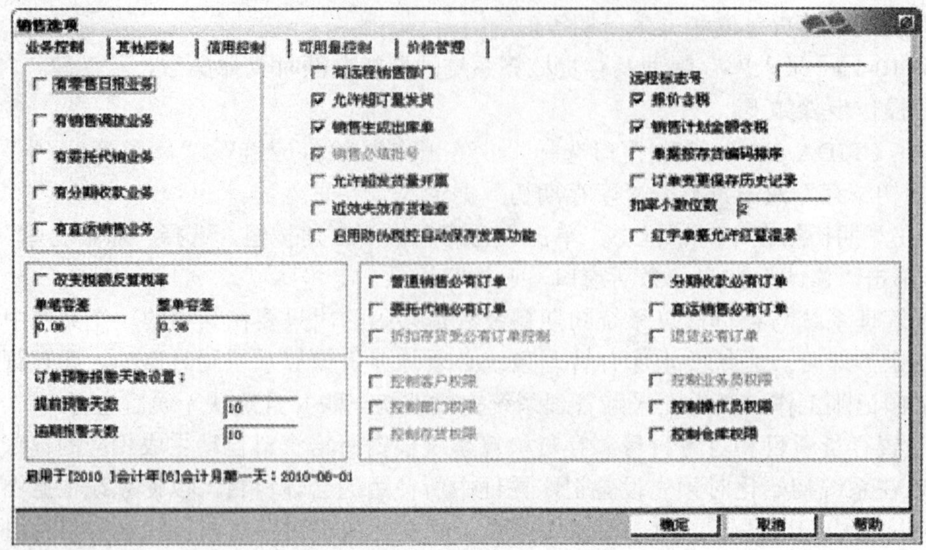

图 10-5　“销售选项”对话框

(2) 根据企业管理需求设置各种控制参数。

(3) 所有选项参数设置完毕后，单击“确定”按钮，对设置信息进行保存。

2. 期初单据录入　销售管理系统的期初数据主要包括两类：一是期初发货单，是指建账目之前已经发货、出库，尚未开发票的业务，包括普通销售、分期收款发货单；二是期初委托代销发货单，是指启用日之前已经发生，但未完全结算的委托代销发货单业务的内容。期初委托代销发货单期初是否能进行操作，取决于企业是否有委托代销业务，即是否在系统控制参数中选定了“有委托代销业务“。下面以期初发货单为例说明期初单据的录入处理。

【例 10-3】 2010 年 9 月 1 日，销售部向圣明公司售硬盘 50 盒，由原材料仓库发出。

操作步骤如下：

(1) 在 UFIDA ERP-U872 窗口选择“业务”|“供应链”|“销售管理设置”|“期初录入”|“期初发货单”双击。进入“期初发货单”界面。

(2) 在“期初发货单”界面中单击“增加”按钮，然后录入发货日期、业务类型、销售类型、客户简称、销售部门、仓库名称及存货名称、数量、报价等信息。

(3) 信息录入完毕后，单击工具栏上的按钮进行保存。

(4) 单击工具栏上的“审核”按钮，对期初发货单进行审核。

第 3 节　采购业务处理

采购业务是企业物资供应部门按已确定的物资供应计划，通过市场采购、加工订制等各种渠道，取得企业生产经营活动所需要的各种物资的经济活动。

一、填制采购订单与采购发票

1. 采购订单　采购订单是企业与供应商之间签订的采购合同、购销协议等，主要内容包括采购什么货、采购多少、由谁供货，什么时间到货、到货地点、运输方式、价格、运费等。

【例 10-4】 9 月 3 日，因生产需要，上级主管同意向一部向民安公司订购键盘 300 只。

操作步骤如下：

(1) 在 UFIDA ERP-U872 窗口选择“业务工作”|“供应链”|“采购管理”|“采购订货”|“采购订单”双击，打开“采购订单”界面。

(2) 在“采购订单”界面中单击“增加”按钮，依次录入或选择订单编号、订单日期、供应商、采购类型及存货名称、订购数量、计划到货日期等采购订单的内容。

(3) 信息录入完毕后，单击工具栏上的按钮进行保存。

(4) 单击工具栏上的“审核”按钮，对已填制的采购订单进行审核。

2. 采购发票　采购发票是从供货单位取得的进项税发票及发票清单，主要包括专用发票、普通发票及运费发票。

【例 10-5】 9 月 5 日，向民安公司购买键盘 300 只，单价为 50 元，验收入原料仓库。同时收增值税专用发票一张，增值税率 17%。

操作步骤如下：

(1) 存量在 UFIDA ERP-U872 窗口选择“业务工作”|“供应链”|“采购管理”|“采购发票”|“专用采购发票”双击，打开“专用发票”窗口。

(2) 在“专用发票”窗口中单击“增加”按钮，依次录入或选择发票号、开票日期、供货单、采购类型及业务员等所有采购发票的内容。

(3) 信息录入完毕后，单击工具栏上的保存按钮进行保存。

二、采购结算

采购结算也叫采购报账，在手工业务处理中，采购业务员持经主管领导审批过的采购发票和仓库确认的入库单到财务部门，由财务人员确认采购成本。采购结算是针对一般采购业务类型的入库单，根据发票确认其采购成本。采购结算从操作处理上分为自动结算、手工结算两种方式。

1. 自动结算　自动结算是由计算机系统自动将相同供货单位、存货相同且数量相等的采购入库单和购发票进行结算。计算机自动把采购入库单和采购发票中供货单位相同、存货相同且数量相等的单据进行结算，产生结算结果列表。

2. 手工结算　手工结算的功能适用范围比较广泛，可以进行正数入库单与负数入库单的结算、正数发票与负数发票的结算、正数入库单与正数发票结算和费用发票单独结算。具体操作步骤如下：

(1) 在 UFIDA ERP-U872 窗口选择“业务”|“供应链”|“采购管理”|“采购结算”|“自动结算”双击，打开“过滤条件选择”对话框。

(2) 在“过滤条件选择”对话框中设置结算模式为“入库单和发票”，然后单击“过滤”按钮，系统自动根据选定的结算条件进行结算处理，并弹出结算结果信息对话框。

(3) 单击“确定”按钮，完成自动结算处理。

3. 处理运杂费用　在采购业务中，采购发生的费用根据会计制度规定，允许计入采购成本。

4. “溢余短缺”结算处理　只有当“入库数量＋合理损耗数量=发票数量”时才允许结算。如果入库数量与发票数量不一致，则只能使用手工结算功能进行结算，并分两种情况进行“溢余短缺”结算处理。

入库数量大于发票数量：必须在选择发票时，在发票的附加栏“合理损耗数量”中输入溢余数量。溢余数量必须是负数。

入库数量小于发票数量：必须在选择发票时，在发票的附加栏输入“合理损耗数量”、“合理损耗金额”及“非合理损耗数量”、“非合理损耗金额”等信息。

三、月末结账

月末结账是逐月将每月的单据数据封存，并将当月的采购数据计入有关账表中。采购管理系统月末结账可以连续将多个月份的单据进行结账，但不允许跨月结账。月末结账后，该月的单据将不能修改、删除。该月末输入的单据只能视为下个月单据处理。采购管理月末处理后，才能进行库存管理、存货核算、应付款管理系统的月末处理；如果采购管理系统要取消月末处理，必须先通知库存管理、存货核算、应付款管理系统先取消月末结账；如果库存管理、存货核算、应付管理系统中的任何一个系统不能取消月末结账，则就不能取消采购管理系统的月末结账。

当新的会计年度开始后，应将上一年度会计数据结转到本会计年度，即将上年的基础数据和未执行完成的采购订单、未结算的入库单及采购发票录入到本年度数据库中，并将上年的采购余额一览表，并以12月份的余额作为本年1月份的期初余额录到本年度的数据库中。如果系统中没有上年度的数据，将不能进行结转。只有上年度12月份月结账后，才能结转上年度数据。只有上年度与本年度存货编码完全相同的存货才能结转。

第4节　库存与存货业务处理

一、库存业务管理

存货是指企业在生产经营过程中为销售或耗用而储存的各种资产，包括商品、产成品、半成品、在产品以及各种材料、燃料、包装物、低值易耗品等。

存货核算系统以各种入库单据、出库单据来体现出存货进出仓库的业务，主要用于核算企业存货的入库成本、出库成本和结余成本，反映和监督存货的收发、领退和保管情况，反映和监督存货资金的占用情况。库存管理系统的业务内容主要包括审核采购入库单、销售出库单；填制并审核产成品入库单、材料出库单及其他出入库单据。

1. 填制与审核采购入库单　采购入库单是根据采购到货验收的实收数量填制的单据，主要包括普通业务入库单、受托代销入库单(商业)。采购入库单可以根据不同的采购情况填制。在实际工作中，可根据到货清单直接在计算机上填制采购入库单，即前台处理，也可以先由人工制单而后集中输入，即后台处理。

【例10-6】　9月1日向民安公司购买键盘350只，验收入原料仓库。

操作步骤如下：

(1) 在UFIDA ERP-U872窗口选择“业务工作”|“供应链”|“库存管理”|“入库业务”|“采购入库单”双击，打开“采购入库单”窗口。

(2) 在“采购入库单”窗口中，单击“增加”按钮，依次录入或选择采购入库单号、入库日期、仓库、供货单位、采购类型、业务员、存货名称、采购数量、单价等所有采购入库单的内容。

(3) 信息录入完毕后，单击工具栏上的，按钮进行保存。

(4) 单击工具栏上的“审核”按钮。对已填制的采购入库单进行审核。

2. 填制产成品验收入库单　产成品入库单是工业企业入库单据的主要部分。只有工业企业才有产成品入库单，商业企业没有此单据。

具体操作步骤如下：

(1) 在 UFIDA ERP-U872 窗口选择“业务工作”|“供应链”|“库存管理”|“入库业务”|“产成品入库单”双击，打开“产成品入库单”窗口。

(2) 在“产成品入库单”窗口中，单击“增加”按钮，依次录入或选择仓库、部门、入库日期及产品编码、数量、单价等产成品入库单的信息。

(3) 信息录入完毕后，单击工具栏上的按钮进行保存。

(4) 单击工具栏上的“审核”按钮，对已填制的产成品入库单进行审核。

3. 填制材料出库单　材料出库单是进行日常业务处理和记账的主要原始单据之一，库存系统的出库业务主要包括销售出库、材料出库及盘亏出库等其他出库业务。

4. 账表管理　库存管理系统中账表管理的内容主要包括查询出入库流水账、库存台账、收发存汇总表并进行统计分析。

二、存货业务核算

在存货核算系统中可以将采购入库单、产成品入库单、其他入库单、销售出库单、材料出库单、其他出库单等涉及存货增减及价值变动的单据生成凭证传递到总账管理系统进行核算，实现财务业务一体化及各系统之间的无缝链接。

1. 单据记账　单据记账是存货核算系统日常业务中的重要工作之一。在存货核算系统中，对于已经在采购管理系统填制了采购入库单，在销售管理系统填制了销售发货单。或者在库存管理系统中填制了生产领用材料的出库单、完成生产加工过程的产成品入库单等入、出库存货的原始单据，先要进行单据记账，生成财务部门的库存存货的账务资料，以便进行正确的总账业务处理。

2. 平均单价计算　如果企业在设置仓库档案时，将存货的计价方法设置为全月一次加权平均法，则月末时应该在存货核算系统中计算相应存货的全月加权平均单价，直接计算发出存货的实际成本。

3. 产成品成本分配　为了正确计算产成品成本，在存货核算系统与成本管理系统集成使用的情况下，存货核算系统直接计算有关产成品出库成本并进行相应的总账处理。

4. 编制记账凭证　自动编制记账凭证是存货核算系统中的主要功能之一。当存货核算系统将采购管理系统、库存管理系统及销售管理系统中传递过来的有关存货的增加或减少的业务资料进行记账后，便可以直接生成记账凭证并传递到总账管理系统，从而完成了存货增加及减少的总账账务处理。

三、月末结账

1. 库存系统月末结账存量　库存系统月末结账时，系统首先开始进行合法性检查。如果检查通过，系统立即进行结账操作；如果检查未通过，会提示不能结账的原因。结账前用户应检查本会计月工作是否已全部完成，只有在当前会计核算月中所有工作全部完成的前提下，才能进行月末结账。

2. 存货系统月末结账　存货核算系统处理完成当月的全部经济业务，并且采购管理系统、销售管理系统及库存管理系统均已结账后，存货核算系统便可以进行月末结账。

3. 账表管理　存货核算系统中提供了单据列表、存货明细账、总账、出入库流水账、入库汇总表和出库汇总表等多种分析统计账表。

第5节　销售业务处理

销售是企业生产经营成果的实现过程，是企业生产经营活动的中心。一笔销售业务的发生涉及销售计划的制订、产品出库、收取货款等业务活动和账务处理。

一、销售订单管理

1. 输入销售订单　销售订单是反映由购售双方确认的客户需求的单据。

2. 销售订单列表　单据列表是已输入到系统的单据记录的明细列表，如发货单列表。从单据列表可以进入对应的单据主窗口进行单据操作。主要包括订货明细表、订货汇总表、订货执行汇总表。

二、销售发货处理

1. 填制发货单　发货单是普通销售发货业务的执行载体。在先发货后开票业务模式下，发货单由销售部门根据销售订单产生，经审核后生成销售出库单通知仓库备货并进行销售出库下账处理。客户通过发货单取得货物的实物所有权。在开票直接发货业务模式下，发货单由销售部门根据销售发票产生。作为货物发出的依据。在此情况下，发货单只能进行浏览，不能进行增、删、改和审核等操作。

销售发货单是根据销售发货数量填制的单据。销售发货单可以根据不同的销售情况填制。如果销售出库货物是根据销售订单产生。可以用复制原销售订单的方法填制发货单，如果没有销售订单则可以直接填制。

【例 10-7】 9月26日，业务二部向圣明公司出售硬盘50盒，货物从外购品仓库发出。

操作步骤如下：

(1) 在 UFIDA ERP-U872 窗口选择“业务工作”|“供应链”|“销售管理”|“销售发货”|“发货单”双击，打开“发货单”窗口。

(2) 在“发货单”窗口中，单击“增加”按钮，打开“参照订单”对话框，设置过滤条件后，单击“过滤”按钮进入“发货单参照订单”对话框。如果发货是根据销售订单发货，则可选择对应的销售订单后单击“确定”按钮返回“发货单”窗口；否则直接关闭对话框，返回“发货单”窗口。

(3) 在“发货单”窗口中，依次录入或修改发货单号、发货日期、销售类型、客户、销售部门、仓库名称及存货编码、数量、报价等信息。

(4) 信息录入或修改完毕后，单击工具栏上的确定按钮进行保存。

(5) 单击工具栏上的“审核”按钮，对已填制的发货单进行审核。

2. 退货处理　退货单是发货单的逆向处理业务单据。它反映的是客户因货物质量、品种、数量不符合规定要求而将已购货物退回给本单位的业务。退货单由销售部门根据红字销售发票产生，作为货物退货入库的依据。退货单只能进行浏览，不能进行增、删、改和审核等操作。退货单号与发货单号统一顺序编排。

三、销售发票处理

1. 填制销售发票　销售发票指给客户开具的增值税专用发票、普通发票及所附清单等原始销售票据，是销售开票业务的主要载体。发票由销售部门根据销售订单产生，经审核后生成发货单和销售库单，通知仓库备货并进行销售出库下账处理。

2. 录入现收款　现收款指在货款两讫的情况下，在销售结算的同时向客户收取的货币资金。在销售发票、销售调拨单和零售日报等销售结算单据中可以随单据录入发生的现收款。销售结算单据审核后才能录入现收款。一张销售结算单据可以多次现收款。

3. 红字销售发票　红字销售发票是销售发票的逆向处理业务单据。客户要求退货或销售折让，但企业已将发销售发票可以与销售订单相关联。

四、其他销售业务处理

1. 委托代销业务处理

(1) 委托代销发货单。由销售部门根据购销双方的委托代销协议产生，经审核后通知仓库备货。委托代销发货单的填制内容和方法基本与普通发货单相同。

(2) 委托代销结算单。是记录委托给客户的代销货物结算信息的单据。委托代销结算单必须参照委托代销发货单，经审核后生成销售出库单和委托代销发票。

(3) 委托代销退货单。是委托代销发货单的逆向处理业务单据。它反映的是客户因委托代销货物质量、品种、数量不符合规定要求，而将已受托代销货物退回给本单位的业务。

(4) 委托代销结算退回单。是委托代销结算单的逆向处理业务单据。它反映的是客户因委托代销结算有错误而部分冲销原来结算的业务。

2. 销售调拨单处理　销售调拨单是指给有销售结算关系的销售部门或分公司开具的原始销售票据。销售调拨单经审核后形成应收账款，传递给应收账款核算系统收款；按销售收入账；生成发货单和销售出库单，通知仓库备货并进行销售出库记账处理，客户通过销售调拨单取得货物的实物所有权。销售调拨单处理的销售业务不涉及销售税金。

3. 零售日报　如果有零售业务，零售业务数据可以先按日汇总，然后通过零售日报进行处理。零售日报按销售收入账，生成发货单和销售出库单，进行销售出库记账处理。零售日报不是原始的销售单据。是零售业务数据的日汇总数据。

4. 代垫费用单　销售管理系统仅对代垫费用的发生情况进行登记，代垫费用的收款核销由应收账款核算系统完成。代垫费用单可以直接录入，也可以在销售发票中录入，以便用户能将代垫费用单和销售发票关联起来。另外，代垫费用金额还可以分摊到各货物中。

5. 月末结账　结账只能每月进行一次，一般在当前的会计期间终了时进行。结账后本月不能再进行发货、开票、委托代销、销售调拨、零售、代垫费用等业务的处理。

6. 销售账表及统计分析　销售管理系统除了能进行日常销售业务处理外。还可以进行销售统计、管理分析等工作，给管理者提供大量具体的经济信息，供决策时参考，使决策更科学更可靠。销售管理系统提供多种明细账表的查询功能。

本章小结

为了实现财务与业务一体化管理，购销存管理模块提供了采购管理、库存管理、销售管理、存货核算等基本功能，并实现了与总账系统、应收账款系统、应付账款系统等各个财务系统之间的数据传递，从而帮助会计人员有效地进行采购业务、销售业务和库存收发业务处理。本章主要介绍了购销存系统的初始业务设置，采购、库存、销售业务的日常业务处理，期末结账以及购销存账表的输出和分析等功能。掌握并熟练运用该系统，可以提高财务人员的工作效率，改善管理水平、降低库存、加速资金周转，进而提高企业的综合竞争能力。

课后实验

实验一 供应链管理系统初始设置

【实验目的】

(1) 掌握用友 ERP-U872 管理软件中供应链管理系统初始设置的相关内容。

(2) 理解供应链管理系统业务处理流程。

(3) 掌握供应链管理系统基础信息设置、期初余额录入的操作方法。

【实验内容】

(1) 启用供应链管理系统。

(2) 供应链管理系统基础信息设置。

(3) 供应链管理系统初期数据录入。

【实验准备】引入第 5 章“实验一”套账数据，启用采购管理、销售管理、库存管理、存货核算、应收款、应付款管理子系统，启用日期为 2010-08-01。

【实验资料】

1. 基础信息

(1) 存货分类：

存货类别编码	存货类别名称
1	原材料
101	主机
10101	芯片
10102	硬盘
102	显示器
103	键盘
104	鼠标
2	产成品
201	计算机
3	配套用品
301	配套材料
302	配套硬件
30201	打印机
30202	传真机
303	配套软件
9	应税劳务

(2) 计量单位组：

计量单位组编号	计量单位组名称	计量单位组类别
01	无换算单位	无换算

(3) 计量单位：

计量单位编号	计量单位名称	所属计量单位组名称
01	盒	无换算关系
02	台	无换算关系
03	只	无换算关系
04	千米	无换算关系

(4) 存货档案：

存货编码	存 货 名 称	所 属 类 别	主计量单位	税　率	存 货 属 性
001	PIII 芯片	芯片	盒	17%	外购，生产耗用，销售
002	40GB 硬盘	停盘	盒	17%	外购，生产耗用，销售
003	17 英寸显示器	显示器	台	17%	外购，生产耗用，销售
004	. 键盘	键盘	只	17%	外购，生产耗用，销售
005	鼠标	鼠标	只	17%	自制，销售
006	计算机	计算机	台	17%	自制，销售
007	1600K 打印机	打印机	台	17%	外购，销售
008	运输费	应税劳务	千米	7%	外购，销售，应税劳务

(5) 仓库档案：

仓 库 编 码	仓 库 名 称	计 价 方 式
1	原　料　库	应动平均法
2	成　品　库	应动平均法
3	配套用品库	全月平均法

(6) 收发类别：

收发类别编码	收发类别名称	收 发 标 志	收发类别编码	收发类别名称	收 发 标 志
1	正常入库	收	3	正常入库	发
101	采购入库	收	301	采购入库	发
102	产成品入库	收	302	产成品入库	发
103	调拨入库	收	303	调拨入库	发
2	非正常入库	收	4	非正常入库	发
201	盘盈入库	收	401	盘盈入库	发
202	其他入库	收	402	其他入库	发

(7) 采购类型：

采购类型编码	采购类型名称	入 库 类 别	是否默认值
1	普通采购	采购入库	是

(8) 销售类型：

采购类型编码	采购类型名称	入库类别	是否默认值
1	经销	销售入库	是
2	代销	销售出库	否

2. 设置基础科目

1) 存货核算系统：

(1) 存货科目设置：

仓　　库	存 货 科 目
原 料 库	生产用原材料(1403)
成 品 库	库存商品(1405)
配套用品库	库存商品(405)

(2) 对方科目：根据收发类别设置对方科目。

(3) 对方科目设置：

收 发 类 别	对 方 科 目
采购入库	物资采购(1401)
产成品入库	生产成本/直接材料(500101)
盘盈入库	待处理流动资产损溢(1901)
销售出库	主营业务成本(6401)
领料出库	生产成本/直接材料(500101)

2) 应收款管理系统：

(1) 应收款核销方式：按单据；坏账处理方式：应收余额百分比；其他参数为系统默认。

(2) 基本科目设置：应收科目 1131，预收科目 2131，销售收入科目 5101，应交增值税科目 21710105，其他可暂时不设置。

(3) 结算方式科目设置：现金结算对应科目 1001，转账支票对应科目 100201，现金支票对应科目 100201。

(4) 坏账准备设置：提取比例 0.5%，期初余额 10000，科目 1141，对方科目 550207。

(5) 账龄区间设置：

序号	起止天数	总天数
01	0～30	30
02	31～60	60
03	61～90	90
04	91～120	120
05	121 以上	

(6) 报警级别设置：

序号	起止比率	总比率	级别名称
01	0 以上	10%	A
02	10%～30%	30%	B
03	30%～50%	50%	C
04	50%～100%	100%	D
05	100%以上		E

3) 启动应付款管理系统。

(1) 应付款核销方式：按单据；其他参数为系统默认。

(2) 科目设置：应付科目 2121，预付科目 1151，采购科目 1201，采购税金科目 21710101，其他可暂时不设置。

(3) 结算方式科目设置：现金结算对应科目 1001，转账支票对应科目 100201，现金支票对应科目 100201。

(4) 账龄区间和报警级别参照应收款管理系统。

3. 期初数据

(1) 采购管理系统期初数据。8 月 25 日，收到兴华公司提供的 40GB 硬盘 100 盒，单价为 800 元，商品已验收入原料仓库，至今尚未收到发票。

(2) 销售管理系统期初数据。8 月 28 日，销售部向昌新贸易公司出售计算机 10 台，报价为 6500 元，由成品仓库发货。该发货但尚未开票。

(3) 库存和存货管理系统期初数据。8 月 30 日，对各个仓库进行了盘点，结果如下：

仓库名称	存货名称	数量	结存单价
原料库	PIII 芯片	700	1200.00
	40GB 硬盘	200	820.00
成品库	计算机	380	4800.00
配套用品库	1600K 打印机	400	1800.00

(4) 应收款管理系统期初数据。应收账款科目的期初余额为 157 600 元，以应收单形式录入。

日期	客户	方向	金额	业务员
2010-07-25	华宏公司	借	99 600.00	李平
2010-08-10	昌新贸易公司	借	58 000.00	李平

(5) 应收款管理系统期初数据。应付账款科目的期初余额中涉及兴华公司的余额为 276 850 元，以应付单形式录入。

日期	客户	方向	金额	业务员
2010-08-20	兴华公司	贷	276 850.00	王丽

【实验要求】 以“陈明”的身份进行供应链管理系统初始化设置

【操作指导】

1. 以账套主管身份注册登录企业门户 以账套主管陈明的身份注册登录企业门户，启用采购管理、销售管理、库存管理、存货核算、应收款、应付款管理子系统，启用日期2010-08-1。

2. 设置基础信息

(1) 在企业应用平台中，执行“基础信息”|“基础档案”命令，打开“基础档案”窗口。

(2) 根据实验资料设置信息：存货分类、计量单位组及计量单位、存货档案、仓库档案、采购类型、销售类型、收发类别、产品结构、费用项目等。

注意：在设置计量单位时，应先设置计量单位组，然后在不同的计量单位组下设置相应的计量单位。

3. 设置存货核算系统基础项目

(1) 从企业应用台中进入存货核算系统。

(2) 在业务工作列表框中，执行 “供应链”|“存货核算”|“初始设置”|“科目设置”|“存货科目”命令，进入“存货科目”窗口，按实验资料中“存货科目设置”表设置存货科目。

(3) 在业务工作列表框中，执行 “供应链”|“存货核算”|“初始设置”|“科目设置”|“对方科目”命令，进入“对方科目设置”窗口，按实验资料中“对方科目设置”表设置对方科目。

4. 应收款管理系统相关设置及期初数据录入

1) 在企业应用平台的业务工作列表框中，执行“财务会计”|“应收款管理”命令，进入应收款管理系统。

2) 执行“财务会计”|“应收款管理”|“设置”|“选择”命令，打开“账套参数设置”对话框。

3) 单击“编辑”按钮，选择应收款核销方式为“按单据”，坏账处理方式为“应收余额百分比法”，其他参数使用系统默认，单击“确认”按钮。

4) 执行“财务会计”|“应收款管理”|“设置”|“初始设置”命令，进入“初始设置”窗口，进行以下的档案设置：

(1) 基本科目设置。选择应收科目 1131，预收科目 2131，销售收入科目 5101，应交增值税科目 222101，其他可暂时不设置。

(2) 结算方式科目设置。现金结算对应科目 1001，转账支票对应科目 100201，现金支票对应科目 100201。

(3) 坏账准备设置。坏账准备提取比例 0.5%，坏账准备期初余额 10 000，坏账准备科目 1231，对方科目 550207，单击“确认”按钮。

(4) 账龄区间设置。按实验资料中“账龄区间设置”表设置账龄区间。

(5) 报警级别设置。按实验中“报警级别设置”表设置报警级别。

5) 设置完成后，退回“初始设置”窗口。

6) 执行“设置”|“期初余额”命令，打开“期初余额—查询”对话框，单击“确认”按钮，进入“期初余额明细表”窗口。

7) 单击工具栏上的“增加”按钮，打开“单据类别”对话框，选择“应收单”选项，单击“确认”按钮，进入“应收单”窗口。

8) 按实验资料要求输入应收期初数据。

9) 单击“对账”按钮，与总账管理系统进行对账。

5. 应付款管理系统相关设置及期初数据录入

1) 在企业应用平台的业务工作列表框中，执行“财务会计”|“应收款管理”命令，进入应付款管理系统。

2) 执行“设置”|“选项”命令，打开“账套参数设置”对话框。

3) 单击“编辑”按钮，选择应付款核销方式为“按数据”，其他数据参数采用系统默认。单击“确认”按钮。

4) 执行“设置”|“初始设置”命令，进入“初始设置”窗口，进行以下的档案设置：

(1) 基本科目设置。选择应付款科目 2202，预付科目 1123，采购科目 1401，采购税金科目，2221，其他可暂时不设置。

(2) 结算方式科目设置。现金结算对应科目 1001，转账支票对应科目 100201，现金支票对应科目 100201。

(3) 账龄区间设置。按实验资料中“账龄区间设置”表设置账龄区间。

(4) 报警级别设置。按实验资料中“报警级别设置”表设置报警级别。

5) 与应收款管理系统相同，录入应付款管理系统期初数据与总账对账。

6. 录入采购管理系统　采购管理系统有可能存在两类期初数据：一类是货到款未到即暂估入库业务，对于这类业务应调用期初采购入库单录入；另一类是票到款未到即在途业务，对于这类业务应调用期初采购发票功能录入。本例为暂估入库业务。

1) 货到票未到业务的处理：

(1) 启动采购管理系统，执行“供应链”|“采购管理”|“采购入库”|“采购入库单”命令，进入“期初采购入库单”窗口。

(2) 单击“增加”按钮，输入入库日期“2010-11-25”，选择仓库“原材料”，供货单位“兴华公司”，部门“采购部”入库类别“采购入库”，采购类型“普通采购”。

(3) 选择存货编码 002，输入数量 100，暂估单价 800，单击“保存”按钮。

(4) 录入完成后，单击“退出”按钮。

2) 采购管理系统期初记账：

(1) 执行“设置”|“采购期初记账”命令，系统弹出“期初记账”信息提示对话框。

(2) 单击“记账”按钮，稍候片刻，系统弹出“期初记账完毕！”信息提示对话框。

(3) 单击“确定”按钮，返回采购管理系统。

注意：

• 采购管理系统如果不执行期初记账，无法开始日常业务处理，因此，如果没有期初数据，也要执行期初记账。

• 采购管理系统如果不执行期初记账，库存管理系统和存货核算不能记账。

• 采购管理若要取消期初记账，执行“设置”|“期初记账”命令，单击其中的“取消记账”按钮即可。

7. 录入销售系统期初数据

(1) 销售系统期初数据是指销售系统启用日期之前已经发货、出库单位看据销售发票的存货。如果企业有委托代销系统，则已经发生但未完全结算的存货也需要在期初数据中录入。

(2) 进入销售管理系统，执行“供应链”|“销售管理”|“设置”|“期初录入”|“期初发货单”命令，单击其中的“取消记账”按钮即可。

(3) 单击“增加”按钮，输入发货日期“2010-08-28”，选择销售类型“经销”，选择客户名称“昌新贸易公司”，选择销售部门“销售部”。

(4) 选择仓库“成品库”，选择存货“计算机”，输入数量 10，不含税单价 6500，单击“保存”按钮。

(5) 单击“审核”按钮，审核该发货单。

8. 录入库存/存货期初数据　仓库存货的期初余额既可以在仓库管理系统中录入，也可以在存货核算系统中录入。因为涉及总账对账，因此在存货核算系统中录入。

1) 录入存货期初数据并记账：

(1) 启动存货核算系统，执行“初始设置”|“期初数据”|“期初余额”命令，进入“期初余额”窗口。

(2) 选择仓库“原料库”，单击“增加”按钮，输入存货编码 001，数量 700，单价 1 200 元。

(3) 同理，输入“40GB 硬盘”的期初数据。

(4) 选择仓库“成品库”，单击“增加”按钮，输入存货编码 006，数量 380，单价 4 800 元。

(5) 选择仓库“配套用品库”，单击“增加”按钮，输入存货编码 007，数量 400，单价 1 800 元。

(6) 单击“记账”按钮，系统对所有仓库进行记账，稍后，系统弹出“期初记账成功!”信息对话框。

2) 录入库存取出数据：

(1) 启动库存管理系统，执行“初始设置”|“期初数据”|“期初结存”命令，进入“期初结存”窗口。

(2) 选择“原料库”，单击“修改”按钮，再单击“取数”按钮，然后单击“保存”按钮。录入完成后，单击“审核”按钮，系统弹出“审核成功!”信息提示对话框，单击“确认”按钮。

(3) 同理，采用类似方式输入其他仓库存货期初数据。完成后，单击“对账”按钮，核对库存管理系统和存货核算的期初数据是否一致；若一致，系统弹出“对账成功”信息提示对话框。

(4) 单击“确定”按钮返回。

实验二　采购管理

【实验目的】

(1) 掌握用友 ERP-U872 管理软件中采购管理系统的相关内容。

(2) 掌握企业日常采购业务处理方法。

(3) 理解采购管理系统各项参数设置的意义，以及采购管理系统与其他系统之间的数据传递关系。

【实验内容】

(1) 普通采购业务处理。

(2) 请购比价采购业务。

(3) 采购退货业务。

(4) 现结业务。

(5) 采购运费。

(6) 暂估处理。

(7) 月末结账及取消。

【实验准备】 引入“实验一”账套数据。

以账套主管的身份进入“企业应用平台”，设置采购发票和采购运费发票的发票号可以手工修改。

(1) 在企业应用平台中，执行“基础信息”|“单据设置”|“单据编号设置”命令，打开“单据编号设置”对话框。

(2) 单击单据类型下的“采购”方式，选择“采购专用发票”选项，单击“修改”按钮，选中“允许手工修改”复选框，单击“保存”按钮。

(3) 同理，设置采购普通发票和采购运费的发票号可以手工修改。

【实验资料】 2010 年 8 月份采购业务如下：

1. 普通采购业务

(1) 8 月 1 日，业务员白丽向建吕公司询问键盘的价格(95 元/只)，评估后认为价格合理，随即向公司上级主管提出请购要求，请购数量为 300 只。业务员据此填制请购单。

(2) 8 月 2 日，上级主管同意向建吕公司订购键盘 300 只，单价为 95 元，要求到货日期为 2010-08-03。

(3) 8 月 3 日，收到所订购的键盘 300 只，填制到货单。

(4) 8 月 3 日，将所收到的货物验收入原料库，填制采购入库单。

(5) 当天收到该笔货物的专用发票一张。

(6) 业务部门将采购发票交给财务部门，财务部门确认此业务所涉及的应付账款及采购成本，材料会计材料明细账。

(7) 财务部门开出转账支票一张，付清采购货款。

2. 采购现结业务　8 月 5 日，向建吕公司购买鼠标 300 只，单价为 50 元一只，验收入原料仓库。同时受到专用发票一张，票号为 6685011，立即以转账支票形式(支票号 Z011)支付货款。及材料明细账，确认采购成本，进行付账处理。

3. 采购运费处理　8 月 6 日，向建吕公司购买 40GB 硬盘 200 盒，单价为 800 元一盒，验收入原料库。同时收到专用发票一张，票号为 6685012。另外，在采购的过程中，发生了一笔运输费 200 元，税率为 7%，收到相应的运费发票一张，票号为 5678。确认采购成本及应付账款，记材料明细账。

4. 请购比价业务

(1) 8 月 8 日，业务员白丽欲购买 100 只鼠标，提出请购要求，经同意填制并审核请购单。根据以往的资料的只提供鼠标的供应商有两家，分别为兴华公司和建吕公司，他们的报价分别为 35 元/只、40 元/只。通过比价，决定向兴华公司订购，要求到货日期为 2010 年 08 月 09 日。

(2) 8 月 9 日，未收到上述所订货物，向供应商发出催货函。

5. 暂估入库报销处理　8 月 9 日，收到兴华公司提供的上月已验收入库的 80 盒 40GB 硬盘的专用发票一张，票号为 6648210，发票单价为 820 元。进行暂估报销处理，确认采购成本及应付账款。

6. 暂估入库处理　8 月 9 日，收到艾德公司提供的 1600K 打印机 100 台，入配套用品库。由于到了月底发票仍未收到，故确认该批货物的暂估成本为 1500 元，并进行暂估记账处理。

7. 采购结算前退货

(1) 8 月 10 日，收到建吕公司提供的 17 英寸显示器，数量 202 套，单价为 1150 元，验收入原料库。

(2) 8 月 11 日，仓库反应有 2 台显示器有质量问题，要求退回给供应商。

(3) 8 月 11 日，收到建吕公司开具的专用发票一张，其发票号为 AS664408。进行采购结算。

8. 采购结算后退货　8 月 13 日，从建吕公司购入的键盘质量问题，退回 2 只，单价为 95 元，同时收到票号为 665218 的红字专用发票一张。对采购入库单和红字专用采购发票进行结算处理。

【实验要求】 对每一笔采购业务，都严格按照该类型业务操作流程进行操作，基本顺序如下：

(1) 以“白丽”的身份、业务日期进入采购管理系统，对该笔采购业务进行处理。

(2) 以“白丽”的身份、业务日期进入库存管理系统，对该笔采购业务所生成的入库单进行审核。

(3) 以“白丽”的身份、业务日期进入存货核算系统，对该笔采购业务所生成的入库单进行记账，对上月收到的货物当月进行采购结算的入库进行暂估处理；生成入库凭证。

【操作指导】

1. 采购业务 1　业务类型：普通采购业务。

1) 在采购管理系统中填制并审核请购单：

(1) 启动采购管理系统，执行“采购管理”|“请购”|“请购单”命令，进入“采购请购单”窗口。

(2) 单击“增加”按钮，输入日期“2010-08-01”，选择部门“采购部”，业务员“白丽”。

(3) 选择存货编号“004 键盘”，输入数量 300，无税单价 95，供应商“建吕公司”。

(4) 单击“保存”按钮。然后单击“审核”按钮。

(5) 最后单击“退出”按钮，退出“采购请购单”窗口。

2) 在采购管理系统中填制并审核采购订单：

(1) 执行“业务工作”|“供应链”|“采购管理”，点击“采购订货”|“采购订单”命令，进入“采购订单窗口”。

(2) 单击“增加”按钮，单击鼠标右键，在弹出的快捷菜单中选择“拷贝采购请购单”命令，打开“过滤条件窗口”对话框，单击“过滤”按钮，进入“生单选单列表”窗口。

(3) 双击需要参照的采购请购单，单击“确定”按钮，将采购请购单相关信息带入采购订单。补充录入计划到货日期为“2010-08-03”。

(4) 单击“保存”按钮，然后单击“审核”按钮，订单底部显示审核人姓名。

(5) 最后单击“退出”按钮，退出“采购订单”窗口。

3) 在采购管理系统中填制到货单：

(1) 执行“业务工作”|“供应链”，然后点击“采购管理”|“到货”|“到货单”命令，进入“采购到货单”窗口。

(2) 单击“增加”按钮，单击鼠标右键，在弹出的快捷菜单中选择“拷贝菜单订购单”

命令，打开“过滤条件窗口”对话框，单击“过滤”按钮，进入“生单选单列表”窗口。

(3) 双击需要参照的采购订单，单击“确定”按钮，将采购订单相关信息带入采购到货单。

(4) 单击“保存”按钮。然后单击“退出”按钮，退出“采购到货单”窗口。

4) 在库存管理系统中填制并审核采购入库单：

(1) 启动库存管理系统，执行“库存管理”|“入库业务”|“采购入库单”命令，进入“采购入库单”窗口。

(2) 单击“生单”按钮，进入“选择采购订单或到货单”窗口。

(3) 打开“采购到货单”选项卡，选择需要参照的采购到货单，选中左下角“显示表体”复选框，选择入库仓库“原料库”，单击“确定”按钮，系统弹出“确认要生单吗？”信息提示对话框。

(4) 单击“是”按钮，将采购到货单相关信息带入采购入库单，增加入库类别为“采购入库”。

(5) 单击“保存”按钮，然后单击“审核”按钮，系统弹出“该单据审核成功!”信息提示对话框，单击“确定”按钮返回。

5) 在采购管理系统中填制并审核采购发票：

(1) 启动采购管理系统，执行“业务工作”|“供应链”|“采购管理”|“采购发票”|“专用采购发票”命令，进入“采购专用发票”窗口。

(2) 单击“增加”按钮，单击鼠标右键，在弹出的快捷菜单中选择“拷贝采购入库单”命令，打开“过滤条件窗口”对话框。单击“过滤”按钮，进入“生单选单列表”窗口。

(3) 选择需要参照的采购入库单，单击“确定”按钮，将采购入库单信息带入采购专用发票。

(4) 单击“保存”按钮，然后单击“退出”按钮。

6) 在采购管理系统中执行采购结算：

(1) 在采购管理系统中，执行“业务工作”|“供应链”|“采购管理”|“采购结算”|“自动结算”命令，打开“自动结算”对话框，单击“确认”按钮，系统弹出“结算成功”信息提示对话框。

(2) 单击“确定”按钮返回。

7) 在应付款管理系统中审核采购专用发票并生成应付凭证：

(1) 在应付款管理系统中，执行“财务会计”|“应付款管理”|“应付单据处理”|“应付单据审核”命令，打开“单据过滤条件”对话框。

(2) 选择供应商“建吕公司”，单击“确认”按钮，进入“单据处理”窗口。

(3) 选择需要审核的单据，单击“审核”按钮，系统弹出“审核成功”信息提示对话框，单击“确认”按钮返回。

(4) 执行“应付款管理”|“制单处理”命令，打开“制单查询”对话框，选择“发票制单”，选择供应商“建吕公司”，单击“确认”按钮，进入“采购发票制单”窗口。

(5) 单击“全选”按钮，或在“选择标志”栏输入数字作为选择标志，选择凭证类别为“转账凭证”，单击“制单”按钮，进入“填制凭证”窗口。

(6) 单击“保存”按钮，凭证左上角出现“已生成”标志，表示凭证以传递到总账。

8) 在存货核算系统中记账并生成入库凭证：

(1) 在存货核算系统中，执行“业务核算”|“正常单据记账”命令，打开“正常单据记

账条件”对话框。

(2) 选择查询条件，单击“确认”按钮，进入“正常单据记账”窗口。

(3) 选择要记账的单据，单击“记账”按钮，退出“正常单据记账”窗口。

(4) 执行“财务核算”|“生成凭证”命令，进入“生成凭证”窗口。

(5) 单击工具栏上的“选择”按钮，打开“查询条件”对话框。

(6) 选择“采购入库单(报销记账)”选项，单击“确认”按钮，进入“未生成凭证一览表”窗口。

(7) 选择要制单的记录行，单击“确定”按钮，进入“生成凭证”窗口。

(8) 选择凭证类别为“转账凭证”，单击“生成”按钮，进入“填制凭证”窗口。

(9) 单击“保存”按钮，凭证左上角出现“已生成”标志，表示凭证以传递到总账。

9) 在应付款管理系统中付款处理并生成付款凭证：

(1) 在应付款管理系统中，执行“应付款管理”|“付款单据处理”|“付款单据录入”命令，进入“付款单”窗口。

(2) 单击“增加”按钮，选择供应商“建吕公司”，结算方式“转账支票”，金额 6633345，单击“保存”按钮。

(3) 单击“审核”按钮，系统弹出“是否立即制单？”信息提示对话框，单击“是”按钮，进入“填制凭证”窗口。

(4) 选择凭证类别为“付款凭证”，单击“保存”按钮，凭证左上角出现“已生成”标志，表示凭证以传递到总账。退出“填制凭证”窗口。

10) 相关查询：

(1) 在采购管理系统中查询“采购统计表”、“到货明细表”、“入库明细表”、“采购明细表”。

(2) 在库存管理系统中，查询“库存台账”。

(3) 存货核算系统中，查询“收发汇总表”。

2. 采购业务 2　业务类型：现结业务。

1) 在库存管理系统中直接填制采购入库单并审核：

(1) 在库存管理系统中，执行“库存管理”|“入库业务”|“采购入库单”命令，进入“采购入库单”窗口。

(2) 单击“增加”按钮，选择“原料库”，选择供应商“建吕公司”，入库类别“采购入库”，存货编号“005 鼠标”，数量 300，单价 50。

(3) 单击“保存”按钮，然后单击“审核”按钮，系统弹出“该单据审核成功！”信息提示对话框。

(4) 单击“确定”按钮返回，退出。

2) 在采购管理系统中录入采购专用发票进行衔接处理和采购结算：

(1) 在采购管理系统中，执行“采购管理”|“采购发票”|“专用采购发票”命令，进入“采购专用发票”窗口。

(2) 单击“增加”按钮，单击鼠标右键，在弹出的快捷菜单中选择“拷贝采购入库单”命令，打开“过滤条件窗口”对话框。单击“过滤”按钮，进入“生单选单列表”窗口。

(3) 选择需要参照的采购入库单，单击“确定”按钮，将采购入库单信息带入采购专用发票，修改发票号为 6685011。

(4) 单击“保存”按钮，单击“现付”按钮，打开“采购现付”对话框。

(5) 选择结算方式 202，输入结算金额 17550，票据号 Z011，银行账号 76473293，单击“确定”按钮，发票左上角显示“已现付”标志。

实验三 销售管理

【实验目的】

(1) 掌握用友 ERP-U872 管理软件中销售管理系统的相关内容。

(2) 掌握企业日常销售业务处理方法。

(3) 理解销售管理与其他系统之间的数据传递关系。

【实验内容】

(1) 普通销售业务处理。

(2) 商业折扣处理。

(3) 委托代销业务。

(4) 分期收款销售业务。

(5) 直运销售业务。

(6) 现收业务。

(7) 销售调拨业务。

(8) 代垫费用处理。

(9) 销售退货处理。

(10) 销售账表查询。

【实验准备】 引入“实验一”账套数据。

【实验资料】 2010 年 8 月份销售日常业务如下：

1. 普通销售业务

(1) 8 月 1 日，昌新贸易公司欲购买 10 台计算机，向销售部了解价格。销售部报价为 6 500 元/台。填制并审核报价单。

(2) 该客户了解情况后，要求订购 10 台，要求发货日期为 2010-08-03。填制并审核销售订单。

(3) 8 月 3 日，销售部从成品仓库向昌新贸易公司发出其所定货物。并据此开具专用发票一张。

(4) 业务部门将销售发票交给财务部门，财务部门结转此业务的收入及成本。

2. 商业折扣的处理

(1) 8 月 4 日，销售部向昌新贸易公司出售 1600K 打印机 5 台，报价为 2 300 元，成交价为报价的 90%，货物从配套用品库发出。

(2) 8 月 4 日，根据上述发货单开具专用发票一张。

3. 现结业务

(1) 8 月 4 日，销售部向昌新贸易公司出售计算机 10 台，报价为 6 400 元，货物从成品库发出。

(2) 8 月 4 日，根据上述发货单开具专用发票一张。同时收到客户用转账支票所支付的全部货款。票据号 ZZ001166。

(3) 进行现结制单处理。

4. 代垫费用处理 8 月 19 日，销售部在向昌新贸易公司销售商品过程中，发生了一笔代垫的安装费 500 元。客户尚未支付该笔款项。

5. 汇总开票业务

(1) 8 月 4 日，销售部向昌新贸易公司出售计算机 10 台，报价为 6 400 元，货物从成品库发出。

(2) 销售部向昌新贸易公司出售 1600K 打印机 5 台，报价为 2 300 元，货物从配套用品库发出。

(3) 8 月 4 日，根据上述两张发货单开具专用发票一张。

6. 分次开票业务

(1) 8 月 5 日，销售部向华宏公司出售 1600K 打印机 20 台，报价为 2 300 元，货物从配套用品库发出。

(2) 8 月 6 日，应客户要求，对上述所发出的商品开具两张专用销售发票，第一张发票上所列示的数量为 15 台，第二张发票上所列的数量为 5 台。

7. 开票直接发货　8 月 6 日，销售部向昌新贸易公司出售 1600K 打印机 10 台，报价为 2 300 元，货物从配套用品库发出。并据此开具专用销售发票一张。

8. 一次销售分次出库

(1) 8 月 7 日，销售部向精益公司出售 PIII 芯片 200 盒，由原料库发货，报价为 1 500 元/盒，同时开具专用发票一张。

(2) 8 月 7 日，客户根据发货单从原料仓库领出 PIII 芯片 150 盒。

(3) 8 月 8 日，客户根据发货单再从原料仓库领出 PIII 芯片 50 盒。

9. 超发货单出库

(1) 8 月 7 日，销售部向精益公司出售 PIII 芯片 20 盒，由原料库发货，报价为 1 500 元/盒。开具发票时，客户要求再多买 2 盒，根据客户要求开具了 22 盒 PIII 芯片的专用发票一张。

(2) 8 月 7 日，客户从原料仓库领出 22 盒 PIII 芯片。

10. 分期收款发出商品

(1) 8 月 7 日，销售部向精益公司出售计算机 200 台，由成品仓库发货，报价为 6 500 元/台。由于金额较大，客户要求以分期付款形式购买该商品。经协商，客户分 4 次付款，并据此开具相应销售发票。第一次开具的专用发票为数量 50 台，单价为 6 500 元。

(2) 业务部门将该业务所涉及的出库单及销售发票交给财务部门，财务部门据此结转收入及成本。

11. 委托代销业务

(1) 8 月 7 日，销售部委托利氏公司代为销售计算机 50 台，售价为 6 500 元，货物从成品仓库发出。

(2) 8 月 12 日，收到利氏公司的委托代销清单一张，结算计算机 30 台，售价为 6 500 元。立即开具销售专用发票给利氏公司。

(3) 业务部门将该业务所涉及的出库单及销售发票交给财务部门，财务部门据此结转收入及成本。

12. 开票前退货业务

(1) 8 月 12 日，销售部出售给昌新贸易公司的计算机 10 台，单价为 6 500 元，从成品库发出。

(2) 8 月 13 日，销售部出售给昌新贸易公司的计算机因质量问题退回 1 台，单价为 6 500 元，收回成品库。

(3) 8 月 13 日，开具相应的专用发票一张，数量为 9 台。

13. 委托代销退货业务　8 月 14 日，委托利氏公司销售的计算机退回 2 台，入成品仓库。由于该货物已经结算，故开具红字专用发票一张。

14. 直运业务

(1) 8 月 13 日，销售部接到业务信息，精益公司欲购买服务器一台。经协商以单价为 100 000 元/台，增值税率为 17%。随后，销售部填制相应销售订单。

(2) 8 月 14 日，销售部经联系以 90 000 元的价格向艾德公司发出采购订单，并要求对方直接将货物送到精益公司。

(3) 8 月 15 日，货物送至精益公司，艾德公司凭送货签收单根据订单开具了一张专用发票给销售部。

(4) 8 月 16 日，销售部根据销售订单开具专用发票一张。

(5) 销售部将此业务的采购、销售发票交给财务部。财务部结转此业务的收入及成本。

【实验要求】 对每一笔销售业务，都严格按照该类型业务操作流程进行操作，基本顺序如下：

(1) 以“程旭”的身份，业务日期进入销售管理系统，对该笔销售业务进行处理。

(2) 以“程旭”的身份，业务日期进入销售管理系统，对该笔销售业务所生成的出库单审核。

(3) 以“程旭”的身份，业务日期进入存货核算系统，对该笔销售业务所生成的出库单记账，并生成凭证。

(4) 以“程旭”的身份，业务日期进入应收款管理系统，对该笔销售业务所生成的发票制单，对有结算要求的业务结算，并生成凭证。

【操作指导】

1. 销售业务 1　业务类型：普通销售业务。

1) 在销售管理系统中填制并审核报价单：

(1) 启动销售管理系统，执行“业务工作”|“销售管理”|“销售报价”|“销售报价单”命令，进入“销售报价单”窗口。

(2) 单击：“增加”按钮，输入报价日期“2010-12-14”，销售类型“经销”，客户名称“昌新贸易公司”，销售部门“销售部”。

(3) 选择货物名称“计算机”，输入数量 10，报价 6 500 元。

(4) 单击“保存”按钮，然后单击“审核”按钮，保存并审核报价单后退出。

2) 在销售管理系统中填制并审核销售订单：

(1) 执行“业务工作”|“销售管理”|“销售订货”|“销售订单”命令，进入“销售订单”窗口。

(2) 单击“增加”按钮，再单击“报价”按钮，打开“选择报价单”对话框。

(3) 单击“显示”按钮，从上边窗口中选择上面已录入的报价单，从下边窗口中选择要参照的记录行，单击“确认”按钮，将报价单信息带入销售订单。

(4) 修改表头订单日期为“2010-08-01”。修改销售订单表体中第一行末“预发货日期”为“2010-08-03”。

(5) 单击“保存”按钮，然后单击“审核”按钮，保存并审核销售订单后退出。

3) 在销售管理系统中填制并审核销售发货单：

(1) 执行“业务工作”|“销售管理”|“发货”|“发货单”命令，进入“发货单”窗口。

(2) 单击“增加”按钮，打开“选择订单”对话框，单击“显示”按钮，选择上面已生成的销售订单，单击“确认”按钮，将销售订单信息带入发货单。

(3) 输入发货日期“2010-08-3”，选择仓库“成品库”。

(4) 单击“保存”按钮，然后单击“审核”按钮，保存并审核发货单后退出。

4) 在销售管理系统中根据发货单填制并复核销售发票：

(1) 执行“设置”|“销售选项”命令，打开“选项”对话框。单击“其他控制”标签，打开该选项卡，选择新增发票为默认的“参照发货单生成”，单击“确认”按钮返回。

(2) 执行“销售管理”|“销售开票”|“销售专用发票”命令，进入“销售专用发票”窗口。

(3) 单击“增加”按钮，打开“选择发货单”对话框，单击“显示”按钮，选择要参照的发货单，单击“确认”按钮，将发货单信息带入销售专用发票。

(4) 输入发货日期“2010-08-3”，单击“保存”按钮。

(5) 单击“复核”按钮，复核销售专用发票，单击“退出”按钮。

5) 在应收款管理系统中审核销售专用发票并生成销售收入凭证：

(1) 在应收款管理系统中，执行“应收款管理”|“应收单据处理”|“应收单据审核”命令，打开“单据过滤条件”对话框，单击“确认”按钮，进入“应收单据列表”窗口。

(2) 选择要审核的单据，单击“审核”按钮，系统弹出“审核成功!”信息提示对话框，单击“确认”按钮返回，然后退出。

(3) 执行“应收款管理”|“制单处理”命令，打开“制单查询”对话框。

(4) 选中“发票制单”复选框，单击“确认”按钮，进入“销售发票制单”窗口。

(5) 选择凭证类别为“转账凭证”，单击工具栏上的“全选”按钮，选择窗口中的所有单据。单击“制单”按钮，屏幕上出现根据发票生成的转账凭证。

(6) 修改制单日期，输入附件数，单击“保存”按钮，凭证左上角显示“已生成”红色字样，表示已将凭证传递到总账。

6) 在库存管理系统中审核销售出库单：

(1) 启动库存管理系统，执行“库存管理”|“出库业务”|“销售出库单”命令，进入“销售出库单”窗口。

(2) 单击“审核”按钮，系统弹出“该单据审核成功”信息提示对话框，单击“确定”按钮返回。

7) 在存货核算系统中对销售出库单记账并生成凭证：

(1) 启动存货核算系统，执行“业务核算”|“正常单据记账”命令，打开“正常单据记账条件”对话框。

(2) 选中“成品库”复选框，保留“销售出库单”单据类型，单击“确定”按钮，进入“正常单据记账”窗口。

(3) 单击需要记账的单据前的“选择”栏，出现“√”标志，或单击工具栏上的“全选”按钮，选择所有单据，然后单击工具栏上的“记账”按钮。

(4) 系统开始进行单据记账，记账完成后，单据不在窗口中显示。

(5) 执行“财务核算”|“生成凭证”命令，进入“生成凭证”窗口。

(6) 单击“选择”按钮，打开“查询条件”对话框。

(7) 选择“销售出库单”选项，单击“确认”按钮，进入“生成凭证”窗口。

(8) 单击需要生成凭证的单据前“选择”栏，或单击工具栏上的“全选”按钮，然后单击工具栏上的“确定”按钮，进入“生成凭证”窗口。

(9) 选择凭证类别为“转账凭证”，单击“生成”按钮，系统显示生成的转账凭证。

(10) 修改确认无误后，单击工具栏上的“保存”按钮，凭证左上角显示“已生成”红色字样，表示已将凭证传递到总账。

2. 销售业务 2　业务类型：销售折扣的处理。

1) 在销售管理系统中填制并审核发货单：

(1) 执行“销售管理”|“销售发货”|“发货单”命令，进入“发货单”窗口。

(2) 单击“增加”按钮，打开“选择订单”对话框，单击“取消”按钮，进入“发货单”窗口。

(3) 输入发货日期“2010-08-04”，客户“昌新贸易公司”，销售部门“销售部”。

(4) 选择仓库“配套用品库”，存货名称“1600K 打印机”，数量 5，报价 2300，扣率 90%。

(5) 单击“保存”按钮，单击“审核”按钮，保存并审核发货单，退出。

2) 在销售管理系统中根据发货单填制并复核销售发票(操作步骤参见销售业务 1)。

3. 销售业务 3　业务类型：现结销售。

1) 在销售管理系统中填制并审核发货单(操作步骤参见销售业务 2)。

2) 在销售管理系统中根据发货单生成销售专用发票并执行现结：

(1) 在销售管理系统中，根据发货单生成销售专用发票，单击“保存”按钮。

(2) 在销售专用发票界面，单击“现结”按钮，打开“销售现结”对话框。选择结算方式为“转账支票”，输入结算金额为 74880。票据号 ZZ001166，银行账号 69325581，单击“确定”按钮返回，销售专用发票左上角显示“现结”标志。

(3) 单击“复核”按钮，对现结发票进行复核。

3) 在应收款管理系统中审核应收单据和现结制单：

(1) 启动应收款管理系统，执行“应收款管理”|“应收单据处理”|“应收单据审核”命令，打开“单据过滤条件”对话框。

(2) 选中“包含已现结发票”复选框，单击“确认”按钮，进入“应收单据列表”窗口。

(3) 审核上面在销售管理系统中根据发货单生成的销售专用发票。

(4) 执行“应收款管理”|“制单处理”命令，打开“制单查询”对话框。选中“现结制单”复选框，单击“确认”按钮，进入“应收制单”窗口。

(5) 在需要制单的单据行的“选择标志”栏单击，输入任一标志，选择凭证类别为“收款凭证”，输入制单日期，单击“制单”按钮，生成收款凭证。

(6) 修改确认无误后，单击“保存”按钮，凭证左上角出现“已生成”红色字样，表示凭证已传递到总账。

4. 销售业务 4　业务类型：多张发货单汇总开票。

1) 在销售管理系统中填制并审核两张发货单(操作步骤参见销售业务 2)。

2) 在销售管理系统中参照上述两张发货单填制并审核销售发票：

(1) 在销售管理系统中，执行“销售管理”|“销售开票”|“销售专用发票”命令，进入“销售专用发票”窗口。

(2) 单击“增加”按钮，打开“选择发货单”对话框。选择客户为“昌新贸易公司”，单击“显示”按钮。

(3) 选择要开具销售专用发票的发货单(按住 Ctrl 键并连续单击发货单，可以选择多张)，单击“确认”按钮，将发货单信息汇总反映在销售专用发票上。

(4) 单击“保存”按钮，然后单击“复核”按钮，保存并复核销售专用发票。

5. 销售业务 5　业务类型：一张发货单分次开票。

1) 在销售管理系统中填制并审核发货单(操作步骤参见销售业务 2)。

2) 在销售管理系统中根据上述发货单分次填制两张销售发票并审核：

(1) 在销售管理系统中，执行“销售管理”|“销售开票”|“销售专用发票”命令，进入“销售专用发票”窗口。

(2) 单击“增加”按钮，打开“选择发货单”对话框。选择客户为“华宏公司”，单击“显示”按钮。

(3) 选择要开具销售专用发票的发货单，单击“确认”按钮，将发货单信息带到销售专用发票上。修改开票日期为“2010-08-6”，输入数量 15，保存并复核。

(4) 单击“增加”按钮，打开“选择发货单”对话框。选择客户为“华宏公司”，单击“显示”按钮。

(5) 选择要开具销售专用发票的发货单，注意此时发货单上“未开票数量”一栏显示 5，单击“确认”按钮，修改开票日期为“2010-08-6”，输入数量 15，保存并复核。

6. 销售业务 6　业务类型：开票直接发货业务。

1) 在销售管理系统中填制并复核销售专用发票：

(1) 在销售管理系统中，执行“销售管理”|“销售开票”|“销售专用发票”命令，进入“销售专用发票”窗口。

(2) 单击“增加”按钮，打开“选择发货单”对话框。单击“取消”按钮，返回“销售专用发票”窗口。

(3) 按实验要求输入销售专用发票内容并复核。

2) 在销售管理系统中查询销售发货单：执行“销售管理”|“销售发货”|“发货单”命令，进入“发货单”窗口。可以查看到根据销售专用发票自动生成的发货单。

7. 销售业务 7　业务类型：一次销售分次出库

1) 在销售管理系统中设置相关选项：

(1) 在销售管理系统中，执行“设置”|“销售选项”命令，进入“选项”窗口。

(2) 在“业务控制”选项卡，取消已选中“是否销售生成出库单”复选框中的“√”标志，单击“确认”按钮返回。

2) 在销售管理系统中填制并审核发货单(操作步骤参见销售业务 2)。

3) 在销售管理系统中根据发货单开具销售专用发票并复核(操作步骤参见销售业务 2)。

4) 在销售管理系统中根据发货单开具销售出库单：

(1) 在库存管理系统中，执行“库存管理”|“出库业务”|“销售出库单”命令，进入“销售出库单”窗口。

(2) 单击“生单”按钮，打开“选择发货单”对话框。

(3) 选择要参照的发货单，选中左下角“显示表体”复选框，窗口下方显示发货单表体内容。移动水平滚动条，在记录行末修改“本次出库数量”为 150，单击“确定”按钮，系统弹出“确认要生单吗？”信息提示对话框，单击“是”按钮，生成销售出库单。

(4) 单击“审核”按钮，系统弹出“该单据审核成功！”信息提示对话框，单击“确认”按钮返回。

(5) 同理，填制第二张销售出库单，输入出库数量为50。

8. 销售业务8　业务类型：超发货单出库及开票。

1) 在库存管理系统中修改相关选项设置：

(1) 在库存管理系统中，执行“初始设置”|“选项”命令，打开“库存选项设置”对话框。

(2) 打开“专用设置”选项卡，选中“允许超发货单出库”选项。

(3) 单击“确定”按钮返回。

2) 在库存管理系统中修改存货档案并设置超额出库上限为20%：

(1) 在库存管理系统中，执行“初始设置”|“基础档案”|“存货”命令，进入“存货档案”窗口。

(2) 在“芯片”分类下，找到“001 PIII芯片”记录行，单击“修改”按钮，打开“修改存货档案”对话框。

(3) 打开“控制”选项卡，在“出库超额上限”一栏输入0.2，单击“保存”按钮。

3) 在销售管理系统中填制并审核发货单(操作步骤参见销售业务2)。

4) 在销售管理系统中填制并复核销售专用发票(操作步骤参见销售业务2)。

5) 在库存管理系统中根据发货单生成销售出库单：

(1) 在库存管理系统中，执行“库存管理”|“出库业务”|“销售出库单”命令，进入“销售出库单”窗口。

(2) 单击“生单”按钮，打开“选择发货单”对话框。

(3) 选择要参照的发货单，在该对话框最下面选中“根据累计出库数更新发货单”复选框，修改“本次出库数量”为22，单击“确定”按钮，审核销售出库单。

(4) 在销售管理系统中，查询该笔业务的发货单，发现“数量”一栏已根据销售出库单改写为22。

9. 销售业务9　业务类型：分期收款发出商品。

1) 在销售管理系统中修改相关选项设置：

(1) 在销售管理系统中，执行“设置”|“销售选项”命令，打开“选项”对话框。

(2) 打开“业务控制”选项卡，选中“是否有分期收款业务”及“是否销售生成出库单”复选框。

(3) 单击“确认”按钮返回。

2) 在存货核算系统中设置分期收款业务相关科目：

(1) 在存货核算系统中，执行“初始设置”|“科目设置”|“存货科目”命令，进入“存货科目”窗口。

(2) 设置所有仓库“分期收款发出商品科目”为“分期收款发出商品(1291)”。

3) 在销售管理系统中填制并审核发货单

4) 在存货核算系统中执行发出商品记账并生成出库凭证：

(1) 在存货核算系统中，执行“业务核算”|“发出商品记账”命令，打开“发出商品核算查询条件”对话框。

(2) 选择业务类型为“分期收款”，单据类型为“发货单”，仓库为“成品库”，单击“确认”按钮，进入“未记账发出商品一览表”窗口。

(3) 选择要记账的单据，单击“记账”按钮。

(4) 执行“财务核算”|“生成凭证”命令，进入“生成凭证”窗口。单击“选择”按钮，打开“查询条件”对话框。

(5) 在单据列表中，选择“分期收款发出商品发货单”，单击“确认”，按钮，进入“未生成凭证单据一览表”窗口。

(6) 选择要记账的发货单，单击“确定”按钮，进入“生成凭证”窗口。单击“生成”按钮，生成以下出库凭证。

借：分期收款发出商品

　贷：库存商品

5) 在销售管理系统中根据发货单填制并复核销售发票。

6) 在应收款管理系统中审核销售发票及生成收入凭证(操作步骤参见销售业务 2)。

7) 在存货核算系统中对销售发票记账并生成结转销售成本凭证：

(1) 在存货核算系统中，执行“业务核算”|“发出商品记账”命令，打开“发出商品核算查询条件”对话框。

(2) 选择业务类型为“分期收款”，单据类型为“发票”，仓库为“成品库”，单击“确认”按钮，进入“未记账发出商品一览表”窗口。

(3) 选择要记账的单据，单击“记账”按钮。

(4) 执行“财务核算”|“生成凭证”命令，进入“生成凭证”窗口。单击“选择”按钮，打开“查询条件”对话框。

(5) 在单据列表中，选择“分期收款发出商品专用发票”选项，单击“确认”按钮，进入“未生成凭证单据一览表”窗口。

(6) 选择要记账的发货单，单击“确定”按钮，进入“生成凭证”窗口。单击“生成”按钮，生成以下出库凭证。

借：主营业务成本

　贷：分期收款发出商品

8) 查询分期收款相关账表：

(1) 在存货核算系统中，查询发出商品明细账。

(2) 在销售管理系统中，查询销售统计表。

10. 销售业务 10　业务类型：委托代销业务。

1) 在存货核算系统中调整委托代销业务的销售成本结转方法：

(1) 在存货核算系统中，执行“初始设置”|“选项”|“选项录入”命令，打开“基本设置修改”对话框。

(2) 将“委托代销成本核算方式”设置为“按发出商品核算”。

(3) 单击“确认”按钮，保存设置。

2) 委托代销发货处理：

(1) 在销售管理系统中，执行“业务”|“委托代销”|“委托代销发货单”命令，进入“委托代销发货单”窗口，填制并审核委托代销发货单。

(2) 在库存管理系统中审核销售出库单，在存货核算系统中对委托代销发货单记账，生成以下出库凭证。在生成凭证前，输入委托代销发出商品的科目编码为 1261。

借：委托代销商品　　240 000

贷：库存商品 240 000

3) 委托代销结算处理：

(1) 在销售管理系统中，参照委托代销发货单生成委托代销结算单。

(2) 单击“审核”按钮，打开“请选择发票类型”对话框。选择“专用发票”选项，单击“确认”按钮后退出。

(3) 在销售管理系统中，查看根据委托代销结算单生成的销售专用发票并复核。

(4) 在应收款管理系统中，审核销售发票生成以下销售凭证。

借：应收账款 228 150

贷：主营业务收入 195 000

应交税金——应交增值税——销项税额 33 150

(5) 在存货核算系统中，结转销售成本。在存货核算系统中，执行“发出商品记账”命令，对委托代销销售专用发票记账。然后在“生成凭证”中，对委托代销发出商品专用发票生成以下凭证。委托代销发出商品的科目编码为 1261。

借：主营业务收入 144 000

贷：委托代销商品 144 000

4) 委托代销相关账表查询：

(1) 在销售管理系统中，查询委托代销统计表。

(2) 在库存管理系统中，查询委托代销备查簿。

11. 销售业务 11 业务类型：开票前退货处理

1) 在销售管理系统中填制并审核发货单(操作步骤参见销售业务 1)。

2) 在销售管理系统中填制并审核退货单：

(1) 执行“销售管理”|“销售发货”|“退货单”命令，进入“退货单”窗口。

(2) 操作步骤参见发货单业务处理。

12. 销售业务 12 业务类型：委托代销退货业务——结算后退货。

1) 在销售管理系统中参照委托代销发货单填制委托代销结算退回(操作步骤在此不再详述)。

2) 查看红字销售专用发票并复核

13. 销售业务 13 业务类型：直运销售业务

1) 在销售管理系统中进行直运业务相关选项设置：

(1) 执行“设置”|“销售选项”命令，打开“选项”对话框。

(2) 选中“是否有直运销售业务”复选框，单击“确认”按钮。

2) 在销售管理系统中增加存货“007 服务器”：

(1) 执行“设置”|“分类体系”|“存货分类”命令，进入“存货分类”窗口，在“产成品”分类下增加“202 服务器”分类。

(2) 执行“设置”|“编码档案”|“存货档案”命令，进入“存货档案”窗口，在“服务器”分类下增加“007 服务器”。

3) 在销售管理系统中填制并审核直运销售订单：

(1) 执行“销售管理”|“销售订货”|“销售订单”命令，进入“销售订单”窗口。

(2) 单击“增加”按钮，选择业务类型为“直运销售”，按要求填写其他内容，保存并审核。

4) 在采购管理系统中填制并审核直运采购订单：

(1) 执行“采购管理”|“采购订货”|“采购订单”命令，进入“采购订单”窗口。

(2) 单击“增加”按钮，选择业务类型为“直运采购”。单击鼠标右键，在弹出的快捷菜单中选择“拷贝销售订单”命令，将销售订单相关信息带入“采购订单”。选择供货单位“艾德公司”，输入单价 90000，单击“保存”按钮。

(3) 然后单击“审核”按钮，审核采购订单。

5) 在销售管理系统中填制并复核直运销售发票(操作步骤略)。

6) 在存货核算系统中执行直运销售记账：

(1) 在存货核算系统中，执行“业务核算”|“直运销售记账”命令，打开“直运采购发票查询条件”对话框，选择“采购发票”、“销售发票”，单击“确认”按钮后返回。

(2) 选择要记账的单据，单击“记账”按钮

7) 结转直运业务的收入及成本：

(1) 在存货核算系统中，执行“财务核算”|“生成凭证”命令，进入“生成凭证”窗口，选择“直运采购发票”和“直运销售发票”生成凭证。在两张发票的存货科目栏输入 1243。直运采购发票生成凭证如下：

借：库存商品　90 000

　　应交税金——应交增值税——进项税额　15 300

　贷：应付账款　105 300

直运销售发票生成凭证如下：

借：主营业务成本　90 000

　贷：库存商品　90 000

(2) 在应收款管理系统中，对直运销售发票审核并制单。直运销售发票生成收入凭证如下：

借：应收账款　117 000

　贷：主营业务收入　100 000

　　应交税金——应交增值税——销项税额　17 000

14. 账簿查询　在销售日常业务处理完毕后，进行销售账表查询。

15. 数据备份　在销售日常业务处理完毕后，进行账套数据备份。

16. 月末结账

1) 结账处理：

(1) 执行“销售管理”|“销售月末结账”命令，打开“销售月末结账”对话框，其中蓝条处是当前会计月

(2) 单击“月末结账”按钮，系统开始结账

(3) 结账完成后，“是否结账”一栏显示“是”字样

(4) 单击窗口右上角“关闭”按钮返回。

2) 取消结账：

(1) 执行“销售管理”|“销售月末结账”命令，打开“销售月末结账”对话框，其中蓝条处是当前会计月

(2) 单击“取消结账”按钮，“是否结账”一栏显示为“否”字样。

(3) 单击窗口右上角“关闭”按钮返回。

实验四　库存管理

【实验目的】

(1) 掌握用友 ERP-U872 管理软件中库存管理系统的相关内容。

(2) 掌握企业库存日常业务处理方法

(3) 理解库存管理与其他系统之间的数据传递关系

【实验内容】

(1) 入库业务处理。

(2) 出库业务处理。

(3) 其他业务处理。

(4) 库存账簿查询。

(5) 月末结账。

【实验准备】

(1) 引入“实验一”账套。

(2) 在“生产成本”项目大类下增加“103 计算机”项目目录。

【实验资料】 2010 年 8 月份库存业务如下：

1. 产成品入库业务

(1) 8 月 15 日，成品库收到当月一车间加工的 10 台计算机，做产成品入库。

(2) 8 月 16 日，成品库收到当月一车间加工的 20 台计算机，做产成品入库。

(3) 随后收到财务部门提供的完工产品成本，其中计算机的总成本为 144000 元，立即做成本分配，记账生成凭证。

2. 材料领用 8 月 15 日，一车间向原料仓库领用 PIII 芯片 100、40GB 硬盘 100 盒，用于生产。及材料明细账，生成领料凭证。

3. 出库跟踪入库

(1) 有一存货“256MB 内存条”，在库存管理时，需要对每一笔入库的出库情况作详细的统计。

(2) 8 月 10 日，采购部向建昌公司购进 80 根 256mB 内存条，单价为 300 元。物品入原料库。

(3) 8 月 12 日，采购部向建昌公司购进 100 根 256GB 内存条，单价为 295 元。物品入原料库。

(4) 8 月 12 日，收到上述两笔入库的专用发票一张。

(5) 8 月 25 日，一车间向原料库领用 50 根 256GB 内存条，用于生产。

4. 调拨业务 8 月 20 日，将原料库中的 50 只 PIII 芯片调拨到配套用品库。

5. 盘点预警 8 月 20 日，根据上级主管要求，PIII 芯片应在每周二进行盘点一次。如果周二未进行盘点，需进行提示。

6. 盘点业务 8 月 25 日，对原料库的所有存货进行盘点，盘点后，发现 256MB 内存条多出 2 根，经确认，该内存条的成本为 300 元/根。

7. 假退料 8 月 30 日，根据生产部门的统计，有 8 只 PIII 芯片当月尚未耗用完。先做退料处理，下月再继续使用。

8. 其他入库业务 8 月 29 日，销售部收到赠品 17 英寸显示器一台，单价 2200 元。

9. 其他出库业务 8 月 30 日，销售部领取 10 台计算机样本，用于捐助教育。

10. 组装业务 8 月 30 日，应客户急需，一车间当日组装了 30 台计算机。

【实验要求】 本实验一库存管理与供应链其他子系统集成应用为实验条件，不再处理单纯的采购入库、销售出库业务，相关业务处理参见采购管理、销售管理。

以“陈明”的身份、业务日期入库存管理系统，填制各种出入库单据并进行审核。之后进入存货核算系统，对各种出入库单记账，生成入库凭证。

【操作指导】

1. 库存业务 1　业务类型：产成品入库。

1) 在库存管理系统中录入产成品入库单并审核：

(1) 执行“库存管理”|“入库业务”|“产成品入库单”命令，进入“产成品入库单”窗口。

(2) 单击“增加”按钮，输入入库日期“2010-08-15”，选择仓库为“成品库”，入库类别为“产成品入库”，部门为“一车间”。

(3) 选择存货编码“006 计算机”，输入数量 10。

(4) 单击“保存”按钮。

(5) 然后单击“审核”按钮，完成对该数据的审核。

2) 在存货核算系统中录入生产总成本并对产成品分配：

(1) 执行“业务核算”|“产成品成本分配”命令，进入“产成品成本分配表”窗口。

(2) 单击“查询”按钮，打开“产成品成本分配表查询”对话框。选择“成品库”选项，单击“确认”按钮，系统将符合条件的记录带回“产成品成本分配表”。

(3) 在“006 计算机”记录行的“金额”栏输入 144000。

(4) 单击“分配”按钮，系统弹出“分配操作顺利完成！”信息提示对话框，单击“确定”按钮返回。

(5) 执行“日常业务”|“产成品入库单”命令，进入“产成品入库单”窗口，查看入库存货单价。

3) 在存货核算系统中对产品入库单记账并生成凭证：

(1) 执行“业务核算”|“正常单据记账”命令，对产成品入库单进行记账处理。

(2) 执行“财务核算”|“生成凭证”命令，选择“产成品入库单”生成凭证。在生成凭证窗口，单击“合成”按钮，可合并生成以下入库凭证。

借：库存商品　　144 000

贷：生产成本——直接材料　　144 000

2. 库存业务 2　业务类型：材料领用出库。

1) 设置相关选项：

(1) 在库存管理系统中，执行“初始设置”|“选项”命令，打开“库存选项设置”对话框。

(2) 打开“可用量控制”选项卡，选中“是否允许超可用量出库”复选框。

(3) 单击“确定”按钮。

2) 在库存管理系统中填制材料出库单：

(1) 执行“日常业务”|“出库”|“材料出库单”命令，进入“材料出库单”窗口。

(2) 单击“增加”按钮，填写出库日期“2010-08-15”，选择仓库为“原料库”，出库类别为“领料出库”，部门为“一车间”。

(3) 选择“001PIII 芯片”，输入数量 100；选择“00240GB 硬盘”，输入数量 100。

(4) 单击“保存”按钮。然后单击“审核”按钮。

3) 在存货核算系统中对材料出库单记账并生成凭证：

(1) 执行“业务核算”|“正常单据记账”命令，对材料出库单记账。

(2) 执行“财务核算”|“生成凭证”命令，选择材料出库单生成以下凭证。

借：生产成本——直接材料 204 000

贷：原材料——生产用原材料 204 000

3. 库存业务 3 业务类型：出库跟踪入库。

1) 在库存管理系统中增加存货分类及存货：

(1) 执行“初始设置”|“分类体系”|“存货分类”命令，增加存货分类“10103 内存”。

(2) 执行“初始设置”|“基础档案”|“计量单位”命令，增加计量单位“05 根”。

(3) 执行“初始设置”|“基础档案”|“存货”命令，增加存货“010256MB 内存条”，具有“采购、销售、生产耗用”属性，在“控制”选项卡，选中“是否出库跟踪入库”复选框。

2) 在库存管理系统中设计材料出库单据：

(1) 单击“初始设置”|“单据设计”命令，进入“单据格式设计”窗口。

(2) 选择“库存模块”|“材料出库单”|“显示”|“材料出库单”命令，进入“材料出库单”窗口。

(3) 单击“表体项目”按钮，打开“表体项目”对话框。选择“对应入库单号”选项，单击“确定”按钮。

(4) 退出“单据格式设计”窗口，系统弹出“模板已修改，是否保存？”信息提示对话框，单击“是”按钮保存设计结果。

3) 在库存管理系统中填制并审核采购入库单。

4) 在采购管理系统中参照采购入库单生成采购专用发票。

5) 在存货核算系统中对采购入库单进行记账处理。

6) 在库存管理系统中填制材料出库单并审核(操作步骤略)。

4. 库存业务 4 业务类型：库存调拨——仓库调拨。

1) 在库存管理系统中填制调拨单：

(1) 执行“库存管理”|“调拨业务”命令，进入“调拨单”窗口。

(2) 单击“增加”按钮，输入调拨日期“2010-08-20”；选择转仓库为“原料库”，转入仓库为“配套用品库”，出库类别为“调拨出库”，入库类别为“调拨出库”。

(3) 选择存货编码“001PIII 芯片”，数量 50，单击“保存”按钮。

(4) 然后单击“审核”按钮。

2) 在库存管理系统中对调拨单生成的其他出入库单审核：

(1) 执行“库存管理”|“入库业务”|“其他入库单”命令，进入“其他入库单”窗口。

(2) 单击“审核”按钮。

(3) 同理，完成对其他出库单的审核。

3) 在存货核算系统中对其他出入库单记账：

(1) 执行“业务核算”|“特殊单据记账”命令，打开“特殊单据记账条件”对话框。

(2) 选择单据类型为“调拨单”，单击“确认”按钮，进入“特殊单据记账”窗口。

(3) 选择要记账的调拨单，单击“记账”按钮。

4) 相关账表查询：

(1) 在库存管理系统中，执行“账表”|“库存账”|“入库跟踪表”命令，打开“入库跟踪表”查询条件对话框。

(2) 选择“原料库”，单击“确定”按钮，进入“入库跟踪表”窗口，查看出库跟踪入库情况。

5. 库存业务 5　业务类型：盘点预警。

1) 在库存管理系统中设置相关选项：

(1) 执行“初始设置”|“选项”命令，打开“库存选项设置”对话框。

(2) 在“专用设置”选项卡，选中“盘点预警”复选框，单击“确定”按钮返回。

2) 在库存管理系统中修改存货档案：

(1) 执行“初始设置”|“基础档案”|“存货”命令，进入“存货档案”窗口。

(2) 在“控制”选项卡中修改存货“PIII 芯片”的盘点周期单位为“周”；每周第三天为盘点日期，然后保存。

3) 检验：以一周后业务日期注册入库存管理系统，如果周二未对该存货进行盘点，系统会给出相应提示。

6. 库存业务 6　业务类型：盘点业务。

1) 在库存管理系统中增加盘点单：

(1) 执行“库存管理”|“盘点业务”命令，进入“盘点单”窗口。

(2) 单击“增加”按钮，输入日期“2004-08-25”，选择盘点仓库为“原料库”，出库类别为“盘亏出库”，入库类别为“盘盈入库”。

(3) 单击“盘库”按钮，系统提示“盘库将删除为保存的所有记录，是否继续？”信息提示对话框，单击“是”按钮，弹出“盘点处理”对话框。选择盘点方式为“按仓库盘点”，单击“确认”按钮，稍后，系统将盘库结果待会盘点单。

(4) 输入存货“010256MB 内存条”的盘点数量 32，单击“保存”按钮。

(5) 然后单击“审核”按钮。

2) 在库存核算系统中对其他入库单记账并生成凭证(操作步骤略)。

3) 在存货核算系统中其他入库单生成的凭证如下：

借：原材料——生产用原材料　600

　贷：待处理财产损溢——待处理流动资产损溢　600

7. 库存业务 7　1) 在存货核算系统中填制假退料单：

(1) 执行“日常业务”|“假退料单”命令，进入“假退料单”窗口。

(2) 单击“增加”按钮，输入出库日期“2010-08-30”，选择仓库为“原料库”；输入材料“PIII 芯片”，数量－8，单击“保存”按钮。

2) 在存货核算系统中假退料单的单据记账(操作步骤略)。

3) 在存货核算系统中查询 PIII 芯片的明细账：

(1) 执行“账表”|“账簿”|“明细账”命令，打开“明细账查询”对话框。

(2) 单击参照按钮，选择查询存货“PIII 芯片”，查看假退料单对材料明细账的影响。

提示：月末结账后，再次查询给材料明细账，看有什么结果？

8. 库存业务 8　业务类型：其他入库——赠品入库。

1) 在库存管理系统中录入其他入库单并审核：

(1) 执行“日常业务”|“入库”|“其他入库单”命令，进入“其他入库单”窗口。

(2) 单击“增加”按钮，输入入库日期“2010-12-29”，选择仓库为“原料库”，入库类别为“其他入库”，部门为“销售部”。

(3) 选择存货编码“00317英寸显示器”，输入数量1，单价2200。

(4) 单击“保存”按钮。

(5) 然后单击“审核”按钮，完成对该单据的审核。

2) 在库存核算系统中对其他入库单记账并生成凭证(操作步骤略)。

3) 在存货核算系统中生成凭证(操作步骤略)。

4) 在存货核算系统中生成的凭证如下：

借：库存商品 2 200

贷：资本公积——其他资本公积 2 200

9. 库存业务9 业务类型：其他出库——样品出库

1) 在库存管理系统中录入其他出库单并审核：

(1) 执行“日常业务”|“出库”|“其他出库单”命令，进入“其他出库单”窗口。

(2) 单击“增加”按钮，输入出库日期“2010-12-30”，选择仓库为“产品库”，出库类别为“其他出库”，部门为“销售部”。

(3) 选择存货编码“006计算机”，输入数量10。

(4) 单击“保存”按钮。

(5) 单击“审核”按钮，完成对该单据的审核。

2) 在库存核算系统中对其他出库单记账(操作步骤略)。

3) 在库存核算系统中生成凭证

4) 在凭证中需要补充输入对方科目：营业费用(5501)，然后在生成凭证。

10. 库存业务10 业务类型：组装业务。

1) 在库存管理系统中设置相关选项：

(1) 在库存管理系统中，执行“初始设置”|“选项”命令，打开“库存选项设置”窗口。在“通用设置”选项卡，选中“有无组装拆卸业务”复选框，单击“确定”按钮返回。“日常业务”菜单下出现“组装拆卸”菜单项。

(2) 在“初始设置”|“基础档案”|“收发类别”中增加“104组装入库”。“304组装出库”项目。

(3) 进行单据设计，在“组装单”上增加“入库单号”标题项目。

2) 定义产品结构：

(1) 执行“初始设置”|“基础档案”|“产品结构”命令，进入“产品结构”窗口，定义散件与组装件之间的关系。

(2) 单击“增加”按钮，打开“增加产品结构”对话框。选择父项名称为“计算机”；生产部门为“一车间”；子项分别为“PIII芯片、40GB硬盘和256MB内存条”，定额数量均为1；存放仓库均为“原料库”，单击“保存”按钮。

3) 在库存管理系统中录入组装单：

(1) 执行“日常业务”|“组装拆卸”|“组装单”命令，进入“组装单”窗口。

(2) 单击“增加”按钮，输入日期“2010-12-30”，选择配套件为“计算机”，系统弹出“是否展到末级？”信息提示对话框，单击“是”按钮，系统将产品结构信息带到组装单。

选择入库类别为“组装入库”，出库类别为“组装出库”，部门为“一车间”。

(3) 在单据表体第一行，选择仓库为“产品库”，输入数量 30，输入“256MB 内存条”的入库单号。

(4) 单击“保存”按钮，然后单击“审核”按钮。

4) 在库存管理系统中组装单生成的其他入库单、出库单审核(操作步骤略)。

5) 在存货核算系统中修改其他入库单单价：修改其他入库单，“计算机”的单价为 6 000 元。

6) 在存货核算系统中对其他入库单、出库单记账(操作步骤略)。

11. 数据备份　在库存日常业务处理完毕后，进行账套数据备份。

12. 月末处理

1) 对账：

(1) 执行“财务核算”|“与总账对账”命令，进入“与总账对账”窗口。

(2) 选择对账月份 12，查看对账结果。

2) 月末结账：

(1) 执行“业务核算”|“月末结算”命令，打开“月末结账”对话框。

(2) 单击“确认”按钮，系统弹出“采购系统尚未结账，不能继续”信息提示对话框，单击“确定”按钮返回。

实验五　存货核算

【实验目的】

(1) 掌握用友 ERP-U872 管理软件中存货核算的相关内容。

(2) 掌握企业存货日常业务处理方法。

(3) 理解存货核算系统与其他系统之间的数据传递关系。

【实验内容】

(1) 入出库单据处理。

(2) 暂估业务处理。

(3) 生成凭证。

(4) 存货账簿查询。

(5) 月末处理。

【实验准备】 引入“实验一”账套数据。

【实验资料】 2010 年 8 月份存货业务如下：

(1) 8 月 3 日，向建吕公司订购键盘 300 只，单价为 95 元，将收到的货物验收如原料库。填制采购入库单。

(2) 8 月 17 日，销售部向昌新贸易公司出售计算机 10 台，报价为 6400 元，货物从成品库发出。

(3) 8 月 20 日，将 8 月 3 日发生的采购键盘的入库成本增加 600 元。

(4) 8 月 30 日，调整 8 月 17 日出售给昌新贸易公司的计算机的出售成本 200 元。

【实验要求】 以“陈明”的身份进入存货核算系统进行操作。

【实验指导】

1. 存货业务 1　在库存管理系统中，输入采购入库单并审核，在存货核算系统中记账并生成凭证。

2. 存货业务 2　在销售管理系统中输入销售发货单并审核，在库存管理系统中审核销售出库单，在存货核算系统中记账并生成凭证。

3. 存货业务 3

1) 在存货核算系统中录入调整单据

(1) 执行“存货核算”|日常业务|“入库调整单”命令，进入“入库调整单”窗口。

(2) 单击“增加”按钮，选择“原料库”，输入日期“2010-08-20”，选择收发类别为“采购入库”，部门为“采购部”，供应商为“建昌公司”。

(3) 选择存货编码“004 键盘”，调整金额 600 元。

(4) 单击“保存”按钮。

(5) 然后单击“记账”按钮。

2) 在存货核算系统中生成入库调整凭证：

(1) 执行“存货核算”|“财务核算”|“生成凭证”命令，进入“生成凭证”列表窗口。单击“选择”按钮，打开“查询条件”对话框。

(2) 选中“入库调整单”选项，单击“确定”按钮，进入“生成凭证”窗口。

(3) 单击单据行前的“选择”栏，出现选中标记“1”，单击“确定”按钮，出现凭证列表。

(4) 选择凭证类别为“转账凭证”，单击“生成”按钮，系统显示以下生成的转账凭证。

借：原材料——生产用原材料 600

贷：物资采购 600

(5) 确认“制单日期”，输入“附件数”，单击“保存”按钮，凭证左上角出现红色的“已生成”字样，表示该凭证以传递到总账。

3) 查询相关账簿：执行“账表”|“分析表”|“入库成本分析”命令，查看“键盘”的入库成本从 28500 变成 29100。

4. 存货业务 4

1) 在存货核算系统中录入调整单据：

(1) 执行“日常业务”|“出库调整单”命令，进入“出库调整单”窗口。

(2) 单击“增加”按钮，选择“成品库”，输入日期“2010-08-30”，选择收发类别为“销售出库”，部门为“销售部”，客户为“昌新贸易公司”。

(3) 选择存货编码“006 计算机”，调整金额 200 元。

(4) 单击“保存”按钮。然后单击“记账”按钮，再单击“退出”按钮。

2) 在存货核算系统中生成出库调整凭证(操作步骤参见存货业务 1)。

5. 账簿查询 在存货日常业务处理完毕后，进行存货账表查询。

6. 数据备份 在存货日常业务处理完毕后。进行账套数据备份。

7. 月末处理

1) 期末处理：

(1) 执行“业务核算”|“期末处理”命令，打开“期末处理”对话框。

(2) 选择需要进行期末处理的仓库，单击“确认”按钮，系统弹出“您将对所选仓库进行期末处理，确认进行吗？”信息提示对话框，单击“确定”按钮，系统自动计算存货成本，完成后，系统弹出“期末处理完成！”信息提示对话框，单击“确定”按钮返回。

2) 月末结账：

(1) 执行“业务核算”|“月末结账”命令，打开“月末结账”对话框。

(2) 单击“确认”按钮，系统弹出“月末结账完成！”信息提示对话框，单击“确定”

按钮返回。

3) 与总账管理系统对账：

(1) 执行“财务核算”|“与总账系统对账”命令，进入“与总账对账表”窗口。

(2) 单击“退出”按钮返回。

附　　录

附录一：会计核算软件基本功能规范

第一章　总　　则

第一条　为了规范会计核算软件，保证会计核算软件质量，根据《中华人民共和国会计法》和《会计电算化管理办法》的规定，制定本规范。

第二条　本规范所称会计核算软件，是指专门用于会计核算工作的电子计算机应用软件，包括采用各种计算机语言编制的用于会计核算工作的计算机程序。

本规范所称会计核算软件基本功能是指会计核算软件必须具备的功能和完成这些功能的基本步骤

本规范所称会计核算软件的功能模块，是指会计核算软件中具备相对独立地完成会计数据输入、处理和输出功能的各个部分。例如：功能模块可划分为账务处理、应收应付款核算、固定资产核算、存货核算、销售核算、工资核算、成本核算、会计报表生成与汇总、财务分析等。

本规范有关规定除特别指出外，均指采用借贷记账法。

本规范所称对记账凭证和原始凭证修改、审核和查询的功能，均指对输入计算机的机内记账凭证和原始凭证的修改、审核和查询。

第三条　会计核算软件分为在一定范围内适用的通用会计核算软件和仅适用于个别单位的定点开发会计核算软件。

第四条　中国境内各单位应用的会计核算软件，应当符合本规范的基本要求。

第五条　会计核算软件设计应当符合我国法律、法规、规章的规定，保证会计数据合法、真实、准确、完整，有利于提高会计核算工作效率。

第六条　会计核算软件应当按照国家统一会计制度的规定划分会计期间，分期结算账目和编制会计报表。会计核算软件可以根据用户需要同时具有提供按照其他会计年度生成参考性会计资料的功能。

第七条　会计核算软件中的文字输入、屏幕提示和打印输出必须采用中文，也可以同时提供少数民族文字或者外国文字对照。

第八条　会计核算软件在设计性能允许使用范围内，不得出现由于自身原因造成死机或者非正常退出等情况。

第二章　会计数据的输入

第九条　会计核算软件的会计数据输入采用键盘手工输入、软盘转入和网络传输等几种形式。

第十条　会计核算软件具备的初始化功能，主要应当包括以下内容：

(一) 输入会计核算所必需的期初数字及有关资料，包括：总分类会计科目和明细分类会计科目名称、编号、年初数、累计发生额及有关数量指标等。

(二) 输入需要在本期进行对账的未达账项。

(三) 选择会计核算方法，包括：记账方法、固定资产折旧方法、存货计价方法、成本核算方法等。

(四) 定义自动转账凭证(包括会计制度允许的自动冲回凭证等)。

(五) 输入操作人员岗位分工情况，包括：操作人员姓名、操作权限、操作密码等。

上述初始化功能也可以在程序中加以固定。

第十一条　初始化功能运行结束后，会计核算软件必须提供必要的方法对初始数据进行正确性校验。

第十二条　会计核算软件中采用的总分类会计科目名称、编号方法，必须符合国家统一会计制度的规定。

第十三条　会计核算软件应当提供输入记账凭证的功能，输入项目包括：填制凭证日期、凭证编号、经济业务内容摘要、会计科目或编号、金额等。输入的记账凭证的格式和种类应当符合国家统一会计制度的规定。

第十四条　记账凭证的编号可以由手工输入，也可以由会计核算软件自动产生。会计核算软件应当对记账凭证编号的连续性进行控制。

第十五条　在输入记账凭证过程中，会计核算软件必须提供以下提示功能：

(一) 正在输入的记账凭证编号是否与已输入的机内记账凭证编号重复。

(二) 以编号形式输入会计科目的，应当提示该编号所对应的会计科目名称。

(三) 正在输入的记账凭证中的会计科目借贷双方金额不平衡，或没有输入金额，应予提示并拒绝执行。

(四) 正在输入的记账凭证有借方会计科目而无贷方会计科目或者有贷方会计科目而无借方会计科目的，应予提示并拒绝执行。

(五) 正在输入的收款凭证借方科目不是“现金”或“银行存款”科目、付款凭证贷方科目不是“现金”或“银行存款”科目的，应提示并拒绝执行。

第十六条　会计核算软件应提供对已经输入但未登记会计账簿的机内记账凭证(不包括会计核算软件自动产生的机内记账凭证)进行修改的功能，在修改过程中，应同样给出第十五条的各项提示。

第十七条　会计核算软件应当提供对已经输入但未登账记账凭证的审核功能，审核通过后即不能再提供对机内凭证的修改。会计核算软件应当分别提供对审核功能与输入、修改功能的使用权限控制。

第十八条　发现已经输入并审核通过或者登账的记账凭证有错误的，可以采用红字凭证冲销法或者补充凭证法进行更正；记账凭证输入时，红字可用“－”号或者其他标记表示。

第十九条　会计核算软件对需要输入的原始凭证，可以按照以下方法进行处理：

(一) 输入记账凭证的同时，输入相应原始凭证；输入的有关原始凭证汇总金额与输入的记账凭证相应金额不等，软件应当给予提示并拒绝通过；在对已经输入的记账凭证进行审核的同时，应对输入的所附原始凭证进行审核；输入的记账凭证通过审核或登账后，对输入的相应原始凭证不能直接进行修改。

(二) 记账凭证未输入前，直接输入原始凭证，由会计核算软件自动生成记账凭证；会计核算软件应当提供对已经输入但未予审核的原始凭证进行修改和审核的功能，审核通过后，即可生成相应的记账凭证；记账凭证审核通过或者登账后，对输入的相应原始凭证不能直接进行修改。

(三) 在已经输入的原始凭证审核通过或者相应记账凭证审核通过或者登账后，原始凭证确需修改，会计核算软件在留有痕迹的前提下，可以提供修改和对修改后的机内原始凭证与相应记账凭证是否相符进行校验的功能。

第二十条　会计核算软件提供的原始凭证输入项目应当齐全主要项目有：填制凭证日期、填制凭证单位或填制人姓名、接受凭证单位名称、经济业务内容、数量、单价和金额等。

第二十一条　会计核算软件一个功能模块中所需的数据，可以根据需要从另一功能模块中取得，也可以根据另一功能模块中的数据生成。

第二十二条　适用于外国货币核算业务的会计核算软件，应当提供输入有关外国货币凭证的功能。通用会计核算软件还可以在初始化功能中提供选择记账本位币的功能。

第二十三条　采用统账制核算外国货币的会计核算软件，应当提供在当期外国货币业务发生期初和业务发生时，输入期初和当时的外汇牌价的功能。记账凭证中外国货币金额输入后，会计核算软件应当立即自动折合为记账本位币金额。

第三章　会计数据的处理

第二十四条　会计核算软件应当提供根据审核通过的机内记账凭证及所附原始凭证登记账簿的功能。在计算机中，账簿文件或者数据库可以设置一个或者多个。

(一) 根据审核通过的机内记账凭证或者计算机自动生成的记账凭证或者记账凭证汇总表登记总分类账。

(二) 根据审核通过的机内记账凭证和相应机内原始凭证登记明细分类账。

(三) 总分类账和明细分类账可以同时登记或者分别登记，可以在同一个功能模块中登记或者在不同功能模块中登记。

(四) 会计核算软件可以提供机内会计凭证审核通过后直接登账或成批登账的功能。

(五) 机内总分类账和明细分类账登记时，应当计算出各会计科目的发生额和余额。

第二十五条　会计核算软件应当提供自动进行银行对账的功能，根据机内银行存款日记账与输入的银行对账单及适当的手工辅助，自动生成银行存款余额调节表。

第二十六条　用会计核算软件应当同时提供国家统一会计制度允许使用的多种会计核算方法，以供用户选择。会计核算软件对会计核算方法的更改过程，在计算机内应有相应的记录。

第二十七条　会计核算软件应当提供符合国家统一会计制度规定的自动编制会计报表的功能。通用会计核算软件应当提供会计报表的自定义功能，包括定义会计报表的格式、项目、各项目的数据来源、表内和表间的数据运算和核对关系等。

第二十八条　会计核算软件应当提供机内会计数据按照规定的会计期间进行结账的功能。结账前，会计核算软件应当自动检查本期输入的会计凭证是否全部登记入账，全部登记入账后才能结账。

机内总分类账和明细分类账可以同时结账，也可以由处理明细分类账的功能模块先结账、处理总分类账的功能模块后结账。

机内总分类账结账时，应当与机内明细分类账进行核对，如果不一致，总分类账不能结账。

结账后，上一会计期间的会计凭证即不能再输入，下一个会计期间的会计凭证才能输入。本规范第二十九条的情况除外。

第二十九条　会计核算软件可以提供在本会计年度结束，但仍有一部分转账凭证需要延续至下一会计年度第一个月或者第一个季度进行处理而没有结账时，输入下一会计年度第一个月或者第一个季度会计凭证的功能。

第四章　会计数据的输出

第三十条　会计核算软件应当提供对机内会计数据的查询功能：

(一) 查询机内总分类会计科目和明细分类会计科目的名称、编号、年初余额、期初余额、累计发生额、本期发生额和余额等项目。

(二) 查询本期已经输入并登账和未登账的机内记账凭证、原始凭证。

(三) 查询机内本期和以前各期的总分类账和明细分类账簿。

(四) 查询往来账款项目的结算情况。

(五) 查询到期票据的结算情况。

(六) 查询出来的机内数据如果已经结账，屏幕显示应给予提示。

第三十一条　会计核算软件应当提供机内记账凭证打印输出的功能，打印格式和内容应当符合国家统一会计制度的规定。

第三十二条　会计核算软件可以提供机内原始凭证的打印输出功能，打印输出原始凭证的格式和内容应当符合国家统一会计制度的规定。

第三十三条　会计核算软件必须提供会计账簿、会计报表的打印输出功能，打印输出的会计账簿、会计报表的格式和内容应当符合国家统一会计制度的规定。

(一) 会计核算软件应当提供日记账的打印输出功能。

(二) 会计核算软件应当提供三栏账、多栏账、数量金额账等各种会计账簿的打印输出功能。

(三) 在机内总分类账和明细分类账的直接登账依据完全相同的情况下，总分类账可以用总分类账户本期发生额对照表替代。

(四) 在保证会计账簿清晰的条件下，计算机打印输出的会计账簿中的表格线条可以适当减少。

(五) 会计核算软件可以提供机内会计账簿的满页打印输出功能。

(六) 打印输出的机内会计账簿、会计报表，如果是根据已结账数据生成的，则应当在打印输出的会计账簿、会计报表上打印一个特殊标记，以示区别。

第三十四条　对根据机内会计凭证和据以登记的相应账簿生成的各种机内会计报表数据，会计核算软件不能提供直接修改功能。

第三十五条　会计年度终了进行结账时，会计核算软件应当提供在数据磁带、可装卸硬磁盘或者软磁盘等存储介质的强制备份功能。

第五章　会计数据的安全

第三十六条　会计核算软件具有按照初始化功能中的设定，防止非指定人员擅自使用的功能，和对指定操作人员实行使用权限控制的功能。

第三十七条　会计核算软件遇有以下情况时，应予提示，并保持正常运行：

(一) 会计核算软件在执行备份功能时，存储介质无存储空间、数据磁带或者软磁盘未插入、软磁盘贴有写保护标签。

(二) 会计核算软件执行打印时，打印机未连接或未打开电源开关。

(三) 会计核算软件操作过程中，输入了与软件当前要求输入项目不相关的数字或字符。

第三十八条　对存储在磁性介质或者其他介质上的程序文件和相应的数据文件，会计核算软件应当有必要的加密或者其他保护措施，以防止被非法篡改。一旦发现程序文件和相应的数据文件被非法篡改，应当能够利用标准程序和备份数据，恢复会计核算软件的运行。

第三十九条　会计核算软件应当具有在计算机发生故障或者由于强行关机及其他原因引起内存和外存会计数据被破坏的情况下，利用现有数据恢复到最近状态的功能。

第六章　附　　则

第四十条　本规范由财政部负责解释，自 1994 年 7 月 1 日起施行。

附录二：山东省初级会计电算化考试样题(理论部分)

一、单选题

1. 会计核算软件分为通用核算软件和(C)会计核算软件。
   A. 试验　　B. 财政部　　C. 专用　　D. 事业单位
2. CAD 是指(B)。
   A. 计算机辅助制造　　B. 计算机辅助辅助设计
   C. 计算机辅助教学　　D. 计算机辅助通信
3. 网址中的 Http：//www.sina.com.cn 中的，cn 表示(A)
   A. 表示中国　　B. 表示商业　　C. 表示教育　　D. 表示政府
4. 计算机软件系统分为(A)两部分。
   A. 系统软件和应用软件　　B. 主机和外部设备
   C. 操作系统和数据库软件　　D. 主机和实用程序
5. 在 WORD 工具栏当中，标有 I 的按钮的功能的是(B)。
   A. 加粗　　B. 倾斜　　C. 加下划线　　D. 加阴影
6. 在 WORD 工具栏当中，标有 B 的按钮的功能的是(A)。
   A. 加粗　　B. 倾斜　　C. 加下划线　　D. 加阴影
7. 计算机病毒是(B)。
   A. 文件　　B. 程序指令或代码
   C. 超级链接　　D. 软件
8. 关于 Microsoftword，以下叙述正确的是(C)。

A. 一种浏览器　　　　　　　　B. 一种杀毒的软件
C. 一种文字处理软件　　　　　D. 一种电子表格软件

9. 在显示器大小一定的情况下，下列哪一种分辨率显示器显示的图像最清晰(D)。
A. 640*480　　B. 800*600　　C. 1024*768　　D. 1280*1024

10. 在网络文件地址中，域名与目录名或文件名之间用(A)连接。
A. /　　B. 圆点　　C. ://　　D. @

11. 计算机与人下象棋，属于计算机应用的(C)领域。
A. 科学计算　　B. 过程控制　　C. 人工智能　　D. 信息处理

12. 1TB=(C) MB。
A. 1024　　B. 1000　　C. 1024*1024　　D. 1000000

13. 微型计算机硬件系统中最核心的部件是(B)。
A. 主板　　B. CPU　　C. 内存储器　　D. I/O 设备

14. Word 默认的字号是(B)。
A. 5 号　　B. 五号　　C. 四号　　D. 15 号

15. www.mof.gov.cn 中的.gov 是(D)。
A. 一级域名，表示中国　　　　B. 一级域名，表示政府
C. 二级域名，表示中国　　　　D. 二级域名，表示政府

16. 液晶显示器简称(C)。
A. CRT　　B. DSP　　C. LCD　　D. LED

17. 一个应用程序窗口最小化后，该应用程序将(B)。
A. 被终止运行　　　　　　　　B. 仍然在内存中运行
C. 继续执行　　　　　　　　　D. 暂停执行

18. 下列软件中，不属于应用软件的是(D)。
A. 字表处理软件　　　　　　　B. 股市分析软件
C. 财务管理软件　　　　　　　D. 高级语言编译程序

19. B/S 模式是指(D)。
A. 主机/终端模式　　　　　　B. 文件/服务器模式
C. 客户/服务器模式　　　　　D. 浏览器/服务器模式

20. 在 EXCEL 中，引用 A3:B5 中包含(C)个单元格。
A. 2　　B. 4　　C. 6　　D. 8

二、多选题

21. 常用的打印分为(B C D)。
A. 轮式打印机　　B. 针式打印机　　C. 激光打印机　　D. 喷墨打印机

22. 计算机的 CPU 由(B C)组成。
A. 存储器　　B. 运算器　　C. 控制器　　D. 主板

23. 下列那些设备属于计算机的输出设备(B D)。
A. 键盘　　B. 打印机　　C. 鼠标　　D. 显示器

24. EXCEL 的主要功能有(A B C D)。
A. 表格处理　　B. 数据处理　　C. 函数与工具　　D. 图表

25. 超级链接可能是(A B C)。

A. 文字　　B. 图片　　C. 按钮　　D. 音乐

26. 软件分为(AB)两大类。

A. 系统软件　　B. 应用软件　　C. 操作系统　　D. 设计语言

27. 显示器由(AD)组成。

A. 显像管　　B. 应用软件　　C. 操作系统　　D. 显示卡

28. Windows 的帮助系统启动一般有(AB)。

A. 菜单法　　B. 按 F1 法　　C. 按 F2 法　　D. SPACE

29. 关于搜索引擎，以下说法正确的是(BD)。

A. 是一种发动机　　B. 是一种网站

C. 是一种客户端软件　　D. 可以用浏览器访问

30. 在 EXCEL 中，函数由(ABCD)组成。

A. 等号　　B. 函数名　　C. 括号　　D. 参数

三、判断题

31. 记账凭证的编号只能由会计核算软件自动产生。(错)

32. 人工智能计算机是一个最新的应用领域。(对)

33. 计算机病毒可以自我复制。(对)

34. 电算化会计中不存在账账不符的情况。(对)

35. 李明是财务主管，他有凭证的审核权，则他可以审核自己录入的凭证。(错)

36. 杀病毒软件就是防火墙软件。(错)

37. 在 WORD 文档中，默认中文字体为宋体。(对)

38. 一个英文字母占一个字节，一个汉字占两个字节。(对)

39. 喷墨打印机的性能比激光打印机的要好。(错)

40. 电算化会计内部控制方式由人工控制转为计算机控制。(错)